世界税制现状与趋势

（2021/2022）

《世界税制现状与趋势》课题组　编著

中国税务出版社

图书在版编目(CIP)数据

世界税制现状与趋势.2021/2022/《世界税制现状与趋势》课题组编著.—北京:中国税务出版社,2022.11 (2023.5重印)

ISBN 978-7-5678-1259-8

Ⅰ.①世… Ⅱ.①世… Ⅲ.①税收制度-研究-世界 Ⅳ.①F811.4

中国版本图书馆 CIP 数据核字(2022)第 194791 号

书　　名:**世界税制现状与趋势(2021/2022)**
Shijie Shuizhi Xianzhuang yu Qushi (2021/2022)
作　　者:《世界税制现状与趋势》课题组　编著
责任编辑:范竹青　刘　璐
责任校对:姚浩晴
技术设计:刘冬珂
出版发行:中国税务出版社
北京市丰台区广安路 9 号国投财富广场 1 号楼 11 层
邮政编码:100055
网址:https://www.taxation.cn
投稿:https://www.taxation.cn/qt/zztg
发行中心电话:(010)83362083/86/89
传真:(010)83362047/48/49
经　　销:各地新华书店
印　　刷:北京天宇星印刷厂
规　　格:787 毫米×1092 毫米　1/16
印　　张:30
字　　数:522000 字
版　　次:2022 年 11 月第 1 版　2023 年 5 月第 2 次印刷
书　　号:ISBN 978-7-5678-1259-8
定　　价:89.00 元

前　言

为进一步跟踪研究世界各国税制发展动态、总结发展规律，同时为我国税制改革提供参考，国家税务总局于2013年成立《世界税制现状与趋势》课题组，对世界税制现状与发展趋势开展专项研究。课题由国家税务总局领导主持，国家税务总局税收科学研究所负责具体实施。至今，《世界税制现状与趋势》已连续出版七版（2014—2020）。

为保持研究成果的连续性和可读性，2021/2022年版延续了上一版的总体写作框架和思路，内容主要包括世界税制发展概况（第一章）、年度关注（第二章）和主要税种（第三章至第十章）三部分，各税种在概述税制基本要素的基础上，紧跟世界最新发展与变化，分别从当年主要变化、专题研究、发展趋势及特点三个方面展开了讨论。同时，为配合当前我国国内税制改革需要，服务推进共同富裕等国家重大经济社会战略安排，我们在2020年版的基础上增加了“遗产和赠与税”一章，并将“房地产税”一节扩充为一章，最终形成《世界税制现状与趋势（2021/2022）》。

本书由《世界税制现状与趋势》课题组编写，国家税务总局原副局长解学智、张志勇担任顾问，副局长刘丽坚担任课题组组长，税收科学研究所所长谭珩、副所长李本贵和李平任课题组副组长。具体编写分工如下：第一章“世界税制发展概况”，李平、吴颖；第二章“年度关注”，梁若莲、张英、叶莉娜；第三章“个人所得税”，李本贵、杨琼；第四章“公司所得税”，燕晓春、何振华、周蒋欣悦、汪子乐、张丹；第五章“社会保障税”，陈文东、王佳凝；第六章“增值税”，孙红梅、刘润哲、王婷婷、丁琴；第七章“特别消费税”，龚辉文；第八章“房地产税”，李旭红、高冰静、安瑞雪、刘启帆；第九章“资源和环境税”，龚辉文；第十章“遗产和赠与税”，陈文东、陈雒音。

安永会计师事务所黎颂喜团队在本书校对过程中做了大量工作，确保了本书内容和数据的准确性，在此表示衷心感谢。在课题研究和书稿出版过程中，孙红梅、燕晓春、刘润哲参加了组织协调工作，北京国家会计学院和中国税务出版社给予了大力支持，在此一并表示感谢！

各国税制变化频繁，囿于我们的水平和资料有限，书中难免存在不足，欢迎批评指正。

《世界税制现状与趋势》课题组

2022年8月

目录 CONTENTS

第一章　世界税制发展概况

一个国家（地区）税收制度的选择，往往受政治、经济、文化、社会等各种因素的影响，其中最重要的影响因素是该国（地区）的经济发展水平。从经济发达程度来看，世界各国可以分为发达国家（经济体）和发展中国家（经济体）。一般而言，经济合作与发展组织（OECD）成员国有着较高的经济社会发展水平，税收制度的发展变化往往主导和影响着世界税收制度的改革和发展。为了便于研究，本章以 OECD“全球税收收入统计数据库”为基础①，把 OECD 成员国作为发达国家，将 OECD 之外的其他国家作为发展中国家，就这两类国家的税制现状和变化进行简要梳理和分析。

① OECD 全球税收收入统计数据库是目前世界上最大的标准化税收数据的公共来源，所有数据均经过相关国家和 OECD 伙伴经济体的确认，每年都会根据最新公布的区域“税收收入统计”数据多次更新，区域“税收收入统计”涉及的区域主要包括非洲、亚太、拉丁美洲和加勒比地区以及 OECD 成员国等。本章中的数据，在进行分析比较时，一般以 2019 年底的数据作比较。（“全球税收收入统计数据库”网址：https：//www. oecd. org/tax/tax-policy/global-revenue-statistics-database. htm.）

第一节　税收收入总体水平变化

一、发达国家税收收入总体水平

根据 OECD“全球税收收入统计数据库”统计数据，2000—2019 年，OECD 成员国税收收入的平均值总体上呈现向上攀升态势。2000 年以后，OECD 成员国税收收入平均值呈现上升态势，在 2008 年达到 3686 亿美元。受 2008 年国际金融危机的影响，2009 年税收收入出现大幅下降，税收收入平均值下降至 3307 亿美元。但之后又重新开始呈现上升的态势，在 2011 年超越 2008 年的高点。2019 年，OECD 成员国税收收入平均值再创新高，达到 4327 亿美元。具体情况见图 1-1。

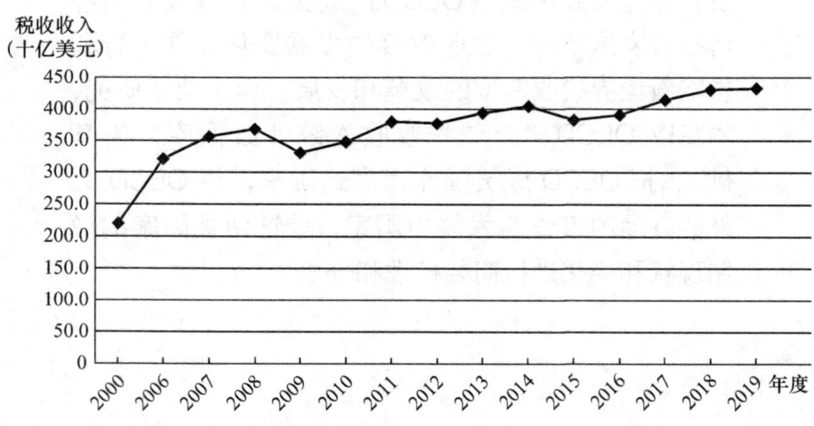

图 1-1　OECD 成员国税收收入平均值变化趋势（2000—2019 年）

由于经济体量不同，OECD 各成员国的税收收入差别很大。从收入规模上看，美国、日本、德国、法国、英国、意大利等国税收收入规模较大，长期以来都超过了 OECD 成员国的平均水平。特别是美国的税收收入规模占有绝对地位，2019 年美国税收收入为 53365 亿美元，远远超过其他成员国。从增长情况看，近年来韩国、西班牙税收收入增长较快，澳大利亚、荷兰排名出现下降。2019 年西班牙位居第 8 名，韩国升至第 9 名，澳大利亚降至第 10 名，荷兰跌出前 10 名。具体情况见表 1-1 和表 1-2。

表 1-1　　OECD 成员国税收收入总规模前十名国家变化情况

排名	2000 年	2010 年	2019 年
1	美国	美国	美国
2	日本	日本	日本
3	德国	德国	德国
4	法国	法国	法国
5	英国	意大利	英国
6	意大利	英国	意大利
7	加拿大	加拿大	加拿大
8	西班牙	西班牙	西班牙
9	荷兰	澳大利亚	韩国
10	瑞典	荷兰	澳大利亚

表 1-2　　OECD 成员国税收收入（2000—2019 年）　　单位：十亿美元

国家	2000 年	2006 年	2007 年	2008 年	2009 年	2010 年	2011 年	2012 年	2013 年	2014 年	2015 年	2016 年	2017 年	2018 年	2019 年
澳大利亚	117.3	252.6	289.9	271.9	279.3	346.5	399.8	411.6	401.9	361.5	344.3	365.3	398.0	401.2	380.0
奥地利	83.2	135.8	157.6	177.8	164.0	160.5	177.3	171.1	183.3	188.7	164.7	165.1	174.3	192.2	189.4
比利时	103.6	176.4	201.9	224.2	205.5	206.2	227.5	220.0	234.9	239.3	204.0	206.0	220.0	238.3	227.7
加拿大	260.0	431.8	477.2	484.8	445.3	501.4	552.5	570.1	574.9	564.6	511.1	508.3	544.9	576.8	588.7
智利	14.6	34.0	39.4	38.4	30.0	42.8	53.3	57.0	55.3	51.1	49.7	50.4	55.9	62.8	58.3
哥伦比亚	14.7	31.1	39.8	46.1	43.7	51.9	63.4	73.1	76.5	74.5	58.4	54.0	59.2	64.4	63.7
哥斯达黎加	3.2	5.0	6.2	7.3	6.8	8.3	9.7	10.7	11.7	11.8	13.0	13.8	13.9	14.5	15.1
捷克	20.0	52.9	64.9	78.8	66.6	67.4	75.9	70.0	71.4	68.8	62.3	66.8	75.3	87.1	87.8
丹麦	76.9	131.5	148.3	158.2	144.5	144.2	154.4	149.0	157.6	171.1	139.5	142.5	151.1	157.7	162.0
爱沙尼亚	1.8	5.2	7.0	7.6	6.9	6.5	7.3	7.3	7.9	8.5	7.6	8.1	8.7	10.1	10.4
芬兰	57.5	91.3	106.0	116.7	102.9	101.1	115.1	109.6	117.7	119.4	102.1	105.2	109.3	116.8	113.6
法国	591.8	1003.8	1130.7	1233.1	1117.2	1113.7	1240.3	1191.0	1275.1	1296.4	1104.3	1121.0	1193.0	1279.6	1224.8
德国	706.9	1045.9	1210.4	1334.5	1246.4	1206.8	1351.6	1299.1	1379.1	1429.8	1250.9	1308.6	1389.7	1527.5	1501.4
希腊	43.5	84.9	101.3	112.5	101.5	95.9	96.8	88.0	85.7	85.4	71.6	75.0	78.5	84.8	81.1
匈牙利	18.2	42.1	55.0	62.1	50.8	48.7	51.7	50.2	52.2	54.1	48.4	50.2	54.1	59.1	59.6

续表

国家	2000 年	2006 年	2007 年	2008 年	2009 年	2010 年	2011 年	2012 年	2013 年	2014 年	2015 年	2016 年	2017 年	2018 年	2019 年
冰岛	3.2	6.9	8.3	6.2	4.1	4.4	5.0	5.0	5.5	6.6	6.2	10.5	9.2	9.6	8.7
爱尔兰	30.7	72.9	83.2	79.7	66.1	61.5	66.3	63.4	68.3	74.3	67.5	70.3	75.6	86.0	87.4
以色列	46.2	52.7	61.1	69.0	61.9	71.9	80.9	77.4	90.1	96.1	93.7	99.3	114.7	114.9	120.2
意大利	463.6	788.6	918.8	995.9	919.7	889.9	954.6	910.7	938.3	935.5	788.9	792.1	820.5	872.4	850.3
日本	1224.6	1225.4	1281.0	1383.3	1386.8	1545.1	1701.6	1656.8	1469.0	1431.0	1386.4	1504.5	1537.5	1594.7	1616.8
韩国	120.5	238.4	278.2	247.3	213.2	256.2	290.7	303.2	317.2	347.0	347.9	371.1	411.7	460.4	449.7
拉脱维亚	1.8	6.2	8.8	10.0	7.4	6.8	8.0	8.2	8.9	9.3	8.1	8.6	9.5	10.7	10.6
立陶宛	3.8	9.1	11.9	14.6	11.3	10.5	11.8	11.6	12.4	13.3	11.9	12.8	14.1	16.2	16.5
卢森堡	7.8	15.1	18.4	20.5	19.7	20.0	22.3	21.8	23.6	24.8	20.9	22.0	24.0	28.0	27.7
墨西哥	81.2	113.0	126.5	139.6	112.3	135.9	150.6	152.2	169.6	179.9	186.1	179.5	186.9	198.0	207.9
荷兰	153.7	264.5	302.5	340.1	303.3	301.9	320.5	298.7	316.6	330.1	283.3	300.8	322.0	354.4	357.3
新西兰	17.3	42.7	46.0	41.2	39.8	47.0	51.7	56.4	59.5	58.0	56.8	60.9	64.9	67.4	65.2
挪威	71.4	147.6	168.5	190.5	158.7	179.3	208.9	211.1	208.1	193.1	148.2	143.4	154.5	172.0	161.9
波兰	56.6	115.9	148.7	182.9	138.0	150.4	168.2	160.6	167.1	174.0	154.9	157.7	179.6	206.5	209.7
葡萄牙	36.6	65.6	76.5	83.1	72.6	72.2	78.9	68.5	76.9	78.5	68.5	70.2	75.3	83.9	82.6

续表

国家	2000 年	2006 年	2007 年	2008 年	2009 年	2010 年	2011 年	2012 年	2013 年	2014 年	2015 年	2016 年	2017 年	2018 年	2019 年
斯洛伐克	9. 8	20. 8	25. 3	29. 1	25. 7	25. 4	28. 8	27. 2	30. 6	32. 3	28. 9	29. 7	32. 4	36. 1	36. 3
斯洛文尼亚	6. 6	15. 3	18. 3	20. 7	18. 7	18. 2	19. 3	17. 6	18. 0	18. 6	16. 1	16. 7	18. 0	20. 2	20. 1
西班牙	197. 3	453. 6	536. 1	520. 8	440. 9	444. 4	461. 4	429. 0	448. 5	464. 1	404. 6	413. 8	443. 6	492. 2	483. 1
瑞典	131. 5	194. 4	220. 7	227. 4	190. 8	212. 7	241. 1	232. 9	249. 4	245. 5	215. 5	227. 5	238. 6	243. 2	228. 7
瑞士	75. 5	113. 6	125. 4	147. 0	145. 8	154. 6	187. 6	179. 1	185. 3	190. 5	187. 1	185. 4	192. 7	197. 2	200. 2
土耳其	64. 5	130. 1	156. 2	177. 3	151. 7	192. 0	216. 0	218. 6	240. 8	229. 6	215. 5	218. 4	212. 0	186. 3	175. 7
英国	544. 0	888. 9	1018. 0	937. 6	749. 6	795. 1	874. 6	871. 3	889. 1	971. 0	933. 8	873. 0	875. 7	939. 5	926. 0
美国	2900. 5	3699. 2	3868. 6	3787. 4	3317. 0	3517. 1	3706. 7	3887. 2	4291. 8	4542. 6	4773. 7	4837. 7	5217. 6	5110. 0	5336. 5
OECD 平均值	220. 1	321. 2	356. 4	368. 6	330. 7	347. 8	379. 8	377. 5	394. 0	404. 5	382. 5	390. 7	414. 6	430. 9	432. 7

注：1. 2020 年 4 月 28 日，哥伦比亚加入 OECD，成为其第 37 个成员国；2020 年 5 月 15 日，哥斯达黎加加入 OECD，成为其第 38 位成员国。

2. 税收包含社会保障税。

3. 数据更新至 2022 年 2 月 8 日。

资料来源：OECD“全球税收收入统计数据库”。OECD. Global Revenue Statistics Database［DB/OL］.（2022-02-08）［2022-03-08］. https：//www. oecd. org/tax/tax-policy/global-revenue-statistics-database. htm.

从以上数据可以看出，以 OECD 为代表的发达国家 2000—2019 年税收收入发展变化呈现出如下特点。

第一，发达国家的税收收入平均值呈现波浪式逐级上升态势。数据显示，2000 年、2006—2019 年发达国家的税收收入平均值分别是 2201 亿美元、3212 亿美元、3564 亿美元、3686 亿美元、3307 亿美元、3478 亿美元、3798 亿美元、3775 亿美元、3940 亿美元、4045 亿美元、3825 亿美元、3907 亿美元、4146 亿美元、4309 亿美元、4327 亿美元。从总体上看，发达国家税收总收入逐年上升，并在 2008 年、2014 年形成两个峰值，之后虽有回落但很快回复上升，2019 年达到一个新的峰值。这表明，2000 年以来，在经济波动的影响下，发达国家的税收收入平均值呈现出波浪式上升走势。

第二，发达国家的税收收入平均值呈现前期增长较快后期增长趋缓的态势。与 2000 年相比，2019 年发达国家税收收入平均值上涨 96.6%，增幅较大。但是与 2008 年相比，2019 年的税收收入平均值上涨幅度仅为 17.4%。这表明，2000 年以来，发达国家的税收收入在 2008 年以前上涨较快，而在 2008 年以后上涨速度趋缓。这种现象也从一个侧面表明，2008 年国际金融危机以来，世界发达国家的经济增长仍比较缓慢。

第三，发达国家之间的税收总收入水平差距比较大。尽管 OECD 成员国包含了当今主要发达国家，被称为“富人俱乐部”，但是这些成员国之间税收总收入的差别依然很大。2019 年，OECD 成员国税收收入平均值为 4327 亿美元，但超过平均值的成员国仅有美国、日本、德国、法国、英国、意大利、加拿大、西班牙、韩国 9 个国家，其他 29 个国家的税收总收入均在平均线以下，立陶宛、哥斯达黎加、拉脱维亚、爱沙尼亚、冰岛 5 国的税收收入在 200 亿美元以下，特别是冰岛，税收收入不到 100 亿美元。这说明在发达经济体之间，税收总收入的差异也非常大。这既反映了发达国家之间经济总量的差异，也反映出在富国之中的税收收入也存在不小的差距。

二、发展中国家税收收入总体水平

根据 OECD “全球税收收入统计数据库” 统计数据，本节以亚太地区的不丹、库克群岛、斐济、印度尼西亚、哈萨克斯坦、老挝、马来西亚、马尔代夫、蒙古、巴布亚新几内亚、菲律宾、萨摩亚、所罗门群岛、泰国、托克劳、瓦努阿图、越南等17个国家，非洲的博茨瓦纳、布基纳法索、喀麦隆、佛得角、乍得、刚果（布）、刚果（金）、科特迪瓦、埃及、赤道几内亚、加纳、肯尼亚、莱索托、马达加斯加、马拉维、马里、毛里塔尼亚、毛里求斯、摩洛哥、纳米比亚、尼日尔、尼日利亚、卢旺达、塞内加尔、塞舌尔、南非、斯威士兰、多哥、突尼斯、乌干达等30个国家，拉丁美洲的安提瓜和巴布达、阿根廷、巴哈马、巴巴多斯、伯利兹、玻利维亚、巴西、古巴、多米尼加、厄瓜多尔、萨尔瓦多、危地马拉、圭亚那、洪都拉斯、牙买加、尼加拉瓜、巴拿马、巴拉圭、秘鲁、圣卢西亚、特立尼达和多巴哥、乌拉圭、委内瑞拉等23个国家共70个国家为样本，来分析发展中国家税收收入的变化走势。

数据显示，2000—2019年发展中国家税收收入的平均值总体上呈现快速上升态势。2000年，亚非拉70个发展中国家的税收收入平均值为86.6亿美元，2008年上升至194.8亿美元，增长约1.2倍。2009年，受国际金融危机影响税收总收入有所下降，但马上又重新开始上升，2013年达到历史新高278.7亿美元，近几年有所回落，2019年为250.7亿美元。具体情况见图1-2和表1-3。

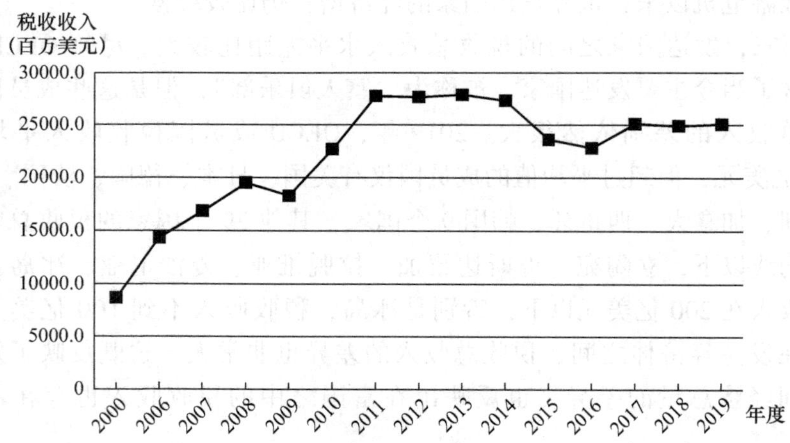

图1-2　亚非拉70个发展中国家税收收入平均值变化趋势（2000—2019年）

资料来源：OECD官方网站（https：//stats.oecd.org/Index.aspx? DataSetCode=REV#）。

表 1-3　　亚非拉 70 个发展中国家税收收入（2000—2019 年）　　单位：百万美元

国家	2000 年	2006 年	2007 年	2008 年	2009 年	2010 年	2011 年	2012 年	2013 年	2014 年	2015 年	2016 年	2017 年	2018 年	2019 年
不丹	42.42	80.83	104.39	140.20	186.64	231.86	297.52	280.33	268.09	271.98	290.48	290.58	347.67	320.78	264.94
库克群岛	—	52.36	57.55	56.15	56.65	65.70	69.59	80.32	75.77	75.11	81.89	87.72	101.28	113.05	93.15
斐济	—	—	—	780.74	618.92	679.71	858.46	945.83	993.82	1102.11	1105.29	1139.77	1296.40	1312.31	1220.88
印度尼西亚	14212.76	47503.99	57817.72	72560.39	63776.57	85766.02	108637.87	114728.45	114532.98	108382.05	104244.98	111934.33	117917.09	124842.27	129793.06
哈萨克斯坦	3642.90	21146.65	27329.28	36852.82	24445.63	35169.35	49189.48	49614.46	53445.58	46682.24	28652.01	20477.60	26658.45	30415.54	30293.97
老挝	—	—	—	—	—	859.57	1081.79	1245.91	1547.29	1629.79	1802.98	1893.83	1882.84	1970.75	1981.00
马来西亚	13179.79	24537.04	28674.11	34953.18	31290.44	35259.19	45518.88	50601.45	51070.96	51793.51	43774.79	42264.29	42678.75	44872.11	45392.02
马尔代夫	—	—	223.07	260.17	207.57	231.38	318.73	443.70	570.86	699.51	793.79	860.83	955.24	1026.49	1071.50
蒙古	—	915.35	1200.97	1498.63	1020.47	1818.82	2548.08	2719.81	2955.02	2464.67	2243.55	2128.60	2461.13	3156.94	3391.48
巴布亚新几内亚	469.18	1668.17	1981.12	2168.95	1847.61	2417.07	3595.82	4032.82	3908.74	4176.01	3302.19	2746.82	2818.00	3031.22	3104.88
菲律宾	12769.72	20116.73	24304.07	28200.47	25302.66	29500.73	33928.43	39530.03	44022.82	47563.02	49780.17	51815.00	55152.61	60266.94	67962.79
萨摩亚	—	120.84	121.88	127.72	123.91	134.36	150.26	175.35	187.03	189.27	204.07	196.70	206.34	226.92	212.49
所罗门群岛	—	—	107.06	129.34	133.96	170.68	237.20	279.08	299.78	308.11	303.24	298.29	327.76	376.85	322.66
泰国	18414.14	39065.47	45005.67	50107.03	45583.51	59000.80	69030.55	69988.32	80868.05	74221.15	74958.33	73566.09	78798.03	88413.80	93324.11
托克劳	—	0.67	0.88	1.05	0.91	1.22	1.26	1.31	1.53	1.75	1.50	1.51	1.79	1.97	2.00

续表

国家	2000 年	2006 年	2007 年	2008 年	2009 年	2010 年	2011 年	2012 年	2013 年	2014 年	2015 年	2016 年	2017 年	2018 年	2019 年
瓦努阿图	44.23	75.89	100.33	115.12	107.13	111.22	124.50	127.54	137.35	141.82	125.95	121.89	150.78	165.62	157.95
越南	—	13236.20	15443.51	20502.15	20318.24	24361.16	28041.69	27557.35	30701.46	31962.26	33096.24	34833.49	38216.03	41443.86	45355.14
博茨瓦纳	—	4584.68	4448.14	4340.51	4152.92	4664.78	5551.22	5727.50	5640.49	5996.20	4582.25	5167.92	5508.02	5149.17	3852.08
布基纳法索	526.86	1170.55	1476.70	1546.79	1784.26	1927.37	2352.88	2627.04	3047.78	2766.64	2317.46	2528.46	2877.31	3399.43	3360.90
喀麦隆	1826.03	3922.45	4600.23	5474.35	4492.98	4313.16	5482.63	5254.61	6035.22	6387.10	5766.72	5489.27	6131.39	6960.08	6906.45
佛得角	141.07	359.86	415.38	501.53	461.71	467.68	469.72	413.42	443.89	413.07	420.41	429.67	493.73	530.18	570.52
乍得	—	—	—	—	—	2124.91	2965.95	2832.03	2675.36	2393.99	1204.57	890.31	1204.82	1554.13	1454.28
刚果(布)	805.63	3391.46	3234.48	5529.32	2788.54	5040.04	6850.97	6635.16	7059.30	6789.96	2806.80	2632.09	2481.95	3405.22	3461.27
刚果(金)	109.37	838.54	1161.10	1663.22	1452.30	3170.09	3377.36	4717.36	4481.34	5739.42	5514.55	4639.52	3932.01	4882.81	4971.80
科特迪瓦	1767.95	3218.71	4283.43	5025.55	4983.40	4528.23	4326.70	5240.57	6281.67	6872.10	6882.90	6982.33	7668.59	8430.50	8638.17
埃及	—	29098.47	34647.69	43788.10	54644.42	53036.09	49947.01	55693.35	60275.81	72212.27	70660.14	65631.26	49879.38	48722.97	55590.29
赤道几内亚	—	4015.71	4803.08	6805.84	5006.69	4300.04	6003.61	6235.55	5534.30	5325.67	3560.88	1953.88	2179.84	2649.65	2167.06
加纳	1072.41	3644.78	4675.36	5301.04	4981.42	6290.08	8461.99	9368.23	10127.31	8659.16	8647.98	9273.63	9995.05	11326.05	11140.95
肯尼亚	—	4730.78	5675.17	7507.32	7511.16	7325.64	—	—	10278.48	12111.37	12904.19	13549.11	15176.52	16096.05	17265.47
莱索托	—	925.46	981.75	983.36	1172.20	1211.95	1221.26	1484.58	1303.80	1310.33	1086.31	967.36	1145.56	1148.43	1082.40
马达加斯加	573.24	998.95	1184.78	1566.05	1093.96	1244.32	1349.79	1240.58	1320.19	1390.82	1244.50	1419.13	1738.11	1990.93	2010.32

续表

国家	2000 年	2006 年	2007 年	2008 年	2009 年	2010 年	2011 年	2012 年	2013 年	2014 年	2015 年	2016 年	2017 年	2018 年	2019 年
马拉维	—	940. 25	1105. 02	1206. 83	1519. 88	1768. 56	1774. 61	1312. 18	1537. 98	1310. 08	1316. 18	1271. 32	1377. 79	1377. 35	1532. 45
马里	510. 16	1455. 57	1620. 25	1660. 63	2195. 47	2032. 56	2505. 27	1909. 82	2436. 86	2464. 07	2321. 45	2609. 88	3104. 91	2680. 98	3449. 96
毛里塔尼亚	—	—	432. 86	521. 52	789. 36	907. 66	1125. 62	1326. 13	1512. 33	1393. 60	1294. 83	1218. 56	1306. 70	1634. 46	1538. 81
毛里求斯	988. 45	1396. 05	1475. 69	1963. 25	2230. 24	2269. 39	2576. 32	2632. 30	2709. 28	2850. 74	2583. 11	2718. 70	3006. 87	3392. 86	3384. 85
摩洛哥	9427. 91	20719. 12	25358. 44	31779. 68	29165. 67	29076. 14	32720. 97	32598. 39	34419. 46	34716. 06	31107. 27	31980. 57	34472. 00	37626. 03	39057. 01
纳米比亚	—	2570. 76	2815. 43	2824. 99	2995. 41	3242. 54	4031. 78	4482. 11	4247. 64	4464. 74	3990. 89	3597. 25	4460. 10	4178. 25	3095. 53
尼日尔	255. 66	2125. 74	802. 33	1099. 72	1095. 34	1118. 83	1207. 11	1558. 16	2026. 77	2005. 12	1766. 49	1616. 14	1728. 13	2354. 62	2325. 49
尼日利亚	—	—	—	—	—	55201. 67	79905. 75	72197. 06	68799. 01	70844. 98	43863. 51	29864. 96	30802. 60	38967. 17	40985. 93
卢旺达	378. 20	706. 46	874. 33	1253. 30	1326. 57	1468. 29	1694. 56	1697. 95	2028. 33	2022. 35	2121. 50	2078. 33	2170. 71	2383. 32	2489. 79
塞内加尔	883. 65	2063. 22	2666. 33	3012. 52	2885. 27	2976. 09	3280. 19	3395. 47	3531. 83	4014. 27	3535. 60	4121. 63	4283. 34	4635. 70	—
塞舌尔	—	—	—	293. 61	322. 09	358. 03	421. 79	455. 91	502. 15	521. 72	503. 24	570. 26	583. 25	642. 36	641. 70
南非	31101. 74	74722. 65	86121. 74	81929. 64	78368. 90	98704. 43	112582. 93	108315. 78	101383. 88	98735. 34	93221. 86	85842. 94	101249. 98	109600. 82	103676. 35
斯威士兰	392. 63	1194. 67	1124. 36	1224. 70	1181. 65	993. 39	994. 59	1494. 44	1361. 59	1350. 84	1168. 57	1108. 12	1389. 70	1343. 98	1046. 37
多哥	167. 67	576. 82	489. 06	756. 41	947. 36	890. 36	986. 85	897. 42	1074. 42	1151. 80	1076. 73	1183. 14	1241. 87	1429. 08	1424. 96
突尼斯	5779. 30	9392. 60	10861. 93	13650. 98	13034. 70	13233. 85	15184. 82	14680. 42	15455. 36	15845. 99	13948. 41	13097. 86	13467. 22	14008. 31	14748. 40
乌干达	1012. 22	1760. 24	2127. 22	2310. 49	2480. 41	2457. 84	2592. 04	2971. 15	3243. 46	3345. 16	3544. 59	3550. 21	3814. 43	4151. 69	4825. 29

续表

国家	2000年	2006年	2007年	2008年	2009年	2010年	2011年	2012年	2013年	2014年	2015年	2016年	2017年	2018年	2019年
安提瓜和巴布达	99.07	198.93	282.64	289.84	245.17	244.33	234.55	254.40	247.32	248.44	272.38	281.43	287.38	304.79	302.04
阿根廷	61083.74	58407.54	75919.25	100425.55	96789.35	123456.28	154593.52	177582.08	190650.24	175413.43	202078.82	170713.68	193441.78	149495.28	127318.46
巴哈马	964.58	1243.08	1359.88	1422.51	1289.76	1276.51	1487.39	1479.62	1444.91	1490.08	1760.91	1940.44	2118.45	2125.67	2508.70
巴巴多斯	945.78	1291.51	1412.01	1462.06	1339.87	1368.04	1443.63	1405.55	1378.72	1357.45	1406.27	1520.55	1609.20	1692.42	1678.80
伯利兹	159.25	273.94	326.16	328.80	334.98	369.93	371.48	388.10	410.83	463.70	473.50	502.56	527.11	564.71	594.76
玻利维亚	1689.29	2492.63	2939.64	3955.58	4255.16	4527.42	6061.40	7067.71	8254.95	9257.84	9805.32	9547.14	9777.19	10136.26	10172.60
巴西	192661.20	367966.23	468987.11	567011.06	533942.63	715678.94	869590.87	801723.31	802608.52	779997.62	576175.50	578290.39	665541.83	625648.69	608722.05
古巴	11366.50	23594.80	25786.70	25033.50	25199.20	23949.10	26120.20	28671.90	28173.30	29940.00	33182.40	37597.20	41021.40	42306.55	43503.80
多米尼加	2985.54	5382.92	6613.81	6885.48	6168.53	6670.17	7219.40	7987.18	8557.59	9087.16	9260.27	9904.88	10603.33	11340.16	12056.40
厄瓜多尔	2124.87	6789.81	7698.48	9201.04	9801.31	11132.83	13979.47	17308.20	18580.73	19576.84	21146.43	19882.79	20745.07	22237.91	21608.37
萨尔瓦多	1669.37	2923.83	3192.04	3414.54	3153.75	3447.21	3798.72	4074.06	4411.55	4478.50	4658.56	4962.63	5229.94	5539.39	5629.14
危地马拉	2129.41	4185.87	4782.34	5094.57	4655.50	5153.40	6081.53	6493.82	7034.31	7650.12	7944.15	8734.48	9480.64	9643.02	10017.88
圭亚那	234.37	331.05	425.20	438.05	484.96	549.45	603.78	642.59	684.95	733.32	774.34	824.78	927.39	1061.24	1200.25
洪都拉斯	1218.83	1979.78	2425.97	2696.61	2577.40	2866.77	3125.36	3435.37	3552.15	4023.87	4415.09	4926.83	5117.35	5350.20	5458.67

续表

国家	2000 年	2006 年	2007 年	2008 年	2009 年	2010 年	2011 年	2012 年	2013 年	2014 年	2015 年	2016 年	2017 年	2018 年	2019 年
牙买加	1997.71	2879.06	3191.56	3448.89	3014.60	3286.16	3531.32	3621.22	3543.45	3433.04	3647.04	3743.95	4026.33	4337.99	4513.65
尼加拉瓜	733.09	1251.85	1399.03	1540.71	1533.79	1693.35	1973.64	2192.50	2332.04	2585.50	2845.85	3091.52	3287.86	3025.30	3244.20
巴拿马	1941.62	2665.03	3297.91	3883.85	4336.35	4815.03	5665.64	6720.73	7650.35	7832.42	8193.48	9004.12	9365.52	9631.23	9394.40
巴拉圭	1029.03	1509.23	1921.23	2692.76	2562.60	3286.54	4331.99	4463.72	4903.77	5579.20	4967.45	4843.64	5469.24	5574.73	5289.27
秘鲁	7674.33	15802.22	18918.60	22887.31	20592.07	26478.33	31526.27	36573.11	38139.75	38800.11	33337.32	31414.44	32821.68	37067.19	38343.24
圣卢西亚	177.86	247.78	283.33	304.03	291.81	306.79	317.23	318.92	341.71	363.16	387.19	403.87	407.31	430.75	436.57
特立尼达和多巴哥	1745.94	5808.09	5892.54	8568.14	5589.64	6261.13	7003.20	7245.97	7479.65	7948.23	7338.57	5187.91	4617.27	5448.70	5693.63
乌拉圭	5306.56	5159.88	6026.00	7965.36	8237.34	10614.01	12814.34	13845.20	15845.28	15703.47	14574.37	14649.58	17258.10	17464.16	16456.86
委内瑞拉	12757.56	28723.58	39055.41	42212.92	38572.91	38220.46	45965.82	50804.32	38135.90	—	—	—	—	—	—
平均值	8663.82	14357.31	16831.86	19479.68	18284.38	22682.50	27730.68	27623.86	27867.49	27290.33	23599.57	22820.43	25109.04	24913.57	25070.33

注：1. 税收包含社会保障税。

2. 表中“—”表示还未提供可用数据。

3. 数据更新至 2022 年 2 月 8 日。

资料来源：OECD“全球税收收入统计数据库”。OECD. Global Revenue Statistics Database [DB/OL]. (2022-02-08) [2022-03-08]. https://www.oecd.org/tax/tax-policy/global-revenue-statistics-database.htm.

从图 1-2、表 1-3 可以看出，2000—2019 年，以亚非拉 70 个国家为代表的发展中国家的税收总收入的发展变化主要呈现以下特点。

第一，发展中国家税收收入上升较快。从亚非拉 70 个发展中国家的情况看，2000 年、2006—2019 年税收总收入的平均值分别是 86.6 亿美元、143.6 亿美元、168.3 亿美元、194.8 亿美元、182.8 亿美元、226.8 亿美元、277.3 亿美元、276.2 亿美元、278.7 亿美元、272.9 亿美元、236.0 亿美元、228.2 亿美元、251.1 亿美元、249.1 亿美元、250.7 亿美元。税收总收入规模增长迅速，2019 年比 2000 年增长了 1.89 倍。

第二，发展中国家税收收入近年来有所波动。亚非拉 70 个发展中国家的税收收入平均值在 2011—2014 年形成一个高平台期，均在 270 亿美元以上小幅波动。2015 年和 2016 年有所下降，之后又开始上涨，在 2019 年升至 250.7 亿美元，但是仍低于 2011—2014 年的水平。

第三，发展中国家之间的税收收入水平差距很大。尽管发展中国家的税收总收入增长很快，但是各个国家之间的税收收入差别非常大。以 2019 年为例，70 个亚非拉国家的税收收入平均值为 250.7 亿美元，但超过这一平均值的国家仅有巴西、印度尼西亚、阿根廷、南非、泰国、菲律宾、埃及、马来西亚、越南、古巴、尼日利亚、摩洛哥、秘鲁、哈萨克斯坦 14 个国家，其他 56 个国家的税收总收入都在平均线以下。这说明发展中国家之间的税收收入规模的差异非常大，也反映出发展中国家之间经济发展极不平衡。特别是在税收收入超过平均值的 14 个国家中，纳入考察范围的 17 个亚太地区国家中有 6 个国家、30 个非洲国家中有 4 个国家、23 个拉丁美洲国家中有 4 个国家的税收收入超过了平均值的水平，这表明各大洲之间税收和经济发展的不平衡状况依然比较严峻。

三、发达国家与发展中国家税收收入总体水平比较

（一）发达国家与发展中国家税收收入总体水平变化的共同点

从以上分析可以看出，2000—2019 年，发达国家与发展中国家税收收入总体水平变化具有以下共同点。

第一，总体上都呈现上升的趋势。2000—2019 年，以 OECD 成员国为代表的发达国家税收收入的平均值从 2201 亿美元上升到 4327 亿美元。同期，以 70 个亚非拉国家为代表的发展中国家税收收入的平均值从 86.6 亿美元上升到 250.7 亿美元，实现了快速增长。

第二，总体上都呈现出波动上涨的态势。2000—2019 年，发达国家税收收入的上涨呈现出明显的阶段性、波浪性。在总体上涨的态势下，出现了 2000—2008 年的上涨，2009 年的回落，2010—2014 年的上涨，2015 年的回落，2016—2019 年继续上涨。同期，发展中国家的税收收入也呈现出类似的走势，即 2000—2008 年快速上涨，2009 年短暂回落，2010—2013 年上涨，2014—2016 年下降，2017 年上涨。这表明 2008 年国际金融危机不仅对发达国家，也对发展中国家的税收收入产生了较大的影响。

第三，各国税收总收入的差异都非常大。无论发达国家还是发展中国家，其税收收入规模在不同国家之间都有着很大的差距。以 2019 年为例，在 OECD 成员国中，税收总收入超过平均值的国家仅有 9 个，绝大多数国家都处在平均水平以下。在 70 个亚非拉国家中，税收收入超过平均值的国家仅有 14 个，而且多集中在亚太地区和拉丁美洲，其他 4/5 的国家都在平均值以下。

（二）发达国家与发展中国家税收收入水平变化的不同点

从以上分析可以看出，2000—2019 年，发达国家与发展中国家税收收入水平变化呈现以下不同点。

第一，发达国家的税收收入水平远远高于发展中国家。2000 年发达国家税收收入平均值是 2201 亿美元，发展中国家税收收入平均值为 86. 6 亿美元，发达国家是发展中国家的 25. 4 倍。2019 年，发达国家税收收入平均值为 4327 亿美元，发展中国家税收收入平均值为 250. 7 亿美元，发达国家是发展中国家的 17. 3 倍。这表明发达国家和发展中国家之间的税收收入水平依然有着巨大的差距。详见图 1-3、图 1-4。

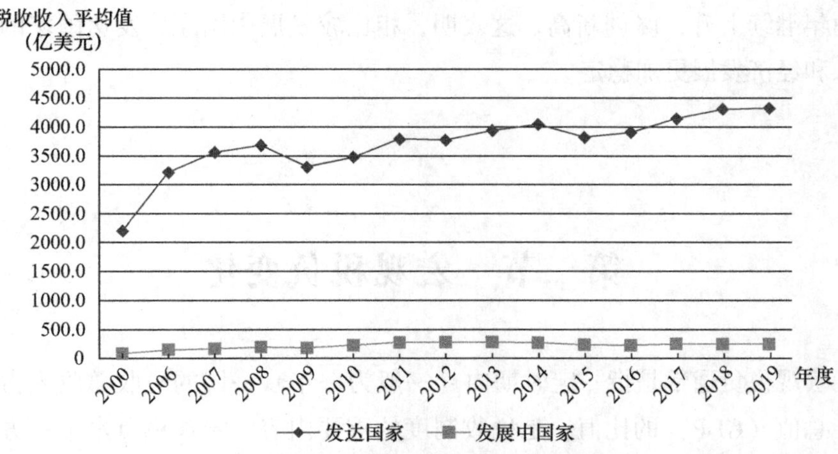

图 1-3　发达国家和发展中国家税收收入平均值变化趋势对比（2000—2019 年）

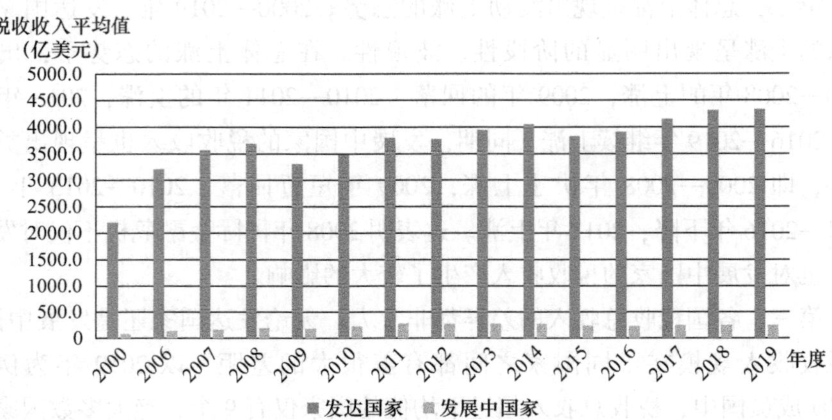

图 1-4 发达国家和发展中国家税收收入平均值对比情况（2000—2019 年）

第二，发展中国家税收收入的增幅远远高于发达国家。2000—2019 年，发展中国家税收收入的增幅为 189%。同期，发达国家税收收入的增幅为 97%。发展中国家的增幅高于发达国家，具有增长潜力。

第三，发达国家税收收入增长比发展中国家更为稳定。近年来，尽管发展中国家的税收收入增长比发达国家要快，但是并不稳定。2013 年，发展中国家税收收入平均值达到 278. 7 亿美元的高点后，开始连续 3 年下降，2017 年虽然开始上涨，但是仍没有达到 2013 年的高点，并且 2018 年、2019 年相比 2017 年有所下降。而同期发达国家的税收收入虽然也在个别年份出现了下降，但周期较短，马上开始上涨，在 2017 年达到了一个历史新高，并且在随后两年继续上升，屡创新高。这表明，相比较发展中国家，发达国家的税收收入和经济发展更加稳定。

第二节 宏观税负变化

宏观税负通常是指一定时期内（一般为一年）一国的税收总收入占国内生产总值（GDP）的比值，是税收制度的重要内容。宏观税负水平一方面反映了一个国家筹集财政收入、运用税收和财政手段调控经济的能力，另一方面也反映了该国纳税人税收负担的轻重。因而受到各国的重视和关注。本节中宏观税负口径为包括社会保障税在内的税收总收入占 GDP 的比重。

一、发达国家宏观税负

根据 OECD“全球税收收入统计数据库”统计数据，以 OECD 成员国作为发达国家代表，考察近年来发达国家宏观税负水平发展变化情况。

2000—2019 年，OECD 成员国宏观税负的平均值总体比较稳定，波动较小，波动幅度不超过 2.1 个百分点。从走势上看，总体上呈现波动向上的发展形态。平均宏观税负从 2000 年的 32.9%下降到 2009 年的 31.5%，成为阶段性低点，之后进入持续上升期，2016 年升至 33.6%，超过了 2000 年的宏观税负水平。2017 年有所回落，2018 年、2019 年趋于稳定，稍有波动。这表明经历了 2008 年的国际金融危机以后，OECD 成员国的宏观税负水平基本上呈现上升的趋势。具体情况见图 1-5 和表 1-4。

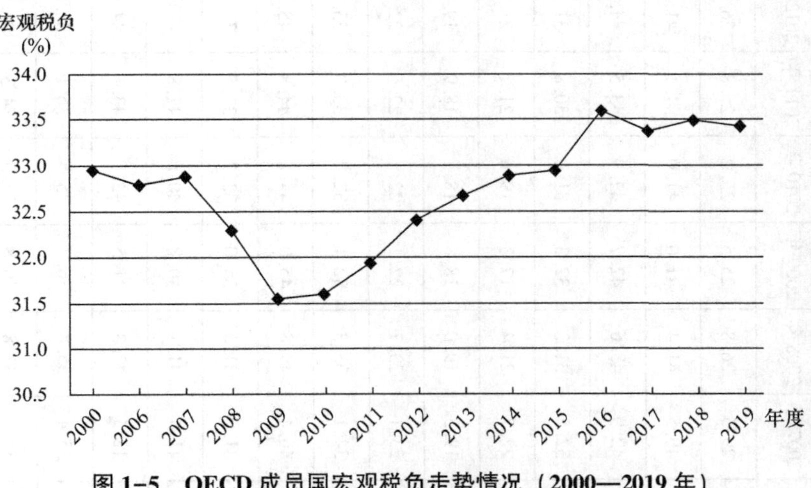

图 1-5 OECD 成员国宏观税负走势情况（2000—2019 年）

表 1-4　　OECD 成员国宏观税负变化情况（2000—2019 年）　　单位：%

国家	2000 年	2006 年	2007 年	2008 年	2009 年	2010 年	2011 年	2012 年	2013 年	2014 年	2015 年	2016 年	2017 年	2018 年	2019 年
澳大利亚	30.5	29.3	29.5	26.8	25.5	25.2	25.8	26.8	27.0	27.2	27.7	27.5	28.5	28.5	27.7
奥地利	42.3	40.4	40.5	41.4	41.0	41.0	41.1	41.8	42.6	42.7	43.1	41.8	41.9	42.3	42.6
比利时	43.8	43.2	42.9	43.6	42.7	42.9	43.5	44.3	45.0	44.8	44.1	43.3	43.9	43.9	42.7
加拿大	34.7	32.7	32.5	31.2	32.3	31.0	30.8	31.2	31.1	31.3	32.8	33.3	33.0	33.5	33.8
智利	18.8	22.0	22.7	21.4	17.3	19.6	21.1	21.3	19.9	19.6	20.4	20.1	20.2	21.1	20.9
哥伦比亚	15.7	19.3	19.3	19.0	18.8	18.1	18.9	19.7	20.0	19.6	19.9	19.1	19.0	19.3	19.7
哥斯达黎加	21.1	22.0	23.1	23.7	22.1	22.1	22.6	22.6	23.0	22.6	22.9	23.5	23.0	23.2	23.6
捷克	32.3	33.8	34.1	33.3	32.1	32.2	33.0	33.4	33.7	32.9	33.1	34.0	34.4	35.0	34.8
丹麦	46.9	46.5	46.4	44.8	45.0	44.8	44.8	45.5	45.9	48.5	46.1	45.5	45.5	44.2	46.6
爱沙尼亚	31.1	30.4	31.0	31.2	35.0	33.2	31.5	31.7	31.7	32.1	33.3	33.5	32.5	33.0	33.5
芬兰	45.8	42.1	41.4	41.1	40.8	40.6	41.8	42.4	43.4	43.5	43.5	43.7	42.9	42.4	42.3
法国	43.4	43.3	42.5	42.3	41.5	42.1	43.3	44.4	45.4	45.4	45.3	45.4	46.1	45.9	44.9
德国	36.4	34.9	35.4	35.8	36.7	35.5	36.1	36.8	37.0	36.8	37.3	37.7	37.7	38.4	38.6
希腊	33.4	31.0	31.8	31.8	30.8	32.3	34.3	36.3	35.9	36.3	36.6	38.9	39.3	40.0	39.5
匈牙利	38.5	36.4	39.3	39.4	38.8	36.9	36.4	39.0	38.5	38.4	38.7	39.1	37.9	36.8	36.5

续表

国家	2000 年	2006 年	2007 年	2008 年	2009 年	2010 年	2011 年	2012 年	2013 年	2014 年	2015 年	2016 年	2017 年	2018 年	2019 年
冰岛	35.9	39.6	38.3	34.2	31.2	32.1	33.2	34.0	34.3	37.1	35.1	50.3	37.1	36.4	34.8
爱尔兰	30.8	31.4	30.8	29.1	28.1	27.7	27.8	28.1	28.7	28.7	23.2	23.6	22.6	22.4	21.9
以色列	34.8	34.2	34.1	31.8	29.7	30.6	30.8	29.9	30.6	30.9	31.2	31.1	32.3	30.8	30.2
意大利	40.5	40.5	41.6	41.6	42.0	41.7	41.6	43.6	43.8	43.3	43.0	42.2	41.9	41.7	42.4
日本	25.3	26.6	27.2	27.0	25.7	26.2	27.1	28.0	28.6	30.0	30.2	30.3	30.9	31.6	31.4
韩国	20.9	22.6	23.7	23.6	22.6	22.4	23.2	23.7	23.1	23.4	23.7	24.7	25.4	26.7	27.3
拉脱维亚	29.1	28.6	28.2	27.9	28.2	28.6	28.2	29.0	29.2	29.8	29.9	30.8	31.2	31.1	31.2
立陶宛	30.8	30.2	30.1	30.6	30.2	28.3	27.2	26.9	26.7	27.5	28.7	29.7	29.6	30.2	30.3
卢森堡	36.9	35.7	36.2	36.8	38.3	37.6	37.1	38.4	38.2	37.5	36.2	36.3	37.4	39.5	38.9
墨西哥	11.5	11.6	12.0	12.6	12.5	12.8	12.8	12.6	13.3	13.7	15.9	16.6	16.1	16.1	16.3
荷兰	36.9	36.0	35.7	35.9	34.9	35.7	35.4	35.6	36.1	37.0	37.0	38.4	38.7	38.8	39.3
新西兰	32.5	35.3	33.9	32.9	30.2	30.3	30.1	31.6	30.5	31.2	31.5	31.4	31.3	32.2	31.5
挪威	41.7	42.7	42.0	41.3	41.1	41.8	41.9	41.4	39.8	38.7	38.4	38.9	38.8	39.4	39.9
波兰	32.9	33.6	34.6	34.3	31.4	31.3	31.8	32.2	32.1	32.1	32.4	33.4	34.1	35.1	35.1
葡萄牙	30.9	31.4	31.8	31.7	29.8	30.4	32.2	31.7	34.0	34.2	34.4	34.1	34.1	34.7	34.5

续表

国家	2000年	2006年	2007年	2008年	2009年	2010年	2011年	2012年	2013年	2014年	2015年	2016年	2017年	2018年	2019年
斯洛伐克	33.6	29.3	29.2	29.1	28.9	28.1	29.1	28.7	31.0	31.9	32.7	33.2	34.0	34.2	34.6
斯洛文尼亚	37.7	38.7	38.1	37.3	37.1	37.8	37.4	37.7	37.2	37.2	37.3	37.4	37.1	37.3	37.2
西班牙	33.0	36.0	36.4	32.1	29.7	31.3	31.2	32.4	33.1	33.9	33.8	33.6	33.9	34.7	34.7
瑞典	50.0	45.9	44.9	44.0	43.7	42.9	42.0	42.1	42.5	42.2	42.6	44.1	44.1	43.8	42.8
瑞士	27.0	25.6	25.4	25.8	26.1	25.6	26.0	25.9	26.0	25.9	26.6	26.6	27.4	26.8	27.4
土耳其	23.5	23.4	22.9	23.0	23.3	24.7	25.7	24.8	25.2	24.5	25.0	25.1	24.7	24.0	23.1
英国	32.8	32.8	32.9	32.2	31.0	32.1	32.9	32.1	31.9	31.7	31.8	32.4	32.9	32.9	32.7
美国	28.3	26.8	26.7	25.6	22.9	23.4	23.8	23.9	25.5	25.9	26.2	25.9	26.8	24.9	25.0
OECD 平均值	32.9	32.8	32.9	32.3	31.5	31.6	31.9	32.4	32.7	32.9	32.9	33.6	33.4	33.5	33.4

注：1. 税收包含社会保障税。

2. 数据更新至2022年2月8日。

资料来源：OECD“全球税收收入统计数据库”。OECD. Global Revenue Statistics Database [DB/OL]. (2022-02-08)[2022-03-08]. https://www.oecd.org/tax/tax-policy/global-revenue-statistics-database.htm.

从图1-5、表1-4可以看出，总体上看，以OECD成员国为代表的发达国家的宏观税负走势近年来呈现出以下特点。

第一，发达国家的宏观税负水平走势总体比较平稳。2000—2019年，发达国家的宏观税负水平基本稳定，上下波动不超过2.1个百分点，呈窄幅波动态势。2008年国际金融危机爆发以后，宏观税负虽然有所下降，但降幅较小，2009年比2008年降低了不到1个百分点。

第二，发达国家的宏观税负在国际金融危机后呈现不断上涨的走势。尽管发达国家的宏观税负总体变动不大，但是在2008年国际金融危机前后的走势完全不同。以2009年为界，2000—2009年，发达国家的宏观税负虽然有一些年份上涨，但总体上呈现小幅下降态势，从2000年的32.9%下降至2009年的31.5%，下降了1.4个百分点。2009年以后基本呈现持续上升的态势，从2009年的低点31.5%上升至2019年的33.4%，上涨了1.9个百分点。这种走势表明2008年国际金融危机以后，各国纷纷采取经济刺激措施，税收收入不断回升，到2015年以后已经超过了2000年的宏观税负水平。

第三，主要发达国家的宏观税负走势出现了分化。2000年以来，尽管发达国家的宏观税负水平主流是上升，但也有一些主要经济体的宏观税负水平在持续下降。法国、德国、意大利、日本、韩国、荷兰、西班牙、英国等主要国家的宏观税负出现上涨，而美国、加拿大、澳大利亚等国家和芬兰、挪威、瑞典等北欧国家的宏观税负出现了不同程度的下降。特别是美国2018年实施《减税与就业法案》以后，宏观税负下降较大，从2017年的26.8%降至2019年的25%，下降了1.8个百分点。

第四，发达国家之间的宏观税负水平差异较大。以2019年为例，丹麦、法国、瑞典、比利时、奥地利、意大利、芬兰、挪威、希腊、荷兰、卢森堡、德国、斯洛文尼亚、匈牙利、波兰、冰岛、捷克、西班牙、斯洛伐克、葡萄牙、加拿大、爱沙尼亚等22个国家的宏观税负水平超过了OECD成员国的平均值，比2018年增加了1个国家。宏观税负水平最高的是丹麦，达到46.6%。其余16个国家的宏观税负水平低于OECD成员国的平均水平。其中最低的是墨西哥，仅为16.3%。宏观税负水平最高国家与最低国家相差30.3个百分点，这表明发达国家各国之间的宏观税负水平差异依然很大。

二、发展中国家宏观税负

根据 OECD“全球税收收入统计数据库”，以 70 个亚非拉发展中国家为代表，考察 2000 年以来发展中国家宏观税负发展变化情况。

2000—2019 年，发展中国家的宏观税负水平在 17%～22.6%波动，但总体上呈现上升态势。从走势上看，发展中国家的宏观税负水平在 2000 年以后呈现快速上升而后平稳波动的趋势，2006 年上升至 22.6%，随后年度在 21%～22.1%波动。具体情况见图 1-6 和表 1-5。

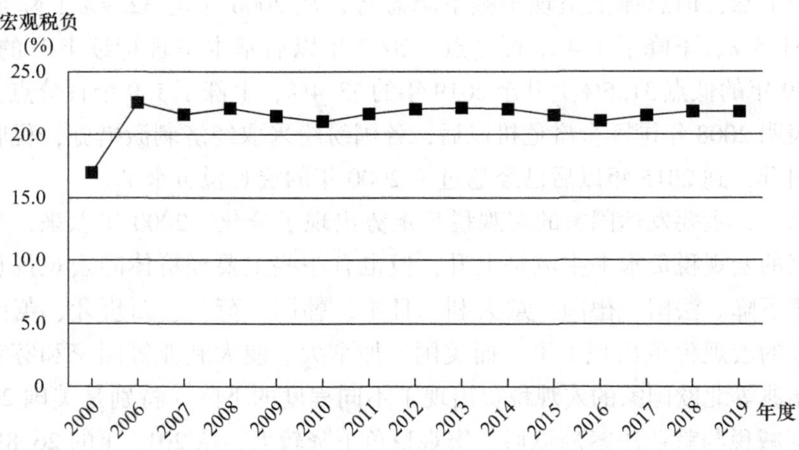

图 1-6　亚非拉 70 个发展中国家宏观税负走势情况（2000—2019 年）

表 1-5　　亚非拉 70 个发展中国家宏观税负情况（2000—2019 年）　　单位：%

国家	2000 年	2006 年	2007 年	2008 年	2009 年	2010 年	2011 年	2012 年	2013 年	2014 年	2015 年	2016 年	2017 年	2018 年	2019 年
不丹	9.1	8.4	9.1	10.0	13.7	14.1	15.1	14.2	13.4	13.7	13.5	12.9	13.7	12.6	10.3
库克群岛	—	25.9	24.9	24.0	26.7	26.9	24.7	27.5	25.1	22.1	26.7	27.1	28.3	29.8	26.8
斐济	—	—	—	22.2	21.6	21.7	22.7	23.8	23.7	22.7	23.6	23.1	24.2	23.5	22.2
印度尼西亚	7.9	11.9	12.2	13.0	11.0	11.4	12.2	12.5	12.5	12.2	12.1	12.0	11.6	12.0	11.6
哈萨克斯坦	19.9	26.1	26.1	27.6	21.2	23.8	25.5	23.9	22.6	21.1	15.5	14.9	16.0	17.0	16.7
老挝	—	—	—	—	—	11.5	12.1	12.2	12.9	12.3	12.6	11.9	11.0	10.9	10.5
马来西亚	14.1	15.1	14.8	15.1	15.5	13.8	15.3	16.1	15.8	15.3	14.5	14.0	13.4	12.5	12.5
马尔代夫	—	—	11.9	11.5	8.9	8.9	12.1	15.4	17.4	19.0	19.4	19.7	20.2	19.3	18.6
蒙古	—	26.8	28.4	26.7	22.3	25.3	24.5	22.2	23.5	20.2	19.1	19.1	21.5	24.0	24.2
巴布亚新几内亚	13.4	20.0	20.8	18.6	15.9	17.0	20.0	18.9	18.4	18.0	15.2	13.2	12.4	12.6	12.4
菲律宾	15.3	15.8	15.6	15.6	14.4	14.2	14.5	15.1	15.5	16.0	16.2	16.3	16.8	17.4	18.0
萨摩亚	—	22.4	18.8	18.8	20.8	19.6	20.5	23.1	23.8	23.0	23.7	24.4	24.8	27.1	25.7
所罗门群岛	—	—	15.3	16.6	16.6	18.9	22.2	23.4	23.3	23.0	23.1	21.6	22.5	24.1	20.4
泰国	14.8	18.0	17.6	17.1	16.6	17.6	18.5	18.5	19.3	18.4	18.9	18.1	17.5	17.7	17.2
托克劳	—	13.3	14.3	16.1	15.5	17.7	15.6	15.3	16.2	17.1	15.1	14.7	16.8	18.1	19.2
瓦努阿图	16.2	17.5	19.0	19.2	17.7	16.3	16.4	16.6	17.2	17.4	16.3	15.3	17.1	17.8	17.1
越南	—	19.9	19.9	20.9	20.0	21.6	20.8	17.7	18.0	17.2	17.3	17.3	17.3	17.2	17.5
博茨瓦纳	—	44.2	40.6	40.0	38.1	34.7	35.6	36.2	37.0	37.9	31.1	32.1	31.1	27.7	28.0
布基纳法索	17.8	17.9	19.4	16.4	18.9	19.0	19.5	20.9	22.7	19.8	19.6	19.7	20.3	21.0	21.3

续表

国家	2000年	2006年	2007年	2008年	2009年	2010年	2011年	2012年	2013年	2014年	2015年	2016年	2017年	2018年	2019年
喀麦隆	18.6	20.2	20.5	20.6	17.2	16.5	18.7	18.0	18.7	18.2	18.6	16.8	17.5	18.0	17.8
佛得角	23.2	29.1	27.5	28.1	27.2	28.1	25.2	23.7	24.0	22.2	26.3	25.8	27.9	27.0	28.8
乍得	—	—	—	—	—	19.9	24.3	22.8	20.6	17.1	11.0	8.7	12.0	14.1	13.3
刚果（布）	22.2	42.0	36.8	47.5	28.7	38.3	43.8	37.5	39.3	37.9	23.6	25.9	22.3	25.4	27.6
刚果（金）	0.6	5.8	6.9	8.5	7.9	14.7	13.1	16.1	13.7	16.0	14.5	12.7	10.5	10.4	9.9
科特迪瓦	11.9	13.1	15.2	14.9	14.8	13.2	12.2	14.2	14.5	14.1	15.0	14.6	14.9	14.5	14.8
埃及	—	25.8	25.3	25.6	27.6	23.1	20.2	20.0	20.9	23.6	21.3	19.7	21.1	19.5	18.4
赤道几内亚	—	39.8	36.7	34.3	33.2	26.4	28.1	27.9	25.2	24.5	27.0	17.4	17.9	20.0	19.7
加纳	9.4	12.7	13.8	13.8	14.5	14.6	15.8	16.6	16.0	16.3	17.8	16.9	16.9	17.3	16.6
肯尼亚	—	20.2	19.6	22.1	20.6	19.0	—	—	19.5	20.8	20.5	20.3	20.5	19.3	18.8
莱索托	—	60.9	55.8	59.5	60.5	51.4	47.5	60.2	55.6	52.9	49.2	43.6	48.6	49.5	47.3
马达加斯加	12.4	15.6	13.9	14.6	11.4	12.5	11.7	10.7	10.6	11.1	11.0	12.0	13.2	14.2	13.8
马拉维	—	24.6	26.2	24.7	26.4	26.9	23.8	18.8	27.0	22.8	21.1	21.4	23.5	21.0	21.0
马里	17.2	21.1	19.9	16.9	21.5	19.0	19.3	15.3	18.4	17.1	17.7	18.6	20.2	15.7	19.9
毛里塔尼亚	—	—	10.0	10.1	16.7	16.1	16.6	19.7	20.6	21.1	20.9	19.0	19.3	23.2	19.4
毛里求斯	21.0	20.2	19.4	21.6	23.3	22.7	22.4	22.6	22.3	22.3	22.1	22.7	23.6	24.7	24.0
摩洛哥	24.3	30.2	32.1	34.4	31.4	31.2	32.3	33.2	32.2	31.5	30.7	31.0	31.4	31.9	32.6
纳米比亚	—	31.5	32.5	32.8	31.5	28.0	32.1	35.0	34.7	36.6	35.4	31.9	34.1	31.2	32.9
尼日尔	11.4	44.8	14.0	15.1	15.0	14.3	13.8	16.6	19.9	18.5	18.2	15.6	15.5	18.3	18.0

续表

国家	2000年	2006年	2007年	2008年	2009年	2010年	2011年	2012年	2013年	2014年	2015年	2016年	2017年	2018年	2019年
尼日利亚	—	—	—	—	—	15.0	19.3	15.7	13.4	12.5	8.9	7.4	8.2	9.2	9.1
卢旺达	22.0	21.2	21.4	24.1	23.3	23.9	24.5	22.1	25.8	24.4	24.7	23.8	23.5	24.8	24.6
塞内加尔	14.7	17.6	19.1	17.9	17.9	18.4	18.4	19.2	18.7	20.3	19.9	21.7	20.4	20.0	—
塞舌尔	—	—	—	29.4	38.0	36.9	41.4	43.0	37.8	38.8	36.5	40.0	38.2	41.7	40.6
南非	20.5	24.6	25.9	25.9	23.7	23.7	24.5	24.9	25.3	25.9	26.9	26.5	26.6	27.1	26.7
斯威士兰	23.2	35.8	32.8	36.3	31.0	21.9	20.5	31.0	29.9	31.2	29.2	28.0	31.1	29.1	31.2
多哥	8.3	18.2	13.6	16.9	20.8	19.2	18.9	17.2	18.4	18.7	19.1	19.6	19.4	20.1	19.7
突尼斯	26.9	27.3	27.9	30.4	30.0	30.0	33.1	32.6	33.4	33.3	32.3	31.3	34.0	34.9	37.7
乌干达	13.0	13.3	13.5	11.6	10.7	10.1	9.9	10.2	10.3	10.2	11.7	12.5	12.5	12.7	13.4
安提瓜和巴布达	11.9	17.2	21.6	21.2	20.0	21.3	20.6	21.2	20.9	19.9	20.4	19.6	19.6	19.0	18.2
阿根廷	19.2	25.1	26.4	27.6	28.9	29.1	29.3	30.6	31.2	31.1	31.5	30.7	30.0	28.9	28.6
巴哈马	12.2	12.4	13.1	13.5	12.6	12.7	14.8	14.2	13.6	13.7	15.4	16.5	17.2	16.7	18.7
巴巴多斯	30.9	29.8	30.0	31.1	29.9	30.0	31.1	30.4	29.4	28.9	29.6	31.2	32.1	33.1	33.1
伯利兹	19.1	22.6	25.7	24.3	25.4	26.9	25.4	25.5	26.0	27.9	27.5	28.3	28.7	30.2	32.4
玻利维亚	20.1	21.6	22.2	23.6	24.4	22.9	25.1	25.9	26.7	27.9	29.5	27.9	25.9	25.0	24.7
巴西	29.4	33.2	33.6	33.4	32.0	32.4	33.3	32.5	32.5	31.8	32.0	32.2	32.3	33.2	33.1
古巴	37.2	44.7	44.0	41.2	40.6	37.2	37.9	39.2	36.5	37.1	38.1	41.1	42.4	42.3	42.0
多米尼加	12.3	14.2	15.0	14.3	12.8	12.4	12.4	13.1	13.6	13.5	13.0	13.1	13.2	13.2	13.5
厄瓜多尔	11.6	14.5	15.1	14.9	15.7	16.0	17.6	19.7	19.5	19.2	21.3	19.9	19.9	20.7	20.1

续表

国家	2000 年	2006 年	2007 年	2008 年	2009 年	2010 年	2011 年	2012 年	2013 年	2014 年	2015 年	2016 年	2017 年	2018 年	2019 年
萨尔瓦多	14. 2	18. 3	18. 8	19. 0	17. 9	18. 7	18. 7	19. 1	20. 1	19. 8	19. 9	20. 5	20. 9	21. 2	20. 8
危地马拉	11. 7	13. 8	14. 0	13. 0	12. 3	12. 5	12. 8	12. 9	13. 3	13. 2	12. 8	13. 2	13. 2	13. 2	13. 1
圭亚那	15. 7	13. 9	15. 6	14. 5	15. 3	16. 0	16. 4	15. 8	16. 4	17. 8	18. 1	18. 4	19. 5	22. 2	23. 2
洪都拉斯	17. 2	18. 3	19. 8	19. 6	17. 8	18. 2	17. 7	18. 5	19. 2	20. 4	21. 0	22. 7	22. 1	22. 4	21. 9
牙买加	22. 2	24. 1	24. 8	25. 1	24. 9	24. 9	24. 5	24. 5	24. 9	24. 8	25. 8	26. 5	27. 3	27. 8	28. 6
尼加拉瓜	14. 3	18. 5	18. 8	18. 1	18. 5	19. 3	20. 2	20. 8	21. 2	21. 8	22. 3	23. 3	23. 8	23. 2	25. 9
巴拿马	15. 5	14. 5	15. 5	15. 4	16. 0	16. 4	16. 3	16. 6	16. 8	15. 7	15. 1	15. 5	15. 1	14. 8	14. 1
巴拉圭	11. 6	11. 2	10. 8	11. 0	11. 5	12. 1	12. 9	13. 4	12. 7	13. 9	13. 7	13. 4	14. 0	13. 8	13. 9
秘鲁	15. 2	18. 1	18. 5	18. 8	16. 9	17. 8	18. 4	19. 0	18. 9	19. 2	17. 4	16. 2	15. 3	16. 5	16. 6
圣卢西亚	19. 6	19. 0	20. 9	21. 3	20. 5	20. 3	20. 0	19. 7	20. 3	20. 5	21. 2	21. 3	20. 2	20. 7	21. 1
特立尼达和多巴哥	21. 9	32. 1	27. 8	32. 0	25. 6	28. 7	28. 0	28. 0	27. 7	28. 8	28. 4	22. 4	20. 6	23. 2	23. 7
乌拉圭	23. 2	26. 3	25. 7	26. 2	26. 0	26. 3	26. 7	27. 0	27. 5	27. 4	27. 4	27. 8	29. 0	29. 2	29. 0
委内瑞拉	13. 5	16. 3	17. 0	14. 2	14. 2	11. 8	13. 4	14. 1	14. 4	—	—	—	—	—	—
平均值	17. 0	22. 6	21. 6	22. 1	21. 5	21. 0	21. 6	22. 0	22. 1	22. 0	21. 5	21. 1	21. 5	21. 8	21. 8

注：1. 税收包含社会保障税。

2. 表中“—”表示还未提供可用数据。

3. 数据更新至 2022 年 2 月 8 日。

资料来源：OECD“全球税收收入统计数据库”。OECD. Global Revenue Statistics Database［DB/OL］.（2022-02-08）［2022-03-08］. https://www.oecd.org/tax/tax-policy/global-revenue-statistics-database.htm.

总体上看，以 70 个亚非拉国家为代表的发展中国家的宏观税负近年来的发展变化呈现出以下特点和趋势。

第一，发展中国家的宏观税负总体上呈现上升态势。2000—2019 年，发展中国家宏观税负的平均水平从 17%攀升至 21.8%，上升了 4.8 个百分点。

第二，发展中国家宏观税负的上升走势并没有因国际金融危机爆发而出现大的变化。2008 年国际金融危机爆发以前，发展中国家的宏观税负处在快速上升状态，宏观税负平均值从 2000 年的 17%上升至 2008 年的 22.1%，上升了 5.1 个百分点。尽管在 2009 年和 2010 年分别降至 21.5%和 21%，分别下降了 0.6 个和 0.5 个百分点，但在 2011 年开始回升并在 2013 年就达到了 2008 年的水平。

第三，宏观税负上升成为发展中国家的主流。在 70 个亚非拉发展中国家中，与 2000 年相比，2019 年仅有哈萨克斯坦、马来西亚、巴布亚新几内亚、喀麦隆、巴拿马等极少数国家的宏观税负下降，其他 60 余个国家的宏观税负呈现上升态势，其中，阿根廷、刚果（金）、厄瓜多尔、摩洛哥、斯威士兰、圭亚那、加纳等国家宏观税负上升 7~10 个百分点，伯利兹、尼加拉瓜、多哥、突尼斯等国家上升幅度超 10 个百分点。

第四，发展中国家的宏观税负水平差异很大。以 2019 年为例，有 28 个国家的宏观税负高于平均水平，其中宏观税负最高的国家是莱索托，为 47.3%；古巴、塞舌尔、突尼斯、巴巴多斯、巴西、纳米比亚、摩洛哥、伯利兹、斯威士兰等 9 个国家的宏观税负也都在 30%以上，接近发达国家的平均宏观税负水平。其他发展中国家的宏观税负低于平均水平，有的甚至在 10%以下，比如刚果（金）、尼日利亚的宏观税负分别仅为 9.9%、9.1%。

三、发达国家与发展中国家宏观税负比较

（一）发达国家与发展中国家宏观税负的共同点

从以上分析可以看出，2000—2019 年，发达国家与发展中国家宏观税负呈现以下共同点。

第一，宏观税负水平都呈现上升的发展态势。近年来，发达国家和发展中国家的宏观税负都在不断上涨。与 2000 年相比，2019 年发达国家和发展中国家的宏观税负分别上涨了 0.5 个和 4.8 个百分点。与国际金融危机爆发后的 2009 年相比，发达国家和发展中国家的宏观税负分别上涨了 1.9 个和 0.3 个百分点。这表明国际金融危机以后，无论发达国家和发展中国家

都致力于刺激经济发展，税收收入出现了快速增长，宏观税负也不断攀升（见图 1-7）。

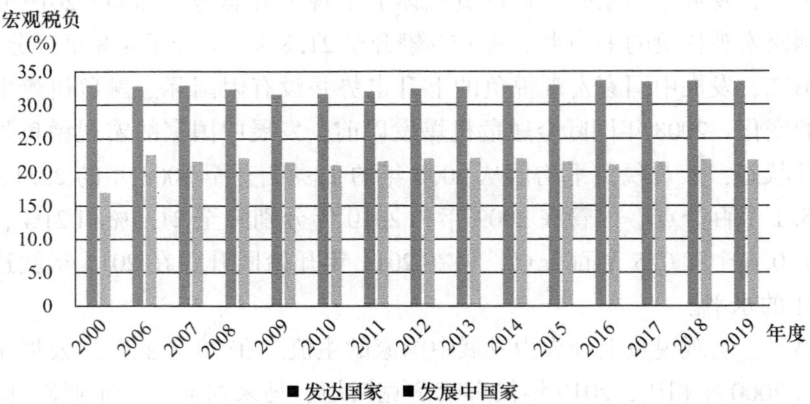

图 1-7 发达国家和发展中国家宏观税负走势比较情况（2000—2019 年）

第二，宏观税负的波动幅度都不是很大。2000—2019 年，发达国家的宏观税负水平上下波动幅度为 2.1 个百分点，而发展中国家的宏观税负波动幅度为 5.6 个百分点。总体而言，波动幅度均不是很大。

第三，国际金融危机对发达国家和发展中国家的宏观税负都产生了一定的负面影响。2008 年国际金融危机以后，2009 年，发达国家的宏观税负水平下降了 0.8 个百分点，发展中国家的宏观税负下降了 0.6 个百分点。

（二）发达国家与发展中国家的宏观税负的不同点

从以上分析可以看出，2000—2019 年，发达国家与发展中国家宏观税负呈现以下不同点。

第一，发达国家的宏观税负比较高，发展中国家的宏观税负相对比较低。近年来，发达国家的宏观税负水平一直保持在 31.5%~33.5%，处在一个相对较高的水平。而同期发展中国家的宏观税负水平基本保持在 17%~22.6%，税收收入占 GDP 的比重约为 1/5，处在一个相对较低的水平。发达国家的宏观税负远远高于发展中国家（见图 1-7）。

第二，发达国家的宏观税负比较稳定，发展中国家的宏观税负上升明显。2000 年以来，发达国家的宏观税负虽总体上呈微弱上升态势，幅度很小，2019 年比 2000 年增长幅度不超过 1 个百分点。而同期发展中国家的宏观税负处于较快上升阶段，从 2000 年的 17% 上升至 2019 年的 21.8%，上升了 4.8 个百分点。这种情况表明，发达国家的宏观税负水平已经处于一个比较成熟的稳定期，而发展中国家的宏观税负水平还处于上升阶段。

第三，发展中国家之间宏观税负的差异性比发达国家更大。2019 年，OECD 成员国宏观税负的平均值为 33. 4%，宏观税负水平最高的国家是丹麦，为 46. 6%，是平均值的 139. 5%；宏观税负水平最低的国家是墨西哥，为 16. 3%，是平均值的 48. 8%。而 2019 年 70 个亚非拉发展中国家宏观税负的平均值为 21. 8%，宏观税负水平最高的国家是莱索托，为 47. 3%，是平均值的 217. 0%；宏观税负水平最低的国家是尼日利亚，为 9. 1%，是平均值的 41. 7%。比较而言，发达国家的宏观税负水平与平均值差异的程度没有发展中国家的大。这表明发达国家之间的宏观税负差异较小，税制比较成熟；发展中国家之间的宏观税负差异较大，税制不太稳定，还处在不断完善成熟的阶段。

第三节　税制结构变化

税制结构是指国家各税种收入之间的关系及其在税收总收入中所占的比重，它反映一国税收制度的整体布局和总体结构。为了便于研究，本节将收入规模较大的个人所得税、公司所得税、社会保障税、货物劳务税（包括增值税、销售税等）、财产税（包括房地产税、遗产与赠与税等）作为研究对象，分析各国的税收结构。

一、发达国家税制结构变化

近年来，世界各国税收制度改革不断深化，税收政策调整频繁，相应地，各国的税制结构也发生着变化。以 OECD 成员国为代表的发达国家各个税种收入占税收总收入的比重的发展变化也呈现出了一定的特点。具体情况见表 1-6、图 1-8 和图 1-9。

表 1-6　**OECD 成员国各主要税种收入占税收总收入的比重（2000—2019 年）**　单位：%

税种	2000 年	2006 年	2007 年	2008 年	2009 年	2010 年	2011 年	2012 年	2013 年	2014 年	2015 年	2016 年	2017 年	2018 年	2019 年
个人所得税	23.4	22.2	22.7	23.0	22.7	22.0	22.1	22.4	22.6	22.8	23.1	22.6	23.0	23.1	23.5
公司所得税	9.3	11.2	11.3	10.6	9.1	9.0	9.3	9.4	9.4	9.2	9.2	9.4	9.7	10.1	9.6
社会保障税	24.9	24.7	24.5	25.2	26.8	26.6	26.4	26.3	26.3	26.1	25.9	25.9	25.8	25.9	25.9
货物劳务税	33.9	33.3	33.0	32.8	33.2	34.0	33.8	33.5	33.3	33.4	33.3	33.1	33.1	32.8	32.6
财产税	5.3	5.5	5.4	5.3	5.4	5.4	5.4	5.4	5.6	5.6	5.7	6.5	5.8	5.5	5.5
其他	3.2	3.1	3.0	3.1	2.8	3.0	3.0	2.9	2.8	2.8	2.7	2.6	2.7	2.7	2.8

注：数据更新至 2022 年 2 月 8 日。

资料来源：OECD“全球税收收入统计数据库”。OECD. Global Revenue Statistics Database [DB/OL]. (2022-02-08) [2022-03-08]. https://www.oecd.org/tax/tax-policy/global-revenue-statistics-database.htm.

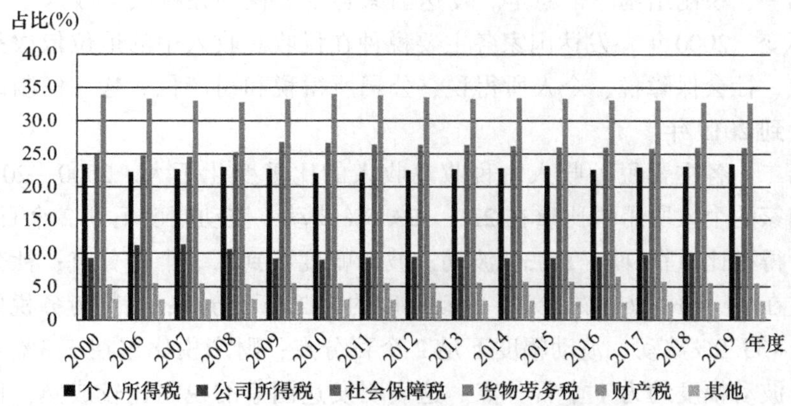

图 1-8　OECD 成员国各税种收入占税收总收入的比重情况（2000—2019 年）

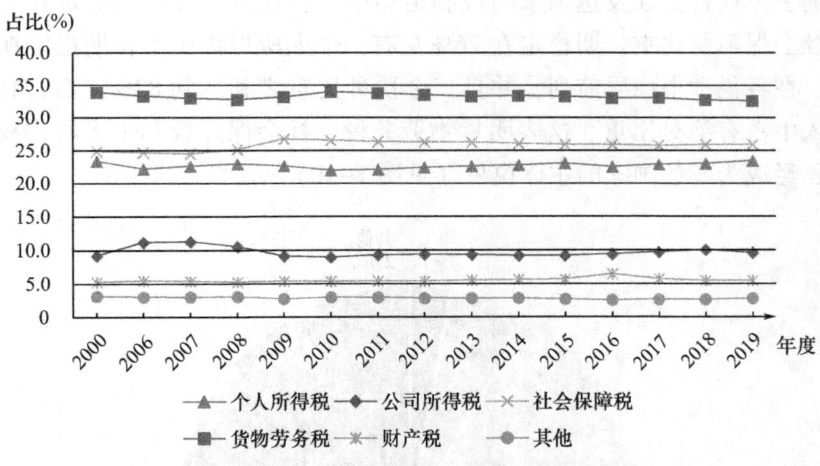

图 1-9　OECD 成员国税制结构变化情况（2000—2019 年）

从表 1-6、图 1-8、图 1-9 可以看出，2000 年以来，以 OECD 成员国为代表的发达国家的税制结构虽然有一些变动，但总体格局并没有发生实质性的变化。从各主要税种收入的比重看，2019 年发达国家个人所得税、公司所得税、社会保障税、货物劳务税、财产税收入占税收总收入的比重分别为 23.5%、9.6%、25.9%、32.6%、5.5%。其中个人所得税、社会保障税、货物劳务税的比重较大，都在 23%以上，特别是货物劳务税比重在 30%以上，是主要税种。而公司所得税、财产税的比重较低，均未达到 10%。总的来看，近年来发达国家的税制结构的发展变化呈现以下几个特点和趋势。

第一，税制结构非常稳定。发达国家各主要税种在税收总收入中的地位保持不变。2000 年，发达国家各主要税种在税收总收入中的地位依次是货物劳务税、社会保障税、个人所得税、公司所得税和财产税。这一税制结构一直保持到 2019 年。

第二，各主要税种收入占税收总收入的比重变化不大。2000—2019 年，发达国家的个人所得税比重在 22%～23.5%波动，波动幅度不到 2 个百分点；公司所得税比重在 9%～11.3%波动，波动幅度不到 2.3 个百分点；社会保障税比重在 24.5%～26.8%波动，波动幅度约为 2 个百分点；货物劳务税比重在 32.6%～33.9%波动，波动幅度不足 2 个百分点；财产税比重在 5.3%～6.5%波动，波动幅度约为 1 个百分点。这表明发达国家的税制比较成熟，税制结构相对稳定，近年来各税种收入占税收总收入的比重都没有发生大的变化。

第三，货物劳务税、社会保障税、个人所得税的收入比重较高，是发达国家的主体税种。在发达国家的税制结构中，货物劳务税长期稳定在 33%左右，社会保障税比重长期稳定在 26%左右，个人所得税比重长期稳定在 23%左右，在各税种中稳居前列，并且三个税种比重之和达到 82%左右，在税收总收入中占有绝对比重。这表明货物劳务税、社会保障税和个人所得税三个税种已经成为发达国家的主体税种（见图 1-10）。

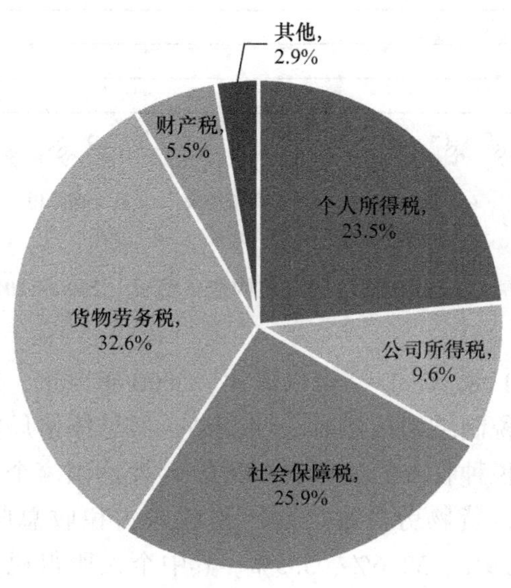

图 1-10　2019 年 OECD 成员国税制结构

第四，公司所得税和财产税收入比重较低。2000 年以来，在发达国家的税制结构中，公司所得税和财产税的比重一直不高，均未超过 10%。公司所得税比重从 2007 年的 11.3%降至 2019 年的 9.6%，出现了一定程度的下降。同时，财产税收入比重长期处在 6%以下。

二、发展中国家税制结构变化

根据 OECD“全球税收收入统计数据库”，以 70 个亚非拉国家为代表的发展中国家税制结构的发展变化情况见表 1-7、图 1-11 和图 1-12。

表 1-7　亚非拉 70 个发展中国家各主要税种收入占税收总收入的比重（2000—2019 年）

单位：%

税种	2000年	2006年	2007年	2008年	2009年	2010年	2011年	2012年	2013年	2014年	2015年	2016年	2017年	2018年	2019年
个人所得税	11.5	12.6	12.4	12.5	12.9	12.8	13.0	13.3	13.6	13.4	14.0	14.4	14.3	14.0	14.4
公司所得税	15.2	20.3	20.1	20.8	20.4	20.7	21.1	21.1	20.8	20.3	18.9	17.7	18.1	18.4	18.4
社会保障税	10.7	9.0	8.6	8.7	9.4	9.2	8.9	9.1	9.3	9.6	9.6	9.8	10.0	9.7	9.8
货物劳务税	57.6	53.2	54.1	53.6	53.1	53.6	53.3	52.6	52.3	52.6	53.0	53.8	53.8	53.8	53.3
财产税	3.0	3.0	3.0	2.8	2.6	2.5	2.4	2.4	2.4	2.4	2.4	2.3	2.2	2.3	2.3
其他	2.1	1.8	1.8	1.6	1.6	1.2	1.4	1.5	1.6	1.7	1.9	2.0	1.6	1.8	1.8

注：数据更新至 2022 年 2 月 8 日。

资料来源：OECD“全球税收收入统计数据库”。OECD. Global Revenue Statistics Database [DB/OL]. (2022-02-08) [2022-03-08] . https://www.oecd.org/tax/tax-policy/global-revenue-statistics-database.htm.

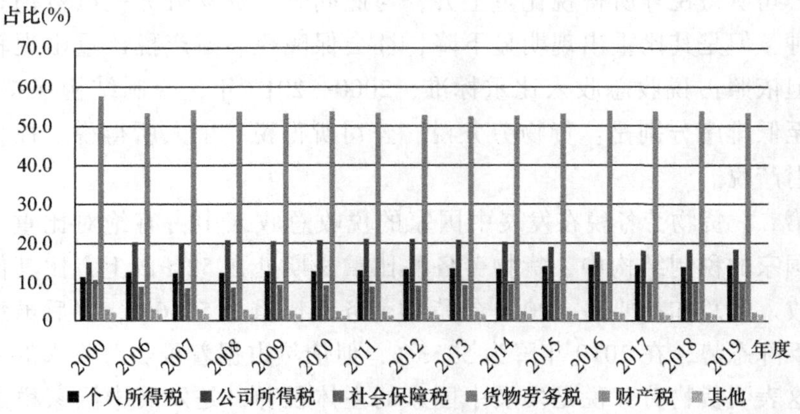

图 1-11　亚非拉 70 个发展中国家各税种收入占税收总收入比重情况（2000—2019 年）

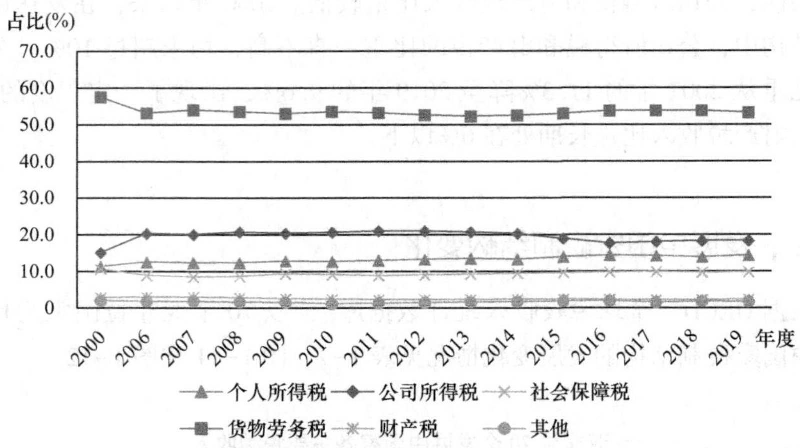

图 1-12　亚非拉 70 个发展中国家税制结构变化情况（2000—2019 年）

从表 1-7、图 1-11 和图 1-12 可以看出，2000 年以来，以 70 个亚非拉国家为代表的发展中国家各主要税种收入占税收总收入的比重变化明显。从各主要税种收入的比重看，2019 年，发展中国家的个人所得税、公司所得税、社会保障税、货物劳务税、财产税收入占税收总收入的比重分别为 14.4%、18.4%、9.8%、53.3%、2.3% 。其中，货物劳务税比重最大，在 50% 以上，是发展中国家的主要税种。而财产税比重较低，不到 3%。总的来看，近年来发展中国家的税制结构发展变化呈现以下几个特点和趋势。

第一，税制结构基本保持稳定。同 2000 年相比，2019 年，个人所得税、公司所得税等所得税比重上升，与此同时，货物劳务税虽然仍是第一大税种，但是其比重出现明显下降，社会保障税、财产税比重出现轻微下降。但依照占税收总收入比重标准，2000—2019 年，税制结构保持稳定，由高至低排序分别是：货物劳务税、公司所得税、个人所得税、社会保障税、财产税。

第二，货物劳务税在发展中国家的税收总收入中占有绝对比重。在发展中国家的税制结构中，货物劳务税比重长期处在 52% 以上，比其他所有税种收入的总和都要高。2000 年货物劳务税比重为 57.6%，之后虽然呈现稳步下降态势，在 2019 年降为 53.3%，但依然占据着税收总收入的一半以上。这表明货物劳务税是发展中国家的主体税种，是发展中国家税制结构的重点。

第三，个人所得税、公司所得税和社会保障税收入也是发展中国家税收收入的重要来源。在发展中国家的税制结构中，尽管个人所得税、公司所得税、社会保障税的比重达不到货物劳务税的比重，但是也都超过了8%。其中个人所得税和公司所得税比重上升较快，分别从2000年的11.5%、15.2%上升至2019年的14.4%、18.4%，分别提高了2.9个和3.2个百分点。社会保障税有所下降，从2000年的10.7%降至2019年的9.8%，下降了0.9个百分点。2019年发展中国家的个人所得税、公司所得税、社会保障税三个税种收入的比重之和为42.6%，在税制结构中的地位也非常重要。

第四，财产税占税收总收入的比重较低。财产税在发展中国家的税制结构中的比重一直较低。2000—2019年，财产税比重小幅下降，基本维持在3%以下的水平，2019年仅为2.3%（见图1-13）。

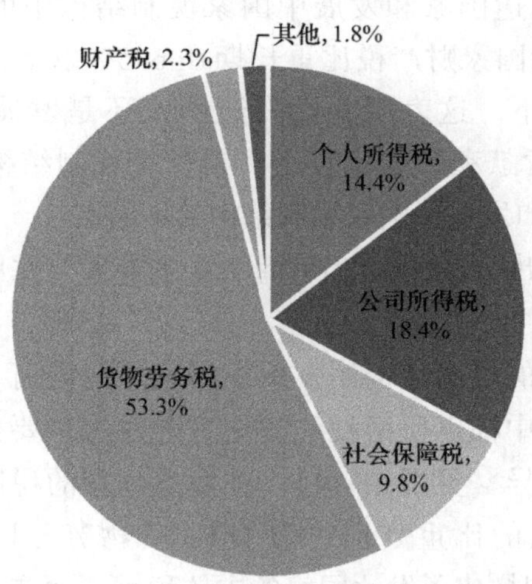

图1-13　2019年发展中国家税制结构

三、发达国家和发展中国家税制结构比较

（一）发达国家和发展中国家税制结构的共同点

从以上分析可以看出，2000—2019年，发达国家与发展中国家税制结构呈现以下共同点。

第一，发达国家和发展中国家的税制结构变化趋势都基本保持稳定。2000年以来，虽然世界各国都在进行着税制的改革，各个主要税种的比重也都在发生着变化，但是无论发达国家还是发展中国家的税制结构都没有出现根本性的变化，变化趋势基本保持稳定。其中，个人所得税、公司所得税、社会保障税、货物劳务税等主要税种的在税制结构中的地位基本上都维持着原有的格局。

第二，发达国家和发展中国家都呈现出以所得税和货物劳务税为主体的税制结构。近年来，所得税和货物劳务税都已经成为发达国家和发展中国家的税制结构中的主体税种。以2019年为例，发达国家的所得税收入比重达到了33.1%，货物劳务税收入比重为32.6%，两类税种收入比重达到65.7%。发展中国家的所得税收入比重为32.8%，货物劳务税收入比重为53.3%，两类税种收入比重达到86.1%。这说明无论发达国家还是发展中国家，所得税和货物劳务税收入的比重都在税制结构中占有绝对的地位。

第三，发达国家和发展中国家的财产税在税制结构中的比重都比较低。近年来，财产税在发达国家和发展中国家税制结构中的比重都比较低，且长期保持稳定。发达国家财产税比重长期在6.5%以下，发展中国家的财产税比重长期在3%以下。这表明无论发达国家还是发展中国家，财产税收入对税收总收入的贡献和影响比较小，在整个税制结构中的地位都较低。

（二）发达国家和发展中国家税制结构的不同点

以上分析可以看出，2000—2019年，发达国家与发展中国家税制结构呈现以下不同点。

第一，发达国家的税制结构比发展中国家更加均衡。尽管发达国家与发展中国家的税制结构中都以所得税和货物劳务税为主要税种，但从具体的税种上看，仍有很大差异（见图1-14）。在发达国家的税制结构中，个人所得税和社会保障税收入的比重分别约为1/4，货物劳务税收入的比重则约为1/3，这三个税种共同构成了发达国家的主体税种。而在发展中国家的税制结构中，个人所得税和公司所得税的比重在1/5左右，社会保障税收入的比重在1/10左右，而货物劳务税比重在1/2以上，远远超过其他税种，是发展中国家最重要的主体税种。这表明发达国家的税制结构比发展中国家更加合理均衡。

第二，发达国家主要税种的波动幅度比发展中国家要小。在发达国家的税制结构中，各税种比重变化不大，个人所得税、公司所得税、社会保障税、货物劳务税的波动幅度都在2个百分点左右，财产税的波动幅度更小。发展中国家的各税种比重波动相对较大，个人所得税、社会保障税的波动幅度在2~3个百分点，而公司所得税、货物劳务税的波动幅度都在5~6个百分点。这表明发达国家各税种比重比发展中国家的波动更小，发达国家的税制结构也更加成熟。

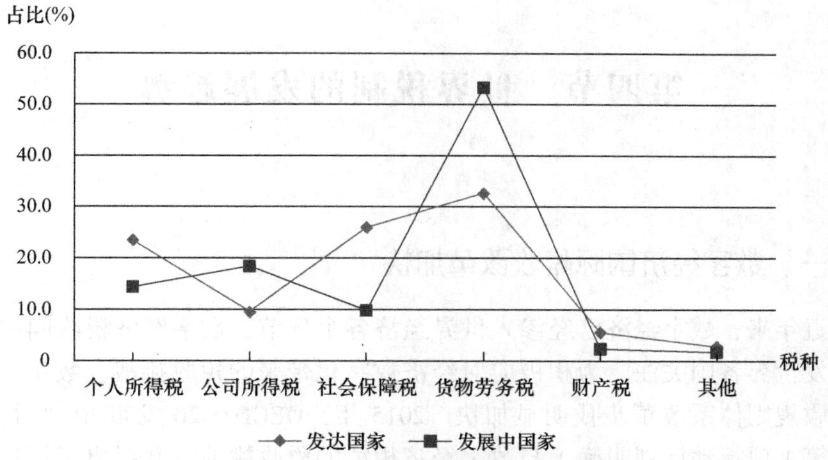

图 1-14　2019 年发达国家和发展中国家的税制结构比较

第三，发达国家主要税种的走势与发展中国家主要税种的走势不同。近年来，发达国家和发展中国家各主要税种收入比重尽管总体上变化不大，但也呈现出一些不同走势。其中，发达国家的货物劳务税、公司所得税呈下降趋势，而社会保障税呈现上升趋势，社会保障税、个人所得税基本稳定。与之不同，发展中国家的个人所得税、公司所得税收入比重呈现上升趋势，而货物劳务税、社会保障税呈现下降趋势，特别是货物劳务税收入比重下降幅度较大。这说明受自身经济发展阶段和特点的影响，发达国家和发展中国家的税制结构调整出现了不同的走向。发达国家由于社会保障支出方面的压力较大，反映在税制结构上就是社会保障税收入比重不断提高。而发展中国家经济发展水平在不断提高，反映在税制结构上就是货物劳务税比重过大的情况在逐步缓解，呈现向发达国家税制结构不断靠拢的趋势。

第四节　世界税制的发展趋势

一、数字经济国际税收改革加快

近年来，数字经济已经渗入世界经济各个环节，数字经济税收问题越来越引发世界各国关注。为积极应对经济数字化带来的税收挑战，数字经济国际税收规则体系改革步伐明显加快。2015 年，OECD/G20 发布 BEPS 行动计划，第 1 项行动计划明确了与数字经济相关的税收挑战，并提出了可供选择的措施，但是，并未就是否采取这些措施达成一致。2018 年 3 月，BEPS 包容性框架通过数字经济工作组发布了《数字化带来的税收挑战的中期报告》。2019 年 5 月 31 日，经济合作与发展组织（OECD）发布《制定应对经济数字化税收挑战共识性解决方案的工作计划》（以下简称《工作计划》）。《工作计划》包括两个支柱：第一支柱旨在通过修改联结度规则和利润分配规则，向市场国分配更多的征税权和应税利润，以解决数字经济征税问题；第二支柱则关注遗留的税基侵蚀和利润转移（BEPS）问题。2020 年 10 月 12 日，OECD/G20 应对税基侵蚀和利润转移（BEPS）问题的包容性框架就应对经济数字化税收挑战的“双支柱”方案分别发布了蓝图报告，全面详细地阐述了“双支柱”方案的整体设计。2021 年 7 月 1 日，OECD/G20 包容性框架下 130 个成员辖区就“双支柱”方案达成初步共识。10 月 8 日，136 个成员辖区进一步达成全面共识，发布了《关于应对经济数字化税收挑战“双支柱”方案的声明》。10 月 31 日，G20 领导人第十六次峰会通过《二十国集团领导人罗马峰会宣言》，核准实施 OECD 的“双支柱”方案。“双支柱”方案中的支柱一是突破现行国际税收规则关于物理存在的限制条件，向市场国重新分配大型跨国企业的利润和征税权，以确保相关跨国企业在数字经济背景下更加公平地承担全球纳税义务。支柱二是将全球最低公司所得税税率设为 15%，以确保大型跨国企业在每个辖区的有效税率都至少能达到全球最低税率标准。从 2023 年起，年收入超过 7.5 亿欧元（约合 8.7 亿美元）的公司都将适用这一税率。据 OECD 测算，支柱一预计影响全球规模最大且最具营利性的约 100

家跨国企业集团，每年将有超过1250亿美元的利润重新分配给市场国；支柱二全球最低税率为15%，预计每年在全球范围内增加1500亿美元的公司所得税收入。“双支柱”方案获得国际社会的积极响应与普遍支持，并逐步进入实施阶段，是国际税收制度改革的里程碑事件。2021年11月19日，美国众议院以236票对212票通过了《重建美好未来法案》（BBBA），修改全球无形低税所得（GILTI）制度，将GILTI税率设定为15%。12月20日，OECD发布《应对经济数字化税收挑战——支柱二全球反税基侵蚀规则立法模板》，标志着支柱二方案设计基本完成。12月22日，欧盟委员会提出立法草案，建议欧洲议会以指令形式制定法律，确保欧盟成员国能按照统一标准实施OECD/G20包容性框架在“双支柱”方案中所达成的全球最低税方案。由此可以预见，由于“双支柱”方案能够有效兼顾不同发展阶段经济体的税收利益，消除单边措施恶化全球贸易形势的风险，反映世界各国的共同利益诉求，或将逐步成为绝大多数国家的首选解决方案。

在数字经济国际税收规则改革尚未到位的情况下，部分国家通过采取单边措施应对经济数字化的税收挑战，极力维护本国税收利益，例如法国推出数字服务税、印度推出衡平税等。2021年，数字服务税单边措施被频频酝酿，欧盟委员会计划新增的作为欧盟财税来源的数字课税以及捷克欲引入的数字服务税因多种因素暂被搁置或撤回；而加拿大则于2021年12月14日发布立法草案明确指出，如果支柱一方案未能在2023年完成全部立法程序并生效执行，那么加拿大将从2024年起征收数字服务税，并追溯适用至2022年，背离当前大势。虽然一些国家表示数字服务税仅为国际税收规则改革落地前的临时性措施，但是仍可能因存在歧视性而引发别国的贸易报复。为此，世界各国积极磋商协调数字服务税问题，并取得积极进展。例如，美国与亚欧多国就数字服务税等单边措施达成协议。2021年10月21日，美国财政部在其官方网站发布消息称，已与奥地利、法国、意大利、西班牙和英国发表联合声明，就“从现有单边税收措施向支柱一生效实施的过渡期安排”达成一致协议。该过渡期是自2022年1月1日开始，截至支柱一多边公约生效日期或2023年12月31日。这项协议的达成标志着美欧之间以数字服务税为典型代表的单边税收措施的争端或可暂时告一段落，美国将取消针对欧洲五国产品征收的惩罚性关税，而欧洲五国承诺在“双支柱”方案生效时将完全撤销数字服务税的单边税收措施，双方各取所需。但是，如果支柱一未能如期有效执行，则协议作废，欧洲五国可能重新实施数字服务税。11月22日，美国财政部与土耳其就土耳其现有数字服务税向新的多边解决方案过渡的折中协议发布联合声明，双方同意美国先前与欧洲五国达成的相同条款将适用于土耳其。11 月 24 日，美国财政部宣布与印度就其衡平税向新的多边解决方案过渡的解决方案达成一致，协议依旧类同于与欧洲五国的磋商内容。联合国也在 2021 年积极协调数字服务所得征税规则。2021 年 4 月 20 日，联合国税务委员会第 22 次会议决定，在《联合国关于发达国家与发展中国家避免双重征税协定范本》（以下简称《联合国税收协定范本》）中增加第 12B 条款，针对跨境自动化数字服务所得，例如在线广告服务、提供用户数据、在线搜索引擎、在线中介平台服务、社交媒体平台、数字内容服务、在线游戏、云计算服务和标准化在线教育服务等所得，允许来源国征收预提所得税。该条款突破了传统国际税收规则下对非居民在来源国构成常设机构的要求，扩大了来源国在税收协定下对跨境自动化数字服务所得的征税权，可以维护发展中国家作为来源国时的税收利益。联合国在协定范本中增加该条款，是作为解决经济数字化征税难题的方案，供各国决定是否纳入其双边税收协定之中。

二、公司所得税呈现税率下降趋势

根据 OECD 于 2021 年 7 月发布的第三版公司所得税数据分析报告①，过去 20 年来，全球公司所得税税率呈现持续下降的趋势。从报告囊括的 111 个税收管辖区来看，平均公司所得税税率从 2000 年的 28.3%下降至 2021 年的 20%，降幅近 30%。2021 年与 2000 年相比，在 111 个管辖区中，13 个管辖区公司所得税税率保持不变，4 个管辖区（安道尔、中国香港、马尔代夫和阿曼）公司所得税税率提高，94 个管辖区公司所得税税率下降；在税率降低的管辖区中，有 12 个管辖区（阿鲁巴、巴巴多斯、伯利兹、波斯尼亚和黑塞哥维那、保加利亚、刚果民主共和国、德国、根西岛、印度、马恩岛、泽西岛、巴拉圭）的降幅达 20%以上。近年来公司所得税税率下降的国家（地区），既有发达国家，也有发展中国家和地区。例如，OECD 成员国公司所得税平均税率从 2000 年的 32.3%下降到 2021 年的 22.9%，拉丁美洲和加勒比海地区从 2000 年的 26.8%下降到 2021 年的 19.1%。再如，阿根廷逐步降低公司所得税税率，2018 年由 35%下调至 30%，并在 2021 年进一步降至 25%。比利时在 2018 年将公司所得税税率从 34%降至 29%，并在 2020 年进一步降至 25%。

① OECD. Corporate Tax Statistics：Third Edition［R/OL］. Paris：OECD Publishing.（2021-07-29）［2022-03-25］. https：//www. oecd. org/tax/tax-policy/corporate-tax-statistics-third-edition. pdf.

印度尼西亚将其标准公司所得税税率从25%降至22%，并在2022年进一步降至20%。加拿大阿尔伯塔省在2020年7月将其标准公司所得税税率从10%降至8%，新斯科舍省在2020年4月将其标准公司所得税税率从16%降至14%。哥伦比亚将标准公司所得税税率由2019年的33%降低到2020年的32%和2021年的31%。希腊从2022年起将公司所得税税率从24%降至22%。

许多国家还进一步加大了公司所得税优惠政策力度，以进一步刺激投资、鼓励创新和促进中小企业发展。第一，在鼓励投资方面，2019年意大利对再投资收益给予22.5%的公司所得税优惠税率，2020年进一步降低至21.5%。奥地利、比利时、捷克、冰岛、以色列、新西兰和新加坡等国家实施加速折旧计划，捷克允许包括发动机、机动车、机器和视听设备等在两年内进行税收折旧，新西兰对新建和现有的工业和商业建筑（包括酒店和汽车旅馆）按照2%的年折旧率进行折旧，秘鲁允许旅行社、旅馆、餐馆等服务业在2021年和2022年以20%的折旧率对其相关楼宇和建筑物进行折旧。英国、德国、葡萄牙、瑞典、特立尼达和多巴哥等国家提高了新增机器设备投资的税前扣除额，英国从2021年4月到2023年3月对符合条件的主要厂房和机械设备的新增投资给予130%的税收抵免，葡萄牙在2020年7月至2021年6月对投资费用（最高为500万欧元）给予20%的临时特别投资税收抵免。第二，在鼓励创新方面，一些国家加大对研究开发和知识产权的税收优惠力度，例如：阿根廷把适用于从事知识相关经济活动的企业的公司所得税税率从25%降至15%；澳大利亚、芬兰、德国、印度尼西亚、意大利、毛里求斯和土耳其等国家加大针对研发和知识产权的税收抵免优惠，印度尼西亚对研发费用按照300%的比例税前扣除，波兰对研发费用按照200%比例的税前扣除，土耳其将2021年底到期的研发税收优惠措施延长至2028年。一些国家加大对特定产业的税收优惠力度，例如，俄罗斯从2021年1月将符合条件的信息技术公司的公司所得税税率从20%降至3%，西班牙在2020—2021年提高了电影制作和汽车行业技术创新的税收抵免。第三，在鼓励中小企业发展方面，智利在2020—2022财年临时降低中小企业的公司所得税税率，从25%降至10%。法国对中小企业提高了适用于15%优惠税率的营业额门槛，从763万欧元提高至1000万欧元。匈牙利将小企业税率从12%降至11%。巴拿马从2020财年降低适用于微型企业和中小企业的公司所得税税率。

三、个人所得税改革以普遍减轻税负为主，但也出现针对高收入者增税的势头

近年来，个人所得税税负减轻一直是改革的趋势之一。OECD 成员国主要通过降低中低收入群体适用的中低档税率、扩大免征额、调整应税所得级距，以及给予劳动所得税收抵免等措施，减轻中低收入群体税负。例如，在 OECD 成员国中，2019 年有 4 个国家下调非最高税率，3 个国家提高非最高税率；2020 年则有 9 个国家下调非最高税率，5 个国家提高非最高税率。其中：法国从 2020 年 1 月 1 日起，将个人所得税最低税率从 14%降至 11%；波兰从 2019 年 10 月起将个人所得税最低税率从 18%降至 17%；斯洛文尼亚从 2020 年将个人所得税二、三档税率分别降低了 1 个百分点；丹麦在 2020—2021 年将个人所得税最低税率小幅降至 12.11%，澳大利亚将于 2024—2025 年将 32.5%一档的边际税率降至 30%。除了降低个人所得税税率之外，许多国家还采取了缩小个人所得税税基的改革措施，以进一步增强税法的公平性，使广大的中低收入家庭也能从中受惠。因受新冠肺炎疫情的影响，这种改革幅度更为明显，且缩小家庭和低收入者的个人所得税税基的措施也较为频繁。例如，澳大利亚在个人所得税改革中保留了 2020—2021 年的中低所得税抵免（the Low- and Middle-Income Tax Offset，LMITO），增加了低所得税抵免（the Low Income Tax Offset，LITO），并把 19%税率对应的税级上限从 37000 澳元提高到 45000 澳元，把 32.5%税率对应的税级上限从 90000 澳元提高到 120000 澳元。克罗地亚将其 36 万库纳（49000 欧元）以下收入等级的个人所得税税率从 24%降低到 20%，36 万库纳以上收入等级的个人所得税税率从 36%降低到 30%，并将股息所得税税率从 12%降至 10%。捷克、芬兰、意大利、卢森堡、荷兰和瑞典等国家提高了一般税收抵免额，瑞典、加拿大、德国、爱沙尼亚、美国等国家推出了旨在支持老人、儿童的个人所得税改革措施，卢森堡、芬兰、尼日利亚等国家对勤劳所得抵免制度进行改革。

在大多数国家普遍采取措施减轻个人所得税税负的同时，也有一些国家为了缓解政府财政压力和增加税收收入，开始提高高收入群体的个人所得税税负。例如，俄罗斯将个人所得税税制由单一税改为累进税，自 2021 年 1 月 1 日起，俄罗斯年收入超过 500 万卢布的个人需要为其收入中超过 500 万卢布的部分缴纳 15%的个人所得税，而调整前的这一比例为 13%。韩国将个人所得税最高边际税率从 42%提高至 45%，适用于年所得超过 10 亿韩元的部分；新西兰将个人所得税最高边际税率从 33%提高至 39%，适用于年所得超过 18

万新西兰元的部分；哥伦比亚将个人所得税最高边际税率从35%提高至39%；西班牙将个人所得税最高边际税率从45%提高至47%，适用于年所得超过30万欧元的部分。加拿大不列颠哥伦比亚省（British Columbia）把个人所得税最高边际税率提高至20.5%，适用于年所得超过20万加拿大元的部分。此外，西班牙还对高收入者实施增税措施，例如对资产和储蓄收入高于20万欧元者，其财富税上调3个百分点，至26%。毛里求斯对年应税所得大于300万卢布的个人，在征收10%个人所得税的基础上加征25%的团结附加税。

四、减税和数据管税成为增值税改革的重要内容

2010年以来，无论发达国家，还是发展中国家，增值税收入占税收总收入的比重基本保持稳定，平均标准税率的变化基本保持稳定。但是，随着2020年新冠肺炎第一波疫情的暴发，大多数OECD成员国和G20成员开始采取临时性减税措施以应对新冠肺炎疫情的冲击。一些国家临时性降低增值税标准税率，例如，德国、爱尔兰等国家实施为期半年的临时性降低增值税标准税率的措施。一些欧盟成员国根据2018年达成的允许成员国将电子出版物的增值税税率下调至实物出版物的低税率或零税率的协议，降低了电子出版物的增值税税率，例如葡萄牙将电子出版物的增值税税率降至13%。绝大多数国家对手套、口罩、消毒洗手液等医疗设备和卫生用品实行零税率或低税率，例如欧盟于2020年4月3日宣布自当年1月31日起对进口医疗设备和个人防护装备暂时免征关税和增值税，有效期为6个月但可视情延长，其后欧盟于2020年7月和10月两度延长免税有效期，12月欧盟决定对新冠疫苗、病毒检测试剂盒以及相关服务减免增值税；2021年4月又再次将有效期延至当年12月31日。不同国家还针对特定行业采取减免措施，例如，奥地利、比利时、哥伦比亚、德国、匈牙利、英国等对住宿、餐饮服务实施减免税，阿根廷、奥地利、比利时、哥伦比亚、捷克、希腊、匈牙利、印度尼西亚、爱尔兰、挪威、土耳其、英国等对旅游、医疗服务实施减免税，阿根廷、奥地利、哥伦比亚、捷克、希腊、荷兰、葡萄牙、土耳其、英国等对文化、体育服务实施减免税。

近年来，对进口低价商品征收增值税逐渐成为趋势。随着跨境电子商务的快速发展，越来越多的国家与地区正考虑取消对进口低价值商品的免税优惠，以及规范电子商务平台代扣代缴税收的义务。澳大利亚是OECD第一个针对进口低价值商品征收货物劳务税的国家，自2018年7月1日起，澳大利

亚的进口低价值商品将由供应商（销售商品的商户）、电子分销平台运营商及再投递商（转运方）以代收的方式征收10%的货物劳务税。新西兰从2019年10月起对价值低于400新西兰元的进口产品征收15%的货物劳务税，不仅针对进口后在本国零售的产品，也包括直接通过各海外电商平台销售的网购产品。英国自从2021年1月1日起取消单件进口商品价值不超过15英镑免税的政策，所有的进口商品都要缴纳增值税，但是以135英镑区分是否由平台代扣代缴，如果商品价值低于135英镑，必须由亚马逊等电商平台代扣代缴销售增值税；如果商品价值超过135英镑，卖家自行申报和缴纳增值税以及所有关税，平台不会代扣代缴增值税。欧盟自2021年7月1日起取消对从非欧盟成员国家线上进口单价低于22欧元的商品免征进口增值税的规定，明确电商平台负责对非欧盟成员国家电商在该平台销售的货物和劳务的代扣代缴义务。加拿大自2021年7月1日起，新加坡自2023年1月1日起，取消进口低价值商品免征进口增值税的规定，并且要求电商平台负责对在其平台销售的货物和劳务负有代扣代缴义务。

随着数字技术的发展，许多国家围绕管理和技术改进推进增值税改革，强化数据管税。许多OECD成员国充分利用先进信息技术强化增值税征管，推行纳税人交易信息报告制度，加强纳税人的电子报告义务，要求纳税人以电子形式提供应税交易的详细信息，包括发票信息和会计数据等。其中，智利、哥伦比亚、匈牙利、意大利、韩国、墨西哥、西班牙和土耳其8国要求纳税人以标准化的电子格式文件将交易数据实时传输到税务部门。许多国家越来越重视对B2C中现金交易的监控，超过1/3的OECD成员国要求供应商使用电子收银机，奥地利、希腊、以色列、韩国、斯洛伐克、斯洛文尼亚等6个成员国还要求将数据传输至税务机关，韩国、斯洛伐克、斯洛文尼亚更是要求实时传输数据。许多国家积极推行和完善电子发票系统，并与企业内部的企业资源规划（ERP）、企业客户管理（CRM）等系统结合起来，将发票信息全面电子化并集中处理。借助推行电子发票和大数据技术，一些OECD成员国逐步将个人所得税纳税申报采用的预填申报表制度推广至增值税纳税申报，进一步简化了增值税纳税申报程序。为做好预填申报表，OECD于2015年首创标准税收审计文档（Standard Audit Files for Tax，SAF-T）概念，旨在创造一种标准化的文件格式，用于在全球范围内交换与税收相关的数据，使税企交流更加容易，为纳税人跨国经营下纳税申报提供方便，进而降低征纳成本。2008年1月1日，葡萄牙成为首个引入该标准的国家，随后越来越多的OECD成员国开始跟进，如卢森堡、奥地利、德国、法国、波兰、立陶宛、挪威等，要求纳税人按照预先确定的 SAF-T 格式和类似标准，定期或按要求向税务机关提供交易数据。波兰从 2020 年起将增值税申报表纳入修改后的 SAF-T 文件中，整合后的 SAF-T 文件包含传统增值税申报表的所有数据。意大利和西班牙也于 2020 年提出根据电子发票信息预填增值税申报表的要求。法国于 2021 年决定对于应缴纳增值税的企业，将根据企业规模分期强制执行使用增值税电子发票和电子报告系统，大型企业（员工超过 5000 人，任意 12 个月营业额超过 15 亿欧元或资产负债表超过 20 亿欧元的企业）于 2024 年 7 月 1 日起开始执行，中型企业于 2025 年 1 月 1 日起执行，中小企业（员工不超过 250 人，任意 12 个月营业额超过 500 万欧元或资产负债表超过 430 万欧元的企业）于 2026 年 1 月 1 日起执行。

五、欧盟绿色新政推动绿色税制建设

二氧化碳等温室气体排放所引发的全球气候变暖是 21 世纪人类面临的重大挑战之一。在《巴黎协定》下，各国政府相继公布了实现碳达峰碳中和目标的时间表。欧盟是全球应对气候变化的重要“风向标”。为落实欧盟绿色新政，实现 2030 年减排目标、2050 年碳中和目标，2021 年 7 月 14 日，欧盟委员会公布了一揽子环保提案，其中包括欧盟碳边境调节机制（Carbon Border Adjustment Mechanism，CBAM）立法草案。该草案要求，2023—2025 年过渡期内，碳边境调节机制将覆盖钢铁、铝、化肥、水泥和电力等行业，要求特定产品履行排放报告义务，无须缴纳税费。过渡期内欧盟排放交易体系仍以免费配额为主。在 2026 年过渡期结束后，欧盟将对特定产品逐步加大税费征收力度，以每年 10%的幅度减少免费配额，直至 2035 年完全实施碳边境调节机制。2021 年 3 月，欧洲议会通过设立碳边境调节机制的有关决议，并表示该机制会与世界贸易组织的贸易规则兼容。

在欧盟推动碳边境调节机制的同时，联合国也积极研究协调开征碳税问题。2021 年 10 月 11 日联合国发布的一份报告强调，亚太地区经济体迫切需要减少温室气体排放，包括在各国极有可能相互征收碳税的情况下，考虑如何保持其贸易竞争力。10 月 25 日，联合国国际税务专家委员会在联合国经济和社会事务部举办的线上会议上发布《2021 年发展中国家碳税手册》。该手册概述了各国可能希望引入碳税的一些常见理由，并提供了可能满足各国不同需求和优先事项的政策设计和征管选项。该手册为政策制定者提供碳税开征的决策参考，并为推动实施碳税进程提供实用性指南。

随着碳中和趋势加速，世界各国加快实施绿色新政，国际税制改革的绿色化特征也将越来越明显。例如，丹麦、芬兰、拉脱维亚、南非、瑞典、英国等国家提高燃油消费税，丹麦、德国、日本、荷兰、拉脱维亚等国家提高机动车或运输税，丹麦、法国、冰岛、西班牙和美国等国家推出针对环境友好型投资的税收激励措施，例如丹麦政府于 2021 年 2 月发布一项拟议法案（L178），提出了旨在支持在 2030 年将温室气体排放量减少 70%、在 2050 年实现碳中和的税收措施，主要包括：一是支持中小型企业（SME）购置机械等新资产和绿色资产，这些资产的折旧限额将从 2020 年的 14100 丹麦克朗提高到的 3 万克朗；二是在 2020 年 11 月 23 日至 2022 年 12 月 31 日期间购置新资产（化石燃料机械、乘用车和轮船除外），可以按购置成本的 116% 计提折旧，而且可以在 4 年以内计提折旧；三是在 2022 年 12 月 31 日以前，研发费用可以在不超过 130% 的比例内扣除，能源密集型企业缴纳的硫税（Sulphur Tax）允许按规定的最低标准在税前扣除，该提案将此项扣除政策延长至 2025 年 12 月 31 日。

六、全球税务部门加速数字化转型

面对数字经济带来的机遇与挑战，当今世界正酝酿着一场深刻的税收征管变革，全球税务部门正投入大量资源开发电子服务和数字解决方案，抓住机会加快推进数字化转型，以改善纳税服务，提高纳税遵从。根据 OECD 统计报告，电子报税和电子缴税逐渐成为常态，2014 年各国主要税种的电子申报率平均值为个人所得税 66.1%、公司所得税 76.7%、增值税 84.7%；2019 年，这三项数据依次提高至 84.4%、92.7%、96.7%。

2021 年，受疫情影响，世界各国税务机关不断加大资源投入，进一步加快税收征管数字化转型。特别是“双支柱”方案重塑百年国际税收新规则，致使税收管理的数字化转型更是迫在眉睫。以第十三届 OECD 税收征管论坛（FTA）发布《税收征管 3.0：税收征管的数字化转型》报告为开端，税收征管数字化转型的国际合作进程明显加快。该报告指出：59 个国家（地区）的税务部门越来越多地使用大型集成数据集，其中超过 80% 的税务部门使用分析工具和技术以优化风险管理模式并帮助提升税法遵从度。人工智能和机器学习越来越多地被用来支持税务部门的税收征管流程和服务，近 75% 的税务部门表示已使用尖端技术利用数据，从而将更多资源配置到其他领域。在 59 个国家（地区）税务部门中，约一半税务部门使用“聊天机器人”以“7×24

小时模式”提供服务。2021 年 4 月 15 日，OECD 税收征管论坛（FTA）能力建设高级别会议召开。9 月 15 日，OECD 税收征管论坛（FTA）发布的《税收征管 2021：OECD 与其他发达国家及新兴经济体可比信息》报告认为，新冠肺炎疫情加速了政府部门的数字化转型，而税务部门处于这一发展的最前沿，全球税务部门正投入大量资源开发电子服务和数字解决方法，以适应数字化转型的变化。12 月 16 日至 17 日，第十四届 OECD 税收征管论坛（FTA）视频会议围绕国际税收挑战、征管能力建设、落实数字经济税收改革“双支柱”方案、征管数字化转型、后疫情时代对税收征管的挑战等议题进行讨论，通过了《2021 年 FTA 大会公报》。与会各方一致同意在“双支柱”方案落地、税收征管数字化转型和税收能力建设等关键领域进一步展开合作。

OECD 主导推动世界税收征管数字化转型的同时，“一带一路”税收征管合作机制也在积极推进相关工作。2021 年 9 月 7 日至 9 日，第二届“一带一路”税收征管合作论坛以视频形式成功举办。论坛以“数字时代的税收信息化能力建设”为主题，设置税收征管信息化、纳税服务信息化、新技术在税务领域的前景展望和涉税数据治理四大议题，集纳各国经验做法，促进征管能力提升。为进一步提升各成员税收信息化能力建设和深化合作机制建设，第一届“一带一路”税收征管合作机制理事会主席、中国国家税务总局局长王军提出了加强税收信息化建设交流、加大税收信息化培训援助、加快推进合作机制建设等倡议。12 月 16 日，以“税收征管信息化”为主题的“一带一路”税收征管合作机制线上专题研讨会召开，进一步讨论新技术与税务部门数字化转型情况。未来顺应数字经济蓬勃兴起的新形势，国家税收征管合作将进一步加强，OECD 税收征管论坛、“一带一路”税收征管合作机制等多边税收平台的作用将进一步发挥，从而更好地促进世界各国分享经验、共享信息，加速全球税收征管数字化转型的步伐。

第二章　年度关注

2022 年各国在积极抗击新冠肺炎疫情的同时，努力推动经济“绿色复苏”，国际税改成果累累。本章聚焦年度最受关注的国际税收热点事件展开分析。首先，全球共识性数字经济税收规则取得突破性进展。其次，税收助力绿色低碳发展是亮点，主要成果包括联合国国际税务合作专家委员会发布的《2021 年发展中国家碳税手册》和欧盟建立的碳边境调节机制。再次，联合国发布的第三版《发展中国家转让定价操作手册》，为发展中国家应对转让定价这一国际税法难题提供了更加丰富的指引。最后，税收领域的合作共赢在 2021 年分别在第十四届税收征管论坛（FTA）大会、第二届“一带一路”税收征管合作论坛（BRITACOF）以及《区域全面经济伙伴关系协定》（RCEP）得到体现。

第一节　数字经济税收规则新突破

经济的数字化和全球化发展给税收领域带来了诸多挑战，传统的税收征管制度、征管方式、税收分配等已无法适应数字经济的迅猛发展。为应对这一系列的挑战，制定数字经济税收规则成为世界税制改革的核心。2021 年，数字经济税收规则取得了两大突破性进展：一是 OECD 发布的《关于应对经济数字化税收挑战的双支柱解决方案的声明》；二是《联合国税收协定范本》增加了自动数字服务所得征税规则。

一、发布《关于应对经济数字化税收挑战的双支柱解决方案的声明》

数字经济的飞速发展，对现行基于传统经济模式设计的国际税收规则体系造成冲击。发端于数字经济的税基侵蚀和利润转移（BEPS）对国际税收规则提出了严峻挑战，运行了百年的跨境企业所得税国际征税规则已无法适应经济数字化下新的价值创造方式。寻求基于经济数字化并形成共识的跨境企业所得税国际征税新规则，成为全球关注的国际税收核心问题之一。国际社会一致认为有必要对现行国际税收规则体系进行改革，以妥善应对经济数字化带来的税收挑战。

（一）背景与历程

为了应对数字经济的税收挑战，2015 年，税基侵蚀和利润转移（BEPS）第 1 项行动计划开始研究制定全球共识性数字经济税收规则。2019 年 1 月，OECD/G20 BEPS 包容性框架提出了用“双支柱方法”来应对经济数字化带来税收挑战的设想，并将此作为后续各方达成共识的基础。2019 年 5 月 31 日，OECD 发布了《形成应对经济数字化税收挑战共识性解决方案的工作计划》和《制定应对经济数字化税收挑战共识性解决方案的工作计划》，正式提出双支柱方案的基本框架，致力于从两个层面解决经济数字化带来的税收挑战。[①]支柱一方案指向税收管辖权划分问题；支柱二方案则针对遗留的 BEPS 问题。此后，双支柱方案的完善一直都是 OECD 的重点工作。

2021 年 7 月 1 日，OECD/G20 BEPS 包容性框架发布了《关于应对经济数字化税收挑战的双支柱解决方案的声明》，概括了修订后的国际税收框架，以应对数字经济的税收挑战。新框架展望了双支柱的解决方案，即俗称的“支柱一”和“支柱二”提案。其中支柱一涉及征税权的重新划分，将确保在各国之间对包括互联网公司在内的，大型跨国企业的利润和征税权进行更公平的分配。它将把对跨国企业的部分征税权从其母国重新分配到其开展业务活动和赚取利润的市场所在国，无论企业在那里是否有实体机构存在。支柱二关注全球反税基侵蚀规则（GloBE）的构建，试图通过引入一个全球最低公司税税率，为公司所得税设定一个底线，各国可以利用该税率来保护其税收基础。[②]

2021 年 12 月 20 日，OECD 发布了《应对经济数字化税收挑战——支柱二全球反税基侵蚀规则立法模板》（以下简称《支柱二立法模板》），就大型跨国企业集团在其全球运营的每个辖区经营产生的所得支付最低水平的税款，明确了规则相关要素的具体设计。内容分 10 章，具体包括：规则的适用范围；（低于 15%有效税率的）补税义务人和补税金额；计算有效税率的要素；汇总确定一个辖区内的有效税率及补税金额；有关收购、处置和合资企业的特别规定；对某些税收中性制度和其他分配税制的适用规则；征管规则，包括信息报告要求以及安全港的适用；过渡规则；相关的定义术语等。[③]《支柱二立法模板》由包容性框架所有成员辖区的代表共同制定，并以协商一致的方式获得通过，是细化和落实 OECD/G20 税基侵蚀和利润转移包容性框架《关于应对经济数字化税收挑战的双支柱解决方案的声明》的重要成果，也是

---

① OECD. Programme of Work to Develop a Consensus Solution to the Tax Challenges Arising from the Digitalisation of the Economy, OECD/G20 Inclusive Framework on BEPS［R/OL］.（2019-05-31）［2020-04-18］. http：//www. oecd. org/tax/beps/programme-of-work-to-develop-aconsensus-solution-to-the-tax-challenges-arising-from-the-digitalisation-of-the-economy. htm.

② OECD. Statement on a Two-Pillar Solution to Address the Tax Challenges Arising From the Digitalisation of the Economy［EB/OL］.（2021-07-01）［2022-04-18］. https：//www. oecd. org/tax/beps/statement-on-a-two-pillow-soulution to address-the-challenges-arising-from-the-digitalisation-of-the-economy-July-2021. pdf.

③ OECD. Tax Challenges Arising from the Digitization of the Economy：Global Anti-Base Erosion Model Rules（Pillar Two）［R/OL］.（2021-12-20）［2022-04-18］. https：//www. oecd. org/tax/beps/tax-challenges-arising-from-the-digitalisation-of-the-economy-global-anti-base-erosion-model-rules-pillar-two. pdf.

各国立法实施全球反税基侵蚀规则的重要基础。

（二）双支柱主要内容

1. 支柱一

支柱一针对全球规模最大的跨国集团公司，从对全球合并收入至少为200亿欧元且利润率（税前利润/收入）高于10%的公司开始实施，要求它们在其客户和用户所在地纳税。分配给每个税收管辖区的利润将通过使用一个公式化的方法得出。支柱一实质上要求在支柱一范围内的跨国集团公司在其业务所涉及的市场缴纳一定税款。支柱一方案包括三个核心组成部分，即：赋予市场国对部分剩余利润的新征税权（金额A）、发生在市场国与实体存在相关联的营销与分销活动的基准固定回报（金额B），以及为提高税收确定性而采用的有效预防与解决争议机制。

（1）新征税权（金额A）。

新征税权赋予市场国对源于非实体性存在所得的征税权，其范围涵盖自动数字服务和面向消费者业务，并且报告在正面、负面清单的基础上，对所涉及的具体事项给出明确定义及具体解读。根据其定义及解读，新征税权不仅涵盖公认的网络巨头，如FANGs（Facebook、Amazon、Netflix、Google），还将制药、汽车（如奔驰、宝马）、快速消费品（Fast - moving Consumer Goods，FMCGs）及一些奢侈品（如LVMH）纳入范围。此外，报告进一步明确新征税权适用范围的排除项目，具体包括：①自然资源（不可再生开采资源、可再生非能源产品，以及可再生能源及其他类似能源产品）；②金融服务；③建筑、销售及租赁住宅物业；④国际航空及海运业务。其中，金融服务较为特殊，其具体范围包括银行业务、保险和资产管理，并且在报告中特别指出，虽然数字技术广泛用于金融服务，但由于各国普遍对金融业的严格监管，源于市场国的利润通常不易转移，因此无须通过金额A进行再分配。对于新征税权的排除项目，其利润分配机制仍应沿用现行的转让定价规则。

（2）联结规则（nexus rule）与收入来源规则（revenue sourcing rules）。

联结规则用于确定市场国参与金额A分配的权利，基于自动数字服务（ADS）与面向消费者业务（CFB）的差异，方案对ADS与CFB分别设定了不同的联结标准，但在报告中并未给出具体年度收入数额标准，并且根据CFB业务特性，其联结关系的构成除上述数额标准外还需要考虑其他体现显著与持续参与市场国的“附加因素”。最终数额标准的设定既要尽量低，以符合较小经济体GDP的现实，同时也要尽量降低跨国企业的遵从成本。

（3）新征税权（金额 A）税基的确定。

金额 A 实质上是市场国对跨国企业集团的自动数字服务（ADS）和面向消费者业务（CFB）的部分剩余利润（超过固定回报部分）的新征税权。为有效确定新征税权税基，需要：①定义一个标准化的利润计量方法作为金额 A 的基数，包括解决现行会计准则之间差异调整；②解决基于业务线或地理区域的细分数据（分类账户）计算金额 A 的合理性与技术可行性；③制定亏损结转规则，以确保在计算金额 A 时，不仅考虑盈利情形，还考虑亏损的处理。

（4）利润分配与金额 A。

利润分配涉及两个层次以及三个步骤。两个层次分别是：首先，从剩余利润中划分出适用于新征税权的再分配部分（金额 A 总额，或可分配税基）；其次，将剩余利润的再分配部分（金额 A 总额）在符合条件的市场国之间分配，并且这两个层次分配都依据预先设定的分配公式。新征税权下分配给特定符合条件市场国的金额 A 的具体步骤（适用于集团整体税基或分部数据）如下。

①依据设定的利润标准将利润总额划分为常规利润与剩余利润，利润标准的设定仍基于独立交易原则，常规利润就是金额 B 部分，而高于常规利润部分即是剩余利润。为简化分配公式，利润标准阈值采用税前利润（PBT）与收入的一定比利率，但该比率的确定受限于独立交易原则。本步骤确定的是剩余利润总额。

②剩余利润实际上是由集团内各种无形资产及协同效应的价值贡献而形成，而市场国对剩余价值贡献只是其中一部分。剩余利润中归属于市场国份额（比例）的确定仍依据独立交易原则，需要考虑市场国对剩余利润的价值贡献因素（排除本地对常规利润价值贡献，已计入金额 B 中），如营销型无形资产、资产与风险等因素仍是确定回报与分配的主要指标。为简化分配公式，归属于市场国的剩余利润使用固定比率，同样，该比率的设定受限于独立交易原则。本步骤确定的是金额 A 总额或可分配税基（allocable tax base）。

③根据分配因子在符合条件的市场国之间分配可分配税基，其中，“符合条件的市场国”是指市场国对再分配剩余利润部分的联结关系已达到新税权征税标准。分配因子则是某特定符合条件市场国的收入与全体符合条件市场国收入总和的比率，依据该比率即可确定归属于各符合条件市场国的金额 A，其中，“收入”依据经调整的合并财务报表税前利润与收入来源规则确定。

(5) 金额 B。

设定金额 B 的目的在于以与独立交易原则相一致的方式，将履行“基准市场营销与分销功能”关联分销商的回报予以标准化。金额 B 适用于在市场国履行“基准营销与分销活动”跨国企业集团，在基准范围内的活动将取得固定回报。需要注意的是，金额 B 并不受金额 A 范围的限制。简单地讲，金额 B 是与本地实体因素相关的回报部分，而金额 A 则是与本地非实体存在相关的回报部分。一个实体取得金额 A，并不表明该实体必然有金额 B，反之亦然。

(6) 税收确定性机制。

税收确定性机制包括金额 A 争议预防与解决，以及金额 A 以外争议预防与解决两个部分。原金额 C 部分，即超过基线活动回报（金额 B）的额外回报完全融入金额 B 与税收确定性机制。税收确定性机制是由一个审核小组履行争议审核职能，以及在必要时设立裁定小组以达成早期确定性。如果跨国企业接受税收确定性流程结果，该结果将对跨国企业以及所有受到金额 A 计算与分配影响国家的税务管理当局都具有约束力，其中包括那些未直接参与相关小组的国家。如果跨国企业未选择税收确定性流程，税收确定性机制也提供了争议解决方法。对于金额 A 以外争议，报告建议利用争议预防、现行相互协商程序（MAP）机制以及强制性争议解决机制予以消除，但对该机制各方仍存争议。

(7) 消除双重征税规则。

支柱一方案的双重征税问题主要由新征税权与现行征税权重叠造成，该问题的消除需要建立一个协调两个利润分配体系的机制。协调机制包括确认支付实体与消除双重征税方法两个部分。消除双重征税首先需要确定集团中哪些实体因新征税权而承担了双重税负，也即确定“支付实体”（paying entity）。金额 A 是以集团或分部数据为基础利用公式分配法在各市场国之间分配，然而消除双重征税需要将抵免额（抵免法）或豁免额（豁免法）分配给市场国特定实体（支付实体）。并且，这些支付实体应满足以下条件：该实体应当承担金额 A 税负，且该实体对集团剩余利润贡献是实质性的与持续性的。因此，支付实体的利润水平应当与剩余利润水平匹配。

2. 支柱二

支柱二是“全球最低税”或“全球反税基侵蚀规则”的关键部分，引入了至少 15%的最低有效税率。该税率根据特定规则计算，要求部分跨国集团在任何特定税收管辖区存在有效税率低于最低有效税率时都必须向其总部所在税收管辖区支付“补充税”（即差额部分的税额）。该规则将适用于收入在

7.5亿欧元或以上的集团，其适用范围比支柱一更为广泛。“全球最低税”由三项主要规则组成，即计入所得规则（IIR）、对外支付征税不足规则（UTPR）和应予征税规则（STTR）。计入所得规则优先于对外支付征税不足规则适用，二者互为补充。此外，这两项规则均适用同一最低有效税率，即至少为15%的税率，并将采取统一的全球最低税率计算规则。“全球最低税”计划于2023年生效。

（1）计入所得规则。

计入所得规则的运用与受控外国企业（CFC）规则类似，将由总部所在税收管辖区执行和征收，但仅适用于集团子公司或者分支机构所在的税收管辖区，而不适用于总部所在的税收管辖区本身。根据计入所得规则，每个税收管辖区的有效税率将在该税收管辖区的所有公司和/或分支机构合并的基础上根据“全球最低税”规则计算。然后，它将与至少15%的最低税率进行比较，对未达到最低税率的部分向总部所在的税收管辖区缴纳差额税款以弥补税款的不足。收入纳入规则这一主要规则及补充的低税支付规则，旨在确保大型跨国企业集团在其开展经营的每个辖区缴纳最低税率为15%的公司所得税。各辖区并不强制要求引入这些规则，但若不同辖区拟将这些规则引入国内立法，则为确保各国立法的统一和协调性，为各辖区提供了模板。在模板中，收入纳入规则采用自上而下的方法来实施，在大多数情况下，任何应缴税款将由最终控股母公司计算并支付给其所在辖区的税务机关。该应缴税款被称为“补足税”，旨在使得集团在其经营所在每个税收管辖区所产生的利润所缴纳的税款达到15%的最低有效税率。

（2）对外支付征税不足规则。

“全球最低税”的第二项规则为对外支付征税不足规则。该规则将在计入所得规则之后适用，并作为计入所得规则的补充规则。对外支付征税不足规则适用的一种情况是，一个集团总部所在税收管辖区的有效税率低于最低税率。由于计入所得规则本身不适用于总部所在的税收管辖区，因此，集团内其他公司所在的税收管辖区将根据对外支付征税不足规则征收差额部分的税款。对外支付征税不足规则的实施可能会延迟，因此计入所得规则将在对外支付征税不足规则之前实施。这可能为总部位于低税率的税收管辖区的集团公司提供暂时的缓冲。

在模板中，低税支付规则为补充规则，在一个辖区的有效税率低于15%而收入纳入规则未能充分补足税款时适用。有效税率按分辖区的方式计算。即：根据具体的支柱二规则，每个辖区的年度有效税率计算涵盖该辖区内集团内所有成员实体的有效税额、利润和亏损总额。对于收入低于 1000 万欧元且利润低于 100 万欧元的辖区，集团可选择适用微利排除，这两个数值是根据当年及最近两个财政年度的平均值计算出来的。低税支付规则也适用于最终控股母公司的低税所得。该“补足税”的征收将通过不允许税前扣除费用或者具备同等效果的调整方法而实现。处于国际化活动初始阶段的跨国企业可在不超过 5 年内豁免适用低税支付规则。处于国际化活动初始阶段的跨国企业是指在不超过 6 个辖区运营的跨国企业，且在所有辖区所有实体的有形资产账面净值合计不超过 5000 万欧元，在计算有形资产账面净值时，不包含在跨国企业集团最初落入全球反税基侵蚀（GloBE）规则适用范围的所属财政年度中有形资产账面净值金额最高的辖区。

（3）应予征税规则。

应予征税规则是一项基于税收协定的规则，针对某些对外支付款项，如果在接受款项的税收管辖区无须缴纳最低水平的税款，该规则允许支付款项的税收管辖区不给予现行税收协定下的优惠待遇。应予征税规则与计入所得规则和对外支付征税不足规则有以下主要区别：首先，应予征税规则的适用有可能不受集团大小的限制（即 7.5 亿欧元最低收入门槛有可能不适用）；其次，应予征税规则仅适用于特定类别的关联方付款；最后，应予征税规则不采用与“全球最低税”规则相同或相似计算的方法或税率。应予征税规则适用于每一笔对外付款，且适用的前提是支付款项的全额被征收低于 7.5%至 9%的名义税率的税款。如果应予征税规则适用，则税收管辖区可以在某些情况下不给予税收协定下的优惠，并适用 7.5%至 9%的预提所得税税率。

（三）评析①

“双支柱”方案展现了多边主义的活力，也为各国通过多边协商机制解决安全、气候、金融风险、恐怖主义等全球问题打造了税收领域的成功范例。尽管面临质疑，但“双支柱”方案的国际税法意义是毋庸置疑的。

1. 国际税法意义

（1）“双支柱”方案将促进税收领域的深度共治。“双支柱”方案追求的是在税收领域具有一定深度的共治。一方面，全球税基统一与税率可能趋同。“双支柱”方案的逻辑起点不再局限于单一主体，而是从跨国公司集团整体收入或合并利润出发设计解决方案，这就超越了传统模式就某一主体开启双边

① 本部分内容重点参考：孙红梅．“双支柱”方案将启全球税收治理新篇章［N］．经济参考报，2021-10-12（A8）．

协调的基础，转向在同一规则下所有利益相关方共同治理的多边模式，有可能推动国际税收走上税基趋同的道路。支柱二将全球最低税标准设定为15%，为税收逐底竞争划定底线，会缩小各国公司所得税税率差距。另一方面，多边税收治理机制渐成雏形。“双支柱”方案，特别是支柱一，需要通过签订多边税收公约落地实施，以保持一定的强制约束力。为落实方案甚至可能成立相关国际治理机构或新的治理机制，对包容性框架成员以统一标准落实多边方案进行审议和监督。这意味着全球税收治理将在基于税收协定的双边协商机制之上，加入基于税收公约的多边工作机制。

（2）“双支柱”方案落地实施是国际税收规则的一次系统升级。支柱一设计的历史性突破在于，它认可市场为价值创造做出的贡献，数据与劳动力、资本、技术等其他生产要素一样可以获得利润回报，进而提出赋予市场国新征税权的规则条件，将跨国公司部分剩余利润（金额 A）单独分配给市场国征税。支柱二设计则前所未有地将国际税收核心规则延伸到税基和税率等税负要素，未来的国际税收与国内税收将呈现全方位、紧密型互动关系。

（3）“双支柱”方案平衡了各参与方的基本利益。美国借此修复与欧洲盟友关系，重拾国际税收规则制定主导权，解决数字服务税等单边措施引发的贸易战危机，建立起有助于维护其税制竞争力的全球最低税制度。其他发达国家可以实现改革国际税收规则进而使美国数字经济巨头在本国合理纳税的目标，同时，全球最低税也有助于高税负发达国家遏制产业外迁、增加财政收入。广大发展中国家可获得对大型跨国企业集团剩余利润征税的新征税权，消减了参与税收竞争以吸引投资的外部压力，也可增加一定的财政收入。

2. 面临的质疑

（1）“双支柱”方案的未来有待验证。比如，全球最低税率标准的征税机制是一种自总部所在国沿股权控制关系向下的征税权，这种自上而下的征税权与受控外国企业规则征税权基本相同。然而，这种自上而下的征税权体系存在一个盲点，那就是如果该总部所在国不采纳全球最低税率标准，即实际上放弃了以该国为总部的跨国企业沿控制链向下的征税权。同时，各国的税基不同，或者说对于“企业收入”的定义不同。此外，很多国家往往有特殊的规定，为特定企业活动制定较低的有效税率，例如为研发费用提供税收补贴等。制定相关国际协议时，需要充分考虑各国税收政策的种种差异。如上文所述，德国、法国等税率较高的国家表示支持15%的全球最低公司所得税，但也有国家已明确表示反对这一方案，例如爱尔兰的企业税率为12.5%，所以不太可能愿意签署抬高公司所得税税率的协议。因此，如果 OECD 成员国均采取了全球最低公司所得税税率，那么将面临一个主要的问题就是如何让非 OECD 成员国接受这个税率。因为有些国家可能名义上实施 15%的最低税率，但实际上却通过各类税收减免措施压低企业实际的纳税负担。因此，有一项提议是将适用最低公司所得税税率的有形资产税基降低 7.5%，工资税基降低 10%，并设立一个 10 年的过渡期。2021 年 10 月 7 日，为了缓解爱尔兰对全球最低税率的担忧，“至少 15%作为全球最低公司所得税税率”中的“至少”二字已从包容性框架全球税收协议草案中删除。爱沙尼亚警告称，鉴于这项工作的复杂性，如此快速实施 15%全球最低税“几乎是不可能的”。非洲税收管理论坛也提出了相应的质疑：2021 年 7 月 1 日，非洲税收征管论坛（ATAF）就 OECD/G20 BEPS 包容性框架（IF）当日发布的修订后的数字经济税收“双支柱”解决方案发表声明，在对其表示欢迎的同时，ATAF 与非洲联盟一起继续倡导至少 20% 的更高税率，而不是提议的 15%。他们认为，通过减少跨国公司的利润转移，更高的税率将更有效地保护非洲税基并阻止非法资金流动。[①] ATAF 指出，实施新规则必须“负责任地进行”，并考虑到并非所有国家都有类似的能力来实施新规则；例如对于少数未加入该协议的 IF 成员和其他非 IF 成员的非洲国家，ATAF 对新规则将如何影响这些国家表示担心，认为不应对这些国家施加政治压力逼迫其加入 IF 或应用这些新规则。[②]

（2）“双支柱”方案将给大型跨国企业带来很高的遵从成本，也对税务机关的征管能力提出更高要求。支柱一以跨国企业集团为基础进行核算，剩余利润分配和税款缴纳涉及众多辖区，易产生多边税收争议。在跨国企业集团同时适用支柱一和现行国际税收规则的情况下，也易发生重复征税问题。支柱二须核算跨国企业集团在各个辖区的有效税率水平。规则适用顺序也决定了组织架构复杂的跨国企业集团很可能遇到多辖区适用支柱二规则导致的管理混乱局面和重复征税问题。“双支柱”方案要落地实施并成为长期稳定的国际税收规则，必须处理好规则执行成本、消除重复征税和税收确定性之间的关系。

二、《联合国税收协定范本》增加自动数字服务所得征税规则

数字经济税收规则的制定也受到联合国的重视。在包容性框架努力推进

---

① 参见：https：//www. ataftax. org/130-inclusive-framework-countries-and-jurisdictions-join-a-new-two-pillar-plan-to-reform-international-taxation-rules-what-does-this-mean-for-africa.

② ATAF 声明全文链接：https：//www. ataftax. org/a-new-era-of-international-taxation-rules-what-does-this-mean-for-africa.

经济数字化税收挑战解决方案的同时，联合国国际税务合作专家委员会也在积极研究和寻求不同的解决途径。

（一）背景与历程

联合国发布的2017年版《联合国税收协定范本》新增了第12A条，允许来源国通过预提税的形式对数字服务进行征税。

2020年8月6日，联合国国际税务合作专家委员会发布了关于《联合国税收协定范本》第12B条的讨论稿，拟就数字服务税这一原先的单边税收措施，为成员国提供一个双边的技术性框架，允许来源国通过预提税的形式对数字服务进行征税，并通过双边税收协定谈判对税率达成共识。

2021年4月20日，联合国国际税务合作专家委员会第22次会议决定，在《联合国税收协定范本》中增加12B条款，针对跨境自动化数字服务（Automated Digital Services，ADS）所得，允许来源国征收预提所得税。2021年10月19日至28日，联合国国际税务合作专家委员会第二十三届会议召开。其中，经济数字化税收问题是会议的主要议题，包括涉及自动数字服务征税的新第12B条款在内的《联合国税收协定范本》的进一步更新。①

（二）基本内容

2021年，联合国在数字经济税收规则方面也取得了一定的进展，主要内容包括依托付款环节设计预提税、向“支付国”分配征税权等。

1. 依托付款环节设计预提税

《联合国税收协定范本》12B条款的第1段规定，跨境自动化数字服务（ADS）所得可以由居民国征税，但是并没有规定居民国对ADS所得拥有排他性、独占的征税权。这一点在12B条款注释的第21段明确给予了说明，为12B条款向来源国赋予额外的征税权作了规则上的铺垫。非居民企业未构成基于物理存在联结度的常设机构，是来源国无法依据传统国际税收规则行使优先征税权的难题所在。12B条款抓住ADS所得的付款环节设计预提税，将这项额外的征税权赋予来源国，这一点与支柱一方案蓝图的“新征税权”既有相同之处，又有着重要区别。相同之处在于二者都向来源国（市场国或支付国）额外赋予了征税权，并且该征税权的分配不再以基于物理存在的联结度为前提。重要区别在于12B条款仅聚焦于ADS未构成常设机构的情形，而支柱一方案蓝图为新征税权的适用设计了新联结度，当非居民企业对市场国

---

① 联合国国际税务合作专家委员会第二十三届会议议程参见：https：//www.un.org/development/desa/financing/events/23rd-session-committee-experts-international-cooperation-tax-matters.

经济构成显著且持续参与，即认为构成新联结度，而不考虑是否构成常设机构。

12B 条款依托付款环节设计预提税，意在确保额外赋予的征税权一定可以"有税可征"，并且没有为付款金额设定阈值门槛，即只要发生符合条件的境外付款就可以行使征税权、获得预提税收入。这同时也体现了联合国国际税务合作专家委员会寻求简化方法和程序为纳税人减轻纳税遵从负担、为主管税务机关减轻征管成本的意图。12B 条款仅仅针对 ADS 所得的付款征收预提税，税基是付款的总金额，不进行任何的扣除和调整，征收率是经缔约国双方同意的 3%或 4%，没有任何争议，向境外支付环节实现税款征收后允许扣除预提税的剩余款项继续向境外支付。从中可以看出，12B 条款体现出《联合国税收协定范本》序言中提及的"与居民国的征税权相比，《联合国税收协定范本》支持保留多数来源国的征税权"的意图，在发达国家与发展中国家征税权竞争中维护了发展中国家的税收利益。

2. 向"支付国"分配征税权

12B 条款最关键的规定是第 2 款有关赋予额外征税权的表述："来源于缔约一国的自动化数字服务所得也可以在该缔约一国征税。"12B 条款第 2 款规定赋予缔约一国（来源国）以额外的征税权，允许缔约一国对向缔约另一国的付款征收预提所得税（withholding tax，以下简称预提税），该付款是产生自缔约一国的自动化数字服务（ADS）所得，征收率不应超过缔约国双方在协定中设定的比例。12B 条款注释提出这个比例应当轻重适度，建议设定为 3%或 4%。需要注意的是，这种额外征税权的表述目的，是为了保护 ADS 所得付款国家的征税权。判断 ADS 所得来源于某一国的情形有二：一种情形是缔约一国税收居民向缔约另一国税收居民进行 ADS 付款；另一种情形是某自然人无论其是否为缔约一国税收居民，只要其有义务进行与缔约一国常设机构或固定基地有效关联的 ADS 付款，且该 ADS 付款由常设机构或固定基地承担。12B 条款这样规定不仅把法人主体纳入了 12B 条款适用范围，也把自然人主体纳入了适用范围。更重要的是，将判定"来源于"的关键条件设定为"付款"，只要发生付款，就可以判定 ADS 所得来源于某一国，而没有其他条件限制，包括不必考虑该国是不是 ADS 的用户所在国。因此确切而言，12B 条款将额外征税权赋予的应是 ADS 所得的"支付国"，而不一定是 ADS 所得的"来源国"。

3. 年度净利润法的公式分配

12B 条款在赋予来源国额外征税权的同时，也赋予纳税人在缴税方式上的选择空间。12B 条款为纳税人提供可选择的替代性方案——年度净利润法，以帮助纳税人平衡预提税的税收负担。12B 条款为年度净利润法设计了“合格利润”和 30%的利润分配比例，将非居民纳税人在另一国远程运营自动化数字业务（ADS）取得利润的一部分（即 30%）确定为税基，另一国（来源国或支付国）以国内税法规定的适用税率进行征税。这与支柱一方案蓝图对金额 A 的确定有着相似之处。支柱一方案蓝图将跨国企业集团合并财务报表的利润总额中超过常规利润的部分，认定为剩余利润；将剩余利润的 20%确定为金额 A；以营业收入为分配要素，将金额 A 向各市场国进行分配；各市场国以各自国内税法规定的适用税率予以征税。

12B 条款第 3 款规定，如果 ADS 所得产生于缔约一国，该所得的受益所有人为缔约另一国税收居民，那么该受益所有人可以要求缔约一国采用年度净利润法计算税基，以缔约另一国国内税法规定的适用税率确认应纳税金额。如果纳税人选择年度净利润法，则 12B 条款第 2 款规定的预提税规则将不再适用。年度净利润法的税基被 12B 条款定义为“合格利润”（qualified profit），为受益所有人 ADS 利润率与产生于缔约一国 ADS 年营业收入总额乘积的 30%，即：

合格利润=30%×受益所有人 ADS 利润率×来源于缔约一国 ADS 的年营业收入总额

如受益所有人无法确定 ADS 业务部门（分部）的利润率，也可采用受益所有人整体的利润率来计算；如果受益所有人属于某一跨国企业集团，可以采用集团 ADS 业务部门（分部）的利润率；在集团无法提供 ADS 业务部门（分部）利润率的情况下，也可以使用集团整体利润率，前提是集团整体利润率要高于受益所有人整体利润率，否则要采用受益所有人整体利润率。如果上述利润率均无法获得，也就意味着合格利润无法确定，则年度净利润法不适用，仍旧适用 12B 条款第 2 款的预提税规则。这项选择权可以帮助纳税人平衡两种纳税方式的税收负担，以更有利于自己的方式完成纳税义务。究竟如何选择，纳税人需要根据自身利润水平和适用的双边协定条款综合判断确定。

4. 适用范围仅限于自动化数字服务（ADS）

12B 条款仅适用于自动化数字服务（ADS）。12B 条款对 ADS 的定义是，通过互联网或其他电子网络提供、需要服务提供方最低限度人为参与的任何服务。同时 12B 条款以正列举（正面清单）的方式给出了自动化数字服务的具体业务活动范围，包括：在线广告服务、在线中介平台服务、社交媒体服务、数字内容服务、云计算服务、出售或以其他方式转让用户数据，以及标准化在线教育服务。但不包括专业机构提供的定制化服务、提供互联网接口或访问在线网络的服务、在线销售除自动化数字服务之外的其他产品或服务，或其他明确不包括的服务。

5. 不影响常设机构条款效力

传统国际税收规则以是否构成常设机构作为来源国行使优先征税权的前提，而是否构成基于物理存在的联结度又是构成常设机构的前提，12B 条款无意改变这些基础规则。因此，12B 条款第 8 款规定，如果 ADS 所得的受益所有人通过常设机构在缔约另一国经营业务，或者通过位于缔约另一国的固定基地（fixed base）经营业务，并且该 ADS 所得与常设机构或固定基地具备有效关联，或属于通过常设机构在缔约另一国经营相同或相似其他业务活动的，则适用《联合国税收协定范本》第 7 条（营业利润）或第 14 条（独立个人服务），12B 条款不再适用。

（三）评析

1. 国际税法价值

该条款突破了传统国际税收规则下对非居民在来源国构成常设机构的要求，由此扩大了来源国在税收协定下对跨境自动化数字服务所得的征税权，可以维护发展中国家作为来源国时的税收利益。同时，该条款所适用的自动化数字服务范围较广，包括通过互联网或其他电子网络提供、需要服务提供方最低限度人为参与的任何服务，例如在线广告服务、提供用户数据、在线搜索引擎、在线中介平台服务、社交媒体平台、数字内容服务、在线游戏、云计算服务和标准化在线教育服务，因此在《联合国税收协定范本》中增加该条款，也可作为解决经济数字化征税难题的方案，供各国决定是否纳入其双边税收协定之中。联合国解决方案的最大特点是沿袭当前国际税收框架，通过修订协定范本将自动数字服务纳入现行协定框架。相较于强制性的多边方案，联合国给予各国双边税收协定谈判的选择权或许更有利于相关国际税收改革措施的落地实施。这也赋予了《联合国税收协定范本》12B 条款以法律实施学价值。

2. 主要局限①

（1）仅能解决 ADS 征税权的部分分配难题。12B 条款仅仅针对 ADS，而没有针对经济数字化税收挑战所涉及的所有业务活动。OECD 应对税基侵蚀和

① 励贺林，骆亭宇，姚丽．联合国协定范本 12B 条款的突破与局限［J］．国际税收，2021（8）：39-45.

利润转移（BEPS）行动计划 2015 年最终成果报告指出："数字经济日渐成为经济本身（即经济数字化），从税务角度几乎没有可能将数字经济从经济的其他范畴人为彻底圈篱。"这意味着经济数字化税收挑战存在于经济的所有业务部门，仅仅针对 ADS 的适用范围说明 12B 条款意在尝试性地解决部分问题，而不是去打破传统国际税收规则的基本概念和框架。

（2）固定比例预提税的合理性问题。经济数字化商业模式下，跨国企业集团的市场覆盖是全球性的。由于各国各地区的经济总量不同、市场规模不同、数字化程度不同、消费者购买力和喜好不同等诸多原因，所以跨国企业集团在各来源国的利润水平也不尽相同。12B 条款针对 ADS 所得的境外付款，也就是 ADS 业务营业总收入（毛收入）征收固定比例的预提税，税负计算的底层逻辑是视同各来源国取得了相同水平的利润率，这使得依据 12B 条款征收预提税的合理性存疑。针对营业总收入（毛收入）按固定比例征收的预提税，不能体现出按照盈利程度分担税负份额这一对所得征税的基本原理。特别是由于方案没有设立门槛标准，会对低毛利、规模较小的数字经济企业产生不利影响，而市场占有率较高的数字经济企业很容易利用其市场地位转嫁税负，因此会对市场竞争造成扭曲。

（3）方案执行难题。12B 条款是基于双边模式的解决方案，其实施需要各国升级彼此之间税收协定相关条款，而各国是否愿意选用这样的条款来更新双边协定将是一个重要问题，由此增加了该方案的执行难度。具体而言，如果主要数字经济输出国不愿意选用 12B 条款，那么来源国（支付国）也没有办法推动执行。如果缔约国双方对 12B 条款的谈判旷日持久，那么全球协定网络的更新更是遥遥无期，预提税方案将退化为单边数字服务税，这将影响该方案的可行性。

三、数字经济税收规则进展的总体评析与展望

"双支柱"方案是 OECD 在过去十年内谈判的成果，旨在确保大型跨国企业（MNEs）在其经营和赚取利润的地方纳税，同时增加国际税收制度的确定性和稳定性。特别是支柱二方案为支柱一方案的执行营造了更有利的税收环境，会迫使跨国企业将其价值链与功能、风险与资产相匹配。

（一）联合国方案与 OECD 方案的比较分析

总体上，联合国数字服务税方案沿袭国际税收框架，在借鉴 OECD 研究成果的基础上，更加关注发展中国家对数字经济规则的诉求。《联合国税收协

定范本》12B 条款对适用范围的界定与 OECD 支柱一方案蓝图对自动化数字服务（ADS）的界定非常相近，不仅内容相近，并且规制方法也相近。但是，二者存在巨大差异，OECD 的蓝图方案基于全新国际税收框架引入市场国新征税权与全球最低税，而联合国方案则仍基于现行国际税收框架，通过在原《联合国税收协定范本》第 12 条（特许权使用费）增加 12B 条款规定（自动数字服务收入）将自动数字服务纳入预提税范畴。以上差异也就决定两种方案在复杂程度、适用范围及可接受程度方面的差异。从联合国与 OECD 方案内容本身来看，二者的优缺点非常明显：联合国方案基于现行国际税收协定框架，执行简洁，缺点是适用范围窄，只限于 ADS 业务，如果不能为主要数字输出国所接受，该建议就退化为没有协定基础的单边数字服务税；OECD 双支柱方案引入革新性机制，强调市场价值贡献，适用范围更宽，并且一些数字化程度较高的传统行业也可能纳入适用范围，缺点是变革涉方面广，影响面大，体系过于复杂，主要数字输出国与传统投资中心很可能不会接受。①

（二）中国对“双支柱”方案的主张②

中国财税部门也全程深度参与了数字经济税收规则的国际行动。在多边共识形成过程中发挥了重要作用，为方案设计贡献了中国智慧。

支柱一方面，中国主张市场是重要的价值创造因素，应给予市场所在辖区合理的税收回报，这与我国一直倡导的转让定价理念相契合；我们主张通过多边共识性解决方案应对经济数字化税收挑战，避免单边措施泛滥影响世界经济复苏；我们还主张制定新规则的初衷是解决跨国企业集团远程经营而市场国没有征税权的问题，对在市场国设立实体且接受严格监管、承担较高纳税义务的行业应予特殊考虑。最终的共识方案明确，支柱一金额 A 规则实施后，相关国家应撤销单边措施，并承诺未来不再实施类似措施；支柱一不适用于采掘业和受监管的金融服务业。

支柱二方面，中国主张税制设计和税率确定属一国税收主权，应由各国自主决定，共识方案支柱二全球反税基侵蚀规则最终不作为最低标准强制实施，而是作为共同方法供有意愿辖区按统一标准协调实施。中国主张遏制恶性税收竞争的同时应充分考虑不同发展阶段经济体的发展需要，最低税率水平应合理适当，支柱二全球最低公司所得税税率最终确定为 15%。我们还主

---

① 励贺林，骆亭宇，姚丽．联合国协定范本 12B 条款的突破与局限［J］．国际税收，2021（8）：39-45.

② 韩霖，高阳，邓汝宇．数字经济国际税改“双支柱”方案的历史意义与现实应对：专访中国国际税收研究会会长张志勇及国家税务总局国际税务司司长蒙玉英［J］．国际税收，2022（2）：3-8.

张全球最低税是打击 BEPS 的手段而非目的，应避免对实质性经济活动产生不利影响，支柱二设计了“基于实质的所得排除”机制，可按有形资产和人员工资一定比例扣减全球最低公司所得税应税所得。我们强烈主张应支持企业全球化发展，为其创造有益环境，支柱二特别设置了初始国际化豁免机制，使处于国际活动初始阶段的跨国企业集团可以免受全球最低公司所得税的影响。

（三）全球税收营商环境将得到持续优化

1.“双支柱”方案可减少单边措施引发的双重征税和贸易摩擦

由于数字经济国际税收规则长期悬而未决，英法等数字经济市场国开始采取数字服务税等单边措施。受影响的大部分是美国科技巨头，因而美国以报复性关税相威胁。世界主要经济体间的贸易战一触即发，成为影响世界经济复苏和跨国企业经营的定时炸弹。“双支柱”方案要求各参与方撤销一切国内单边措施，使得跨国企业可以免遭双重征税之苦和贸易战之危。

2.“双支柱”方案可以提高跨国企业的税收确定性

多边税收机制最需要解决的难题是税收不确定性及由此引发的巨额成本，为此，“双支柱”方案专门设置了创新性税收争议预防与解决机制，涉及新征税权的争议事项都将纳入该机制之下，为跨国企业提供较强的税收确定性。

第二节　税收助力绿色低碳发展新探索

从国际来看，气候变化是人类未来面临的最大挑战已经成为全球共识。当前，受全球日益严峻的环境影响，世界主要国家纷纷制定碳中和时间表，在应对气候变化、落实低碳发展的背景下，碳税和碳关税均受到国际社会和各国政府的共同关注。

一、联合国国际税务合作专家委员会发布《2021 年发展中国家碳税手册》

在全球气候变化的严峻威胁下，采取实质性的减排政策工具，已经是各国对内履行环境治理职责、对外承担国际义务的主权理性选择。特别是新冠肺炎疫情的全球蔓延，除了对经济和社会带来短期冲击外，从长期看，也推动了各国应对气候变化和环境保护与发展的步伐。

碳税具有的“双重红利”成为各国推进环境税改革的重要理论依据。碳税的第一重红利为环境红利，即通过征收碳税提高含碳能源使用价格，减少高碳能源使用需求，促进能源使用效率提高，加快清洁能源开发利用，从而降低二氧化碳排放；第二重红利为社会福利，即开征碳税的同时降低其他税种税率，或者增加对居民和企业的转移支付，从而降低所得税等扭曲性税收的超额税收负担，增加社会福利。[①] 部分发达国家实施碳税绩效评估结果显示，征收碳税对降低能源消耗和减少碳排放具有积极效果，在推动节能减排技术应用和进步等方面发挥了重要作用。比如，丹麦和瑞典在20世纪90年代初期采用碳税以来，其碳排放量分别减少了25%和20%。[②] 因此，碳税被认为是温室气体减排最为成本有效的政策工具。[③] 目前碳税在多国都得到了运用。截至2021年4月，欧洲共有19个国家引入碳税；亚洲有3个国家实施碳税或准碳税，分别为日本、印度和新加坡；美洲局部或全面征收碳税的国家共有3个，分别是加拿大、美国和哥斯达黎加；大洋洲及非洲有3个国家曾计划实施碳税或正在实施碳税，南非于2010年首次宣布了碳税，最终于2019年通过。[④] OECD和联合国对此也进行了新的探索。

（一）背景与历程

自2016年11月4日起正式实施的《巴黎协定》，确定各国将以“自主贡献”的方式参与全球应对气候变化行动。碳税被很多国家采用并作为减排手段，疫情危机下各国对财政收入的需求也刺激了碳税的发展。无论是为了筹集收入还是为了应对气候变化和实现可持续发展；无论是为了应对发达国家的碳关税还是为了自身的碳减排，环境税已经出现在很多发展中国家的议程上。

OECD高度重视碳定价问题，其中碳税自然是重中之重。就2021年来说，OECD发布了两份较有价值的碳定价文件：第一份是《2021年有效碳价——

---

① 鲁书伶，白彦锋．碳税国际实践及其对我国2030年前实现“碳达峰”目标的启示［J］．国际税收，2021（12）：21-28.

② 马蔡琛，赵笛．构建以环境保护税为基础的绿色税收体系［J］．税务研究，2020（11）：39-45.

③ Sirid Sif Bundgaard，Kirsten Dyhr-Mikkelsen，Anders E. Larsen and Mikael Togeby，Energy Efficiency Obiligation Schemes in Eu-Lessens Learned from Denmark［J］. International Association for Energy Economics，2013（3）.

④ 毛晓杰，徐扬，关国恒．国际碳中和背景下我国开征碳税的策略选择［J］．银行家，2022（1）：40-43.

通过税收与排放交易的碳排放定价》报告。该报告衡量了 44 个 OECD 和 G20 成员使用能源中排放的二氧化碳定价，涵盖了全球约 80% 的排放量。该分析综合考虑了碳价格，包括燃料消费税、碳税和可交易的排放许可价格。该报告重点介绍了 2018 年各个国家和部门的有效碳价结构，并讨论了与 2012 年和 2015 年相比的变化。它还提供了中国和欧盟排放交易近期趋势的展望。① 第二份是《新冠疫情时代的碳定价：G20 经济体的变化》。该报告评估了 2018 年至 2021 年间 G20 经济体碳价格的演变。它估计了由碳税、排放交易系统和燃料消费税产生的碳价格。②

联合国国际税务合作专家委员会在 2017 年发起了环境税工作，在其第 15 次会议期间，委员会设立了一个环境税问题分委员会（The Subcommittee on Environmental Taxation Issues），专门负责研究发展中国家环境税领域的紧迫问题。考虑到气候危机的紧迫性和全球性质，分委员会选择了就碳税开展研究。2021 年 10 月 19 日至 22 日和 25 日至 28 日，联合国国际税务合作专家委员会第 23 届会议在线上举行。其间讨论了环境与环境税收议题。2021 年 10 月 25 日，联合国国际税务合作专家委员会在联合国经济和社会事务部举办的线上会议中发布的《2021 年发展中国家碳税手册》，是最新颁布的联合国税收专家委员会及其下属的环境税问题分委员会的工作新成果。③

（二）主要内容

联合国发布的《2021 年发展中国家碳税手册》共分为 10 章。前三章适用于政策制定者，内容包括是否引入碳税，与其他措施的比较结果，以及如何使公众接受碳税等。第四章到第七章讨论了政策方面的内容，如保护低收入家庭等。第八章讨论了制度该如何实施。第九章讨论了碳税收入如何利用。第十章讨论了碳税和其他工具之间的相互作用。

1. 政策制定者是否引入碳税的政策抉择因素

碳税立法最大的实施困境在于，既要减排又要维系经济发展。在全球经

---

① OECD. Effective Carbon Rates 2021: Pricing Carbon Emissions through Taxes and Emissions Trading [R]. Paris: OELD Publishing, 2021.

② OECD. Carbon Pricing in Times of COVID-19: WHAT HAS CHANGED IN G20 ECONOMIES? [B/OL]. [2022-04-18]. https://read. oecd-ilibrary. org/view/? ref = 1113_1113772-m02sbpd0to&title = Carbon- Pricing - in - Times - of - COVID - 19 - What - Has - Changed - in - G20 - Economies& _ga=2. 77156759. 301915740. 1635425957-1269382653. 1612534776.

③ UN. The United Nations Handbook on Carbon Taxation for Developing Countries [M/OL]. [2022-04-18]. https://www. un. org/development/desa/financing/sites/www. un. org. development. desa. financing/files/2021-10/Carbon%20Taxation. pdf.

济竞争的压力下，行业国际竞争力的维持与促进是各国政府的重任。应当说，任何碳减排机制的设计，如何防止国内产业竞争力下降都是需要重点考虑的问题之一。碳税是构成能源产品最终价格的重要组成部分，因此，开征碳税对碳密集度高、国际贸易产品比重比较大的行业的短期国际竞争力会有负面影响，尤其是建设低碳社会要大规模淘汰能够吸纳众多劳动力的现有落后产能，由此产生的失业、工人工资薪酬降低等问题，在短期内都有爆发的可能性。碳税立法可能带来的企业国际竞争力损害、低收入群体可支配收入降低、就业率下降等经济和社会问题，是各国进行碳税立法时所面临的基本难题。① 发展中国家在引入碳税立法时，需要对此类负面影响的真实风险予以评估并做出应对，包括减税措施、支持措施和与贸易相关的措施。因此，政策制定者在决定是否引入碳税时，需要考虑多种因素。首先，政策决策者需要决定是否引入碳税；其次，政策制定者需要考虑碳税的制度设计；最后，政策制定者需要考虑如何通过制度设计确保公众接受碳税。联合国国际税务合作专家委员会深度分析了碳税开征对家庭和企业的负面影响，并提出了如何解决此类负面影响的政策设计导向。建议发展中国家情况各异，在推进碳税改革时需要审慎而行，以确保其与本国的减排目标相吻合。

2. 碳税的征税依据

碳税的征税依据有两种。第一种，化石燃料方式（the fuel approach），该方式将化石燃料作为税基，即以化石燃料的含碳量和消耗燃料总量计算二氧化碳排放量，在技术管理上简单可行，实施成本也相对较低，是国际上广泛采用的方法，如丹麦、挪威、瑞典、日本、英国和印度等都在使用此种方法。第二种方式，直接排放法（the direct emissions approach），按二氧化碳排放量征税。这种方式能直接反映排放量，可以持续监测排放主体的减排数据，便于形成正向激励，但需要排放主体配备专业的二氧化碳监测设备，技术管理专业性强、实施成本较高，目前仅波兰、捷克等少数国家采用。对于经济发展成本较高且相关技术落后的发展中大国，采用化石燃料方式为征税依据显然更有利于碳税的推广操作。

3. 碳税税率的设计

税率制定不合理，脱离实际，会引发推行困难。因此，碳税税率的设计

① 据国际环境署统计，加上其他初级产业，制造部门占据了世界温室气体排放的 40%。See IEA. Energy Technology Perspectives-Scenarios and Strategies to 2050［R］. Paris：International Energy Agency，2010.

必须慎重。碳税的税率包括固定税率和累进税率两种。目前实行固定税率的国家较多，只有少数国家实行累进税率，并且各国碳税税率差异较大。部分国家针对不同征税对象设置了差异税率。碳税实施的初期，各国通常制定较低的税率水平，以减少对本国产品竞争力的不利影响，然后分阶段逐步提高税率，以保证减排效果。

4. 碳税的征管制度设计

碳税的征管设计需要充分考虑碳税的核心特征、纳税人登记、税收申报和记账、免税和补偿、纳税申报期限、控制机制和排放报告、遵从和执行机制、碳税的事后评估机制以及重叠政策工具的协调等方面。在碳税征管问题上，发展中国家宜借鉴国际经验采用简易计税方式，并根据自身国情制定碳税征管制度。特别是要尽量避免增加征管成本。第八章讨论了碳税的征管问题，考虑了不同的设计方式下碳税引起的征管问题。特别以瑞典和智利为研究对象，探讨了能够促进碳税遵从的、好的征管关键因素，事后评估的征管制度，以确保碳税的设计与征管相协调。

5. 碳税的收入使用

与其他气候政策相比较，碳税既能够达到同样的环境目标，同时还能增加国家收入。比如，加拿大卑诗省人口低于 500 万，但每年能够收取大约 7000 万美元的碳税收入，在该省总收入中占据较高的比例。美国每年也至少可以收取 1000 亿美元的碳税收入。[①] 碳税收入使用的选择主要包括对脆弱行业的补偿、对家庭的补偿、环境开支、税式支出等。碳税收入使用制度的构建关乎经济与社会的可持续发展，其本身是个基于多方合作博弈的协调机制。整体目标就是实现公共利益和遵守法律原则之间达到相对合理的平衡，从而使碳税更加合法和有效地服务于国家的经济、环境和社会目标。比如，美国科罗拉多州圆石市的碳税收入几乎全部用于研发替代燃料，并提高能源使用效率；美国科罗拉多博尔德市的气候行动计划税则专款用于气候变化项目；加利福尼亚州则将碳排放交易收入用于多种以节能减排为主要目的项目。以其在 2013 年至 2015 年期间的收入为例，该时期收入 59%用于低碳转型，22%用于家庭以及社区能源效益和可再生能源转型，14%用于公共资源的涵养和公共建筑的能源效益提高。加拿大魁北克省则将碳税收入专款专用于可再生能源的投资。此外，魁北克省也同时实施了碳排放交易制度，将来自碳排放

① MCKIBBIN WJ, MORRIS AC, WILCOXEN PJ, et al. Carbon Taxes and U. S. Fiscal Reform [J]. National Tax Journal, 2015, 68 (1): 139-156.

交易收入用于低碳技术研发为主的多种用途。以 2013 年至 2015 年期间的收入分配为例，该时期收入 67%用于公共交通的低碳化升级，8%用于低碳经济转型，7%用于建筑物的绿色化项目，8%用于低碳技术和可再生资源研发，6%用于鼓励社区参与以及监控和报告投入，1%用于生物多样性保护，1%用于农业和废物管理。[①] 这种“取之于环境，用之于环境”的碳税收入使用安排，赋予碳税收入使用制度纠正碳税立法带来的“税制失灵”之功效。

6. 与其他相关政策工具之间的互动

碳排放定价工具并非碳税一种，除了环境税中的部分税基与碳税的重叠之外，还存在碳税与碳排放交易机制之间的冲突与协调问题。因此，这里所说的“其他工具”，既包括对能源的课税，对化石燃料的消费税、资源税等税收工具之外，还包括碳排放交易制度。与碳税互动最多的，是碳排放交易机制。碳税和排放权交易的综合运用是现代各国气候变化战略框架的核心政策。碳税是个政策工具，政府对碳定价，让市场决定总体排放；碳排放交易系统就是政府设定排放的最大限额，让市场决定碳排放的价格。事实上，碳税和碳排放交易机制依据同样的原则：让环境损害通过碳定价内部化，激励减排。但是这两种工具之间有重叠，并且这两个工具之间不是非此即彼的关系，很多国家同时设计了碳税和碳定价制度共存的复合机制。《2021 年发展中国家碳税手册》建议发展中国家政策制定者通过协调上述或者互补、或者冲突的政策工具，实现“1+1>2”的减排目标，同时也考虑化石燃料税/能源税、清洁技术激励和化石燃料补贴等特别政策工具的运用。

（三）评析

《2021 年发展中国家碳税手册》主要包括碳税的设计和实施、碳税和现有法律政策措施之间的相互作用、碳税收入使用和实际案例等内容。该手册是个非常完整的碳税指引，既涵盖了碳税的征收范围、税基、税率等严格意义上的碳税制度开发，还涵盖了如何减轻碳税开征的负面影响而设计配套政策的指引，因此，该手册是个“大而全”的成果。

该手册是个实用指南，本身就是为了满足发展中国家向联合国表达的需求而编写，旨在为政策制定者提供碳税开征的决策参考，并为推动实施碳税进程提供实用性指南：回应了各国对设计和执行碳税政策和征管方面的更加清晰的、有操作性的指导。该手册列出了一些各国可能引入碳税时的共同问

---

① Pereira. A., Pereira R.. Environmental Fiscal Reform and Fiscal Consolidation: the quest for the third dividend in Portugal [J]. Public Finance. Rev., 2014, 42 (2): 222-253.

题，以及可能迎合不同需求和优先排序的政策设计及征管的选择等个性化问题；也提供对如何提高碳税的可接受性的指导，如何处理潜在的碳税与其他现行法律和政策措施之间的潜在冲突问题。其中包含了许多实践中的例子和实用工具，如指导设计和碳税征管的检查表等。因此，该手册为发展中国家政策制定者提供了碳税开征与否的决策参考，并为推动实施碳税进程提供实用性指南。

OECD 的研究主要以发达国家为研究对象，但同时也涵盖了发展中国家的实践。因此，发展中国家在进行碳税立法决策以及具体政策设计时，有必要同步参考 OECD 的研究成果。

二、欧盟启动碳边境调节税立法

碳边境调节机制也被称为“碳关税”，是欧盟碳市场改革的重要组成部分。欧盟拟通过对内减少碳市场免费配额，对外采用碳边境调节机制，来提高碳市场有效性，实现 2030 年减排 55%的目标。

（一）背景及历程

欧盟及其成员国签署并批准《京都议定书》后，欧盟制定了碳排放权交易体系，这是世界上首个多国参与、全球最大的温室气体排放交易体系。欧盟先成功实施碳税后再推出排放权交易（EU ETS）。如今，不少欧盟成员国同时存在碳税与碳交易，两种政策之间存在一种协调机制，由此奠定了欧盟碳关税的基础，也是碳关税在欧盟合法化的条件。

2019 年 12 月，欧盟发布了《欧洲绿色新政》，提出欧盟 2050 年实现碳中和的碳减排目标，并制定了详细的路线图，涉及碳关税、碳排放权交易体系、能源、交通、建筑等在内的多个领域。

2021 年 3 月 10 日，欧洲议会在全体会议上通过了《迈向与世界贸易组织兼容的欧盟碳边境调节机制》，并投票通过了“碳边境调节机制”（CBAM）议案，提出碳关税机制应体现欧盟碳排放权交易体系“污染者付费”原则，外国同类进口产品也需要为碳排放付费。

2021 年 6 月，欧盟《气候变化法》通过立法程序，将 2050 年前实现碳中和的承诺转变为强制性的法律约束，备受争议的碳关税由此合法“落地”。

2021 年 7 月 14 日，欧盟提出包括建立碳边境调节机制（CBAM）在内的一揽子环保提案。碳边境调节机制可定义为“一种适用于交易产品，旨在使产品在销售地的市场价格能够反映其因当地市场碳排放监管而产生成本的制度”。简而言之，就是欧盟将对从碳排放限制相对宽松的国家和地区进口的钢铁、水泥、铝和化肥等商品征税，其本质是对在国际贸易中进口的产品征收的一种特别关税，因此被俗称为“碳关税”。欧盟碳关税计划于2023年1月1日起实施。

（二）主要内容

欧盟的碳关税法律文件分为11章36条及5个附件，对碳关税的纳税人、税基、适用范围、碳排放免费配额、缴纳流程、处罚机制、过渡期等做了详细规定。

1. 纳税人

碳关税的纳税人为欧盟进口商。进口商首先要向欧盟专门成立的CBAM行政机关注册登记，经批准后成为“授权申报人”（注册进口商）才能进口相关产品。每一个注册进口商将在CBAM管理系统中拥有一个独立的账户。对于新设立或有违法记录的进口商注册时，CBAM行政机关可要求其提交保证金，以确保其履行支付义务。

2. 税基及其计算方法

碳关税税基的确定直接影响贸易流通成本和商业决策。产品所含碳排放量是决定欧盟进口商进口该产品所应缴纳费用的决定性因素之一。碳关税的税基是碳排放量，采用国际通行做法，按化石燃料消耗量折算的二氧化碳排放量为计税依据。计算公式如下：

排放量（吨二氧化碳）= 质量（吨、兆瓦时）× 排放强度（吨二氧化碳/吨、吨二氧化碳/兆瓦时）

上述排放量以产品及其上游产品在生产过程中的二氧化碳直接排放量计算，复杂产品还需计入使用投入物的排放。为使进口产品和欧盟产品承担相同的碳排放成本，在碳排放额度可量化的前提下，规定了以下两种扣除情形：①为避免欧盟企业获得双重保护，在进口商应税碳排放量中可根据欧盟同类产品企业获得的碳排放免费配额进行相应调整，相当于税基调整；②为避免进口产品被双重征税，在进口商应税碳排放量中应扣除进口产品在其生产国已经支付的碳排放额度，相当于税额抵免。

3. 适用范围

欧委会在考虑征税产品范围时，重点参考了现行欧盟排放交易系统（EU Emissions Trading System，EUETS）的交易产品。在行业范围上，碳关税实施初期，适用范围将仅限于进口到欧盟的水泥、电力、化肥、钢铁和铝，该立法建议还通过其他条款授权欧委会以实施条例的方式扩充征税产品范围，实现了征税产品范围的“扩容”。在国别范围上，碳关税只豁免已加入欧盟碳排放权交易体系的非欧盟成员国家，如冰岛、列支敦士登和挪威，或者和欧盟碳排放权交易体系挂钩的国家，如瑞士。为避免贸易商规避碳关税措施，欧委会在该立法建议中特别规定了反规避条款，即如调查确信发生了规避行为，欧委会可以将进行了轻微改变从而规避碳关税措施的产品补充纳入征税范围。①

4. 碳排放免费配额

在开始征收碳关税之前，为了防止“碳泄漏”风险，欧盟向已经纳入碳排放权交易体系的行业发放免费碳排放配额，尤其是钢铁、水泥、造纸等高耗能行业，以“稳住”这些产业不向外搬迁。碳关税将与碳排放权交易体系下的免费配额长期共存，在2023—2025年的过渡期内，碳关税覆盖的产业将获得100%的免费配额。2026年免费配额将下降至90%，此后逐年递减10个百分点，直至2035年减至为0。

5. 缴纳流程

欧盟进口商每进口碳排放量为1吨的商品，就购买1张电子凭证，购买的数量、价格和日期均记录在CBAM系统账户上。应税产品在进口环节通过购买电子凭证预缴税款，在次年1—5月按年统一结算和清缴。每年5月31日之前，注册进口商须向CBAM主管机关申报：①上一年进口各类应税货物的总量，电力产品以兆瓦时表示，其他货物以吨表示；②上一年度进口产品中所含的碳排放量；③与碳排放量对应的经调整后的CBAM电子凭证数量。在年度清缴之后，应注册进口商要求，CBAM主管机关应回购进口商账户上多余的电子凭证，回购价格为注册进口商购买该电子凭证时所支付的价格。回购申请应在每年6月30日前提出，回购数量不能超过注册进口商在上一年度购买的电子凭证总数的1/3。如果回购后注册进口商的账户上仍有多余的电子凭证（即超过上年购买总数1/3的部分），则应由CBAM主管机关在6月30日之前清零。

6. 处罚机制

任何未经注册的进口商进口需征收碳关税货物的，或者注册进口商未提交以及未按期足额提交CBAM电子凭证而进口需征收碳关税货物的，将被处以罚款，罚款金额为每吨二氧化碳排放当量100欧元，并随欧洲CPI的变动

① Art. 27.5. Proposal for a Regulation of The European Parliament And of The Council establishing a carbon border adjustment mechanism.

作相应增加。此外，欧盟成员国可根据其国家规则对未能遵守 CBAM 法规的企业或个人进行行政或刑事处罚。CBAM 主管机关所建立的存量、回购和清零政策的组合措施将有效抑制套利行为。在反规避方面，无其他充分的经济理由而改变贸易模式的行为，包括轻微改动产品以使其不包括在碳关税征税范围内的行为，如果被主管机关监测到，欧委会经过分析后有权将前述轻微改动的产品纳入征税范围。

7. 过渡期

2023—2025 年是实施过渡期，进口产品无须缴纳碳关税，但进口商需每季度提交包括当季进口产品总量、产品直接和间接排放量、在原产国应支付碳价等信息在内的企业报告。2026 年起欧盟碳关税将全面开征，相关货物进口商需要先在欧盟专门成立的 CBAM 行政机关注册登记，并购买 CBAM 证明书，每个 CBAM 证明书（相当于欧盟排放配额 EUA）将以进口货物中所含温室气体排放的吨数表示。证明书的价格根据欧盟碳排放交易系统（EU ETS）每周二氧化碳排放限额的平均拍卖价格计算。欧盟进口商必须在每年 5 月 31 日前申报上一年进口到欧盟的货物数量及其碳排放量，同时上交与碳排放量对应的 CBAM 证明书。从 2026 年开始，欧盟将逐年减少上述五类产品生产企业 10%的碳排放权免费配额，直至 2035 年完全取消。但是，2021 年 11 月末，欧洲议会发布的对欧委会 CBAM 立法议案修正意见稿中，将过渡期结束日期提前一年，准备期由 3 年缩短为 2 年。

（三）评析

在欧盟碳边境调节机制之前，部分发达国家其实已多次讨论过包括对中国在内的不实施碳减排限额国家的进口产品征收“碳关税”，但因经济与贸易依赖性、碳市场不成熟等原因而搁浅。欧盟 CBAM 作为主要经济体中第一部关于碳关税的政策措施，如果能够在 2023 年顺利实施，那么欧盟碳关税很可能成为第一个对全球贸易规则产生深远影响的气候相关措施。

1. 欧盟碳边境调节机制具有一定的合法性

欧盟及其成员国签署并批准《京都议定书》后，欧盟制定了碳排放权交易体系，这是世界上首个多国参与、全球最大的温室气体排放交易体系。欧盟碳排放权交易体系是欧盟碳关税的基础，也是碳关税在欧盟合法化的条件。

在国际层面，欧盟推动碳关税的合法性在于，在全球气候变化的严峻威胁下，采取实质性的减排政策工具，已经是各国对内履行环境治理职责、对外承担对世义务的主权理性选择。各国努力就碳定价机制建立广泛的共识，有助于提高碳定价的可信度，特别是主要政治派别对碳定价存在分歧的国家，以及目前碳密集型资产对国内生产总值贡献很大的国家。[①] 分别通过双边和多边环境治理的方式，是国际合作进行环境治理的基本思路。其中，将环境恶化、应对气候变化等议题纳入双边贸易协定或者多边贸易协定中，是全球环境治理的基本手段。因此，欧盟推动碳关税背后的技术合法性逻辑在于，碳关税能够遏制碳泄漏。所谓碳泄漏，是指为了避免承担较高的碳排放成本，一国（地区）企业将生产设施转移至境外碳成本较低的地区，并通过国际贸易再将产生品出口至移出国（地区）的行为。碳泄漏，是欧委会设立碳边境调节机制的主要原因之一。欧盟试图以碳关税这种贸易手段，降低碳泄漏，并且“倒逼”其他国家加大减排力度、提高低碳发展投资，从而实现促进减碳措施公平性的目的。

但是，欧盟推动碳关税最大的动力，还是来源于对欧盟企业国际竞争力的维护。随着经济全球化的深入发展，欧盟企业的国际竞争力备受挑战。碳关税是欧盟维护欧盟企业竞争力的重要举措。因为碳关税可拉平进口产品与欧盟产品的碳成本，消除进口产品相较欧盟产品的价格优势，削弱碳减排政策宽松的国家和地区的贸易竞争力，有效保护欧盟企业。并且，碳关税还可以充分发挥欧盟企业的优势，向发展中国家出售碳减排技术，抢占清洁能源和新兴产业市场。此外，则是为了缓解新冠肺炎疫情带来的巨大财政压力——碳关税收入能在一定程度上缓解欧盟各国政府财政压力。

实践中，碳关税可能主要由发达国家对从发展中国家进口的碳排放密集型产品征收。因此，欧盟的碳关税政策受到多个发达国家的认可。比如，美国民主党向来高度重视气候议题，拜登上台后发布了清洁能源改革和环境中立计划（PEEJ），公开承诺将促使美国在2050年实现碳中和。PEEJ支持碳边境调节机制，提出“将对来自未能履行气候和环境义务国家的高碳产品，征收碳调整费或实施配额管理”。加拿大也提出，将在保证加拿大利益优先的基础上，借助碳关税政策避免全球“碳泄漏”问题。

2. 内外部反应[②]

（1）欧盟内部的反应。由于各成员国能源结构不同，经济情况各异，欧盟内部对征收碳关税存在较大分歧。法国制造业占比低，且欠缺重新发展制造业的优势，而先进的生产设备使得法国生产产品过程中排放的二氧化碳本

① 何振华，范金羽，耿一鸣．税收政策助力“绿色复苏”大有可为［N］．中国税务报，2020-12-08（05）．

② 燕晓春，梁若莲，肖思思．欧盟碳关税将给世界带来什么？［N］．中国税务报，2021-11-24（B1）．

就远低于其他国家，碳关税可提升法国企业的成本竞争优势，征收碳关税对法国来说无疑是一大利好，法国也因此成为欧盟征收碳关税政策的主要拥护者，并得到了其他 8 个欧盟成员国的联合支持。德国工业界则表示，由于汽车和机械设备等其他主要出口产品需要使用大量钢材，征收碳关税会导致行业成本增加，使其丧失自身竞争优势。其他一些欧盟成员国也认为，碳关税对恢复基金[①]的贡献会非常有限，还恐将招致报复性关税。欧洲水泥和钢铁行业担心一旦开征碳关税，将无法享受现行的碳排放免费配额，对欧洲钢铁行业和相关价值链产生影响，削弱企业投资低碳技术的能力。

（2）欧盟外部的反应。如果以联合国商品贸易统计数据库（UN-Comtrade）数据测算，从短期来看，受欧盟碳关税负面影响较大的前 4 个国家将是俄罗斯、土耳其、英国和乌克兰。俄罗斯表示强烈反对。俄罗斯经济发展部长雷谢尼科夫称，欧盟推动的碳关税违反世界贸易组织（WTO）规则，是危险的贸易壁垒行为。俄罗斯总统新闻秘书佩斯科夫表示："碳关税如若出台，俄罗斯的公司将有可能承受额外的负担"。俄罗斯经济发展部长雷谢尼科夫称，欧盟推动的碳关税违反 WTO 规则，是"危险"的贸易壁垒行为。英国是支持者，2021 年 2 月，英国首相约翰逊称 G7 应建立气候同盟，英国将利用轮值国主席的机会积极推动碳关税。印度当局称，对未来欧盟推动的碳关税制度表示担忧，欧盟应当详细披露碳关税议案的具体实施细节，并作合法性审查。澳大利亚贸易部长特汉称碳关税是保护主义行为，莫里森政府短期内不考虑加入碳关税联盟。日本经济产业省和环境省就碳关税议题召开多轮会议，但遭到国内制造业企业的联合反对。此外，欧盟多个贸易伙伴提醒，欧盟碳关税机制应与 WTO 的贸易规则兼容，不应成为保护主义工具。加拿大则提出，将在保证加拿大利益优先的基础上，借助碳关税政策避免全球"碳泄漏"问题。

3. 发展中国家普遍反对

实践中碳关税可能主要由发达国家对从发展中国家进口的碳排放密集型产品征收。因此，与发达国家相比较，发展中国家的反对声音更多。事实上，发达国家近年来推动碳关税背后的战略意图就是为了保护本国企业的国际竞争力。发展中国家经济的兴旺发展，对一向处于国际贸易绝对优势地位的欧美发达国家产生了冲击。作为应对，欧美国家致力于推行碳关税政策遏制发展中国家经济发展、维护其经济优势地位。碳关税的开征，必然对大部分以出口为导向的发展中国家的出口产业竞争力造成影响，进而影响其国内就业

① 2020 年，为应对新冠肺炎疫情造成的经济冲击，欧盟设立了总额为 7500 亿欧元的恢复基金。

率。因此绝大多数发展中国家持反对态度，并纷纷拿起 WTO 规则的“武器”提出反对碳关税的理由①，但从关税与贸易总协定（GATT）/WTO 争端解决机制对 GATT 第 20 条的解释来看，环境税在国际贸易规则中的合法性地位越来越获得 WTO 成员的认同②；从国际贸易的力量对比来看，发展中国家在国际贸易中仍然处于劣势。在贸易保护主义重新抬头的今日，欧盟再次推动碳关税的实施，使发展中国家始终面临碳关税的实质性威胁。碳税边境调整措施在我国的实施将遇到较大的阻力。我国主流观点认为，碳税边境调整措施将违反 WTO 的规则，同时也与《京都议定书》的精神相悖。也有观点认为，其他国家实施的碳边境调整措施将对中国的出口产业产生实质性打击。但无论如何，欧盟此次在碳关税领域的突破性进展，将对我国企业带来实质性负面影响，需要尽快做出应对布局。还需要注意的是，现在很多发展中国家尽管没有征收碳税，但是通过征收能源税使得碳排放量相应减少。在碳关税问题上，必须考虑到这部分能源税的“碳税实质”，不能简单粗暴地认为没有明确开征碳税的发展中国家的出口产品就是不含“碳成本”的。

第三节　转让定价规则新进展

从 21 世纪开始，发展中国家在世界经济中的地位发生了工业革命以来前所未有的提高，发展中国家作为资本进口国和资本出口国的地位都在不断提高，世界经济的中心开始逐步转移到发展中国家③。与这个可喜的发展相伴而生的是，跨国公司在发展中国家的发展，为发展中国家税收做出贡献的同时，也日益通过转让定价手段将利润转移到低税国家，严重侵蚀了发展中国家的税基。联合国税收专家委员会也开始了对发展中国家转让定价问题的特别关注。

① 因为世界贸易组织原则不允许因流程与生产方法的差异而采取贸易措施。同时，此类关税也违反世界贸易组织缔约国关于不得把进口税提高到“受约束关税”（bound tariff）水平的承诺。

② 曹明德，王慧．从 GATT 第 20 条的解释看环境税的合法性［J］．学习与探索，2010（5）：132.

③ BAISTROCCHI EA. The International Tax Regime and the BRIC World：Elements for a Theory［J］. Oxford Journal of Legal Studies，2013，33（4）：733-766.

一、背景与进展

（一）背景

有效进行跨国公司转让定价治理是发达国家和发展中国家的共同难题，但是，与发达国家相比较，发展中国家面临更大的挑战，并因此遭受了更大的税收损失。首先，从转让定价的管理能力和经验上来说，发达国家已经有了好几十年的转让定价管理经验，而大部分发展中国家的转让定价管理经验普遍才不到二十年。其次，转让定价管理通常要求税务当局配备具有专门知识和技能的税务官员。囿于转让定价管理能力和经验的欠缺，发展中国家税务官员在与转让定价税收筹划运用经验丰富的跨国公司博弈中处于劣势。以转让定价审计为例，大多数的发展中国家没有专门的转让定价审计规则，而是按照一般税收审计的方式来进行的。这造成很多发展中国家实施转让定价审计的频率远远落后于发达国家。并且，发展中国家转让定价审计或调查中所涉及的成本经常很大，收入与付出可能不成比例。一般来说，发达国家从转让定价审计中能补征到大笔税收，而发展中国家经常从转移定价审计或调查中收到的税款则少得多。近年来，如何有效解决发展中国家的特殊转让定价难题，成为理论界和实务界的共同课题。①

联合国高度重视发展中国家在跨国公司转让定价管理中面临的特殊挑战与困境。联合国认为，在转让定价领域，应当以公正的、负责任的、可持续发展的方式促进国际税收合作，即在转让定价国际规则的制定中，应当给予发展中国家更大的话语权，确保转让定价规则满足发展中国家的特殊需求。

联合国国际税务合作专家委员会不但关注发展中国家如何参与转让定价国际标准制定的问题，还努力为加强和促进各国税务当局之间合作提供对话框架，为发展中国家和经济转型国家提供技术帮助。② 为此，联合国国际税务合作专家委员会下设了一个专门负责对《联合国税收协定范本》第9条（关

---

① 叶莉娜．发展中国家转让定价问题：挑战与回应［J］．中国海洋大学学报（社会科学版），2015（6）：73-81.

② UN Economic and Social Council. Further Progress in Strengthening the Work of the Committee of Experts on International Cooperation in Tax Matters［C］. Substantive session of 2013，Geneva，1-26 July 2013.

联企业）的转让定价分委员会[①]，专门负责发展中国家转让定价管理工作的推进。

（二）进展

为了帮助发展中国家的决策者和税务部门解决复杂的转让定价问题，以避免双重征税和解决争端，经过联合国国际税务合作专家委员会的不懈努力，《联合国发展中国家转让定价操作手册》发布，迄今为止，已经发布至第3版。每一版都在前一版的基础上进行更新和提升。

1.《联合国发展中国家转让定价操作手册》(第一版)

2013年5月29日，联合国国际税务合作专家委员会颁布了《联合国发展中国家转让定价操作手册》（第一版）[②]。这是联合国对发展中国家转让定价问题的第一份专门成果。其中，成本节约和市场溢价理论成为该版本的亮点。而成本节约和市场溢价理论是中国首创，为发展中国家参与重新分割“国际税收蛋糕”提出了理论方法，是中国对世界转让定价规则的贡献。

2.《联合国发展中国家转让定价操作手册》(第二版)

2017年4月7日，在纽约举行的联合国经济和社会理事会国际税务合作特别会议上，联合国正式发布了2017年版《联合国发展中国家转让定价操作手册》(第二版)。该手册由以下4部分构成：①全球环境下的转让定价；②关于转让定价设计原则及政策考虑的指引；③发展中国家转让定价制度实践操作问题；④部分国家转让定价实践，其中包括在印度、巴西、中国、南非及墨西哥的转让定价实践。

联合国国际税务合作专家委员会在总结了第一版经验以及社会各界对第一版的回馈意见，在第二版新增了部分章节，阐述了集团内服务、无形资产、成本分摊协议及业务重组问题。其中，无形资产章节的内容与G20/OECD BEPS中的转让定价工作是一致的。

第二版《联合国发展中国家转让定价操作手册》也参考了税基侵蚀和利润转移项目的研究结果，修订了文档、可比性分析的相关指引，并在“方法”一章中，针对发展中国家实践中商品交易所谓的“第六种方法”，新增了一节。该手册也对转让定价文档作出了更新指引，其中涵盖了对国别报告

---

① 还有一个是情报交换分委员会，最后一个是发展中国家的税基侵蚀和利润转移分委员会。UN, Outcome of 9th session of the Committee of experts on International Cooperation in Tax Matters, Geneva, 21-25 October 2013.

② United Nations, ST/ESA/347, “Practical Manual on Transfer Pricing for Developing Countries”, New York, 2013/12/13.

（CBC）相关事宜的讨论。联合国国际税务合作专家委员会转让定价分委员会还特别考虑了各方对起草一项集团内服务和管理费以及无形资产的额外章节，以及起草一个对现存的技术援助和能力构建资源的附件的建议。在关于中国转让定价实践的章节中，该手册新增了关于“市场溢价”的补充指引（2.4.4.10~2.4.4.12 章节）。

3.《联合国发展中国家转让定价操作手册》（第三版）①

2021 年 4 月 27 日，联合国国际税务合作专家委员会发布了《联合国发展中国家转让定价操作手册》（2017 年版），第三版立足于第一版和第二版的成果和经验，以反映近年来转让定价分析和管理领域的最新发展。该版操作手册适当考虑了 BEPS 行动计划中涉及转让定价的部分，是联合国在转让定价领域的最新成果。

二、第三版的主要内容

第三版共分为四个部分。与第二版相比较，第三版的主要变化如下：通过条文重组与优化提高了相关性、适用性，修订和更新了金融交易、集中采购职能、利润分割法和可比性问题以及国别实践等四个方面。

（一）A 部分：全球环境中的转让定价

本部分概述了跨国公司及其运作和结构、价值链分析以及跨国企业转让定价功能管理等。

近年来，跨国公司的经营发生了两个改变。一是企业的生产经营模式发生了巨大的改变，跨国公司普遍实施供、产、销一体化，形成了完整的供应链，随着跨国公司产业链的延伸，跨国公司的内部交易呈现放量趋势。二是随着知识经济时代和数字经济时代的到来，跨国公司的高额利润越来越依赖于其拥有的高价值无形资产，并且数字化进一步造成跨国公司价值链的复杂化。从国际环境来看，被发达国家及其集团主导话语权的国际税收规则正在受到巨大的冲击和挑战，G20、OECD 和联合国等国际组织对国际税改的核心领域与需要解决的问题提出了大致脉络导向，并为发展中国家参与国际税改提供了机会。

（二）B 部分：设计原则和政策考量

本部分阐述了独立交易原则、可比性分析、转让定价方法、集团内劳务、

① United Nations. United Nations Practical Manual on Transfer Pricing for Developing Countries (2021) [M]. New York: United Nations, 2021.

无形资产的转让定价考虑、成本分摊协议、企业重组的转让定价问题，并新增了集团内金融交易。

转让定价规则要求关联企业依据独立交易原则为其内部交易定价。独立交易原则的基本思想是，在判断关联企业之间的交易时，假设各关联企业之间的关系同独立企业之间的关系一样，因此，需要参照非关联企业之间相同或者相似交易会同意的价格（或者利润），来确定关联企业之间交易的价格（或者利润）。一旦转让定价被认为违反了独立交易原则，则该定价将面临税务机关的调整。这是税收公平原则在规制跨国公司转让定价中的延伸，OECD和美国主张转让定价的判断和调整都必须遵循独立交易原则。以前，独立交易原则主要在所有的 OECD 成员国中使用，现在，也有越来越多的非 OECD 成员国家开始使用该原则，比如中国、阿根廷、印度、俄罗斯、新加坡、南非等，从而使独立交易法的应用越来越广泛。联合国也同样坚持该原则。

可比性是独立交易原则运用的技术基础。找到所谓的公平交易价格，被认为是转让定价中的黄金法则。[①] 因此，大部分国家都很重视可比信息的使用和可及性（availability）。可比性分析包括两个方面：①受控和任何非受控可比交易（或纳税人）之间的可比性。②分析中所用数据和假设的质量。手册如何对不同的交易寻找可比对象进行了较为详细的指引。

转让定价方法的选择对纳税人和税务当局都很重要。当前，OECD 在独立交易原则下推荐了五种基本方法：可比非受控价格法、再销售价格法、成本加成法、交易净利润法、利润分割法。纳税人和税务管理当局主要是在这五种列明的方法中进行具体选择。在具体的选择指导原则上，OECD 和美国各提出了选择指南，即 OECD 提出的“最适当的方法选择”和美国提出的“最优法规则（the best method rules）”。在转让定价调整方法上，手册也同样坚持最后介绍了第六种方法，也被称为商品规则（commodity rule）。手册提出的第六种方法，基于如下情况：如果纳税人没有提供其受控交易相关的充足支持文件，导致税务当局在无法成功确认某项受控交易是否与受控交易可比。对于发展中国家的税务机关来说，会比其发达国家同行更难，因为发展中国家的税务机关可能没有足够的数据进行可比性分析或者没有足够的资源进行转让定价研究。有几个国家为了应对这种困难，开发了所谓的第六种方法（或者商品规则），尽管此类规则的名称会因为国家的不同而异。此种方法已经被

① 【美】鲁文·S. 阿维-约那．国际法视角下的跨国征税——国际税收体系分析［M］．熊伟，译．北京：法律出版社，2008：99.

好几个国家所采用。其共同特征就是可以依据商品市场的报价来确定关联企业间的商品定价。该方法类似于美国的“最优法原则”和 OECD 转让定价提出的“最适当方法”。

如果说转让定价是国际税法的热点问题的话，那么无形资产就是转让定价中的难点问题。无形资产转让定价管理主要难点，就在于可比性规则在无形资产的辨认、评估和转移等环节应用的复杂性。手册对发展中国家制定无形资产转让定价规则提供了指引。

集团内金融交易业务近年来随着跨国公司并购、重组等业务的增加而增加。联合国对此也进行了关注。新增的集团内金融交易包含在手册 B 部分第 9 章中，新的章节包括关于集团内金融交易的常见类型、国家税收政策如何影响跨国企业融资决策以及独立交易原则在集团内贷款中的应用等金融交易安排的转让定价问题。B 部分还包括第 5.6 节至第 5.14 节中关于集中采购职能的新增内容。考虑到大多数跨国公司经营某种形式的集中采购职能，但其基本活动及其经济实质可能存在很大差异的现实，第三版手册旨在帮助发展中国家确定实质性安排相对于缺乏经济实质的安排的特点。

（三）C 部分：转让定价制度中的立法设计和操作执行

本部分着重于转让定价立法设计和实施、文档要求、风险评估、审计和解决争端等。

随着国际贸易的日渐频繁和不断扩大，转让定价立法设计和实施成为发展中国家税务当局的共同任务，发展中国家的转让定价立法和实施规则逐步得到加强并不断完善，调整方法也日趋灵活。

随着对跨国公司监管难度的增加，很多国家都要求跨国公司向税务当局提供大量的可以说明其转让定价方法的同期文件，来应对转让定价的有意滥用问题。其目的是让跨国公司事先确定转让价格，这样税务部门就可以防止其事后以避税为目的转移所得。同时，对同期资料和文件的要求伴以罚则条款，纳税人如果不能提供所要求的文件，将面临严重的惩罚。手册大量借鉴了 BEPS 第 13 项行动计划中关于同期资料规则和国别报告制度的成果，并对发展中国家如何执行该规则进行了分析。

转让定价中的风险评估程序，是风险管理理论在转让定价中的运用。通过风险评估程序，可以集中发展中国家有限的转让定价管理资源到高风险纳税人群体，从而实现资源运用效率最大化。风险评估程序首先是运用公开可及的税收情报确认转让定价领域的热点领域，比如亏损企业或者涉及无形资产等特殊资产转移的集团内部交易。在大数据迅速发展的大背景下，这种以风险为基础的转让定价管理方式得到了扩展运用。

转让定价审计作为各国跨国公司转让定价管理的重要手段，已经成为各国转让定价税制的必要组成部分，同样也受到了联合国的重视。从性质上来说，同一般的税收审计一样，转让定价审计也是一种他律遵从，目的在于通过适当的频率和效果设定，对纳税人形成威慑力。[①] 风险管理程序在转让定价审计中得到扩展运用。发展中国家应当在转让定价审计中努力实现审计资源效率最大化。尤其是近年来经济持续滑坡，加上各国应对新冠肺炎疫情的压力，各国税务当局越来越重视转让定价审计，发展中国家整体呈现出对转让定价审计的频繁化、严厉化和专业化。

国际税收争端解决是各国税务当局和跨国公司国际税收遵从共同的难题。针对这个问题，国际上已经开发了以相互协商程序为主、国际税收仲裁为辅的国际税收争端解决国际法体系，并在 BEPS 行动中进一步明确化；但是尽管如此，国际税收争端解决机制仍然需要全面开发，以给跨国公司国际税收结果更大的确定性。改进跨境争议解决机制仍是后 BEPS 时代的重要任务。[②] 从目前跨境纳税人涉税争端问题解决的途径看，除了直接与投资国税务当局沟通解决和聘请中介机构来协助解决外，通过官方解决的途径主要是启动相互协商程序。由于在实践中存在耗时长、纳税人参与度低、决策不透明等缺陷，国际社会开始逐步采用国际税收仲裁解决税收争端。但囿于人才资源的短缺以及对国家税收主权的担忧，发展中国家普遍没有引入税收仲裁程序。转让定价争端一向都是国际税收争端的高发领域，如果不能得到妥善化解，不仅将使更多的国内外投资者采取观望和驻足的态度，还可能会让投资者对发展中国家的营商环境丧失信心甚至引发撤资风险。发展中国家需要扩大或者创新现在的争端解决程序。手册推荐发展中国家积极引入争端避免程序，重点是预约定价和联合审计。

（四）D 部分：国别实践的修订与更新

本章着眼于发展中国家中较为成熟或者较有特色的转让定价规则实践。与 2017 年版一样，2021 年版也包含了巴西、中国、印度、墨西哥和南非等主要新兴市场国家的章节，而且还新增了肯尼亚的国家实践概况。

---

① 王火生．美国的纳税人遵从理论及其对我国征管改革的启示［J］．涉外税务，1998（1）：33-35.

② 李娜．《多边公约》的挑战：如何改进跨境税收争议解决机制［J］．国际税收，2020（2）：52-57.

三、中国篇简介[①]

第四部分收录了由中国国家税务总局编写的中国实践篇（China - Country Practices）。中国实践的内容做了大幅度增加，从2017年第二版的4节内容增加到了15节。在2013年版和2017年版的中国实践篇基础上，中国国家税务总局集中阐述了自G20/OECD BEPS项目实施以来，中国转让定价领域在立法、监管、技术分析、国际合作以及税务机关专业队伍建设等方面的经验，集中反映了中国税务机关在转让定价领域的最新成果和监管动态。中国国家税务总局着重介绍了转让定价在中国的最新发展，以及对地域特殊优势、无形资产的应用、利润分割法等热点问题方面的最新观点。相较于2017年版《联合国发展中国家转让定价操作手册》，此次中国实践篇介绍了近期中国转让定价管理的最新发展。在更完善的法规体系下，中国税务机关以风险管理为导向，构建和完善关联交易利润水平监控管理指标体系，加强对企业利润水平的监控，通过特别纳税调整监控管理和特别纳税调查调整，促进企业税法遵从。

除引言和结论部分外，2021年版中国实践篇包含以下三方面内容。

1. 中国转让定价实践的发展

经过30余年发展，国家税务总局已经建立了管理、服务和调查“三位一体”的反避税管理体系。最新中国实践篇列举了8项中国转让定价实践的近期发展，包括健全国内立法和实践指导、建立统一的立结案批准机制、设立利润水平监控系统、加强调查力度、预约定价安排和相互协商程序、扩大可比分析的数据来源、加强国际交流合作、建立专业转让定价团队等。

2. 中国转让定价法规体系

2021年版中国实践篇的第二部分介绍了中国的转让定价法规体系，包括关联信息申报、关联关系认定、转让定价同期文档的要求、转让定价调查、转让定价方法、预约定价安排和相互协商程序等方面的规定。

3. 中国与其他发展中国家面临的挑战及中国的建议

2021年版中国实践篇的第三部分阐述了发展中国家税务机关在转让定价管理中面临的挑战以及可能的应对方案。其中，主要挑战包括：虽然独立交易

---

① 本部分内容重点参考了普华永道：《2021版〈联合国转让定价手册〉发布——详解“中国实践篇”》，2021年5月。

原则是转让定价实践中的基本原则，但随着近年来跨国企业的全球化和交易的内部化（以医药行业跨国企业为例），发展中国家税务机关很难找到第三方交易进行可比分析，因此，对如何运用独立交易原则带来巨大挑战。另一项挑战是缺乏可靠的本地可比数据。在中国转让定价实践中，企业或税务机关选择的可比对象数据往往来源于发达国家的公司数据。对此，中国国家税务总局建议在合适的情况下，应考虑采用可比性调整，以反映中国的实际情况。如果无法对显著差异采用可靠的可比性调整，则应当考虑采用其他转让定价方法（如利润分割法）开展分析。中国国家税务总局重申，在转让定价分析中，应充分考虑地域特殊优势，如成本节约和市场溢价。2021 年版中国实践篇保留了此前版本对特殊地域优势的介绍、成本节约案例的示例计算，以及对奢侈品、药品和汽车行业市场溢价因素的论述。比如，很多奢侈品集团在中国的子公司会在国内进行大量推广活动，来提高品牌在中国消费者中的知名度。而在新冠肺炎疫情之前，许多中国消费者会选择在境外购买奢侈品产品。对此，在评估中国子公司的回报时，税企双方可能需要考虑中国子公司对境外消费所产生的贡献。无形资产相关的转让定价问题依然是中国税务机关的关注重点，2021 年版中国实践篇强调发展中国家需要考虑本地企业在跨国集团无形资产开发、价值提升、维护、保护和应用中做出的贡献，并获得合理补偿。

此外，在中国实践篇中，中国税务机关根据自身经验，建议发展中国家税务机关可以采取的转让定价管理措施包括：建立专职的反避税队伍，以及统一的转让定价管理体系（比如，引入专家评审机制、对于重大案件由中央或省级主管税务机关统一审批等）、延长反避税调查的追诉期限、建立明确的转让定价合规性法规及相应的法律责任、开展重点行业或重点企业集团的全国联查等。

四、评析

转让定价一直都是国际税法的热点问题和核心问题，且一直都是 OECD 财政事务委员会的主要工作内容。但是与 OECD 财政事务委员会的工作相比较，联合国对发展中国家在转让定价问题上的特别关注及其努力，更加符合国际税收善治原则。

（一）充分考虑发展中国家在转让定价问题上的特殊困难

联合国开发转让定价手册的目的之一，也是为了避免对发达国家转让定价规则的简单复制。该手册不是对 OECD 转让定价指南的替代，而是在 OECD 转让定价指南的基础上，针对发展中国家的特殊需求，以一种实践的和解决问题的方式，为发展中国家解决其现实的转让定价难题。[①] 第三版继续坚持南南成功实践分享（the South-South Sharing of Successful Tax Practices，S4TP）的目的，致力于发展中国家从转让定价管理中受益的宗旨。联合国在转让定价领域的成果，为发展中国家制定其转让定价税制以及在与发达国家缔结双边税收条约提供了有力的指导。

联合国转让定价手册不是独立的，也被结合到联合国能力建设项目中得到加强，帮助发展中国家以一种更具操作性的方式应用转让定价基本原则，帮助各国用有限的资源更好管理转让定价风险。

（二）保障发展中国家在转让定价问题上的话语权

首先，传统的转让定价规则开发，长期以来主要集中在来源地税收管辖权与居民国税收管辖权之争上。在具体到规则发展问题上，发展中国家多是规则的遵守者而非制定者。当前并不存在国际税务组织，在以 OECD 为代表的发达国家集团推出的税改，也多是倾向于维护发达国家既有的规则主导者地位，这局限了国际税改的突破性发展。加上囿于能力限制，发展中国家整体缺乏对跨国公司转让定价规制理论基础的研究，这种轻理论重规则的研究模式，导致各国对跨国公司转让定价的特别纳税调整缺乏深度探索，导致各国税务机关对跨国公司所得的调整权面临正当合理性的不足。其次，规则的研究仍然拘泥于传统既有成果，创新性不足，对部分发展中国家同行提出的创新性规则缺乏快速消化能力，比如中国提出的市场溢价等理论。

联合国手册针对上述困境分别进行了突破性研究。首先，三版手册在起草过程中，都充分鼓励发展中国家投入讨论，重视发展中国家在转让定价领域的理论创新和实践创新，为发展中国家在转让定价规则制定和发出自己声音方面提供了平台。其次，转让定价一直都是国际税收援助项目的重点领域，但目前更多的转让定价援助国都是发达国家，它们更多的是要求发展中国家全盘接受其转让定价规则，这种规则倾销并不能解决发展中国家现实的转让定价难题。再次，联合国手册的制定与发展，一直坚持下述四大原则：第一，反映《联合国税收协定范本》第 9 条的运行，嵌入了独立交易原则，与联合

① ABEBE H，DUGAN R，MCSHANE M，et al. The United Nation's Role in International Tax Policy：A Research and Policy Brief for the Use of the NGO Committee on Financing for Development ［R/OL］.（2012-03-07）［2022-05-07］. http：//www. ngosonffd. org/up-conrent/uploads/2010/u/UN-Bole-in-International-Tax-Policy-2012.

国范本相关注释相一致；第二，反映发展中国家在相关能力不同阶段的现实需求；第三，对发展中国家的实践给予特别关注；第四，总结其他论坛的成果。最后，与参与起草本手册早期版本的小组委员会一样，目前的小组委员会由来自税务管理部门和政策制定者中富有经验的成员组成，以及来自学术界、国际组织和私营部门（包括跨国企业）的顾问。

（三）不足之处

总体上，发展中国家参与国际转让定价规则开发的意识很强，但是由于对现有规则运用的能力与经验不足，尚无法全面参与其中。比如，一些新兴的国际税法问题正在成为转让定价治理中的热点问题，但是手册对此类问题缺乏深入的探讨。以数字资产的转让定价为例，在经济数字化时代，数据成为企业最具商业价值的重要战略资产和企业创新的源泉，与传统无形资产相比较，跨国公司更加容易利用数字资产进行全球布局，使近些年无形资产转让定价成果也无法规制数字资产。从转让定价的角度来看，大数据已经给当前的转让定价规则带来严峻挑战。首先，国内学术界和实务界对于数据是否属于一种资产尚无定论。在法律和会计层面均未明确界定数据是否属于资产的情况下，转让定价领域能否作此认定将影响功能风险分析下各交易方的基本定位。其次，目前中国国内转让定价管理中最常采用的交易净利润法在数据价值链分析中是否仍是最合适的转让定价方法，有待商榷。① 背后深层次的原因，是大多数发展中国家数字经济产业发展尚不发达，但是，未来数字资产的转让定价管理风险很可能集中爆发，届时，对发展中国家的冲击会更大，联合国应当从转让定价基础原理出发，探索发展中国家潜在的数据链转让定价核心问题，并提前做出应对建议。最后，OECD 近年来在“双支柱”方案下推进的数字经济跨境课税规则成果，没有在手册中得到体现，缺乏相应的衔接举措。

此外，此次中国实践篇虽未对新冠肺炎疫情的转让定价影响进行讨论，但在结论中提及，受各国之间的贸易局势紧张和新冠肺炎疫情影响，跨国企业可能不得不考虑重塑其全球业务和价值链分配，这些不确定因素势必给发展中国家税务机关的转让定价管理带来新的挑战。

---

① 叶永青，马晓煜，刘璐瑶．大数据对转让定价规则的挑战：基于互联网公司关联交易的讨论［J］．国际税收，2022（2）：24-31.

第四节 国际税收合作新成果

税收征管论坛（FTA）是OECD于2002年7月发起成立的高级别税收征管论坛，其成员包括绝大多数的发达国家和部分发展中国家，是税收征管领域最有影响力的国际多边平台。“一带一路”税收征管合作机制是“一带一路”倡议下的非营利性官方税务合作机制，由理事会、秘书处、“一带一路”税收征管合作论坛（BRITACOF）和“一带一路”税收征管能力促进联盟（BRITACEG）组成。其中“一带一路”税收征管合作论坛则是发展中国家为主体的国际多边平台。两大论坛在2021年先后聚焦税收信息化这个主题，进行了深入研究。作为区域性贸易规则的重大成果，《区域全面经济伙伴关系协定》（RCEP）各参与方积极推动完成国内生效核准程序，为2022年正式生效做好准备。

一、税收征管论坛大会（FTA）承诺推动税收征管转型

高水平的税收信息化是世界各国税收征管与服务现代化的重要标志，是其高效率征管体系的基本技术基础。越来越多的国家依托税法的强制性，与其他政府机构和第三方部门构建税收大数据平台，在税务的登记、评定、验证、征收等环节都体现了信息的深度共享。事实证明，在新冠肺炎疫情期间，随着各国政府推出数千项紧急税收措施，更加突出了数字化和提供数字服务对税收征管的重要性。

（一）FTA 2021年工作背景：税收征管3.0

在2020年12月举办的第十三届税收征管论坛（FTA）大会发布了四项成果，其中《税收征管3.0：税收征管的数字化转型》，对全世界范围内税收征管的数字化转型提出了构想。该成果讨论了税收征管数字化转型的目标及应采取的具体措施，核心思想是将税收规则应用嵌入纳税人、相关政府部门、相关市场主体、税务部门的信息系统，实现税务信息系统与多主体信息系统的联通和集成。FTA将于2021年初制定中期路线图，确定数字化转型的优先

事项，并力争于2030年前促成此项理念落地实施。[①]

（二）FTA 2021 年推动税收征管转型的主要工作

2021 年 9 月 15 日，税收征管论坛（FTA）发布《税收征管 2021：OECD 与其他发达及新兴经济体可比信息》。该报告显示，税务机关正在投入大量资源开发电子服务和数字解决方案，并抓住机会加速数字化转型，以改善服务、减轻负担并提高税收合规性。该报告还显示，税务机关越来越多地使用大型集成数据集，其中超过 80% 使用分析工具和技术来改进风险管理并帮助设计合规。人工智能和机器学习越来越多地支持税务管理流程和服务，近 75%的税务管理部门使用了尖端技术，通过释放税务管理资源的方式来开发数据，以部署到其他领域。这些技术还允许税务机关以接近一周七天、全天 24 小时的方式运行服务，这通常是由“聊天机器人”等数字助理的使用推动的，该工具已经被报告中约 50%的政府部门使用。报告总结，全球税务部门正投入大量资源开发电子服务和数字解决方法，以适应数字化转型的变化。

2021 年 12 月 16 日—17 日，第十四届税收征管论坛（FTA）视频会议召开。51 个 FTA 成员的税务局局长和国际组织的代表与会。会议主题包括国际税收挑战、落实数字经济税收改革“双支柱”方案、税收征管数字化转型等。会议通过了《2021 年 FTA 大会公报》，参会各方一致同意在“双支柱”方案落地、税收征管数字化转型和税收能力建设等关键领域进一步开展合作。中国国家税务总局局长王军应邀出席并作主旨发言，介绍了中国推进税收征管数字化转型的进展情况，分享了中国推进税收大数据建设应用的实践经验，并对各国共同推进税收征管数字化进程提出倡议。

FTA2021 年推动税务信息化转型的主要工作内容如下。

1. 七个行动模块

2020 年 FTA 税收征管 3.0 主要包括以下六个构成模块。①数字身份。通过数字身份，对纳税人和公民进行安全、唯一的身份认证，以减轻纳税人负担，并将操作处理转至后台，连接纳税人自有系统。②纳税人交互点（Taxpayer Touchpoints）。纳税人交互点是税务部门与纳税人沟通互动的连接点，包括面对面、电话咨询、网站、企业管理系统等形式。税收征管 3.0 的纳税人交互点不仅能够在必要时为纳税人提供实时帮助，还能通过 API 接口与政府

① OECD. Tax Administration 3.0: The Digital Transformation of Tax Administration [B/OL]. Paris: OECD, 2020. [2022-05-25]. http://www.oecd.org/tax/forum-on-tax-administration/publications-and-products/ tax-administration-3-0-the-digital-transformation-of-tax-administration.htm.

其他部门系统、企业管理系统、银行账户等进行交互。纳税人交互点要逐步嵌入纳税人自有系统，通过纳税人自有系统预置的人工智能工具和算法对纳税义务进行分类和计算。③数据管理和数据标准。税收征管 3.0 中最主要的变化是，税收征管将从数据管理逐步过渡到对数据的可得性、质量和准确性的管理。④税收规则的管理和应用。现行税收规则的管理和应用过程主要是税务部门驱动、支持的过程。税收征管 3.0 的主要变化是，税务部门主要负责为嵌入纳税人自有系统的税收征管各流程提供所需的技术规则和信息。⑤新技能组合。现行电子化征管体制下，税务人员的技能要求主要是提供以客户为中心的电子服务以及拓展分析工具的使用。税收征管 3.0 将更加关注对税收征管系统整体的支持和改进，因此需要增加程序员、数据处理人员等 IT 专业人员。⑥伙伴型治理框架。税收征管 3.0 需要公私部门、各国间的系统和程序进行整合，这需要各主体在管理中构建合作伙伴关系。在上述工作模块基础上，2021 年 FTA 数字化转型工作分为七个行动模块：第一，数字化转型成熟度模块；第二，税收技术行动盘点；第三，数字化确认；第四，全球电子发票解决办法；第五，促进信息化技术的经济适用；第六，发展中国家数字化转型工作支持；第七，知识分享。

2. 税收信息化工作的技术导向

税收信息化时代，数字平台成为税务部门在税收征管中的“代理人”。比如，有些数字平台负责税款的征收和向税务部门解缴，有些数字平台负责识别纳税人、确定纳税义务，并共享结果和税收相关信息等。政府部门与私营部门密切合作，形成税收共治的格局，政府部门发挥最终监管作用。借助数字技术及其衍生品，优化税收征管的效率，是税收信息化时代的基本要求。现阶段，应当坚持如下税收信息化工作导向：包括建立税收信息的电子化档案库；将纸质记录转换成数字图像，并从图像中提取数据、存储信息；优先考虑自动化、数字化和电子服务项目；更加强调远程工作的可能性。

3. 探索高级技术性税务专业人才培养与引进机制

税收征管转型的核心在于能力构建，其中高级技术型税务管理人才培养是关键。以纳税人为中心，是税收征管流程构建和管理的核心。税收征管 3.0 中包括大量数据交互、数据处理等工作，需要税务干部不仅精通税收业务，更要熟练掌握信息技术、程序处理和数据分析等技术手段，即“税务+数字”

复合型人才。[①] 而人才的培养并非一朝一夕所能为，各国需要投入资源到大数据应用领域，主动加强大数据基础设施建设，培养税务稽查大数据应用人才，加快专业化团队建设，包括社会人才引进途径开拓，比如可面向其他政府部门、企业、社会中介组织，遴选税务部门急需的高级技术型、复合型人才。

（三）评述与展望

FTA 承诺推动税收征管转型的目的，是协助主管部门、政府、纳税人和其他利益相关者考虑如何以及在何处改进税务管理的效率和效力。

1. FTA 推动税务转型的核心在于税收信息化转型

在税务执法领域，国外数字化转型主要体现在以下四个方面[②]。一是电子申报率不断提升。申报方式的转变被证实可增强办税体验，降低运行成本和腐败风险，提升纳税人遵从度。二是先进的分析技术广泛运用于税收管理。各国在税收征管核心功能，如税务登记、税收审核、纳税确认、追征税款、税收争议中引入高科技手段，分析管理税收数据，并采取合作或适度外包的方式积极参与社会协同治理，构建良好的税收生态系统。三是区块链技术成为税务部门打击骗税、追踪数据和自动报告的工具。四是针对个人信息滥用，OECD 各成员国税务部门通过支持第三方应用和软件开发，将收集、报告纳税活动融入纳税人日常活动的“自然系统”，减轻纳税人负担。顺应上述四个方面的转型特征，FTA 全力推动税务信息化的全球进程。

2. 不足之处

税收信息化是个新命题，大部分国家虽然信息技术手段应用广泛，但对精确执法的支撑仍显不足。一般来说，一国征税的能力与其发展水平之间有着积极的联系。[③] 但是对于 FTA 的发展中国家成员来说，面临更大的税收信息化挑战。FTA 需要对发展中国家成员的特殊困难予以特别关注与考虑，否则很难通过 FTA 这一论坛真正促进成员税收征管信息化合作。

3. 未来税收信息化转型工作会更加细致

税收信息化转型是税收征管改革的国际趋势。FTA 的工作会更加细致、更加具有可操作性。事实上，2022 年初，FTA 就税收征管数字化转型已经有

---

① 燕晓春，吴越，肖思思，等．税收征管数字化转型国际新趋势：FTA《税收征管 3.0：税收征管的数字化转型》评析［N］．中国税务报，2021-03-25.

② 国家税务总局湖北省税务局课题组．优化税务执法方式的国际借鉴研究［J］．税务研究，2022（1）：67-72.

③ CHRISTION V MAKSYM I. Assessing the Tax Performance of Developing Countries［Z］. IDoS Discomssion Paper. German Institute of Development and Sustainability（IDOS）. 2010.

了新进展。对 2021 年 FTA 在该领域的工作所列出的七个行动分别进行了更新。目的是支持 FTA 成员和其他感兴趣的非 FTA 成员税务当局在该领域的国内改革以及新的国际解决办法。这些行动可以被大致分为三个重叠的分类，包括成熟度评估、国际解决办法以及知识分享。①

二、第二届“一带一路”税收征管合作论坛发布多项成果

“一带一路”税收征管合作机制是“一带一路”倡议下的非营利性官方税务合作机制，由理事会②、秘书处、“一带一路”税收征管合作论坛（BRITACOF）和“一带一路”税收征管能力促进联盟（BRITACEG）组成。“一带一路”税收征管合作论坛是一项非营利性的官方活动，旨在为司法管辖区、国际组织、学术机构、商业机构和其他愿意参与“一带一路”税收征管合作的利益相关方提供一个平台，以促进对话、增强税收征管合作、提高能力建设。“一带一路”税收征管合作论坛会议的组织召开由理事会负责。

（一）“一带一路”税收征管合作论坛的主要工作

2019 年 4 月，第一届“一带一路”税收征管合作论坛在浙江乌镇召开，宣告“一带一路”税收征管合作机制正式成立，第一届“一带一路”税收征管合作机制理事会主席为中国国家税务总局局长王军。

2021 年 9 月 7 日，第二届“一带一路”税收征管合作论坛由哈萨克斯坦财政部国家收入委员会主办，来自哈萨克斯坦、俄罗斯、中国、阿联酋、新加坡、塞拉利昂等 61 个国家（地区）的税务局长、代表以及 12 个国际组织负责人通过线上方式出席论坛。

2021 年 12 月 16 日，以“税收征管信息化”为主题的“一带一路”税收征管合作机制（以下简称合作机制）线上专题研讨会顺利召开，共有来自 20 个国家（地区）、3 个国际组织的合作机制理事会成员、观察员、专家咨询委员会及业界近百名代表参加了此次研讨会。此次研讨会是合作机制在第二届“一带一路”税收征管合作论坛结束后举办的第一场信息化领域业务研讨会，旨在不断深化《乌镇行动计划（2019—2021）》税收征管信息化工作组终期报告成果，推动落实《努尔苏丹行动计划（2022—2024）》相关工作开展。

---

① OECD. Tax Administration 3.0 - Action Plan Update [R/OL]. Paris: OECD, 2022 [2022-05-25]. https://www.oecd.org/tax/forum-on-tax-administration/publications-and-products/tax-administration-3-0-action-plan-update.pdf.

② 理事会是“一带一路”合作机制的决策机构。

（二）第二届“一带一路”税收征管合作论坛的主要成果

第二届“一带一路”税收征管合作论坛以“数字时代的税收信息化能力建设”为主题，与会代表围绕税收征管信息化、纳税服务信息化、新技术在税务领域的前景展望、涉税数据治理等议题开展深入讨论。各工作组则分别发布了各自的终期报告，分别介绍了两年来合作机制各工作组在提高税收确定性、加快税收争议解决、加强税收征管能力建设等方面的具体成果。

其中：中国澳门财政局法律顾问布鲁诺·达·席尔瓦发布《坚持依法治税与提高税收确定性终期报告》，印度尼西亚财政部税务总局国际司副司长亚努·阿斯玛第发布《加快税收争议解决终期报告》；乌拉圭税务局规划、研究司司长菲利普·昆泰拉发布《加强税收征管能力建设终期报告》；柬埔寨税务局税政及国际合作司司长森·齐塞思发布《简化税收遵从终期报告》；哈萨克斯坦财政部国家收入委员会信息技术司信息化处处长克姆巴特·阿克赫米托娃发布《税收征管信息化终期报告》。

围绕此次论坛主题，中国国家税务总局局长王军向与会代表分享了中国税务部门近年来认真贯彻习近平主席关于信息化建设的重要指示精神，按照李克强总理有关要求，在信息化能力建设方面的探索与实践。为进一步提升各成员税收信息化能力建设和深化合作机制建设，王军提出三点倡议。一是加强税收信息化建设交流。通过举办税收信息化论坛等方式，更广泛开展沟通交流，更加充分了解各成员税收信息化工作现状，更好地分享经验、共享信息，促进各国税收信息化建设能力不断提高。二是加大税收信息化培训援助。充分利用中国扬州—OECD多边税务中心、“一带一路”税收征管能力促进联盟及“一带一路”税务学院，加大“一带一路”沿线国家和地区关于税收信息化建设方面的培训与技术援助力度。三是加快推进合作机制建设。在更多的领域创新合作模式，加强成员国、观察员国之间的往来，深化与国际组织、专业机构交流，用好官方网站与期刊，打造具有“一带一路”特色的公共知识产品，逐步建立系统、专业、高标准的联盟培训课程体系，建设国际化、多元化、专业型加复合型的师资团队。

（三）评述与展望

自从2020年新冠肺炎疫情蔓延以来，一些传统行业受到了较大的冲击，但数字经济却迎来了前所未有的发展机遇，成为经济复苏的关键力量。数字化转型在提高生产力、加强经济复苏和促进技术共同繁荣等方面的潜力受到“一带一路”沿线国家（地区）的共同重视。其中大数据、区块链、人工智能等技术的兴起，在加深全球经济数字化程度的同时，也为各国推进税务管理向智能化、数字化转型升级奠定了基础。以新兴信息技术手段为支撑提升税费服务的便捷性以及税收征管效率成为数字化时代不少国家和地区税务管理转型的方向。第二届“一带一路”税收征管合作论坛聚焦各国如何有效应对数字经济时代税收信息化应用与管理挑战，加强“一带一路”沿线国家（地区）税务管理数字化水平，助力“一带一路”沿线国家（地区）充分抓住数字化转型的新机遇，对于推动“一带一路”高质量发展具有重要意义。此次高级别视频会议前后，合作机制还配套组织了“云双边会谈”“云主题展览”等活动，促成合作机制下的多项双边合作成果，为各方提供有益借鉴和深入启发。合作机制国际影响力的持续扩大，为共建“一带一路”贡献了越来越多的税收智慧和力量。

但是，与 OECD 主导下的税收征管论坛的成果相比较，此次论坛仅仅是“一带一路”税收信息化合作的开端，论坛需要针对“一带一路”沿线国家（地区）所处的不同的数字化发展阶段，对其数字化发展趋势进行全面的监测和分析，进一步了解“一带一路”国家数字化税务管理转型过程中的驱动因素和面临的障碍。特别需要注意到，数字化转型需要税务部门和纳税人双方都付出较大的变革成本，特别是对于部分信息化程度不高、财政压力较大的发展中国家而言，这一转型所需耗费的成本更为高昂。“一带一路”沿线国家（地区）已经尽可能地利用自身网络设施助推本国的税务管理数字化转型，但大多数“一带一路”沿线国家（地区）的电力、网络、通信等基础设施建设较为欠缺，网络基础设施的制约始终是“一带一路”沿线国家（地区）税务管理数字化转型的最大挑战。①

三、《区域全面经济伙伴关系协定》（RCEP）达到生效门槛

《区域全面经济伙伴关系协定》（RCEP）是由东盟 10 国与中国、日本、韩国、澳大利亚、新西兰等 15 个成员国共同推动达成的大型区域自贸协定。RCEP 总人口、经济体量、贸易总额均约占全球总量的 30%，是一个现代、全面、高质量、互惠的大型区域自贸协定，是目前全球经济体量最大的自由贸易区。RCEP 协定涵盖关税减免、贸易便利化、服务投资开放、商务人员往来、电子商务、知识产权保护等广泛领域。RCEP 生效后，区域内 90%以上的

① 张翠芬，李旭红，许思远．数字化税务管理在“一带一路”沿线国家和地区的应用研究［J］．国际税收，2022（1）：74-79.

货物贸易最终实现零关税，各国将在服务贸易领域达到显著高于各自“10+1”协定的开放水平，并对非服务业领域投资采用负面清单方式较高水平开放。据统计，到 2030 年，RCEP 有望带动成员国出口净增加 5190 亿美元，国民收入净增加 1860 亿美元。

（一）RCEP 的进展

2020 年 11 月 15 日，《区域全面经济伙伴关系协定》（RCEP）第四次领导人会议通过视频方式举行，RCEP 协定正式签署。RCEP 的正式签署，是亚太区域经济一体化的标志性事件。

2021 年 2 月 24 日，日本内阁会议通过了 RCEP 的批准程序，4 月 28 日 RCEP 正式获得日本国会批准；2021 年 4 月 15 日，中国向东盟秘书长正式交存 RCEP 核准书，标志着中国正式完成 RCEP 核准程序。2021 年 11 月 2 日，《区域全面经济伙伴关系协定》（RCEP）保管机构东盟秘书处发布通知，宣布文莱、柬埔寨、老挝、新加坡、泰国、越南等 6 个东盟成员国和中国、日本、新西兰、澳大利亚等 4 个非东盟成员国已向东盟秘书长正式提交核准书，达到协定生效门槛。根据协定规定，RCEP 于 2022 年 1 月 1 日对上述十国开始生效。2022 年 1 月 13 日，国务院关税税则委员会发布公告，自 2022 年 2 月 1 日起对原产于韩国的部分进口货物实施 RCEP 协定承诺的第一年税率。①

（二）RCEP 的主要涉税内容及分析

RCEP 协定共 20 个章节，既包括货物贸易、服务贸易、投资等传统议题，也包括数字贸易、知识产权、竞争政策、政府采购等新议题。其涉税条款主要包括协定税收条款和关税条款两方面。

1. RCEP 协定税收条款分析②

税收条款是 RCEP 协定的重要组成部分，是各方共商共建共享的成果。RCEP 税收条款的主要内容和特点包括以下五个方面：

（1）明确了政策的边界。RCEP 首先明确了税收和税收措施不包括任何进口税或关税。这主要是考虑关税等进口税在自由贸易协定中通常作为单独事项，有独立的承诺减让表，因此排除在一般性税收或税收措施的范围外。同时，研究 RCEP 的涉税内容，自然会涉及税收协定，对此 RCEP 明确税收协定是指为避免双重征税的协定，或者其他国际税收协定或安排，是涵盖双

---

① 《国务院关税税则委员会关于对原产于韩国的部分进口货物实施〈区域全面经济伙伴关系协定〉（RCEP）协定税率的公告》（税委会公告〔2022〕1 号）。

② 许云程 . RCEP 税收条款的主要内容与特点［N］. 中国税务报，2020-12-09；张琳，王亮亮，徐秀军 . RCEP 框架下的国际税收合作与协调［J］. 国际税收，2021（11）：10-16.

边、多边税收协定的全口径概念。具体而言，RCEP 第 1 章明确，措施一词涵盖一缔约方采取的任何措施，包括法律、法规、规定、程序、决定、行政行为或任何其他形式。RCEP 第 2 章货物贸易以及关税承诺表对关税调节情况作了详尽说明。

（2）投资章节与税收条款紧密相关。RCEP 第 10 章第 9 条是关于投资的转移条款。该项条款明确要求："每一缔约方应当允许所有与涵盖投资有关的转移自由且无迟延地进出其境内"。其中包括：投入的资本、利润、资本所得、股息、利息、技术许可使用费、技术援助和技术及管理费、许可费等其他经常性收入和投资所得。关于税收，协定明确规定，缔约方当以公正、非歧视和善意为原则，只要确保在公平或有效征收的前提下，可允许发生阻止或延迟转移的例外情况。这在最大程度上尊重了税收协定的核心原则，确保了"公平、有效"的征税原则。

（3）税收协定优先。回答 RCEP 规则与税收措施的关系问题，必然会涉及同为国际法范畴的税收协定与 RCEP 的关系。对此，RCEP 明确其任何规定不得影响任何缔约方在任何税收协定项下的权利和义务——RCEP 第 17 章第 14 条第 2 款规定："除非本条另有规定，本协定的任何规定不得适用于税收措施。"即如果 RCEP 与任何此类税收协定之间在与税收措施相关的方面存在不一致，以后者为准。

（4）遵守以 WTO 为核心的国际规则。RCEP 第 17 章第 14 条第 3 款明确指出：当《世界贸易组织协定》对税收措施授予权利或施加义务时，则应当遵守（《WTO 协定》）。RCEP 还明确指出，应当严格遵守 WTO 有关货物贸易、服务贸易的基本规则，如国民待遇、最惠国待遇原则。RCEP 第 10 章第 3 条、第 4 条明确指出，国民待遇和最惠国待遇原则适用于"在投资的设立、取得、扩大、管理、经营、运营、出售或其他处置方面"。RCEP 既维护了以规则为基础的多边贸易体系，也维护了 WTO 在全球贸易、投资中的核心地位。

（5）权利义务限定。把握 RCEP 税收条款，最为核心的是要理解 RCEP 文本规则对税收措施授予权利或者施加义务的范围。首先，一般例外原则，即税收措施一般不受 RCEP 具体规则的约束，这也遵循了自由贸易协定税收条款的缔约实践。其次，在一般例外的基本原则下，明确税收措施受约束特别是受 RCEP 特定条款约束的限定范围。具体而言，包括世界贸易组织（WTO）货物、服务贸易等方面的基本规则，如国民待遇、最惠国待遇等原则，也涵盖服务贸易总协议（GATS）第 14 条 d 款所明确的针对国民待遇的税收例外情形。就 RCEP 规则，明确税收措施应受第 10 章第 9 条转移条款约束。转移条款的核心要求是每一缔约方应当允许所有与涵盖投资有关的款项（如资本、利润、股息、特许权使用费等）转移自由且无迟延地进出其境内。同时，转移条款明确以公正、非歧视和善意为原则，旨在确保公平或有效征收或收取税款的税收措施（包括根据居住地或公司所在地对人进行区分的任何税收措施）可以例外。

2. RCEP 关税安排分析①

除了协定税收条款之外，关税协调也是 RCEP 的主要目标。RCEP 关税安排的主要特征如下。

（1）实行区域累积。这是 RCEP 原产地规则区别以往自由贸易协定的重要特征。所谓采用累积规则，即 RCEP 各缔约国在生产过程中，如果 RCEP 区域内的投入品价值达到产出品价值的 40%，即可认定该产出品能享受 RCEP 优惠关税待遇。为确保原产地区域累积规则落地，RCEP 对标一些发达经济体做法，大规模实施经核准出口商制度。对于经海关核准能够熟练运用原产地规则的企业，可以自行出具原产地证明，无须各国海关反复认定，这不仅可以有效节省成本，还可以为企业享受税收优惠提供便利。随着 RCEP 的生效，原产地区域累积规则的适用范围将扩大至 15 国，有利于降低享受关税优惠门槛，拓宽区域内贸易合作，让企业在调整供应链布局上更具灵活性，建立起更加完备的产业链分工体系，从而优化资源配置，降低生产成本，提高产品竞争力。

（2）欠发达国家得到特别照顾。RCEP 货物贸易一章规定欠发达国家削减关税任务少，部分产品零关税可过渡 20 年。这些颇具灵活性的条款破除了欠发达国家参加协定的硬约束，同时又为这些国家下一步改革指明了方向。②

（三）评述与展望③

《区域全面经济伙伴关系协定》（RCEP）具有经济体量大、包容性强等特点。相应地，RCEP 下的税收协调表现出两面性：一方面，税制协调对于助力 RCEP 协定发展有着不可或缺的作用；另一方面，RCEP 项下的税制协调是个非常复杂的工程。

---

① 王智烜，荣超．RCEP 关税安排及未来展望［J］．国际税收，2021（11）：17-22.

② 宋哲．RCEP：我国自贸区战略的理论深化、实践突破和工作启示［J］．国际税收，2021（11）：23-29.

③ 许云程．RCEP 税收条款的主要内容与特点［N］．中国税务报，2020-12-09；张琳，王亮亮，徐秀军．RCEP 框架下的国际税收合作与协调［J］．国际税收，2021（11）：10-16.

1. RCEP 涉税条款的优点

（1）规则解释准确。RCEP 税收条款对于特定规则及例外情形的解释准确到位，可以有效提升规则施行的确定性。如在处理 RCEP 最惠国待遇规则与税收协定下不同缔约方可能的差别化待遇时，明确 RCEP 的任何规定不得迫使一缔约方，将其受约束的现行或未来的税收协定中产生的任何待遇、优惠或者特权给予任何其他缔约方。

（2）发展理念彰显。RCEP 各成员国经济发展阶段不同，社会治理水平不均，RCEP 在保证各成员国的正当权利、明确工作计划的前提下允许一定时间的过渡期，也允许各成员国保留一定的国内政策空间，照顾了各成员国的差异性，并且明确了后续发展方向，充分体现了发展的理念。这也展现了 RCEP 这一凝结多方共识的全球最大自由贸易区持续发展、不断进步的前景。

2. RCEP 下的税收协调仍然存在一定的挑战

RCEP 下的税收协调是个长期的任务，现阶段，仍然存在一定的挑战。比如，在争端解决方面，虽然 RCEP 成员国之间大多签订了税收协定，通过避免双重征税促进经济交往，但是现阶段部分发展中国家仍存在营商环境不佳、税收监管不透明、政策稳定性差等问题。在经济下行期，有些国家财政状况紧张，当地税务部门往往会对争议作出不利于企业的解释和裁定。如部分国家不按协定规定的税率征收，要求非居民企业先按照其国内法税率缴纳预提所得税，再按协定税率退税，但退税流程烦琐甚至不予退税。此外，各成员国之间税收管辖权划分不一将带来双重征税问题，税收情报交换程度欠发达等问题更是增强了成员国之间税收协调的难度。① 能否最大限度避免税收争议，是 RCEP 税收协调的下一步重要任务。

3. RCEP 涉税条款具有强大的生命力

（1）RCEP 协定形成了亚太区域经贸规则新的“边际收益”，将全面助力 RCEP 全区域的发展。RCEP 在已有自贸协定基础上继续扩大关税免税范围：RCEP 生效，区域内 90%以上的货物贸易最终实现零关税，大部分产品关税立即降为零或 10 年内逐步降为零。RCEP 开放程度高、贸易规模大、协调度高，一些成员国企业和消费者能在较短时间内受惠，区域货物贸易自由化水平将显著提高。并且，RCEP 首次实现中日、韩日之间的自由贸易协定，为未来中日韩自由贸易协定谈判达成奠定基础。

（2）税收协定优先原则与例外原则明确了 RCEP 的适用性，符合国际惯

① 李旭红．RCEP 持续释放红利　国际税制协调仍任重道远［N］．中国税务报，2022-02-08.

例。这一原则遵循了自由贸易协定的缔约实践，充分考虑税收措施的专业特点，肯定了税收协定在实体权利和义务方面的优先性，以及税收当局在涉及RCEP 相关税收措施方面的主导性。目前，全球双边税收协定已经超过 3000个，与区域联盟协定、国际组织协定共同构成国际税收协调与合作的重要载体。这一原则有助于维护联合国、OECD 等权威国际组织建立的国际税收治理基本准则，也尊重了长期以来亚洲国家之间税收协调与合作的实践经验。

第三章　个人所得税

本章主要研究中国、沙特阿拉伯和欧盟以外的G20成员的个人所得税制度及其特点。因为沙特阿拉伯只对个人经营所得按照公司所得税课税，对于其他个人所得不征收个人所得税；欧盟是一个多国组成的经济和政治联盟，个人所得税政策主要体现在欧盟各成员国。本章部分节的内容也会涉及其他国家或地区的个人所得税制度。

第一节　税制基本要素

个人所得税的税制基本要素包括纳税人、应纳税所得额、税率和税收优惠等，其中，纳税人直接决定了个人所得税负担的承担者。纳税人的确定首先是确定税收管理权，其次是确定对哪些人征税，还涉及对个人还是对家庭课税的问题。个人所得税应纳税所得额由征税所得和税前扣除决定。税率一般是累进税率，少数国家为单一税率，税率主要是税率水平及累进级距构成。税收优惠政策主要是免税所得，还有正常税前扣除之外的优惠政策。

一、纳税人

个人所得税顾名思义，是对个人的所得课税。由于经济全球化和交通运输的便利，个人在国家和地区之间流动较多，涉及个人纳税人的税收管辖权问题。还有的国家不仅是对个人课征个人所得税，对一些合伙企业，甚至是有限责任公司（符合一定条件）也采取穿透实体的方法征收个人所得税。对于课税单位，不同的国家也有不同的处理方式。

（一）纳税人管辖权

OECD 和世界银行关于对所得和财产征税的协定范本中，对于个人是否是一国的居民纳税人，主要以住所、居所、经济联系、利益中心和国民等标准进行判定，特殊情况下，由相关国家进行协商。在实践中，各个国家的居民判定标准出于不同政策目标考虑，在具体政策上千差万别，而且许多国家是各种标准并用。

一般而言，对居民纳税人的全球所得课税，对非居民纳税人仅对其来源于境内的所得课税。G20 成员实施居民管辖权的国家有：澳大利亚、阿根廷、巴西、加拿大、法国、德国、印度、印度尼西亚、意大利、日本、韩国、墨西哥、俄罗斯、沙特阿拉伯、南非、土耳其、英国等。

美国实施居民和公民管辖权，实际上就是所有的管辖权都实施，对个人来源于美国境内的收入、居民来自境内外的收入和非居民公民的境内外收入都课税。也就是说，美国公民，不管居住在哪里，只要不被认定为其他国家的居民纳税人，都必须按美国税法缴纳美国联邦个人所得税。

一些国家会结合居所标准和时间标准来进行判断。例如，澳大利亚规定，居民是指个人定居在澳大利亚，或者一年内在澳大利亚的居住天数为 183 天以上的个人。意大利规定，居民纳税人是指，在一个纳税年度之内，具备以下两项条件之一者：在意大利常住人口民事登记处登记的时间超过半年；按照民法的规定，在意大利拥有住宅或住所的时间超过半年。

一些国家还会对纳税人以前年度居住的时间加以考虑。除美国和英国采取类似的方法外，印度也有类似的规定。印度规定，在一个纳税年度内，在印度居住时间超过 182 天；或者在某一个纳税年度在印度居住时间达到 60 天（对于在海外工作的印度人和来印度度假的个人，时间放宽为 180 天），且在以前 4 年内，在印度居住时间超过 365 天。符合以上任何一个条件，则为印度的居民纳税人。

一些国家会将国民标准和时间标准结合起来。例如阿根廷规定：阿根廷国民，除非他们因成为另一个国家的居民或居住于阿根廷以外不少于 12 个月而失去阿根廷居民身份（不包括在境外的且为联邦州、省、自治市工作的阿根廷官方代表）；而外国国民，持永久居住证（出于移民目的）在阿根廷停留的，或持临时签证在阿根廷停留不少于 12 个月的，都会被判定为阿根廷居民纳税人。日本则规定，居民纳税人是指在日本国内拥有住所或者在日本居住期满 1 年以上的个人。如果居民不具有日本国籍，并曾在日本有住所或者过去在日本居住 5 年以上 10 年以内，则被归为非永久居民。

一些国家则明确并强调经济联系标准，并将相关标准予以量化。例如，墨西哥规定，如果个人在其他国家拥有住所，且其重要利益的中心位于墨西哥境内，则其被认为是墨西哥的居民。在满足以下任一条件时，其重要利益中心被认为在墨西哥：在一个日历年度超过 50% 的总收入来源于墨西哥或者该个人的经营活动中心在墨西哥。意大利规定，从 2014 纳税年度开始，如果非居民纳税人同时符合以下条件者，视同意大利居民纳税人纳税：该非居民纳税人是欧洲经济区国家的居民，且其居民国与意大利进行的税收情报交换充分有效；该非居民纳税人的所得 75% 以上来源于意大利境内。

一些国家出于反避税的目的，增加了对非居民纳税人的严格限制条款。巴西税法规定，为防止居民个人滥用非居民身份避税，自 2010 年起，巴西公民只有同时符合以下情形时才属于非居民个人：必须实际居住在低税收国家（地区）或避税国家（地区）；根据低税收国家（地区）或避税国家（地区）的税法规定，已就其劳动所得和资本利得实际缴纳税款。意大利规定，如果意大利公民移民到避税地国家（意大利有专门的“黑名单”和“白名单”），即使该公民已在意大利常住人口登记处除名，仍将被视为意大利的居民纳税人。墨西哥规定，该国国民，在没有反面证据的情况下，被认定为墨西哥税收居民。将住所变更到其他管辖区的居民，必须提交放弃国籍的通知。没有提交的居民，视为继续在墨西哥居住。此外，墨西哥国民移居国外的，如果在所得适用税收优惠制度的国家建立住所，仍继续认定为墨西哥居民。如果在墨西哥与该国家间存在一个有效的广泛的信息交换协议，则不适用该规定。

（二）纳税人范围

G20 成员中，除对符合条件的自然人征收个人所得税外，多数国家都将个人所得税纳税人范围扩展到合伙企业的合伙人，还有一些国家将个人所得税扩展到符合条件的有限责任公司的股东。上述方式实际上是先分后税，即先把企业或公司的利润或者亏损先分到个人名下，再课征个人所得税。正常情况下，个人作为投资者或者公司的股东和合伙人，在公司获得利润后，在公司环节要缴纳公司所得税，税后利润分配给个人时，再由个人缴纳个人所得税。分配给个人股东的税后利润，存在一定程度上的重复课税。将个人所得税纳税人范围扩展到合伙公司的合伙人和符合条件的有限责任公司的个人股东，而不对上述合伙企业或者是符合条件的有限责任公司征收公司所得税，目的就是避免对合伙企业的合伙人和符合条件的有限责任公司的个人股东形成双重课税。由于消除了重复课税，对符合条件的有责任公司而言，客观上起到了鼓励小企业发展的作用。

1. 合伙企业

多数国家都对合伙企业的合伙人征收个人所得税（见表 3-1），但也有一些国家有特殊的政策规定。印度尼西亚规定，对于合伙企业只在企业层面上征收公司所得税，合伙人分得的利润免税。意大利规定，普通合伙企业或有限合伙企业的合伙人，不论其从合伙企业实际取得多少所得，均应根据其占合伙份额的比例确定所得，普通个人合伙人和有限合伙人从 2017 年开始，可选择以 24%的税率（与公司所得税税率相同）缴纳个人所得税，而且一经选择 5 年不变。德国规定，普通合伙企业和个体工商户取得的经营活动所得、农业所得、林业所得和独立劳务活动所得，不进行分配的情况下，按照净价值比较法核算的留存利润，应按照 28. 25%的低税率在企业层面征收所得税。合伙企业分配利润时，个人合伙人取得的收益净值超出其在合伙企业保留的所得中享有的份额的部分，应按照 25%的税率征收个人所得税（加征 5. 5%的团结附加税，最终税率为 26. 38%）。

2. 透明实体

G20 成员中，美国和意大利将符合条件的有限责任公司（一般是针对规模较小的企业）股东也视同个人所得税的纳税人进行处理，进行“先分后税”。实际上就是在企业层面不征收公司所得税，只对分配到个人名下（按股权比例）的利润征收个人所得税，起到了鼓励个人投资中小企业的作用。

美国专门制订了 S 公司条款。按照该条款的规定，S 公司的股东必须符合以下条件：股东不超过 100 个，股东中不得有非居民外国人，股票种类应是单一的，公司的股票 100%由公司股东持有，公司不得是金融机构、保险公司或者国内国际销售公司。如果符合 S 公司的规定，则该公司的利润或者损失按股份比例分配给股东，作为股东的经营所得或者损失申报个人所得税，申报纳税时需要所有股东签字①。美国为了堵住 S 公司条款的漏洞，规定了一系列复杂的条款。S 公司条款的好处是避免了双重征税，有利于鼓励个人投资和中小企业的发展，缺点是比较复杂。

意大利规定，在特定条件下，股东不超过 10 名自然人的有限责任公司和股东（或合伙人）不超过 20 名自然人的有限责任合伙公司，可以选择作为税收透明实体。税收透明实体的所得将直接分配给股东（或合伙人）缴纳个人所得税，而不用缴纳公司所得税。

G20 成员个人所得税纳税人范围如表 3-1 所示。

表 3-1　G20 成员个人所得税纳税人范围

国家	个人	合伙企业的个人合伙人	其他
阿根廷	征	普通合伙企业的个人合伙人	个人独资企业
澳大利亚	征	有限合伙企业之外的合伙企业合伙人	信托净收入的受益个人
巴西	征	合伙企业的个人合伙人	
加拿大	征	合伙企业的个人合伙人	
法国	征	合伙企业的个人合伙人	
德国	征	合伙企业的个人合伙人	
印度	征	合伙企业如果详细说明了合伙人之间的利润分配制度，则缴纳公司所得税。否则，合伙人的所得要按各合伙人的边际税率纳个人所得税	

① 参见美国国内收入局网站（https：//www. irs. gov/businesses/small-businesses-self-employed/s-corporations）。

续表

国家	个人	合伙企业的个人合伙人	其他
印度尼西亚	征	合伙企业征公司所得税，分配给个人合伙人的部分免税	
意大利	征	合伙企业的个人合伙人，可以选择按公司所得税税率征收	股东不超过10名自然人的有限责任公司和股东（或合伙人）不超过20名自然人的有限责任合伙公司，可以选择按个人所得税缴税
日本	征	没有法律地位的合伙企业的个人合伙人	
韩国	征	合伙企业的个人合伙人	
墨西哥	征	合伙企业的个人合伙人	
俄罗斯	征	普通合伙和有限合伙公司征收公司所得税，穿透性合伙企业在个人合伙层面征收个人所得税	不适用于特殊制度的个人企业经营者按个人所得税征收
沙特阿拉伯	不征	个人经营所得按公司所得税征税，包括合伙企业的个人合伙人都征收公司税	
南非	征	合伙企业的个人合伙人	信托收益的个人部分
土耳其	征	合伙企业的个人合伙人	
英国	征	普通合伙的个人合伙人	
美国	征	合伙企业的个人合伙人	S公司（有限责任制）、财产和信托的个人受益人

注：表中数据来源于荷兰国际财税文献局数据库。表中没有列出中国的数据，也没有欧盟这一经济实体的数据。表格的空白处指没有相关的规定。

（三）课税单位

在相当长的时间内，从税收征管的角度看，有一种观点认为：只有以家庭为课税单位，才能在个人所得税政策中体现家庭生计扣除。实际上，随着计算机技术在税收征管中的广泛应用，信息储存和信息处理能力大幅提高，个人申报也完全可以考虑家庭生计扣除，同时可以避免夫妻之间重复申报某一扣除项目。

总体而言，G20成员中，阿根廷、澳大利亚、加拿大、印度、日本、韩国、意大利、墨西哥、俄罗斯、南非、土耳其、英国12个国家都以个人而不是以家庭为课税单位；巴西、印度尼西亚和德国3个国家把个人申报还是家庭申报的选择权给予纳税人；法国和美国是对号入座式的课税制度，即按照婚姻状况，由纳税人选择相应的申报身份（见表3-2）。

表3-2　　G20成员个人所得税课税单位比较

国家	个人单独课税	配偶联合申报	备注
阿根廷	是		
澳大利亚	是		
巴西	是	是	纳税人有选择权
加拿大	是		
法国	特殊情况下使用	按家庭系数课税	
德国	是	是	纳税人有选择权
印度	是		
印度尼西亚	是	是	纳税人有选择权
意大利	是		
日本	是		
韩国	是		
墨西哥	是		
俄罗斯	是		
沙特阿拉伯			无个人所得税
南非	是		
土耳其	是		
英国	是		
美国	是	是	不同的税率表供纳税人对号入座

注：表中信息根据荷兰国际财税文献局数据库的信息整理，都为2021年更新的信息。表中没有列出中国，也没有列出欧盟。

在给予纳税人选择权的国家中，各个国家的制度不尽相同。巴西规定，一般情况下，个人单独申报，但夫妻或者同性伴侣可以选择联合申报；德国规定夫妻或者同性伴侣（从2013年起）可以联合申报，但纳税人也可以要求单独申报；印度尼西亚规定，由纳税人选择是联合申报还是单独申报。意大利规定夫妻各自的劳动所得应分别纳税，夫妻双方还应将以下所得各按 50% 计入各自所得：因婚姻关系而共同所有的财产产生的所得；因家庭财产分配取得的所得。英国规定，对于已婚夫妇，夫妻双方分别独自负责自己的税务事宜，夫妻各自都可以获得一项基本的个人税收宽免优惠，并且配偶双方可以就各自的宽免优惠额度在双方间共享。英国规定，对子女的所得也进行单独征税，除非这些所得来源于父母授予子女的款项或者财产；根据《民事伴侣关系法案（2004）》登记的同性伴侣关系（即民事伴侣），在税务处理方面与已婚夫妇相同。

因此，从 G20 成员的情况来看，各国都在简化个人所得税税率表，且倾向于由个人单独申报。分析其原因，主要是个人所得税累进税率表一般适用于勤劳所得，对于资本利得、股息、红利等所得一般适用比例税率，而且按个人婚否分别适用不同的税率表，一是侵犯了个人的隐私，二是很难在个人申报和家庭申报之间进行税负平衡。

G20 成员中，实行严格意义的家庭联合申报的是法国。法国规定，个人所得税以家庭为单位缴纳，只在特殊情况下才采用配偶单独申报。家庭所得由夫妻双方和未满 18 周岁的未婚子女（如果子女为学生则为 25 岁）的所得构成。法国根据不同家庭情况，制定不同的系数，独创了一套家庭系数课税制度①。

美国则是根据个人的不同家庭状况，分设了不同的税率表，综合所得个人所得税税率表根据申报身份分为已婚联合申报、户主申报、单身申报和已婚单独申报等 4 类，还对财产和信托单独设立了一套税率表。美国的课税制度，实际上是列举了不同家庭的情况，由纳税人对号入座，选择相应的申报表申报②，实际上，已婚夫妇，既可以选择联合申报，也可以选择分开单独申报。

印度的个人所得税税率表则与其他国家不同，尽管印度是对个人单独课税，但印度的个人所得税税率表按年龄来划分为三种：60 岁以下适用税率表，60 岁以上至 79 岁适用税率表，80 岁及以上适用税率表。

---

①② 具体内容可参见《世界税制现状与趋势》以前年度版本。

二、应纳税所得额

应纳税所得额的大小主要由征税所得范围、扣除范围和免税所得决定。

（一）征税范围

个人所得从来源上看，通常分为受雇所得、经营所得、投资所得、资本利得等。受雇所得包括工资薪金、实物福利、养老金、董事费等。经营所得指个人从事生产经营而获得的所得，也包括提供专业服务的所得。投资所得包括股息、利息、特许权使用费、不动产所得。资本利得一般是转让个人持有的资产而形成的所得。尽管各个国家的收入分类不完全一致，但上述收入的分类，主要目的是精确地确定应税所得，以便根据不同的收入类型规定不同的费用扣除项，尤其是那些特定所得所独有的扣除项目。另外，即使是实行综合所得税或综合与分类相结合的所得税制的国家，对不同的所得进行分类，也有助于对不同所得按不同税率进行预扣预缴。一般而言，受雇所得只会规定标准的扣除项目和限额的扣除项目；而经营所得和投资所得会允许据实扣除合理费用，有的还类似公司所得税，允许跨年度扣除亏损或损失；资本利得会根据持有时间的长短而适用不同的税收政策，但有的国家规定相应的亏损也只能从资本利得项中弥补；资本利得、受雇所得可以方便地从源头扣缴；等等。随着经济全球化，交通和通信日益便利，人员在全球的流动日益加快，为了避免双重课税，世界各国之间不断加快税收协定的签订，在某种程度上也促进了各国个人所得税征收范围和所得分类标准的趋同。因为两个国家（地区）如果征收范围不一致，或者对相关所得分类标准不一致，则很难在税收协定方面进行谈判。

（二）扣除范围

扣除可以从两个方面进行分类。一是按对扣除额度的管理进行分类，包括：标准扣除，每个人的扣除额度一样，一般按人头计算，如有的国家规定的对每个人适用基本扣除；据实扣除，对成本费用类适用，如财产转让所得的原始成本及相关费用，经营所得的成本费用；限额扣除，规定一个最高的扣除限额，在限额内据实扣除，超过限额后按最高限额扣除。二是按扣除的性质进行分类，包括：成本费用扣除，主要是个人生产经营费用，也包括个人维持体面的生存所需要的费用，如医疗保险、再教育、捐赠等费用；个人基本扣除，是对每个纳税人都适用的扣除；家庭生计扣除，一般是对被赡养人，如配偶、父母、子女及其他被赡养人的扣除。

1. 成本费用扣除

一般来说，税法并不对所得生产成本的扣除是否符合需要作出判断，而只是规定哪些实际发生的成本可以扣除，但区分哪些成本可以扣除，哪些成本不可以扣除是经常遇到的问题，也是很难明确处理的。从理论上讲，把所有可扣除的成本，在税法中单独规定，而不是将每项所得生产成本与相应的应税所得联系起来，这是可以办到的，但这样很容易造成税法过于复杂，在实际中难以执行。在各国的实践中，所得生产成本大都是按其性质与一定收入联系在一起的，这样有助于控制纳税人无限制地扩张成本。例如，很多国家规定，投资损失只能从资本利得中弥补。意大利就规定了投资于创新型初创公司的个人，每个纳税年度最多可以扣除的投资金额限额为 30 万欧元的 30%，要享受税收优惠，投资者必须至少连续 3 个纳税年度保持对创新创业公司的股权参与，并且每个纳税年度对每家创新创业公司的投资不得超过 1500 万欧元；因经营业务而产生的亏损可以无限期结转，但只能用于抵销任何后续纳税年度最多 80% 的应纳税所得额。

成本费用扣除，除通常的经营所得和资本利得有所谓的成本费用外，还存在一些补偿个人为了取得所得而花费的成本或者代价。例如，交通费用、差旅费用、培训费用等，都可以视为取得所得而花费的成本或者代价，或者是个人体面生活所必需的费用（如捐赠）。多数国家规定这些费用可以扣除，但是对某些开支有限定数额或者比例的规定，即最多只能扣除一定数额或者一定比例的费用，超过的部分不允许扣除。还有的采取比例限制和限额扣除同时适用的政策，以减少个人成本费用扣除的滥用。

土耳其明确了商业和职业收入的扣除范围。自 2016 年 1 月 10 日起，初创企业收入豁免适用于年轻企业家的收入，来自商业、农业和专业活动的 75000 土耳其里拉以下的收入免征个人所得税，为期 3 年。要获得豁免资格，必须满足以下各项条件：纳税人在商业、农业和专业活动开始之日不得年满 29 岁；纳税人必须是首次从事商业、农业和专业活动的纳税人。自 2022 年 1 月 1 日起，社交内容生产者通过社交网络提供商在互联网上分享文本、图像、音频和视频等内容产生的收入，以及智能手机或平板电脑等移动设备应用程序开发商从电子应用程序共享和销售平台所得的收入，免征所得税，但是此类收入需缴纳最终预扣税。自 2021 年 10 月 26 日起，公共机构和组织向农民支付的农业扶持金免征所得税。

2. 个人免税扣除或税收抵免

个人免税扣除，其作用是补偿劳动者的基本消耗，这是实现劳动者简单再生产的必要费用扣除。个人免税扣除一般适用于所有纳税人，以往，不管是富人还是一般收入者，都有一个按照人头规定的基本免税扣除额，有些国家对一定年龄以上的老人、残疾人和外国人还有附加扣除的规定或者是优惠的规定。

在 G20 成员中，澳大利亚、加拿大、法国、印度、俄罗斯、南非和土耳其没有个人标准扣除规定。其中：加拿大和法国是用限额税收抵免取代了个人标准扣除；印度、俄罗斯和土耳其只对残疾人有税收扣除；南非是采取的类似起征点的免税制度，收入不超过一定数额不用纳税，也不用申报，此外，还对不同年龄的纳税人给予不同的税收扣除额。除此之外，其他国家都设有个人免税扣除。还有一些国家规定，在扣除各项费用以后，应纳税所得额在一定标准以下的，适用税率为零，实际上又增加了税前扣除额。例如，2021 年，澳大利亚、巴西、法国、德国、印度等国家都规定，个人所得税税率级距第一档税率为零。

3. 家庭生计扣除

家庭生计扣除的作用是补偿家庭生活开支，这是实现劳动力再生产的必要扣除费用。家庭生计扣除依据纳税人家庭结构、婚姻状况、子女人数和其他被赡养人口等情况设计。如果一个单身人士与没有孩子的夫妇，或者与有几个孩子的夫妇享受同样的个人基本扣除，这显然是不公平的。因为在一个大家庭中，相当部分的所得要专门用于满足家庭成员的基本生活需要，因而必须在税法中设立受抚养人扣除，使单身人士和不同规模家庭的可支配所得达到某种程度的平等。

（1）赡养费用。

在 G20 成员中，有的国家采用固定的配偶扣除和子女扣除，如阿根廷、巴西、德国、印度尼西亚。有些国家视不同年龄和子女的数量而规定不同标准的扣除额，如法国、日本、韩国。有的国家则采取税收抵免的形式，如德国、意大利、韩国和英国。也有的国家没有对家庭成员设立标准扣除或税收抵免，如澳大利亚、印度、墨西哥、南非、美国。巴西对根据法院命令或经司法验证的和解支付的赡养费和子女抚养费、每个受抚养人的年度津贴等允许扣除。

从 G20 成员来看，赡养费用扣除或者税收抵免政策一般集中用于孩子和配偶，对于老人用得相对较少。俄罗斯规定，从 2022 年 1 月 1 日起，个人及其未满 18 岁的子女所产生的有记录的运动和健身费用可以扣除，每年/每位纳税人最多可扣除 120000 卢布（约 1327 欧元）。法国规定：支付给前配偶的赡养费只能从纳税人的收入中扣除，前提是此类支付是为了服从法院判决书，或分居者或前配偶单独征税；支付给有子女监护权的分居或前配偶的子女抚养费、有需要的长辈和后裔的赡养费可从付款人的应税收入中扣除，但须提供付款证据和支付金额的合理性；向已达到法定年龄且单独纳税的子女支付的赡养费可从纳税人的收入中扣除，在 2021 年最高为 6042 欧元，如果孩子已婚或有子女，将增加到 12084 欧元；可以从纳税人总收入中扣除给予 75 岁以上老年人的实物福利价值，扣除限额为每人 3592 欧元，且受益人的收入不得超过一定水平。加拿大个人可以扣除托儿费用，如果配偶双方都工作，则儿童保育费用扣除必须由应税收入较低的配偶申请，2022 年，每位 7 岁以下符合条件的儿童的扣除限额为 8000 加元，其他符合条件的儿童的扣除限额为 5000 加元。

（2）医疗开支。

对医疗开支的处理，从个人所得税的角度可以从两个方面解决：一是允许纳税人对购买医疗保险的开支进行税前扣除，一般对法定的医疗保险予以税前扣除或税收抵免，对商业医疗保险会有比例限制或者是金额限制；二是医药开支可以税前扣除，有的国家也会有最高扣除金额限制或扣除比例限制。G20 成员中，一般对法定的医疗保险予以税前扣除或税收抵免，对医药开支也允许税前扣除。许多国家还将此项政策延伸到了纳税人的受赡养人，如阿根廷、巴西、印度、日本、墨西哥、俄罗斯、土耳其等。有的国家还扩大了医药费用的范围。如俄罗斯规定，纳税人可以扣除为自己及其配偶、子女和父母支付的医疗费用（医生费、医疗费用、药物），政府确定的某些类型的医疗费用可以不计限额地扣除。意大利规定，与残疾人有关的医疗费用可以扣除，支付给符合条件的医疗保健计划的医疗保险缴款最高可扣除 3615.20 欧元。

南非规定，如果个人参与注册医疗计划，则可以从其所得税义务中扣除一定金额。这种抵扣被称为“医疗计划费用税收抵免”。每个月实际向医疗计划支付费用的医疗计划费用税收抵免金额为：每个纳税人和第一个医疗计划的受抚养人 332 南非兰特，每个额外的受抚养人 224 南非兰特。对于任何不允许作为“医疗计划费用税收抵免”的医疗计划供款扣除额以及纳税人或其配偶无法负担的其他医疗支出，可以申请“额外医疗费用抵免”。对于 65 岁及以上的人以及残疾人，“额外医疗抵免”按尚未转换为“医疗计划费用税收抵免”的“超额”医疗缴款总额的 33.33%计算，“超额”医疗供款是实际供款金额超过允许的“医疗计划费用税收抵免”的 3 倍。对于 65 岁以下的人，

"附加医疗费用抵免"仅等于符合条件转换为医疗抵免的附加医疗费用，不超过应纳税所得额的7.5%。此外，此类超额医疗缴款不得超过"医疗计划费用税收抵免"的4倍。

(3) 教育费用。

教育费用一般分为子女的教育费用和纳税人自己的再教育费用。根据目前掌握的数据，在G20成员中，阿根廷、加拿大、南非、沙特阿拉伯和英国，没有教育费用方面的税收政策。只有澳大利亚、德国、美国有与纳税人自己教育有关的税收政策，其中澳大利亚没有子女教育方面的税收政策。其他国家没有针对纳税人自己的教育费用政策，而主要是子女教育费用。

对于教育费用开支范围，有的国家限制少，有的国家限制多，但一般都有限额规定和教育范围限制。如俄罗斯规定，纳税人可以扣除自己的教育费用以及其24岁以下子女的教育费用。对于儿童的教育费用，每个孩子的最高限额为50000卢布。例如，如果父母一方为孩子申请15000卢布的教育费用扣除额，则父母另一方为同一孩子申请的金额不得超过35000卢布。土耳其规定，纳税人或其配偶和未满18岁的子女在土耳其发生的经证实的教育费用允许进行一般扣除，扣除限额为纳税人申报的总收入的10%。

美国在教育费用方面的税收政策比较详细。美国规定，个人发生的教育费用可作为普通和必要的业务费用都可扣除。但必须符合如下条件：维持或提高个人就业或其他行业或业务所需技能的教育；或符合个人雇主明确要求或适用法律或法规要求的教育，作为个人保留已建立的雇佣关系、地位或补偿率的条件。可扣除费用的范围包括：进修课程、处理当前发展的课程以及学术和职业课程的费用。满足雇主明确要求所必需的费用，但前提是此类要求是为了雇主的正当商业目的而实施的，并且仅限于为保持个人已建立的雇佣关系、地位或工作效率所必需的教育。对于符合规定条件的，可扣除差旅费，只有在旅行期间活动的主要部分具有直接维持或提高个人在就业或其他行业或业务中所需技能的性质时，才可扣除。用于从事合格教育活动的差旅费用也可以扣除，包括离家期间的食宿费用。如果在旅行期间从事个人活动，则个人活动产生的费用不可扣除。如果旅行的主要目的是个人而非教育，则除合格教育活动期间的饮食和住宿外，其他费用不可扣除。个人发生的教育费用属于下列类别之一的，不予扣除：个人为满足其就业或其他行业或业务资格的最低教育要求所需的教育费用；个人因学习当前职业以外的资格课程而产生的费用。更一般地说，如果教育费用是为使个人有资格从事新的职业而承担的，则教育费用是不可扣除的，例如，为取得律师资格而上法学院的费用，或为取得医生资格而上医学院的费用。寻求注册会计师（CPA）初始资格的个人在会计课程中产生的费用是不可扣除的，而持有执照的注册会计师在同一课程中为满足持续的认证要求而产生的费用则是可扣除的。同时，允许个人扣除合格教育贷款的利息，包括个人、配偶和家属的费用，但会有额度限制，且随着收入的增加而减少利息费用扣除额。

（4）个人住房。

在个人自有房屋的个人所得税优惠政策方面，主要有住房抵押贷款利息和住房改造费用的处理，住宅的转让所得等方面的税收政策。

一是住房抵押贷款利息和住房改造费用。一些国家为鼓励个人拥有住房，允许房产抵押贷款利息税前扣除，但会有贷款总额限制。但是，在 G20 成员中，澳大利亚、巴西、加拿大、德国、法国、印度、日本、沙特阿拉伯、南非、土耳其、英国不允许个人住房贷款利息税前扣除。例如德国规定，自住房屋的抵押贷款利息不可扣除，在出租物业的情况下，按揭利息可在计算应税租金收入时扣除。

俄罗斯规定，纳税人可以扣除在俄罗斯建造或购买住房以及支付抵押贷款利息所产生的实际费用。住房扣除只允许一次，最高限额为 200 万卢布（2008 年 1 月 1 日之前建造或购置的住房为 100 万卢布）。截至 2014 年，抵押贷款利息的扣除限额为 300 万卢布。如果在纳税期内未使用住房扣减，则可以结转。成本和抵押贷款都必须正式记录在案。自 2014 年起，如果纳税人未将扣除金额用于一个住宅，他可以将剩余部分用于另一个住宅。如果住宅由一名以上共有人拥有，则每个共有人可使用 200 万卢布的扣除额。然而，抵押利息的扣除只能用于一个住宅。截至 2021 年 5 月 20 日，个人可以以简化的方式要求房屋扣除，即基于电子表格提交的申请。个人可通过电子方式申请自 2020 年 1 月 1 日起产生的住房扣除权。

韩国规定，无房纳税人每年存款的 40% 存入住房法规规定的房屋租赁账户，每年偿还住房租赁房屋贷款的 40%（每年最多 300 万韩元）；住房押金、贷款偿还和利息的扣除总额根据情况每年从 300 万韩元到 1800 万韩元不等。

二是自有住房转让所得。G20 成员主要有如下几类政策。首先是对家庭或个住房转让产生的资本收益免税，阿根廷是无条件免税，澳大利亚、加拿大、法国、德国、意大利、英国对于主要住房转让产生的资本收益免税。其次是一些国家规定，如果是唯一住房，在卖出住房后一定时间内又重新购买的，则可以免税。巴西规定，个人处置住房后在 180 天内购买巴西境内新房，产生的资本利得免税。但如果只将部分所得购买新房，剩下的部分要课征资本利得税。印度规定，个人转让住房，纳税人在转让前一年或者转让后2年内购买新住宅的，或者在转让后3年内建造住宅的，转让所得不超过新物业成本的，可予免税；如果收益超过此成本，则超额部分应纳税。个人转让长期资本性资产，再投资于住宅的，予以免税。该再投资必须在资产转让前1年或转让后2年内完成，或在转让后3年内建造此类房屋。第三，有些国家是按持有住房的年限给予一定程度的减免优惠。例如，日本规定，自转让当年1月1日起，持有5年或5年以上的不动产转让产生的资本收益视为长期不动产收益。长期不动产收益与其他收入分开征税。长期房地产收益的一般税率为15.315%（加上5%的地方税）。自转让年1月1日起，持有不足5年的不动产转让产生的资本收益视为短期不动产收益，应按30.63%的税率纳税（加上9%的地方税）。俄罗斯规定，纳税人拥有不动产超过5年（2016年1月1日前，所有权期限为3年）的，免征不动产处置税。自2016年1月1日起，3年期仍适用于继承财产、家庭成员馈赠的财产以及私有化获得的财产。转让其他私有财产所得，在纳税人变卖前3年以上持有的，免征个人所得税。如果持有期未满，超过100万卢布（或动产为25万卢布）的总销售收入按13%的一般税率征税。多数国家在自有住房的资本利得课税中提供一种无条件的免税。韩国只按持有年份给予不同比例扣除。持有3年以上之不动产，减除必要费用比例根据持有期限的不同而有所不同，从6%（持有不足4年的财产）到30%（持有超过15年的财产）不等。

（三）免税范围

个人所得税除免征额、费用扣除、住房转让收益等政策规定外，还有一些不征税的所得。这类所得多是弥补纳税人损失或政府鼓励类的收入，主要有人身伤害赔偿、保险赔偿、赡养费、失业补偿、遣散补偿、养老金、政府补贴、社会救济金、遗产和赠与、政府债券利息、银行存款利息、奖学金、资本利得和农业所得等。在G20成员中，每个国家的免税项目都不尽相同，但大致在上述范围之内。

在免税范围中，有的是无条件的免税，如人身伤害赔偿、保险赔偿、赡养费、失业补偿、遣散补偿、养老金、政府补贴、社会救济金、遗产和赠与等。有的是有限定条件的，如俄罗斯规定，以下收入免税：纳税人因新建或购买住宅楼或地块，或为这些贷款再融资而获得的贷款利息，前提是纳税人有权享受财产税减免；个人因无法人资格的外国公司/外国实体清算而获得的收入（现金或实物），前提是满足某些条件；纳税人因子女出生而收到的收入（现金或实物）（适用于2019年1月1日以后收到的现金或实物）；个别债务人与债权人无关且不是其雇员（该条件必须在整个债务期内得到满足）和债务注销不是财务援助或反履行义务（该豁免自 2020 年 1 月 1 日起适用）情形下注销的坏账金额；俄罗斯境内银行卢布存款的利息收入，在整个纳税期间的利率不超过每年 1%，以及托管账户的利息收入（该豁免自 2021 年 1 月 1 日起适用）等。还有的免税是有限额的，如巴西规定，对上市项目、基金和慈善机构的捐赠，可抵免个人所得税，但抵免额不得超过应缴所得税的 6%。南非规定，从 2015 年 3 月 1 日起，所有自然人（无论是否居民）均可享受一定额度的投资免税，对于“免税储蓄和投资”获得的任何收入或收益，该免税额分别免除所得税和资本利得税，投资工具必须是由指定金融机构根据部级法规管理的金融工具或政策，对这些经批准机构的投资捐款在个人一生中的年度限额为 30000 南非兰特和 500000 南非兰特，并且必须以现金形式提供，如果年度缴款超过 30000 南非兰特，或者总缴款超过 500000 南非兰特，超出部分的 40%被视为应纳税额。相对而言，免税范围最小的是英国。G20 成员总体免税所得项目见表 3-3。

表 3-3　G20 成员个人所得税免税所得

国家	免税所得类型
阿根廷	赠与、遗产；须就游戏和体育赛事征税的收入；居民个人和不可分割的财产通过出售、交换、易货或处置共同投资基金的股份和配额而获得的收益；作者或作者的继承人从版权中获得的版税和其他收入，每年在 10000 阿根廷比索限额内予以免税；在授权金融机构进行的储蓄账户、特别储蓄账户和 ARS 定期存款的应计利息；来自政府债券、商业票据以及在阿根廷证券交易所市场报价的金融信托发行的参与证书和债务票据的利息；行政部门为促进生产性投资而创建的 ARS 计价的金融工具产生的利息或收入；出售、交换、转换或处置政府债券、商业票据、参与证书和金融信托发行的在阿根廷证券交易所市场报价的债务票据的资本收益；医生和所有级别的专业或技术援助以及任何其他辅助人员在位于被认为有风险或“不利”的地区的公立医院或公共卫生中心强制服务所获得的补偿；限额的遣散费；用作家庭或个人住宅的房屋的名义租金；转让用作家庭或个人住宅的房屋所有权而获得的资本收益；远程工作员工因连接费用和与远程工作有关的任何其他额外费用而获得的补偿或报销；每月总工资不超过 300000 阿根廷比索的员工获得的生产力奖金和类似补偿，年度上限相当于基本个人津贴的 40%；现役军人特殊补偿项目（与危险活动、教育水平、专业化等有关）
澳大利亚	澳大利亚政府的养老金和社会保障金、附加福利、奖学金、人身伤害赔偿等。“不可评估的非免税收入”，例如私人养老金、某些解雇和裁员付款，或分拆红利的收据，不计入税收计算

续表

国家	免税所得类型
巴西	从巴西公司税后利润中获得的股息；工伤事故赔偿，最高为法定最高金额；根据社会一体化计划（PIS）和员工分（PASEP）储蓄计划记入个人账户的金额；雇主对雇员（包括董事）私人养老金计划或替代计划的供款；被保险人死亡时根据人寿保险单或储蓄基金收到的收益，以及在任何情况下退还的保险费，包括退保；居民个人收到的礼物和遗产；支付给雇员的每日津贴，专门用于支付在国外或雇主所在城市以外的城市发生的食宿费用
加拿大	出售主要住宅获得的资本收益；人身伤害损害赔偿；根据人寿保险单获得的身故赔偿
法国	某些裁员支付和退休补偿；25 岁以下学生的就业收入，上限为每月最低工资的 3 倍，2022 年为 4809 欧元；终身年金；某些类型的资本收益。2021 年，在健康危机背景下支付的某些特殊奖金部分免征所得税和社会保障缴款
德国	医疗保险、意外保险以及残疾和老年保险的付款；根据法定退休金计划的一次性支付；研究活动、科学或艺术教育和培训的奖学金
印度	旅游优惠；裁员补偿金；失业保险金；保险收入；养老金；从政府取得的福利或退休金；农业所得
印度尼西亚	继承所得；针对劳务给予的实物或权利形式的报酬，以及保险公司支付的赔款。开办小型和微型企业的家庭和个人［即最大净资产价值为 5 亿印尼盾（不包括用作营业场所的土地和建筑物）或最大年营业额为 25 亿印尼盾的企业］获得补助、援助或捐赠收入免税；公民所获得的用于小学、初中、高中教育的学费、考试费、科研费、书本费及合理的奖学金（奖学金的接受人与授予人之间不存在特殊关系）
意大利	被保险人死亡时支付的人寿保险保单收益，不超过一定金额；由意大利或其他欧盟成员国或欧洲经济区（EEA）国家的授权赌场支付的彩票、有奖竞赛、博彩和博彩奖金，以及竞赛或彩票奖金；与工作关系的奖金；与工作相关的某些实物利益；不动产的某些资本收益；合格参与的某些资本收益；符合条件的农民和农业企业家的耕地所有权收入和农业收入；在符合条件的长期投资计划中获得的投资收入
日本	出售日常生活所需资产（如家具、家居用品和衣服）的资本收益；根据意外保险单支付精神或身体伤害的保险索赔；个人储蓄账户中持有的上市股票和投资信托基金的股息和资本收益，其中，个人可以在 2023 年之前每年投 120 万日元（20 岁以下的个人为 80 万日元），最多持有 5 年，或在 2018 年至 2037 年期间每年投资 40 万日元，最多持有 20 年（这两项豁免是相互排斥的）
韩国	符合规定条件的“公共利益信托”收入；如果承租人不拥有任何其他房屋或总收入不超过 2000 万韩元，则出租房屋的收入（价值低于 9 亿韩元）（2018 年之后产生的收入目前需要纳税）、雇主支付的用于补偿实际工作费用的款项、储蓄账户和存款的各种利息和股息收入、许多类型的附加福利都受到豁免

续表

国家	免税所得类型
墨西哥	损害赔偿不超过相关财产的市场价值；金融机构为符合条件的银行账户支付的利息（该账户的每日平均余额不超过 175505 墨西哥比索）；来自墨西哥保险公司的人寿保险单的某些收益；从根据《社会保障法》设立的退休和老年账户中提取的支付婚姻费用和失业救济金的收入；继承和遗赠；从长辈、配偶和子孙那里收到的礼物（从子孙那里收到礼物的长辈不得将同样的礼物赠与其他子孙）；对价不超过 700000 个投资单位的住宅转让的资本收益（约为 4948300 墨西哥比索）；某些社会保障福利（如在国家养老基金体系下领取的养老金达到一定限额）和工人获得的某些其他福利；通过包含在联邦预算支出或联邦实体预算中的政府预算计划获得的经济或货币支持所得的收入；从事农业、林业、畜牧业或渔业获得的个人收入（限额为 900000 墨西哥比索）
俄罗斯	失业、生育和类似的国家福利；国家养老金、来自国家养老基金的遗属福利和符合条件的私人养老金；与人身伤害、社会住房等密切相关的服务、终止雇佣有关的补偿金（假日补偿除外）；国际组织为科学、教育、文化和艺术目的提供自愿赠款；与科学、技术、教育、文化、文学和艺术作品有关的奖项，但有一定限制；在自然灾害过程中作为补偿的一次性人道主义援助、与员工或相关人员死亡有关的付款、慈善组织的人道主义援助、公共组织的收入支持；与康复中心和养老院有关的赔偿金；雇主向其雇员及其家属提供的医疗支持；与某些类型劳动活动所需资格的独立评估有关的补偿金（2017 年 1 月 1 日起）；奖学金，但须符合某些条件；公共组织借调到外国的公务员的工资和类似报酬，但须受法律规定的限制；来自私人农场的牲畜养殖和农业活动的收入，须经授权；5 年内合伙企业从事农业活动的收入；资产重估后的红利股；已预扣税款的居民个人（受益所有人）收到的股息，前提是向扣缴义务人证明了已预扣税款的相关证明文件；俄罗斯银行卢布存款利息收入（不超过 100 万卢布乘以俄罗斯中央银行的关键利率）。俄罗斯银行外币存款的收入必须按照实际收到收入之日俄罗斯中央银行设定的官方汇率兑换成卢布，且上述规定适用于本国货币存款
沙特阿拉伯	除个人经营所得外，其他所得都不征税
南非	赡养费和离婚生活费；年金；免税储蓄和投资账户的收入或收益；符合条件的助学金和奖学金；个人以股权形式收到或累积的金额；雇员在任何课税年度内为或代表任何雇主在南非境外提供的服务而获得或累积的任何形式的报酬；与就业有关的搬迁福利；从事国际运输的船舶的高级船员或船员为奖励乘客或货物或从南非境外的海床、勘探或开采矿物而获得的报酬；南非居民纳税人在任何其他国家的社会保障体系下收到或应计的任何收入、南非居民纳税人从国外获得或累积的任何养老金；从南非境内收到或累积的任何利息总额；非居民赚取的利息；非居民赚取的特许权使用费；外国演艺人员和运动员因在南非进行的某些活动所收到的款项而需从源头缴纳最终税的款项；《失业保险法》支付的任何福利或津贴；雇主提供给雇员的任何特殊制服的价值或代替该制服提供的任何津贴的价值
土耳其	向低收入个人提供了几种类型的小额豁免

续表

国家	免税所得类型
英国	个人储蓄账户（ISA）的收入和收益；来自授权储蓄证书的收入；经认证的即存即收（SAYE）储蓄安排下的利息和终期红利；某些风险投资信托（VCT）股息；对海外居民免税的证券收入（FOTRA 证券）；购买的人寿年金支付的指定部分；个人每年支付的某些款项；定期支付人身伤害赔偿金；税务部门支付的还款补贴下的利息；财政部发行的储税券利息；对法庭裁定的人身伤害损害赔偿的利息；非居民拥有的某些外币证券的利息；商业占用英国林地的收入；奖学金收入；某些社会保障福利
美国	团体定期人寿保险；人寿保险收益；赠与和遗产；人身伤害或疾病赔偿；根据事故和健康计划收到的金额；雇主根据事故或健康计划提供的保险；债务清偿收入；合格的奖学金；员工食宿；合格的团体法律服务计划；出售主要住宅的收益；教育援助计划；受抚养人护理援助计划雇主向雇员提供的特定服务和福利的价值

注：表中信息根据荷兰国际财税文献局数据库的信息整理。表中没有列出中国，也没有列出欧盟。

三、税率与税率级距

目前，G20 成员中，2021 年个人所得税税率及税率级距与 2020 年相比，绝大多数没有变，而韩国税率发生变化较大，从 2021 年开始税率由 4 档变为 8 档，最高边际税率由 20% 提高到 45%。美国的税率变化也较大，恢复了 39. 6%的最高边际税率，调整了税率结构。总体而言，尽管 2021 年新冠肺炎疫情持续，但各国税率变化不大。以下除概述部分介绍一些国家的特殊税率政策外，其他部分重点介绍适用于综合所得的超额累进税率表和税率级距。

（一）税率概述

税率是影响个人所得税税负水平的重要因素。一般而言，综合个人所得税税制的税率以超额累进税率为主；综合与分类相结合的个人所得税税制会对综合所得的部分适用超额累进税率表，还有对不同类型个人所得适用不同的税率；分类个人所得税税制则会对不同类型的所得采用不同的税率。但现实与理论总是存在差距，还不存在严格意义的综合个人所得税税制，大多数国家会对资本利得适用比例税率，或者是根据投资时间的长短适用不同的比例税率，或者是单独设立超额累进税率。有的国家还会对个人信托收益单独设立一套超额累进税率，如美国和英国。下面分别介绍一些国家在个人所得税税率设计方面的特殊政策。

印度对不同年龄的纳税人设置了不同的税率表，分别适用于60岁以下的纳税人，60岁至79岁的纳税人，80岁以上的纳税人。对于这三类纳税人，税率级距不一样，税率档次也有差别。印度还对收入超过500万卢比的个人额外征收附加税。

法国的个人所得税虽然也实行超额累进税率，但独创了家庭系数课税制度，其特点是规定了一个根据纳税人婚姻状况和子女人数而确定的从1到6.5的家庭系数表，纳税人可以自动对号入座，还规定了一个超额累进税率表和应纳税所得额计算表，家庭系数在适用边际税率和计算应纳税所得额中起决定性作用。①

德国除缴纳正常的个人所得税外，还会对应纳缴的个人所得税额附征团结税，团结税也是5.5%和11.9%两档超额累进税率，同时单身个人也会有16956欧元的免征额（已婚夫妇加倍）。

土耳其对雇佣所得和非雇佣所得采用两套不同的累进税率表，税率基本一致，税率级距也相同，只是非雇佣所得的税收负担会相对较重，体现了鼓励勤劳所得的政策导向。

多数国家的个人所得税税率为整数，一方面便于计算，另一方面也便于纳税人了解。但也有一些国家的个人所得税税率带小数，如澳大利亚、加拿大、巴西、德国和墨西哥。其中，澳大利亚、加拿大和德国都只有一档税率带小数，巴西在五档税率中有三档带小数，但澳大利亚、加拿大和巴西的税率都是小数且数字是5，计算出的数字会相对趋于整数，墨西哥的11档税率大部分都带小数，比较独特（见表3-4）。

英国对于综合所得适用三级超额累进税率，分别是20%、40%、45%；对于股息红利所得，则结合纳税人分别适用综合所得的三档边际税率水平，分别适用7.5%、32.5%和38.1%的超额累进税率；对于信托所得分别适用7.5%、20%、38.1%和45%的税率；对于取得资本利得的纳税人，如果其综合所得适用20%的边际税率，则适用10%的比例税率，综合所得适用其他税率的，则适用20%的比例税率。另外，从2017年开始，苏格兰完全适用一套与英国完全不同的超额累进税率表，税率水平和税率级距完全不同，其税率分别是19%、20%、21%、41%、46%，与英国的三级超额累进税率表相差较大。

---

① 《世界税制现状与趋势》课题组．世界税制现状与趋势（2018）［M］．北京：中国税务出版社，2019.

总体而言，由于各国个人所得的综合程度和分类范围不一致，税率结构和税率水平相关较大，没有完全一致的税率表。

（二）起始边际税率

2020—2021 财政年度，在 G20 成员中，个人所得税起始边际税率超过 20%（含）的有：意大利为 23%，英国为 20%。起始边际税率超过 10%（含）低于 20%的国家有：加拿大为 15%，南非为 18%，土耳其亚为 15%，美国为 10%。起始边际税率低于 10%的国家有：墨西哥为 1.92%，阿根廷、印度尼西亚和日本为 5%，韩国为 6%；其中，澳大利亚、巴西、法国、德国、印度、俄罗斯的起始边际税率为 0（见表 3-4）。在起始边际税率为 0 的国家中，设置了个人基本扣除的国家有阿根廷、巴西、德国、俄罗斯，没有个人基本扣除的国家是法国和印度，其中法国只是对一定年龄以上的纳税人设置基本扣除。

表 3-4　　　　2020—2021 财年 G20 成员个人所得税累进税率和级距

国家	个人所得税税率（%）	税率级距数量
阿根廷	5、9、12、15、19、23、27、31、35	9
澳大利亚	0、19、32.5、37、45	5
巴西	0、7.5、15、22.5、27.5	5
加拿大	15、20.5、26、29、33	5
法国	0、11、30、41、45	5
德国	0、14、23.97、42、45	5
印度	0、5、20、30	4
印度尼西亚	5、15、25、30、35	5
意大利	23、27、38、41、43	5
日本	5、10、20、23、33、40、45	7
韩国	6、15、24、35、38、40、42、45（原为 4、7、11、15、20）	8
墨西哥	1.92、6.40、10.88、16、17.92、21.36、23.52、30、32、34、35	11
俄罗斯	0、13、15、25、35	5

续表

国家	个人所得税税率（%）	税率级距数量
沙特阿拉伯	经营所得：20 天然气：30 石油：50~85	
南非	8、26、31、36、39、41、45	7
土耳其	15、20、27、35、40（原为 15、20、27、35）	5
英国	20、40、45	3
美国	10、15、25、28、33、35、39.6	7

注：表中数据来源于荷兰国际财税文献局数据库，都为 2021 年更新的数据。表中没有列出欧盟、中国的数据。

20 世纪，个人所得税起始边际税率有上升的趋势，部分原因是为弥补较高税率的降低和（或）起征点提高所带来的一些收入损失，但个人所得税对于低收入阶层来说累进性增加。近年来，起始边际税率有下降的趋势，我们看到 G20 成员中有 5 个国家的起始边际税率降为 0。

在一些社会保障制度较完善的国家，起征点和起始边际税率的变化对较低收入阶层的影响不是太重要，因为较低收入者可能更受诸如社会保险缴款和与所得有关的利益等其他因素的影响。

关于将起始边际税率设定为 0 还是降低起征点，国外也有两种截然不同的观点。一种观点是根据按能付税的原则，不应对那些收入仅维持基本生存需要的个人征收个人所得税，赞成起始边际税率为 0，可以间接提高起征点，认为高起征点可以相对减少贫穷和失业陷阱。现在让收入较低的个人不纳税，作为他们孩子的教育投资，下一代将会提高收入。另外，提高或间接提高起征点，能减少缴纳个人所得税的人数，简化税收管理。另一种观点认为，为了责任、团结和培养公民意识等原因，对几乎所有的公民都课征个人所得税，即使是所得额较低的纳税人也可以通过勤劳所得抵免等税收转移制度受益。另外，因提高起征点而导致财政收入损失，这可能导致进一步提高超额累进税率才能弥补。

（三）最高边际税率

个人所得税率的最高边际税率只适用于少数人，但受 20 世纪 80 年代美国税制改革的影响，最高边际税率较 20 世纪有所降低。2021 年，G20 成员中，最高边际税率高于40%（含）的国家有9个：澳大利亚、德国、法国、日本、韩国、南非和英国为45%，意大利为43%，土耳其为40%。最高边际税率高于30%（含）低于40%的国家有6个：美国为39.6%，阿根廷、墨西哥和印度尼西亚为35%，加拿大为33%，印度为30%。最高边际税率低于30%的国家是巴西，为27.5%（见表3-4）。

由此可以看出，G20成员中，除了巴西外，个人所得税最高边际税率一般在30%以上，其中，最高边际税率为45%的国家有7个，为35%的国家有3个。相对而言，经济发达国家，最高边际税率也较高，但一些国家除了联邦政府征收个人所得税外，地方政府也征收不同水平的个人所得税，如美国和加拿大，如果将地方地府征收的个人所得税也考虑进去，实际最高边际税率也会升高。

四、税率级距比较

实际上，税率级距的多少，只是在税基确定下，在一定程度上体现税收负担的累进程度。另外，税率的级距多少，与起始边际税率和最高边际税率的差额也有很大关系。

单独比较各个国家个人所得税税率级距的多少，能在一定程度上直观地说明税率设计是复杂还是简单，如果结合级距的跨度和税率水平，税率的级距比较才会更有意义。特别是税收扣除和税收优惠，相同的税收扣除，对于处于不同税率级距的纳税人是不一样的。适用的税率越高，税收扣除的优惠程度越大，这也就是越来越多的国家采取相应措施，来减少税收扣除优惠扭曲的原因。如前所述，一些国家规定，应税总所得越高，标准扣除额越少，高到一定程度则完全取消税收扣除，或者采取用税收抵免的方式。

在G20成员中，按税率级距多少排序，墨西哥的税率级距为11个，阿根廷为9个，韩国为8个，日本、南非、美国为7个，澳大利亚、巴西、加拿大、法国、德国、印度尼西亚、意大利、俄罗斯、土耳其为5个，印度为4个，英国为3个。由此可见，G20成员中，绝大多数国家的税率级距为10个以下，税率级距为5个的国家最多，多数国家的税率级距为4~7个。

第二节　2021年主要变化

2021年，新冠肺炎疫情继续在全球蔓延，疫情对社会经济的影响也在持续，应对疫情仍是各国税收政策的一个重要着力点。随着疫情防控走向常态化，促进社会经济发展逐渐回归正常，成为税收政策的重要考虑因素。为此，G20成员在2020年的基础上继续出台疫情纾困措施的同时，还出台了一系列服务社会经济发展的税收政策。除延续2020年特点，出台延期申报纳税等应对疫情的短期措施外，还积极推动电子化、数字化转型，提供更便捷的缴税服务，开展更具针对性的疫情补助措施。

一、税收征管的主要变化

新冠肺炎疫情的持续导致G20成员不得不继续出台一些临时性宽松管理措施，主要是延期申报纳税、分期纳税制度、更多灵活简便的线上申报和缴税措施等。

（一）阿根廷

阿根廷税务机关延长了个人纳税申报和缴税的截止日期，具体如下。

（1）2020年纳税年度，个人所得税和个人资产税的纳税申报和支付应缴税款的截止日期从2021年6月11日至15日延长至2021年7月23日至28日。

（2）某些金融投资和房地产企业所提交的2020纳税年度产生的资本收益有关的纳税申报和支付应缴税款的截止日期，从2021年6月21日至24日延长至2021年7月23日至28日。

（二）巴西

巴西经济部对居民个人2020纳税年度取得的所得规定了新的个人所得税申报表申报规则，所得税申报义务适用于2020纳税年度以下个人：

取得应税收入超过28559.70巴西雷亚尔（对从事农业活动的个人，其总收入超过142798.50巴西雷亚尔或计划弥补税收损失的个人）；取得免税或非应税收入以及取得在来源地单独征税的收入超过40000巴西雷亚尔的个人；取得应税资本收益或在证券交易所、期货或类似市场从事交易的个人；持有价值超过300000巴西雷亚尔的货物或权利的个人；截至2020年12月31日拥有居民身份；取得根据2005年第11196号法律第39条出售住宅的资本收益选择豁免的个人；在新冠肺炎疫情期间，获得政府紧急财政援助（无论金额多少），应税所得超过22847.76巴西雷亚尔的个人。

以上个人应于2021年3月1日至4月30日期间，通过2021年纳税申报系统、税务机关网站或智能手机“我的所得税”服务、平板电脑或类似设备“我的所得税”应用程序等方式在线提交纳税申报表。如逾期申报，将按月加收应缴税款1%的罚款。罚款最低金额为165.74巴西雷亚尔，最高金额为应缴税款的20%；个人应于2021年4月30日前一次性缴纳或分期缴纳税款，若税额超过100雷亚尔且每次金额不低于50雷亚尔，最多可分8个月缴纳税款。

（三）意大利

自2021年5月10日起，符合条件的个人纳税人及其委托税务代理可在线获取预填所得税申报表。纳税人可自2021年5月19日起修改其纳税申报表，并于2021年9月30日前（对于取得任职受雇和养老金收入的个人纳税人）或2021年11月30日前（对于其他个人纳税人）将申报表发送至税务部门。此外，税务部门于2021年5月7日发布了第113064/2021号议定书，阐明了关于规范个人纳税人及其委托税务代理获取预填所得税申报表的具体规定，并更新了第三方在计算相关税收扣除和抵免时使用的数据传输清单。

（四）墨西哥

墨西哥延长2020年个人所得税申报期限，税务局将提交2020财年个人所得税申报表的截止日期由2021年4月30日延长至5月31日。此外，欠税的个人可选择在2021年5月31日前提交年度申报表，并在该日期前缴纳分期付款第一期的应缴税款，最多可分期6个月缴纳。第一期缴纳金额由应缴税款除以纳税人申请的分期付款次数得出。为确定以后的分期付款金额，纳税人须将未付金额减去已支付的第一期分期付款后除以与纳税人申请的分期付款期数相对应的系数（见表3-5）。另外，逾期付款将收取附加费。

表3-5　　墨西哥个人所得税分期付款期数及相对应的系数

分期付款期数	系数
2	0.9875
3	1.9628

续表

分期付款期数	系数
4	2.9259
5	3.8771
6	4.8164

（五）美国

为应对新冠肺炎疫情，美国财政部和国内收入局（IRS）宣布，2020 纳税年度个人联邦所得税申报截止日期将从 2021 年 4 月 15 日自动延长至 5 月 17 日，个人纳税人还可以将 2020 年纳税年度的个人联邦所得税缴款期限也从 2021 年 4 月 15 日延长至 5 月 17 日。4 月 15 日至 5 月 17 日之间，无论欠税多少，都不需要缴纳罚款和利息。这种延期适用于个人纳税人，包括缴纳自雇税的个人。从 2021 年 5 月 17 日起，任何剩余的欠缴税款都将开始计算罚款、利息和附加税。

个人纳税人不需要提交任何表格，也不需要致电 IRS，就有资格享受 4 月 15 日至 5 月 17 日之间联邦个人所得税免除利息和罚款。个人纳税人如果在 5 月 17 日截止日期后还想申请延期申报，可以通过他们的税务专业人员、税务软件或使用 IRS. gov 上的免费报税链接提交 4868 表格，申请将报税时间延长至 10 月 15 日。提交 4868 表格后允许让纳税人在 10 月 15 日之前提交 2020 年纳税申报表，但并不能延长缴税期限。纳税人应在 2021 年 5 月 17 日前缴纳应缴的联邦所得税，以避免利息和罚款。

联邦报税截止日期推迟到 2021 年 5 月 17 日，只适用应于 2021 年 4 月 15 日到期的联邦个人所得税的申报和缴纳（包括自雇收入的税款），不包括州税款或任何其他类型的联邦税款的缴纳。纳税人还需要在 42 个州以及哥伦比亚特区进行所得税申报。各州的报税和缴税截止日期各不相同，并不总是与联邦报税截止日期相同。IRS 敦促纳税人向他们的州税务机构查询这些细节。

二、税收政策的主要变化

税收政策方面，更多是税收政策微调，增加了一些应对新冠肺炎疫情的临时措施，如部分国家对从事与疫情相关的工作而获得的报酬免税，还有一些国家对税率或税率级距进行了适当调整，还有的则是按惯例对标准扣除额和税率级距水平进行了通货膨胀调整。

(一) 阿根廷

2021 年 12 月 31 日，阿根廷第 27667 号法令在个人财产税的累进税率中引入了两个新的税率：1.50%和 1.75%。更新后的累进税率如表 3-6 所示。

表 3-6　　阿根廷个人财产税累进税率

应纳税收入（比索）	税率（%）
0 至 3000000 的部分	0.5
超过 3000000 至 6500000 的部分	0.75
超过 6500000 至 18000000 的部分	1
超过 18000000 至 100000000 的部分	1.25
超过 100000000 至 300000000 的部分	1.50
300000000 以上的部分	1.75

对于位于国外的资产，累进税率如表 3-7 所示。

表 3-7　　阿根廷个人国外财产税累进率

应纳税收入（比索）	税率（%）
0 至 3000000 的部分	0.7
超过 3000000 至 6500000 的部分	1.2
超过 6500000 至 18000000 的部分	1.8
18000000 以上的部分	2.25

第 27667 号法令中还规定了其他事项，如：免税额从 200 万阿根廷比索提高到 600 万比索；可予以免税的住宅价值从 1800 万比索提高到 3000 万比索；免税额和税率基于阿根廷国家统计与普查研究所（INDEC）测算衡量的居民消费价格指数（CPI），每年根据通货膨胀情况进行调整。除必要的调整外，上述规定适用于 2021 年及以后的纳税年度。

(二) 澳大利亚

澳大利亚于 2021 年 5 月 11 日发布了 2021—2022 年度联邦预算，其中突出了旨在实现经济复苏的措施，包括重新定义居民纳税人的标准以及对自然人纳税人的各种减免措施。

在个人所得税方面，个人所得税改革计划的第二阶段将提前到 2020—2021 纳税年度实施。具体来说，政府将个人所得税 32.5%税率的税级上限从 9 万澳元（64260 美元）提高到 12 万澳元，19%税率的税级上限从 3.7 万澳元提高到 4.5 万澳元。低收入抵税额度也将提高到 700 澳元。更新与个人有关的税收居民规定后，居民标准将变得更简单明确，即在任何收入年度中，在境内实际居住 183 天或更长时间将成为居民纳税人。不符合该标准的个人将判断是否符合二级标准，即取决于实际居住状态和可衡量的客观标准。

取消对解雇后符合条件的员工持股计划征税。目前，解雇构成纳税义务时点。取消个人教育费用中不得扣除前 250 澳元的规定。保留低收入及中等收入税收抵免至 2021—2022 年纳税年度。

（三）加拿大

在税率方面，加拿大公布的 2022 年联邦、省和地区个人所得税税率显示，在联邦层面，虽然税率保持在 15%~33%的范围内，但应纳税所得额有所调整，如表 3-8 所示。在省级层面，纽芬兰岛和拉布拉多的最高所得税税率从 2021 的 18.3%提高到 2022 的 21.8%。此外，2022 年的终身资本收益豁免（LCGE）限制从 892218 加元提高到 913630 加元[①]。

表 3-8　　　　加拿大个人所得税税率与应纳税所得额变化

税率（%）	2022 年应纳税所得额（加元）	2021 年应纳税所得额（加元）
15	0 至 50197 的部分	0 至 49020 的部分
20.5	超过 50197 至 100392 的部分	超过 49020 至 98040 的部分
26	超过 100392 至 155625 的部分	超过 98040 至 151978 的部分
29	超过 155625 至 221708 的部分	超过 151978 至 216511 的部分
33	221708 以上的部分	216511 以上的部分

在新冠肺炎疫情纾困措施方面，加拿大将几项为个人和企业提供的关键性新冠肺炎疫情纾困措施从 2021 年 9 月 25 日延长至 10 月 23 日。具体如下：①加拿大紧急工资补贴（Canada Emergency Wage Subsidy，CEWS），即为符合

① 在加拿大，符合条件的个人有权就处置符合条件的财产实现的净收益累计 LCGE。豁免还适用于在纳税年度计入收入的这些财产的准备金。

条件的雇主提供补贴，以覆盖部分员工工资，使其能够重新雇佣工人，防止失业进一步扩大，帮助企业恢复正常运营；②加拿大紧急租金补贴，即为符合条件的雇主提供补贴，以支付其部分商业租金或财产费用；③加拿大复苏福利（Canada Recovery Benefit，CRB），即为符合条件的受到新冠肺炎疫情直接影响且无法享受就业保险（EI）福利的受雇和自雇个人提供收入支持；④加拿大复苏照顾福利（Canada Recovery Caregiving Benefit，CRCB），即为因必须照顾12岁以下儿童或需监护的家庭成员而不能工作的受雇和自雇个人提供收入支持；⑤加拿大复苏疾病福利（Canada Recovery Sickness Benefit，CRSB），即为因生病或因新冠肺炎需要自我隔离或有潜在的健康问题使其有更大的患新冠肺炎风险而无法工作的受雇和自雇个人提供收入支持。

在救济措施方面，加拿大延长对抚恤金计划和递延薪金休假计划的救济，旨在为新冠肺炎疫情中参与计划的员工及其雇主提供救济。相关变动包括：在适用于2020年3月15日至2022年4月30日期间的递延薪金休假计划的条件中增加暂停计时规则；暂停90天的借款限制；对于在2022年4月30日之前偿还的贷款，取消禁止抚恤金计划借款的限制；将追溯计入固定受益计划下的应计抚恤金服务或向货币购买账户追加缴款的最后期限延长至2022年5月；允许在2021年和2022年对抚恤金计划追加缴费，但以2020年和2021年减少的缴费为限；为了使用规定的薪酬来确定2020年和2021年的福利或缴费水平，在“符合条件的减薪期间”的定义中不包括任职36个月的条件；允许将2020年和2021年薪酬期视为符合规定的期间。根据现行的税收规定，当员工的递延薪金休假计划不再符合条件时，应终止递延薪金休假计划，并且应向员工支付所有递延薪金并申报应税收入。该规定是为了确保员工不会因本人无法控制的情况而受到惩罚。根据现行的税收规定，如果员工是抚恤金计划的成员，并且处于“符合条件的减薪期间”（即薪酬因其工作的减少而减少），则该员工在减薪期间应如同未减薪的常规从业期间一样，视为在一定限度内全额应计抚恤金服务。该规定的提出是为了确认新冠肺炎疫情期间工作和薪酬减少的时间段。

（四）德国

在儿童税收抵免方面，德国规定，原则上，纳税人的每个受抚养子女可享受两次一次性扣除。一次是儿童扣除，每名儿童每年2730欧元（共同评估的配偶或民事伴侣为5460欧元）；一次是育儿、养育和教育扣除，每名儿童每年1464欧元（共同评估的配偶或民事伴侣为2928欧元）。如果当年收到的儿童税收抵免超过或等于一次性扣除，则这些扣除不适用。但是，如果一次性扣除高于儿童税收抵免，则适用一次性扣除并撤销儿童税收抵免。单亲家庭户主（纳税人）每年可额外扣除4008欧元（2020年1月1日之前为190欧元），但前提是孩子和纳税人都在该家庭中登记。每增加一名儿童，金额将增加240欧元。如果与纳税人共同维护房屋并且无权获得儿童税收抵免/扣除的另一名成年人居住在纳税人的家庭中，则通常无法获得额外扣除。父母赡养费为之前净收入的65%（如果之前的净收入不超过1240欧元，则为67%），最高为1800欧元。给予的最低父母抚养费为300欧元。没有收入的父母和收入超过250000欧元的父母不包括在补助金范围内。父母赡养费为12个月的月薪合计，如果父亲这段时间留在家里照顾孩子，可以延长2个“父亲月”。如果只是部分放弃工作，将按比例支付父母抚养费；但是如果每周工作时间超过30小时，则不给予父母抚养费。

（五）印度尼西亚

2021年10月，印度尼西亚议会通过《协调税收法规》（Harmonisasi Peraturan Perpajakan，HPP），该法案更改了现有税法的一些内容，即一般税收规定（Ketentuan Umum dan Tata Cara Perpajakan，KUP）、所得税、增值税/增值税和消费税，还增加了将于2022开始实施的关于自愿申报计划和碳税的新部分。个人所得税方面，自2022年4月1日起，针对年收入50亿印尼盾以上，税率从30%提高为35%。而对于最低档，也就是5%个人所得税的人群，起征点从年收入5000万印尼盾提高到6000万印尼盾。

表3-9　　印度尼西亚个人所得税税率（2022年）

应税收入（印尼盾）	税率（%）
0至6000万的部分	5
超过6000万至2.5亿的部分	15
超过2.5亿至5亿的部分	25
超过5亿至50亿的部分	30
超过50亿的部分	35

印度尼西亚财政部（MoF）为《创造就业法》（2020年第11号法律）涉及的税收变化提供进一步指导，其中包括明确符合条件视为印度尼西亚税收居民的外国个人所得税，以及居民纳税人收到的股息和离岸所得税问题。财政部对此发布了相关的实施条例，其主要内容如下。

1. 关于外国个人所得税

成为印度尼西亚税收居民的外国公民，若符合PMK-18附录Ⅱ中所规定的技术要求，在其成为税收居民之日起的前4年内，仅对其从印度尼西亚取得的所得征税。如果上述外国公民离开印度尼西亚并在4年期限内返回，则4年期限将从其首次成为税收居民的日期开始计算。

外国公民必须先获得税务机关的批准才能申请税收居民待遇。在PMK-18颁布之前满足相关技术要求的有资格成为税收居民的个人，只要在4年期限内均可以申请税收居民待遇。申请获得批准后，可以从2020年11月2日开始享受税收待遇，直到4年期限到期为止。

2. 关于享受免税的股息和离岸收入

享受免税的股息和其他收入包括：公司纳税人获得的国内股息；在一定时期内被重新投资到印度尼西亚的其他收入。具体包括：个人纳税人获得的国内股息；国内纳税人从上市公司获得的离岸股息；国内纳税人从非上市公司获得的离岸股息，其投资额至少为税后利润的30%；来自常设机构的离岸收入，其投资额至少为税后利润的30%。

3. 来自国外活跃业务的离岸收入

所涉再投资必须投到PMK-18规定的金融市场或其他非金融工具中。上述投资还必须满足以下条件：是个人纳税人在会计年度结束后的第3个月末或企业纳税人在第4个月末取得的股息或其他收入；从取得股息或其他收入的会计年度开始，至少持有3个会计年度；保留持有（即未转移），但不包括其他类型符合条件的投资。

享受免税的离岸股息或离岸收入缴纳的外国税款在印度尼西亚不可抵免、不可扣除、不可退税。如果离岸股息或离岸收入未完全投资于印度尼西亚，则可按比例计算外国税收抵免。

4. 关于社会和宗教团体的盈余收入

在相关机构注册的社会和宗教团体或机构所获得的盈余免税，但前提是至少有25%的盈余在实现所涉盈余后的4年内被用于建设和购买社会和宗教团体的基础设施。

（六）意大利

在意大利，税收抵免适用于从就业或养老金中获得收入的纳税人。抵免金额取决于纳税人的总收入水平，获得抵免资格的纳税人收入不超过55000欧元，收入不超过8000欧元的抵免额最高为1880欧元，超过8000欧元的需要根据相应公式计算抵免金额。抵免规定在2021年发生了一些变化，自2021

年1月1日起，对于收入不超过28000欧元的部分给予一次性1200欧元的抵免。对于28000至35000欧元的收入，根据以下方法计算的税收抵免：960+240×［（35000 - 应税收入）×7000］。对于35000至40000欧元的收入，根据以下方法计算的税收抵免：960×［（40000 - 应税收入）×5000］。

就业收入不仅包括薪水，还包括在纳税年度收到的所有补偿，无论是现金还是实物，包括作为利润分享计划的一部分收到的任何补偿，涉及雇佣关系，报销与雇佣关系有关的费用产生收入和无偿支付（TUIR第51条第1款）。如果实物福利的金额在纳税期内超过258.23欧元，则雇员手中的实物福利应纳税。对于2020纳税年度和2021纳税年度，此门槛提高到516.46欧元（DL104/2020第112条）。实物福利包括员工家属收到的福利以及从第三方获得的权利。实物福利被视为构成与其正常价值相等的收入。对于允许员工私人使用的公司汽车，实物福利等于根据公布的表格确定的金额的30%。对于排放量最高的车辆，实物收益增加至相关金额的30%、40%或50%。对于从雇主或通过与第三方贷款人的融资协议向雇员提供的低息贷款，应纳税所得额相当于法定利率与实际利率之间差异的50%。

（七）日本

日本更新了2021年房屋购买或建造贷款的税收抵免。购买房屋（包括土地）、建造房屋或房屋扩建的个人可以获得税收抵免，条件是其房屋占地面积必须超过50平方米（如果符合条件的居民的收入为1000万日元或以下，则为40平方米），选择结转其住宅财产资本损失的纳税人也有权获得税收抵免。前10年的税收抵免为贷款总额的1%，不超过4000万日元（如果不征收消费税，则为2000万日元，例如在个人之间出售二手房）；每年最高税收抵免为480000日元（或200000日元）。如果在2020年12月至2021年11月期间购买的是待售房屋或在2020年10月至2021年9月期间购买的是订购房屋，则可在接下来的3年内获得额外的税收抵免。

（八）韩国

韩国在2021年更新了个人累进税税率，具体如表3-10所示。

表3-10　韩国个人所得税税率（2021年）

应纳税收入（美元）	税率（%）
超过500至1000的部分	4
超过1000至3000的部分	7

续表

应纳税收入（美元）	税率（%）
超过 3000 至 6000 的部分	11
超过 6000 至 10000 的部分	15
超过 10000 的部分	20

（九）墨西哥

税务局向从事第一产业活动（即农业、林业、畜牧业或渔业）的纳税人和从事地面运输服务的纳税人提供了 2021 财年的税收和征管方面优惠政策。据此，墨西哥税务局规定了所得税的免税规则。此外，还可获得以下税收优惠：在北部边境自由贸易区日薪不超过 427 墨西哥比索和在国内其他地区日薪不超过 283 比索的临时劳工，可按 4%的税率缴纳预提税（而非所得税法规定的累进税率）；仅由个人组成的从事基础产业活动的生产者协会和法人团体，当其会员人均收入不超过 13829308 比索，且总收入不超过 138293082 比索时，可享受所得税减免 30%的税收优惠。

税务局还为部分行业的纳税人提供了各类征管便利。例如：从事基础产业活动的纳税人可使用简化的发票，支付不超过其年收入总额 10%的小额费用（此费用上限为 80 万比索）；提供货物地面运输服务或城市、郊区或外国游客地面运输服务的纳税人在支付其年收入总额 8%（上限为 100 万比索）的费用时，所需发票无须满足相关正式要求；从事基础产业活动的纳税人可以每 6 个月（而不是每月）预缴所得税和提交增值税申报表。这些优惠政策自 2021 年 3 月 31 日起生效，适用期限为 2021 年 3 月 1 日至 12 月 31 日。

（十）俄罗斯

从 2021 年 1 月 1 日起，俄罗斯居民个人取得的股息、红利收入将按如下累进税率缴纳个人所得税：年收入不超过 500 万卢布部分按 13%征税；年收入超过 500 万卢布部分按 15%征税。上述个人所得税累进税率将适用于直接从俄罗斯公司取得的股息，以及通过外国实体从俄罗斯公司取得的股息、红利收入。

在确定年收入是否达到 500 万卢布的税率级距临界时，应包含所涉纳税人所有综合所得。但是，2021 年和 2022 年所取得的收入可适用过渡条款，即不同类型的个人收入可分类核算缴税。

此外，政府已提议采用新的个人所得税累进税率表。新个人所得税税率如表 3-11 所示。

表 3-11　俄罗斯个人所得税累进税率（2021 年）

年收入（卢布）	税率
0 至 204000 的部分	0
超过 204000 至 5000000 的部分	13%
超过 5000000 至 10000000 的部分	15%
超过 10000000 至 100000000 的部分	25%
100000000 以上的部分	35%

引入新的个人所得税税率的目的是将税收负担从低收入人群转移至较富裕人群，并增加国家税收预算收入。1126364-7 号法律草案已于 2021 年 3 月 10 日提交议会。预计修正案将在发布之日起的 1 个月后正式生效，但不会早于下一个纳税期开始前。现行个人所得税税率是：自 2021 年 1 月 1 日起，500 万卢布以下的个人所得适用 13%税率，任何超过 500 万卢布部分适用 15%税率。

在获奖奖金方面，财政部已明确适用于个人获奖获得的收入的个人所得税税率，如表 3-12 所示。

表 3-12　俄罗斯个人获奖奖金个人所得税税率（2021 年）

活动类型	个人所得税税率	免税金额
为宣传商品、成果或服务而组织的竞赛、比赛和其他活动	35%	4000 卢布
不以宣传商品、成果或服务为目的而组织的比赛或其他活动	不超过 500 万俄罗斯卢布的奖金收入征收 13%；超过 500 万俄罗斯卢布的奖金收入征收 15%	

（十一）南非

2021 年 6 月 24 日，南非税务局发布医疗税收优惠指南明确了关于医疗计划费（medical scheme fees）的所得税抵免和额外医疗费的所得税抵免的一般准则，其中医疗计划费税收抵免包括可申请缴款的合规人员和支付缴款人员以及不符合医疗计划费税收抵免条件的缴款和捐赠给外国医疗基金的缴款，额外医疗费税收抵免包括可申请费用的人、合规的医疗费用和残疾医疗费用、合规医疗费用的申请时间，还明确了对受扶养人、配偶、子女和缴款的定义，如何申请医疗计划费抵免及额外医疗费用抵免，如何针对不允许使用医疗计划费税收抵免或额外医疗费用税收抵免的情况提出申诉，减免为残疾人改装的机动车关税和消费税等。

税务局还发布了个人资本利得税指南第 12 期。新指南旨在简单介绍个人资本利得税。该指南适用于2021 纳税年度，涵盖2020 年3 月1 日至2021 年2 月28 日。该指南涉及以下内容：①构成确定资本利得或损失的基本组成部分的四个关键定义，即：资产、处置、收益和基本成本；②资本利得或损失的基本计算，包括应税资本利得或评估资本损失的确定、年度排除和包含率；③不适用情形；④主要居所；⑤资本利得或损失的展期；⑥资本利得税对某些扣除额计算的影响。

（十二）土耳其

2021 年土耳其更新了个人所得税税率表和雇佣所得以外其他收入的个人所得税累进税率表，如表 3-13 和表 3-14 所示。

表 3-13　　土耳其适用雇佣所得的个人所得税累进税率表（2021 年）

应税收入（土耳其里拉）	较低税额（土耳其里拉）	超额税率（%）
0 至 24000 的部分	0	15
超过 24000 至 53000 的部分	3600	20
超过 53000 至 190000 的部分	9400	27
超过 190000 至 650000 的部分	46390	35
650000 以上的部分	207390	40

表 3-14　　土耳其适用于雇佣所得以外其他收入的个人所得税累进税率（2021 年）

应税收入（土耳其里拉）	较低税额（土耳其里拉）	超额税率（%）
0 至 24000 的部分	0	15
超过 24000 至 53000 的部分	3600	20
超过 53000 至 130000 的部分	9400	27
超过 130000 至 650000 的部分	30190	35

续表

应税收入（土耳其里拉）	较低税额（土耳其里拉）	超额税率（%）
650000 以上的部分	212190	40

（十三）英国

2021 年，英国“非储蓄收入”和“储蓄收入”的主要税率有所变化。英国税法对“非储蓄收入”和“储蓄收入”进行了区分。从广义上讲，“非储蓄收入”类似于所谓的主动收入，例如来自就业或从事贸易的收入。“储蓄收入”与所谓的被动收入大体相似，但这里还有进一步的区别，因为股息收入的处理方式与其他类型的储蓄收入不同。非储蓄收入方面，征收所得税的主要税率是基本税率、较高税率和附加税率。英国所得税法分为三个主要税率（也称为等级），每年为所有个人设定普遍税收减免。每一年度税收减免包含在财政大臣预算公告中。在收入属于“基本税率限制”（也称为“基本税率范围”）的范围内，首先按基本税率（20%）征税。这适用于不超过 37700 英镑的所有收入。2021 年财政法将基本利率范围限定为 37700 英镑，该规定有效期截至 2015—2016 年度。下一个税率称为较高税率（40%）。该税率适用于每年 37701 英镑及以上的收入，最高可达 150000 英镑。超过 125140 英镑的应税收入不提供个人免税额。任何超过 150000 英镑的收入均按 45%的默认附加税率征税。储蓄收入按 20%征税。“起始利率”适用于第一部分储蓄收入。对于 2021—2022 年度，起始率为 0，适用于不超过 5000 英镑的储蓄收入。

（十四）美国

美国自 2021 年 12 月 31 日起，应纳税年度个人最高边际税率提高至 39.6%。在 2021 年 12 月 31 日以后的纳税年度，将某些附带权益视为普通收入。对高收入者按普通所得税率征收的资本所得税，要求在公告日后确认。

此外，为帮助受新冠肺炎大流行严重影响的加利福尼亚州（以下简称加州）中产阶级家庭和企业摆脱困境，加州州长签署了该州 2021—2022 财年预算法案，宣布拨款 1000 亿美元，提供美国历史上最大的州退税。同时，加州还制定了该州历史上最大的美国商业救助计划。预算法案（即加州复苏计划）中拨款和救济的重点包括：①向中产家庭（即年收入低于 75000 美元的家庭）提供总计 120 亿美元的及时现金救济，每个中产家庭可以获得 600 美元的激励性补助，对于非法移民和有孩子的家庭还有 500 美元的额外补助；②向小企业主提供40亿美元的直达补贴；③向小企业主提供62亿美元的税收减免；④52亿美元的租户援助计划，帮助低收入租户和房东支付未来几个月全部滞纳租金和预期租金；⑤20亿美元的援助计划，用于支付逾期未付的水费和水电费以及租户法律援助；⑥1.2亿美元的税收抵免（即加州竞争性税收抵免补助计划），以激励将迁至加州的企业。

2021年9月15日出台的《2021年美国救援计划法》（ARP），提出了一系列税收改革措施，包括：扩大儿童税收抵免的范围；永久性地扩大劳动所得税收抵免和儿童及抚养税收抵免；扩大已有的税收抵免计划，计划鼓励在最需要的社区进行经济和社会福利住房投资；扩大保费税收抵免的范围，以降低医疗保险成本；减少财富不平等，增强税收制度的累进作用；将资本利得税最高边际税率提高到25%；对最高收入人群适度征收3%的附加税；通过降低最小企业的税收负担和将企业税率提高到26.5%两项措施来平衡竞争环境等。

第三节　专题研究：部分特殊税收政策

作为重要的世界性税种，大多数国家都开征了个人所得税，但在各国不同的经济发展程度、政治体制以及社会制度影响下，个人所得税政策目标也有所差异，本书之前一些版本已对不同国家的针对性政策作了介绍。本节主要介绍避税与反避税、高收入高净值个人税收征管。

一、避税与反避税

随着“双支柱”方案达成共识，避税与反避税变得尤为重要。2021年年初，德国财政部发布了一项关于打击避税和不公平税收竞争的法律草案。草案的目的是促进在税收透明度、不公平税收竞争和BEPS最低标准实施方面未达到公认标准的国家和地区，致力于落实和遵循税收领域的国际标准。该法律草案将通过采取有针对性的行政措施和制定税收法律措施，防止个人和公司与列入“黑名单”的税收管辖区继续建立业务关系。该法案已于2021年6月10日获得德国议会下院（联邦议院）批准，并在2021年6月

25日获得联邦委员会（联邦参议院）的批准。该法案于2021年7月1日生效。

法律草案以欧洲理事会通过的欧盟税收非合作国家和地区清单（“黑名单”）和相关应对措施为基础。法律草案规定了不同的举措，从拒绝扣除与在“黑名单”管辖区中居住的实体交易有关的业务费用，到拒绝根据税收协定减免居住在“黑名单”管辖区中，直接或间接持有要求预提税减免的公司10%以上股份的股东个人的预提税。法律草案还规定，对与“黑名单”管辖区中的实体有业务往来的个人和公司，从严适用受控外国企业（CFC）规则，不能享受国内参股免税政策，履行更加严格的信息（申报）要求和承担更多的合作义务。

韩国对境外加密货币账户实施了更为严厉的税收监管，以达到打击避税的目的。韩国国税厅发布消息称：在境外持有加密货币账户且其余额超过5000万韩元（合44.1万美元），未按规定报告的，将面临其未报告金额20%的处罚。按照新规，在境外持有数字货币账户，其账户余额在一年内任何一个月末超过5000万韩元的，应于次年6月前向税务机关报告其账户详情。瞒报、少报将面临瞒报或少报金额20%的罚款。未报告金额超过50亿韩元的，账户持有人可能会被起诉并公开披露。对于那些为查处利用数字货币逃避税款的行为提供关键线索的，将给予最高20亿韩元的奖励。

二、高收入高净值个人税收征管

新冠肺炎疫情进一步加剧了国家间、国家内、性别间的收入和财富不平等。目前，全球最富有的10%人口拥有全球收入的52%，人均年收入12.21万美元；而最贫穷的50%人口的收入仅占全球收入的8.5%，人均年收入仅有3920美元。与收入不平等相比，全球财富不平等更为显著。最富有的1%人群的财富增长速度较前10%人群财富增长快得多。特别是财富作为未来经济收益的主要来源，逐渐成为权力和影响力的来源，而这会进一步加剧不平等程度。因此，开征财富税、富豪税、弃籍税（Exit Tax），以及提高个人所得税最高边际税率正成为后疫情时代各国税制改革的新取向。

（一）加拿大引入财富税

加拿大在2022年预算案中也提议引入财富税，对转让个人自用的豪华汽车、私人飞机超过10万美元，转让个人自用游艇超过25万美元的部分（或商品），按20%的税率（或商品全价的10%）征税。在美国拜登税改中，众议院提议开征一项千万、亿万美元富豪税，即对经修正的调整后毛所得（MAGI）超过1000万美元（已婚单独申报为500万美元）的纳税人征收等同于MAGI的5%的附加税，对MAGI超过2500万美元（已婚单独申报为1250万美元）的纳税人征收等同于MAGI的8%的附加税。

（二）阿根廷对财富实施一次性征税

阿根廷行政部门针对新冠肺炎疫情，制定了基于第27605号法律规定的对财富通过一次性征税的具体规则。①纳税人可以采取以下两种方式来评估股份和参股公司的资本：第一种方式，编制一份截至2020年12月18日的特殊财务报表（即根据第27605号法律确定应纳税资产价值的日期）；第二种方式，如果上一个正常交易日至2020年12月18日之间没有发生任何价值变化的事件，例如实体资本参股的变化，则根据上一期常规财务报表评估公司的净资产。②应税基础包括直接和间接参与信托，私人基金会和类似组织以及其他三线企业。③非居民或居住在非合作或低税管辖区的阿根廷国民必须任命一名居民代表来履行各自的纳税申报和付款义务。④居民个人可以通过返还相当于国外金融资产30%的现金来减少离岸资产的加重征税。返还必须自2020年12月18日起计算的60个工作日内（根据适用于联邦政府的日历）进行，行政部门可适当延长该期限。⑤返还的资产必须存放在国内金融实体的个人银行账户中，或投资于第23576号法律规定的上市商业票据中，对股东作为纳税人且从事金融活动以外其他活动的公司作出贡献，或投资于行政部门界定的阿根廷比索（ARS）发行的金融资产。⑥为了计算30%的返还门槛，金融资产的认定被视为与法人实体或其结构的构成情况相关，要求全部资产中超过50%的收入为被动性质的收入，或者是参与法人结构中的资本不超过自身资本的10%。对冲生产性应收款的贸易应收款和衍生合同不属于用于确定上述门槛的金融资产。⑦税务局要求提供在2020年12月18日（即第27605号法律生效日期）之前的180天内的信息，以发现旨在减少计税基础和避税的行为。如果居民个人财产和其未分割财产以及非居民在2020年12月18日拥有的资产价值超过2亿阿根廷比索，则须缴纳应急税。居住在阿根廷的个人财产和其未分割财产应对其全球资产征税，而非居民个人则只需对其位于或放置在阿根廷的资产征税。

2021年5月，阿根廷税务局（AFIP）首次公布了关于临时性征收财富税的规定，该税自2020年12月开征以来一直备受争议。AFIP宣布，有1万名纳税人缴纳了总计2.23亿阿根廷比索的紧急财富税。最初，法律预计缴纳该笔税款的人数为1.3万人。现已确定有900名纳税人未遵守，他们将受到税务审计。

此外，阿根廷还对“高级雇员”的遣散费进行征税。规定：向“高级雇员”支付的款项需纳税，根据第4003号决议，对超出劳动法第245条规定所豁免强制性赔偿外的部分，雇主有扣缴义务在雇佣期间应计提和到期已支付的项目，例如第13个月的工资、定期奖金、未提前通知造成的补偿（提前终止雇佣关系）、延期支付工资等，即使没有明确标识或纳入在说明或名称中，也需纳税并按上述制度扣缴。但是也明确了，向除“高级雇员”外的其他雇员支付的款项不属于所得税征税范围，雇主无须扣缴税款。

（三）美国针对高收入人群出台税改计划

美国针对高收入人群的拜登税改计划于2021年4月公布，主要内容包括：永久扩展通过奥巴马医改计划（ACA）所购医疗保险的税收抵免；永久延长《美国救助计划法案》中儿童和抚养税收抵免；永久扩大针对工资低于贫困线的无子女工人的所得税抵免；授予美国国内收入局（IRS）监管税务代理人的权利；延长《美国救助计划法案》中上调的儿童税收抵免，并使该抵免可永久性全额退还；将个人所得税最高边际税率恢复至39.6%；取消对年收入100万美元以上家庭资本利得和股息的优惠税率；结束长期以来对遗产税的“逐步提高”规则，若个人遗产超过100万美元或现有房地产免税的夫妇遗产收入超过250万美元，且遗产未捐赠给慈善机构，则将对其征收遗产税，但继续经营家族企业或农场的继承人享受免税；取消私人股权投资经理的附带权益纳税优惠；将同类资产交换规则下的不动产交易中可递延的资本利得限制为50万美元；永久限制超额经营亏损的税前扣除；对年收入超过40万美元的个人净投资收益征税。

（四）法国设置高收入特殊贡献税

法国规定，如果单身纳税人的收入超过250000欧元，已婚或同居夫妇的收入超过500000欧元，则纳税人必须支付特别缴款。如果纳税人是单身，收入位于250000欧元和500000欧元之间，则缴费税率为3%，超过500000欧元为4%。如果纳税人已婚或同居，则500000欧元和100万欧元收入之间的缴费税率为3%，超过100万欧元为4%。

第四节　发展特点与趋势

一、应对新冠肺炎疫情相关个人所得税政策特点

2021年新冠肺炎疫情继续影响世界各国经济社会发展和居民生活，为降低疫情冲击带来的经济风险，疫情严重国家纷纷出台了经济纾困措施，其中税费减免政策是重要的应对手段之一。在个人所得税方面，世界各国主要从以下几个层面制定了相应措施。

（一）延长纳税期限

为应对新冠肺炎疫情，不少国家延长了纳税期限，并对逾期情况的处罚也相对减轻，不少国家为方便居民疫情期间缴税，开设了多种缴税方式，尤其是线上模式，更为便捷安全，减少室外人群接触。例如，阿根廷税务局明确了纳税人申请2020年个人所得税、财产税和分期付款应缴税费的时间延长至2021年11月30日。美国2020纳税年度个人联邦所得税申报截止日期从2021年4月15日自动延长至5月17日，个人纳税人还可以将2020年纳税年度的个人联邦所得税缴款期限也从2021年4月15日延长至5月17日。4月15日至5月17日期间，无论欠税多少，都不需要缴纳罚款和利息。

（二）加大对特殊人员的个人所得税优惠力度

除了普遍提高扣除额度外，国际上大多数国家都出台了免除个人因疫情获得的奖金、补贴等的个人所得税款。首先，部分国家直接对受疫情影响较大的个人或家庭提供疫情专项补贴，并免除专项补贴的个人所得税税款。如印度尼西亚向受新冠肺炎大流行影响的个人和企业提供的税收优惠和减免的激励期进一步延长至2021年12月31日，医疗工作者获得的额外收入的预提税为零；俄罗斯财政部明确了雇主为雇员支付的医疗和康复款项不包括在员工个人所得税的税基中，只要上述款项来源于公司净利润，且雇主已加入自愿健康保险协议，而无论雇主直接向医疗机构还是向雇员支付款项；澳大利亚扩大新冠肺炎疫情相关援助性款项的免税范围，对新冠肺炎疫情商业支持计划所收到的款项和个人的新冠肺炎疫情灾害款项免除所得税。其次，在防

控疫情过程中，医护人员、安防人员、疫苗研发等人员都在各自的岗位发挥着不可忽视的作用。为了激励上述人员的工作积极性，世界上多数国家均出台了相关的支持措施。例如：法国规定免征在突发卫生状况下政府雇员所获特殊奖金的所得税；阿根廷规定对相关人员在一定时期内从事疫情相关工作获得的报酬，暂时免征个人所得税。

（三）及时调整非居民纳税人的判定标准

受到疫情影响的不是只有居民纳税人，许多国家的非居民纳税人也因疫情防控限制措施而无法离开所在国，因此，大多数国家均针对上述问题调整了对于非居民纳税人的判定标准。如不计算外国居民因限制措施无法离境的居住时间或延长相应居民纳税人的居住时间判定标准，或者将个人计划离境时间在判定时视为实际已离境。上述措施有效保障了各国非居民纳税人的自身权益。

（四）增加新冠肺炎疫情救助措施

2021 年疫情的持续导致各国居民受疫情的影响，产生了或多或少的损失。为此，部分国家增加了新冠肺炎疫情的救助措施，以帮助居民度过危机。法国延长适用于中低收入雇员特定奖金（最高为 1000 欧元或 2000 欧元）的个人所得税豁免和社会保险缴款豁免的时间，向宗教组织进行捐赠（2021 年金额不超过 554 欧元）的个人所得税抵免率从 66%临时提高到 75%。意大利公布进一步缓解新冠肺炎疫情的支持措施，包括对企业提供力度更大的股权补贴政策、个人通过出售初创型小微企业（SME）的股份而取得的资本收益免征个人所得税、2021 财年纳税人可将可用税收抵免与其应纳税款抵消（最高可达 200 万欧元，以前为 70 万欧元）等。美国发布 2021 年带薪病假和家事假工资抵免申报指南，为雇主填写工资纳税申报表和申报带薪病假和家事假工资抵免提供指引，以应对新冠肺炎疫情。

二、个人所得税的发展趋势

世界上征收个人所得税的国家之间虽然经济发展程度不同，政治体制和社会制度也有差异，个人所得税政策目标的定位也不尽相同，但从个人所得税制改革与发展的趋势来看，却存在以下的共同点。

（一）个人所得税制度不断科学化

世界上越来越多的国家正在或已经将传统的分类个人所得税税制向更综合的个人所得税税制转化。此外，虽然各国的具体扣减制度均不相同，但是一般来讲，世界各国在传统的费用扣除上均增加了符合当地国情的其他扣除措施。主要是在基本生计费用扣除中将婚姻状况、年龄大小、赡养人口数量、患病种类等纳入考量因素。还有一些国家为了实现某些社会政策目标而对使用新能源交通工具的个人适用更高的扣除标准，而对高污染排放量交通工具的使用者征收更高的个人所得税。因此，从世界范围来看，个人所得税制度的设计越发科学化与合理化。

（二）增加个人养老金及退休金福利

较多国家开始增加公民的养老福利，主要措施为退休金投资所得免税、提高退休金应税限额以及增加养老金扣除等措施。如阿根廷税务部门规定，截至 2021 年 12 月 31 日，领取最低养老金金额的退休人员和参与某些社会计划的人员可以从他们购买商品总额的 15%的报销中受益。此外，税务部门将报销的最高金额从每月 700 阿根廷比索增加到 1200 比索，对于两个或两个以上社会计划的受益人，报销的最高金额为 2400 比索。

（三）增加中低收入个人的优惠措施

为了更好地减轻中低收入者的税收负担，世界各国主要通过以下措施增加中低收入者的税收优惠。一是扩大低档税率级距以使中低收入者可以适用更低档的个人所得税税率。二是在降低低档税率的同时较多国家也设置了一档零税率，相当于变相提高了征税门槛。三是一些国家在所得税的扣除制度上增加了低收入阶层的扣除额度，使中低收入者可以尽可能地少负担个人所得税。四是考虑突发情况对纳税人造成的影响而给予低收入纳税人现金补贴，助其渡过难关。五是部分国家会考虑通货膨胀的因素来调整扣除额以及税率级距，科学地减轻中低收入者的税收负担。

（四）更倾向于以个人为单位课税

过去考虑到家庭生计支出、基本费用支出等都与家庭相关，许多国家就采用了以家庭为单位的课税方式。如今，随着信息技术的不断发展，大数据技术已经应用到税收领域，税务部门可以利用信息数字技术掌握更精确的纳税人信息，因此在 OECD 成员国中，将近 10 个国家实行以个人为课税单位的个人所得税制，其他对家庭课税的国家也有很大一部分将纳税选择权给予了纳税人，由纳税人选择申报方式。

（五）对个人居民纳税人的判定标准更加严格

由于世界全球化的进程日益加快，国家与国家之间的人员流动愈加频繁，为了更好地保障本国的税收不流入他国，很多国家加强了对居民纳税人的判定标准并利用先进的信息技术进行严格监管。除美国与英国进行了极为严格的居民纳税人管理外，法国也加强了其对居民纳税人的管理，法国规定满足个人、专业、财务三个标准其中之一，就被视为法国居民，并且仅在适用的税收协定规定了相反规则时才被视为非居民。

（六）个人所得税税制的国家特色更加明显

由于各国经济发展水平差异较大，各国个人所得税的侧重方向也各有特点。从 OECD 成员国来看，除了居民纳税人、应税所得等一些基本要素相同外，各国的具体政策各不相同，如各国之间的税前扣除政策，资本利得征税政策以及税收优惠政策等均有不同。此外，英国、法国、意大利等国在个人所得税已经体现了环保意图，而墨西哥在 2020 年个人所得税改革中考虑了数字经济税收相关问题。由此可见，各国的个人所得税政策的制定也在更加明显地表现出国家特点。

（七）自行申报模式得到普遍应用

综观世界各国，个人所得税征税方式主要为源泉扣缴制与自行申报制。世界上采用自行申报制为主、源泉扣缴制为辅方法的大多是发达国家，许多发展中国家则以源泉扣缴制为主要方法。但是在个人所得税的发展过程中，越来越多的国家开始加大自主纳税申报的比重，并且越来越多地利用线上智能系统进行纳税申报，极大地提高了办税效率与纳税人满意度。

（八）更严厉打击避税加大财富公平

“双支柱”方案中的支柱二通过实施全球最低税，确保跨国企业在各辖区承担不低于一定水平的税负，抑制跨国企业逃避税行为，为各国税收竞争划定底线。这也说明了严厉打击避税成为当前世界税制的发展趋势。而随着贫富差距越来越大，对高收入、高净值群体征税也成为各国制定税收政策的重点之一。从各国税收政策和措施来看，打击避税的手段愈加严厉，全球合作意识也逐渐加强，而征收“富人税”也逐渐成为不少国家的选择。

第四章　公司所得税

公司所得税通常是对从事生产经营的法人实体的所得（或利润）从公司层面课征的一种税，在大多数国家中都是一个非常重要的税种。根据经济合作与发展组织（OECD）的研究，公司所得税对经济增长的不利影响最大，也是影响一个国家（地区）税收竞争力的重要因素。本章从公司所得税的基本税制要素出发，归纳了世界主要国家 2021 年公司所得税的主要变化情况及国际税改涉及的重要内容，专题研究了鼓励研发创新的税收优惠政策，最后总结了公司所得税的发展特点和趋势。

第一节　税制基本要素

一、收入概况

OECD 数据显示，在过去 21 年间，虽然 OECD 成员国公司所得税税率呈现下降趋势，但公司所得税收入依然是各国政府的主要收入来源，其占各国的国内生产总值（GDP）和税收总收入比重总体比较稳定（见图 4-1）。

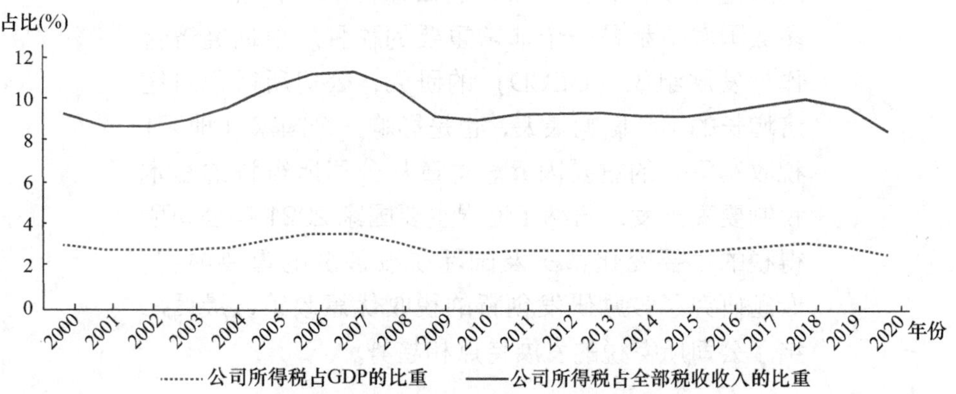

图 4-1　OECD 成员国公司所得税收入占 GDP 和税收总收入的平均比重

注：这些平均数未加权。因此，前几年的平均数与后几年的平均数没有严格的可比性。

数据来源：OECD. Global Revenue Statistics Database［DB/OL］.（2022-02-08）［2022-03-08］. http：//www. oecd. org/tax/tax-policy/global-revenue-statistics-database. htm.

（一）公司所得税收入占 GDP 的比重

按照公司所得税收入占 GDP 的比重来衡量，2009 年以来公司所得税收入保持了小幅温和上升趋势。从 OECD 成员国的数据来看，OECD 成员国公司所得税收入在 2007 年达到顶峰，随后在国际金融危机爆发后开始下降，自 2009 年以来基本保持稳定，2015 年之后逐渐略有回升。目前，公司所得税收入占 GDP 的平均比重已回到略低于 2000 年的水平。公司所得税占 GDP 的比重波动曲线见图 4-1。

从能够获得的 2020 年最新数据来看，OECD 各成员国公司所得税占 GDP 的平均比重为 2.58%，但各国公司所得税收入占 GDP 的比重的情况有所不同。如图 4-2 所示，大多数成员国公司所得税收入占 GDP 的比重在 2%~5%，只有拉脱维亚公司所得税占 GDP 比重低于 1%。其中：欧盟成员国公司所得税收入占 GDP 的平均比重为 2.63%，与 OECD 平均水平接近；七国集团（G7）的平均占比为 2.44%。

公司所得税收入的发展趋势也反映了其受经济周期影响比较明显。2000—2020 年，公司所得税收入占 GDP 的比率在 2007 年达到 3.58%的峰值；受全球金融危机的影响，该数值在 2009 年和 2010 年分别下降至 2.65%和 2.67%。

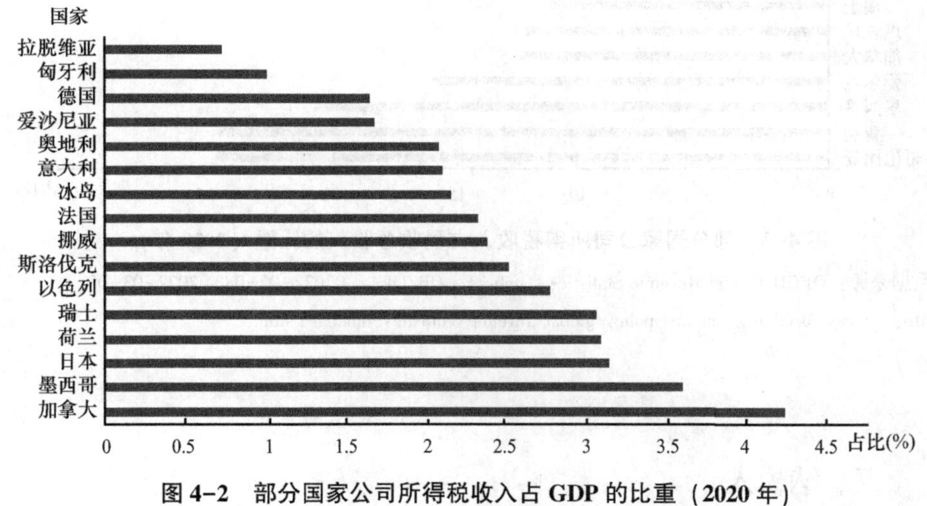

图 4-2　部分国家公司所得税收入占 GDP 的比重（2020 年）

数据来源：OECD. Global Revenue Statistics Database [DB/OL]. (2022-02-08)[2022-03-08]. http://www.oecd.org/tax/tax-policy/global-revenue-statistics-database.htm.

（二）公司所得税收入占税收总收入的比重

公司所得税一直是各国政府税收收入的一个重要来源。从 OECD 成员国的数据来看，2020 年，OECD 成员国公司所得税收入占税收总收入的平均比重为 8.50%，但各国情况差异较大。如图 4-3 所示，智利、哥伦比亚的占比较高，其中智利的占比高达 24.5%；而匈牙利、拉脱维亚、斯洛文尼亚、德国等国的占比不足 5%。

美国税收基金会的研究显示，影响公司所得税收入占税收总收入和 GDP

比重的因素主要是各国公司所得税法定税率的差异。此外，企业注册成立的情况、公司所得税税基的宽度、经济周期情况、对其他税种的依赖程度等税制和其他因素也具有一定的影响作用。

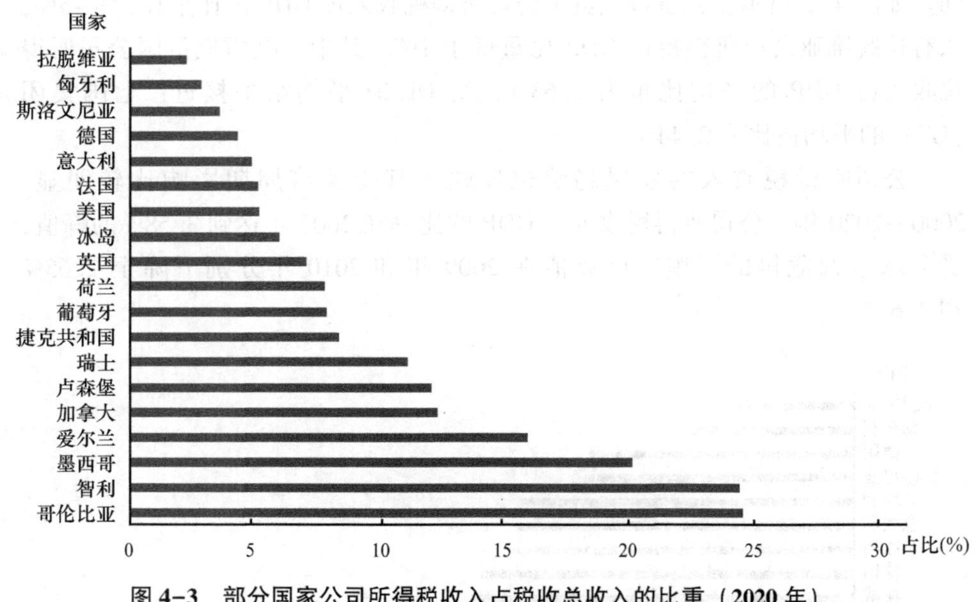

图 4-3　部分国家公司所得税收入占税收总收入的比重（2020 年）

数据来源：OECD. Global Revenue Statistics Database ［DB/OL］.(2022-02-08)［2022-03-08］. http：//www. oecd. org/tax/tax-policy/global-revenue-statistics-database. htm.

二、纳税人

为了提高税收管理效率，以及制定更加具有针对性的公司所得税政策，同时也是基于各国不同的公司所得税制度类型，目前大多数国家对公司所得税的纳税人进行了分类，根据其不同的特点，实行分类管理。

（一）税制类型

从国际上看，按照对公司所得税与个人所得税税基重合部分征税制度的差异（尤其是对企业支付股息存在双重课税问题的处理方式），公司所得税税制主要可以分为四类，即古典制、归集抵免制、双税率制、股息扣除制（见表 4-1）。古典制主要是指不考虑重复征税问题而将公司所得税和个人所得税两个税种独立并行征收；归集抵免制指对股东计征个人所得税时，允许对已纳公司所得税的全部或部分进行抵免；双税率制指对公司的分配利润和保留利润分别按不同税率征收公司所得税，对分配利润适用较低税率；股息扣除制指在计征公司所得税时，允许从公司应税所得额中将股息全部或部分扣除。

表 4-1 世界主要国家公司所得税税制类型（2021 年）

国家	古典制	归集抵免制	双税率制	股息扣除制
澳大利亚		√		
奥地利	√			
比利时			√	
加拿大		√		
智利		√		
捷克	√			
丹麦	√			
芬兰	√			
法国	√			
德国	√			
希腊	√			
匈牙利	√			
冰岛	√			
以色列	√			
意大利	√			
日本	√			
韩国	√			
立陶宛	√			
卢森堡	√			
墨西哥		√		
荷兰	√			
新西兰		√		

续表

国家	古典制	归集抵免制	双税率制	股息扣除制
挪威	√			
波兰	√			
葡萄牙	√			
斯洛伐克	√			
斯洛文尼亚	√			
西班牙	√			
瑞典	√			
瑞士	√			
英国		√		
美国	√			
中国	√			
印度	√			
俄罗斯	√			
南非	√			
马来西亚				√

资料来源：根据荷兰国际财税文献局数据库相关国家的公司所得税制度文件整理。

如表 4-1 所示，大部分经济发达国家都采用古典制。澳大利亚、加拿大、智利、新西兰、墨西哥、英国采用了归集抵免制或者经修正的归集抵免制。原来采用归集抵免制的德国从 2001 年起改为古典税制，法国也于 2005 年起开始用古典税制取代归集抵免制。自 2007 年 1 月 1 日起，西班牙开始用传统的古典制取代部分归集抵免制度，对居民个人股东按较低的统一税率征税；此外，公司股东获得的股息可能有资格获得豁免。比利时采用了双税率制，只有马来西亚采用了股息扣除制。

爱沙尼亚自 2000 年 1 月 1 日起，从根本上改变了其公司所得税制度。这项改革最显著的特点是取消了传统的公司所得税，实行了分配税。在该制度下，企业纳税人无须缴纳公司所得税。相反，它们须就分配的利润，包括被视为隐性利润分配的交易（例如，附带福利、馈赠和捐赠、非业务开支），征收定额分配税。对留存收益不再征税，对支付给股东的股息也不征税。但对一些符合条件的分配，可免征分配税。

拉脱维亚自 2018 年 1 月 1 日起，将居民公司和设立在拉脱维亚的常设机构（PE）的分配利润和视为分配的利润，按 20%的税率征收公司所得税，而留存利润则免税。个人接受已纳税的分配利润不需要进一步纳税。

（二）纳税人的界定

公司所得税的纳税人是由一国行使的税收管辖权决定的。通常，各国公司所得税纳税人分为居民公司和非居民公司。在属人原则下，居民公司负有无限纳税义务，即应就其全球所得缴纳公司所得税；非居民公司承担有限纳税义务，仅就其来源于境内的所得缴纳公司所得税。在公司居民身份的确认上，各国采用的主要标准有以下五类：①登记注册地标准；②实际管理控制中心标准；③主要经营地所在标准；④主要机构或总机构所在地标准；⑤控股权标准（见表 4-2）。

表 4-2　　世界主要国家公司所得税居民身份判定标准（2021 年）

国家	登记注册地标准	实际管理控制中心标准	主要经营所在地标准	主要机构或总机构所在地标准	控股权标准
阿根廷		√	√		
澳大利亚	√	√			√
奥地利	√	√			
比利时	√	√	√		
巴西	√			√	
加拿大	√	√			
智利	√				
捷克	√	√			
丹麦	√	√			
爱沙尼亚	√				
芬兰	√	√			
法国	√				
德国	√	√			
希腊	√	√			
匈牙利	√	√			
印度尼西亚	√	√			
冰岛	√	√			

续表

国家	登记注册地标准	实际管理控制中心标准	主要经营所在地标准	主要机构或总机构所在地标准	控股权标准
印度	√	√			
爱尔兰	√	√（2015 年 1 月 1 日前）			
以色列	√	√			
意大利			√	√	√
日本				√	
韩国		√		√	
拉脱维亚	√				
立陶宛	√		√		
卢森堡	√	√			
马来西亚		√			
墨西哥		√			
荷兰	√	√			
新西兰	√	√		√	√
挪威	√	√			
波兰	√	√			
葡萄牙		√		√	
俄罗斯		√			
新加坡		√			
沙特阿拉伯	√	√			
斯洛伐克	√	√			
斯洛文尼亚	√	√			
南非	√	√			
西班牙	√	√	√		
瑞典	√				
瑞士	√	√			
泰国	√				
土耳其	√			√	
英国	√	√			
美国	√				

资料来源：根据普华永道网站（https://taxsummaries.pwc.com/）相关资料整理，资料更新至 2021 年 12 月 31 日。

目前世界各国对居民公司的判定原则基本上没有大的差异，仅是具体标准的不同。大部分国家都是以登记注册地或实际管理控制中心作为判定公司居民身份的主要标准，有的国家是两者择其一，但更多的国家是数者兼用。例如，美国、法国、瑞典等国家仅采用登记注册地标准；英国、德国、加拿大、印度等国家是两者兼用。各国对于“实际管理控制中心”的认定依据略有差异。作为判例法国家，英国在判定管理和控制中心时需要参照法院的判例，综合考量法律文书规定、实际管理和控制执行机构、董事会召开地点等。加拿大税法规定，决定企业管理、控制中心所在地的因素包括：董事居住地和会议场所所在地、股东居住地和会议场所所在地、经理居住地和会议场所所在地、组织执行其主要业务及营运并保存其账册记录所在地。澳大利亚的判定标准是，注册设立地、实际控制管理机构在澳大利亚或者其拥有控股权的股东是澳大利亚居民。印度规定，管理和控制机构在印度，即如果为企业商业运营提供必不可少的实质性管理及商业决策的实际职能所在地在印度，企业就被视为是印度的居民公司。除此之外，也有少数国家采用总机构标准，例如，日本规定，总机构设在日本的公司为居民公司，判定时并不需要考虑股东国别及中央管理机构等因素。

值得一提的是，爱尔兰为进一步提高税收制度的透明度，在 2014 年宣布修改公司所得税居民身份判定标准。2015 年 1 月 1 日之前，爱尔兰的公司税和资本利得税税收居民身份的判定标准为：注册地在爱尔兰或在爱尔兰拥有中央管理和控制权。自 2015 年 1 月 1 日起，在爱尔兰注册的公司只能根据避免双重征税协定的条款判定为协定国税收居民；对于非居民企业，这一规定自 2015 年 1 月 1 日起对新成立的公司生效。2015 年 1 月 1 日之前在爱尔兰注册的企业，2015 年 1 月 1 日至 2020 年 12 月 31 日为过渡期。

由于公司所得税居民身份的判定主要是由各国国内税法确定，当纳税人发生跨境经营活动时，判定标准的差异可能导致一项所得被双重征税，也可能导致一项所得不被任何一方国家征税，即双重或者多重不征税，进而产生税基侵蚀和利润转移（BEPS）问题。对于前者，《OECD 税收协定范本》（2017 年版）明确规定，对因法人居民身份确定规则存在不同，而导致公司出现双重居民身份时，缔约国双方应当考虑实际管理机构所在地、注册地等其他相关因素，协商确定其居民身份；但对于后者，则很难通过一个简单易行的标准来协调，因此就需要各国通过 BEPS 行动计划共同应对。

（三）纳税人类型

1. 大企业纳税人

由于纳税人类型的不同，对公司所得税的管理模式和方法也会有所不同。各国通常将纳税人划分为大企业纳税人和中小（微）企业纳税人，并据此进行分类管理。大企业往往会雇用大量的员工，资产总额较大，而且其业务范围往往遍及全球，营业额较高。根据世界银行基于各国统计局、中央银行、财政部和商务部及其他国际组织的数据而形成的调研报告，表 4-3 汇总了世界主要国家的大企业纳税人认定标准。

表 4-3　　世界主要国家的大企业纳税人认定标准（2021 年）

国家（地区）	年度	职工人数（人）	资产	营业额
欧盟	2009—2012	大于 249		
巴西	2014	工业和建筑业：大于或等于 500 贸易和服务业：大于或等于 100		
阿根廷	2012	工业：大于或等于 96 贸易：大于或等于 67 服务业：大于或等于 66		农业：大于或等于 2140 万阿根廷比索 工业：大于或等于 8220 万比索 贸易：大于或等于 11190 万比索 服务业：大于或等于 2380 万比索 建筑业：大于或等于 3770 万比索
韩国	2012	制造业、采矿业、建筑业、运输业：大于或等于 300 农业：大于或等于 200 其他行业：大于或等于 100 房地产行业：大于或等于 50	制造业：大于或等于 80 亿韩元 采矿业、建筑业、运输业：大于或等于 30 亿韩元	出版、信息、通信和其他：大于 300 亿韩元 农业和其他：大于 200 亿韩元 污水、垃圾处理和其他：大于 100 亿韩元 房地产行业：大于 50 亿韩元
土耳其	2012	大于或等于 250		大于 4000 万土耳其里拉
新加坡	2012	大于或等于 200		大于 1 亿美元

续表

国家（地区）	年度	职工人数（人）	资产	营业额
澳大利亚	2012	大于或等于 200		
俄罗斯	2011	大于 250		大于 2500 万欧元
英国	2011			大于 2500 万英镑
以色列	2011	大于 249	大于 4300 万欧元	大于 5000 万欧元
瑞士	2011	大于 249	大于 4300 万欧元	大于 5000 万欧元
挪威	2011	大于 249	大于 4300 万欧元	大于 5000 万欧元
美国	2010	大于或等于 500		年平均收入大于 700 万美元
马来西亚	2010	大于或等于 500		制造业：大于 5000 万马来西亚令吉 服务业及其他：大于 2000 万令吉
沙特阿拉伯	2010	大于 200		大于 5000 万里亚尔
墨西哥	2009	工业：大于 250 商业：大于 100 服务业：大于 100		工业、商业、服务业：大于 2.5 亿万墨西哥比索

资料来源：根据世界银行网站（https ：//finances worldbank. org/Other/MSME-Country-Indicators-2014/psn8- 56xf）数据资料整理。

2. 中小企业纳税人

鉴于中小企业在市场竞争中的相对弱势和对保障就业、发展经济的巨大作用，大部分国家和地区都制定了相应的税收优惠措施，基本上形成了覆盖中小企业创建、成长和发展的所得税优惠政策体系。同时，为了保证优惠政策不被滥用，各个国家和地区都有相对比较严格的中小企业认定标准，多数国家和地区在行业、出资额、员工数量、营业额等多方面进行了限定。例如，日本根据不同行业，以出资额和员工人数确定中小企业的认定标准：零售业中小企业的认定标准为出资额在 5000 万日元以下，员工人数在 50 人以下；服务业中小企业的认定标准为出资额在 5000 万日元以下，员工人数在 100 人以下；批发业中小企业的认定标准为出资额在 1 亿日元以下，员工人数在 100 人以下；制造业及其他行业（不含上述行业）中小企业的认定标准为出资额在 3 亿日元以下，员工人数在 300 人以下（见表 4-4）。

有的国家还制定了一些特殊规定。如韩国除资本总额和营业额外标准外，为防止企业通过拆分缩小规模来达到享受中小企业税收优惠的目的，还制定了经营独立性标准。韩国规定，企业在所有权和经营管理上具有实质独立性，即当企业 30%以上的股份或者投资额是由资产总额在 5000 亿韩元以上的法人以及其管理人或者亲属直接或间接持有，且后者为最高持股人或投资人时，该企业不能被认定为中小企业。

表 4-4　　日本中小企业认定标准

行业	资本金或出资额（1 日元约合 0.05 元人民币）	员工人数
零售业	5000 万日元以下（约合 250 万元人民币）	50 人以下
服务业	5000 万日元以下（约合 250 万元人民币）	100 人以下
批发业	1 亿日元以下（约合 500 万元人民币）	100 人以下
制造业及其他行业（不含以上行业）	3 亿日元以下（约合 1500 万元人民币）	300 人以下

三、税率

公司所得税税率高低是各国（地区）税制竞争力的重要指标，也是各国（地区）税制竞争目标集中的要素。总的来讲，各国（地区）公司所得税的税率设计体现出以比例税率为主、以累进税率为辅，以统一税率为主、以分类税率为辅的特点。

（一）法定税率

1. 税率高低的分布情况

美国税收基金会在 2021 年调查了 225 个独立税收管辖区关于公司所得税法定税率的情况①。本次调查发现，在 2021 年调查的 225 个司法管辖区衡量的全球平均法定公司所得税税率为 23. 54%。按 GDP 加权时，平均法定税率为 25. 44%。② 税率在 25%及以下的辖区有 140 个③，占比高达 62. 2%。

---

① BRAY S. Corporate *Tax Rates* around the World，2021［EB/OL］.（2021-12-09）［2022-05-25］. https：//taxfoundation. org/corporate-tax-rates-around-the-world-2021/.

② 为了能够计算按 GDP 加权的平均法定公司所得税税率，该数据集包含 180 个司法管辖区的 GDP 数据。当用于计算按 GDP 加权或未加权的平均法定公司所得税税率时，仅包括这 180 个司法管辖区（以确保未加权平均值和加权平均值的可比性）。

③ 报告原文文字表述为 140 个，图表显示为 143 个，略有出入，但总体可以反映基本情况，此处笔者采用了 140 个的数据。

(1) 法定税率最高的20个税收管辖区。

法定税率最高的20个税收管辖区遍布全球各地，但是分布并不均衡。如表4-5所示，在排名前20位的税收管辖区中，有8个分布在非洲，欧洲、大洋洲和亚洲各有1个。在其余的司法管辖区中，5个分布在北美洲，4个分布在南美洲。在较大经济体中，法定税率排名在前20位的税收管辖区为巴西(34%，排名第15位)。

表4-5　公司所得税法定税率从高到低排名前20名的税收管辖区

税收管辖区	分布情况	税率（%）
科摩罗	非洲	50
波多黎各	北美洲	37.5
苏里南	南美洲	36
阿根廷	南美洲	35
乍得	非洲	35
古巴	北美洲	35
赤道几内亚	非洲	35
几内亚	非洲	35
马耳他	欧洲	35
法属圣马丁	北美洲	35
荷属圣马丁	北美洲	35
苏丹	非洲	35
赞比亚	非洲	35
美属萨摩亚	大洋洲	34
巴西	南美洲	34
委内瑞拉（玻利瓦尔共和国）	南美洲	34
喀麦隆	非洲	33
圣基茨和尼维斯	北美洲	33
塞舌尔	非洲	33
孟加拉国	亚洲	32.5

资料来源：美国税收基金会网站(https：//taxfoundation.org/corporate-tax-rates-around-the-world-2021/)。

（2）法定税率最低的 20 个税收管辖区。

如表 4-6 所示，公司所得税法定税率非零且最低的 20 个国家（地区）的税率都在 12.5%及以下。10 个公司所得税法定税率为 10%的国家中，5 个为欧洲小国（安道尔、波黑、保加利亚、科索沃和马其顿）。在法定税率最低的 20 个国家中，有三个 OECD 成员国（智利、匈牙利和爱尔兰），只有爱尔兰和匈牙利是两个主要工业化国家。爱尔兰以其 12.5%的低税率闻名，而且该税率自 2003 年以来就一直实行。2017 年，匈牙利的公司所得税税率从 19%降至 9%。由于新冠肺炎大流行，智利暂时将小企业的法定公司所得税税率降低至 10%。

表 4-6　公司所得税法定税率从高到低排名后 20 名的税收管辖区（不包括公司所得税税率为零的管辖区）

税收管辖区	分布情况	税率（%）
巴巴多斯	北美洲	5.5
乌兹别克斯坦	亚洲	7.5
土库曼斯坦	亚洲	8
匈牙利	欧洲	9
黑山	欧洲	9
安道尔	欧洲	10
波黑	欧洲	10
保加利亚	欧洲	10
智利	南美洲	10
科索沃	欧洲	10
吉尔吉斯斯坦	亚洲	10
巴拉圭	南美洲	10
卡塔尔	亚洲	10
马其顿	欧洲	10
东帝汶	大洋洲	10
中国澳门	亚洲	12

续表

税收管辖区	分布情况	税率（%）
摩尔多瓦	欧洲	12
塞浦路斯	欧洲	12.5
直布罗陀	欧洲	12.5
爱尔兰	欧洲	12.5

资料来源：美国税收基金会网站（https：//taxfoundation.org/corporate-tax-rates-around-the-world-2021/）。

（3）不征收一般公司所得税的地区。

如表 4-7 所示，在被调查的 225 个管辖区中，目前有 15 个不征收一般公司所得税。除阿拉伯联合酋长国以外，其他管辖区都是小岛国家。少数像开曼群岛和百慕大这样的管辖区，因不征收公司所得税而闻名。巴林不征收一般公司所得税，但对石油公司征收针对性公司所得税。

表 4-7　　　　不征收一般公司所得税的税收管辖区

税收管辖区	分布情况
安圭拉	北美洲
巴哈马	北美洲
巴林	亚洲
百慕大	北美洲
英属维尔京群岛	北美洲
开曼群岛	北美洲
根西岛	欧洲
马恩岛	欧洲
泽西岛	欧洲
圣巴泰勒米	北美洲
托克劳	大洋洲
特克斯和凯科斯群岛	北美洲
阿拉伯联合酋长国	亚洲

续表

税收管辖区	分布情况
瓦努阿图	大洋洲
瓦利斯和富图纳群岛	大洋洲

资料来源：美国税收基金会网站（https：//taxfoundation. org/corporate－tax－rates－around－the－world－2021/）。

2. 税率高低的区域特征或区域组织特征

公司所得税税率在地区之间的差异较大。如表 4－8 所示，各大洲中，亚洲的公司所得税平均法定税率最低，非洲最高。按照平均税率从低到高的顺序依次为：亚洲（19. 62%）、欧洲（19. 84%）、大洋洲（23. 75%）、北美洲（26. 37%）、南美洲（26. 63）、非洲（27. 97%）。而按 GDP 加权计算后，南美洲的平均法定税率最高，为 31. 03%。欧洲的加权平均法定税率最低，为 23. 97%。

表 4－8　　按区域或区域组织划分的公司所得税平均税率

地区或集团	平均税率（%）	税收管辖区数量（个）
非洲	27. 97	50
亚洲	19. 62	47
欧洲	19. 84	39
北美洲	26. 37	24
大洋洲	23. 75	8
南美洲	26. 63	12
G7	26. 69	7
OECD	23. 04	38
金砖国家	27. 40	5
欧盟	21. 30	27
G20	26. 75	19
全球	23. 54	180

资料来源：美国税收基金会网站（https：//taxfoundation. org/corporate－tax－rates－around－the－world－2021/）。

从不同的区域和区域组织看，税率也差异较大。OECD 成员国[①]的公司所得税平均法定税率为 23.04%，各成员国税率从低到高依次为：匈牙利（9%）、智利（10%）、冰岛（12.5%）、立陶宛（15%）、英国（19%）、捷克（19%）、波兰（19%）、斯洛文尼亚（19%）、瑞士（19.7%）、爱沙尼亚（20%）、芬兰（20%）、爱尔兰（20%）、土耳其（20%）、拉脱维亚（20%）、瑞典（20.6%）、斯洛伐克（21%）、丹麦（21%）、挪威（22%）、以色列（23%）、希腊（24%）、卢森堡（24.94%）、荷兰（25%）、西班牙（25%）、比利时（25%）、奥地利（25%）、美国（25.75%）、加拿大（26.15%）、韩国（27.5%）、意大利（27.81%）、新西兰（28%）、法国（28.40%）、日本（29.74%）、德国（29.93%）、澳大利亚（30%）、墨西哥（30%）、哥斯达黎加（30%）、哥伦比亚（31%）、葡萄牙（31.5%）。

二十国集团（G20）的公司所得税平均法定税率为 26.75%，除欧盟外各成员的税率从低到高依次为：英国（19%）、沙特阿拉伯（20%）、俄罗斯（20%）、土耳其（20%）、印度尼西亚（22%）、中国（25%）、美国（25.75%）、加拿大（26.15%）、韩国（27.5%）、意大利（27.81%）、南非（28%）、法国（28.40%）、日本（29.74%）、德国（29.93%）、澳大利亚（30%）、印度（30%）、墨西哥（30%）、巴西（34%）、阿根廷（35%）。

七国（G7）集团的公司所得税平均法定税率为 26.69%，各成员国税率从低到高依次为：英国（19%）、美国（25.75%）、加拿大（26.15%）、意大利（27.81%）、法国（28.40%）、日本（29.74%）、德国（29.93%）。

金砖国家的公司所得税平均法定税率为 27.4%，各成员国税率从低到高依次为：俄罗斯（20%）、中国（25%）、南非（28%）、印度（30%）、巴西（34%）。

《区域全面经济伙伴关系协定》（RCEP）成员国的公司所得税平均法定税率为 24.17%，各成员国税率从低到高依次为：新加坡（17%）、文莱（18.5%）、泰国（20%）、老挝（20%）、柬埔寨（20%）、越南（20%）、印度尼西亚（22%）、马来西亚（24%）、缅甸（25%）、中国（25%）、韩国（27.5%）、新西兰（28%）、日本（29.74%）、澳大利亚（30%）、菲律宾（30%）、印度（30%）。

---

① 截至 2022 年 4 月，OECD 包括 38 个成员国。

报告覆盖的33个“一带一路”税收征管合作机制理事会成员的公司所得税[①]平均法定税率为25.67%，最低为中国澳门（12%），最高为苏里南（36%）；23个观察员中，20个观察员[②]平均法定税率为22.31%，最低为匈牙利（9%），最高为摩洛哥（31%）。科特迪瓦、列支敦士登、东帝汶三个观察员的税率未统计。

中国周边国家的公司所得税平均法定税率为24.04%[③]，从低到高依次为：吉尔吉斯斯坦（10%）、文莱（18.5%）、俄罗斯（20%）、老挝（20%）、哈萨克斯坦（20%）、越南（20%）、阿富汗（20%）、印度尼西亚（22%）、塔吉克斯坦（23%）、马来西亚（24%）、蒙古（25%）、尼泊尔（25%）、朝鲜（25%）、缅甸（25%）、不丹（25%）、韩国（27.5%）、巴基斯坦（29%）、日本（29.74%）、印度（30%）、菲律宾（30%）。

一般而言，工业化程度较高且面积较大的辖区的公司所得税税率往往高于较不发达且面积较小的辖区，而且通常高于全球平均税率水平。按区域或区域组织划分的公司所得税平均税率见图4-4。

3. 税率的下降情况

自1980年以来，公司所得税税率在全球范围内持续下降。1980年，未经加权的全球平均法定税率为40.11%，而到2021年为23.54%，41年中下降幅度达41%。与此同时，公司所得税税率低于20%的国家（地区）数量从2000年的2个增加到2021年的85个。GDP加权后的平均税率高于非加权平均税率。在进行税制改革之前，由于美国的税率相对较高，且在全球GDP的占比较大，因此美国在加权平均税率中权重较高。图4-5显示了2019年美国公司所得税税率的重大变化对全球加权平均税率的影响。全球公司所得税加权平均法定税率从1980年的46.52%下降到了2021年的25.44%，41年中下降幅度为45%。

随着时间的推移，越来越多的税收管辖区开始将公司所得税税率降低至30%以下，美国在2017年底的税制改革也顺应了这一趋势。2021年，大多数国家的公司所得税税率均低于30%，公司所得税税率高于30%的国家只有25个。公司所得税税率在21世纪初的下降幅度最大。2000—2010年，公司所得

---

① 截至2022年4月，“一带一路”税收征管合作机制理事会成员共36个。其中，阿拉伯联合酋长国不征收一般公司所得税，而吉布提和索马里未在已获取数据的全球225个管辖区之内，因此这3个国家在正文部分予以略去，平均值的计算也未予考虑。

② 截至2022年4月，“一带一路”税收征管合作机制观察员共30个，其中7个为国际组织或机构，23个为国家。

③ 包括陆地方面的14个邻国和海洋方面6个邻国。

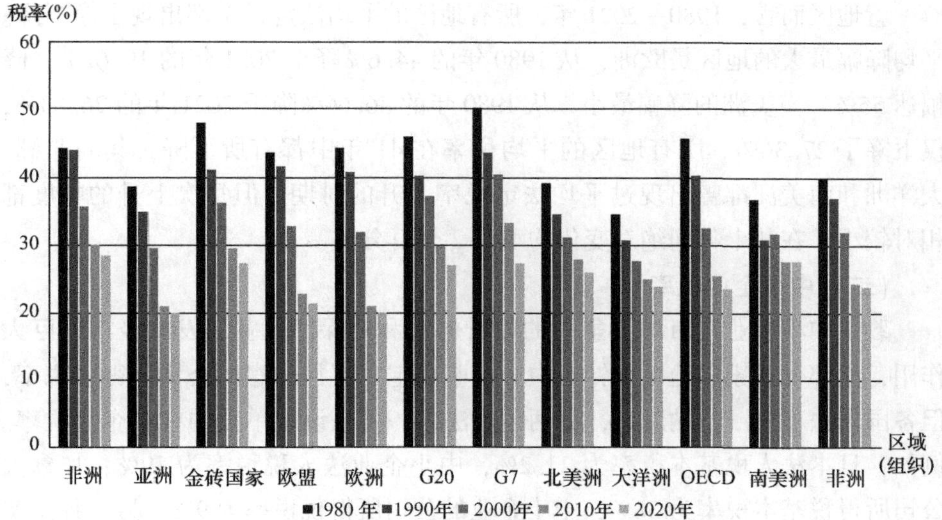

图 4-4 按区域或区域组织划分的公司所得税平均税率

注：由于 2021 年之前年份的公司所得税税率有所缺失，所以每年计算的税率平均数中包含的国家数量也有所不同。也就是说，1980 年的税率平均数是 74 个管辖区的公司所得税法定税率平均数，而 2021 年的税率平均数是 180 个管辖区的公司所得税法定税率平均数。

资料来源：美国税收基金会网站（https：//taxfoundation. org/corporate-tax-rates-around-the-world-2021/）。

税税率下降至 30%或以下的辖区最多，占比从 41%大幅攀升至 78%。

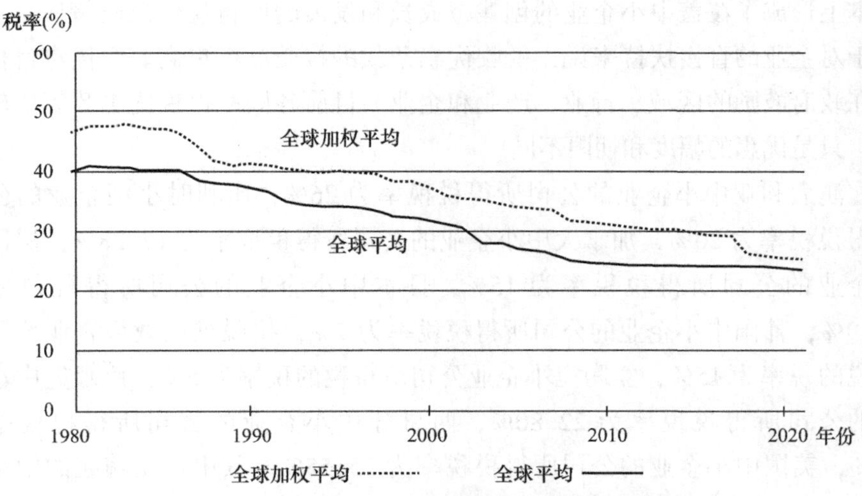

图 4-5 自 1980 年以来的公司所得税变化情况

资料来源：美国税收基金会网站（https：//taxfoundation. org/corporate-tax-rates-around-the-world-2021/）。

就地区而言，1980—2021 年，所有地区的平均法定税率都出现了净下降。平均降幅最大的地区是欧洲，从 1980 年的 44. 6%降至 2021 年的 19. 62%，降幅达 55%。南美洲的降幅最小，从 1980 年的 36. 66%降至 2021 年的 26. 63%，仅下降了 27. 36%。所有地区的平均税率在 41 年中都有所下降，其间非洲、大洋洲和南美洲都曾出现过平均法定税率上升的时期，但每次上升的幅度都相对较小，在几十年间绝对变化均小于 2 个百分点。

（二）中小企业税率

鉴于中小企业在市场竞争中的相对弱势和对保障就业、发展经济的巨大作用，大部分国家和地区都针对中小企业制定了更加优惠的公司所得税税率，但各国做法不一。归纳起来，有两种做法，一种是设定单独的中小企业税率。例如：日本法人税基本税率为 23. 2%，中小企业法人税税率为 19%；加拿大公司所得税基本税率为 38%，中小企业的公司所得税税率为 9%。另一种是实施累进税率，中小企业的所得更多适用低档税率。例如：韩国公司所得税税率为 10%、20%、22%和 25%四档累进税率，年应纳税所得额为 114 万韩元以下的部分适用 10%的税率。

四、税收优惠

一般来说，世界主要国家在实行公司所得税时都会设置税收优惠政策，基本上形成了覆盖中小企业的创建、成长和发展的所得税优惠政策体系。相较于对企业的直接扶持来说，税收优惠条款的接受度会更高。而优惠目标集中在政府鼓励的区域、行业、产业和企业。目前各国所得税优惠政策比较相似，只是优惠的幅度和期限不同。

澳大利亚中小企业的公司所得税税率为 26%，比利时小型企业的公司所得税税率为 20%，加拿大中小企业的公司所得税税率为 12. 28%，法国中小企业的公司所得税税率为 15%，日本中小企业的公司所得税税率为 25. 9%，韩国中小企业的公司所得税税率为 7%，拉脱维亚微型企业公司所得税的税率为 15%，立陶宛小企业公司所得税的税率为 5%，卢森堡中小企业的公司所得税税率为 22. 80%，西班牙中小企业的公司所得税税率为 25%，美国中小企业的公司所得税税率为 25. 55%。其中：立陶宛的中小企业的公司所得税税率最低，为 5%；澳大利亚的中小企业公司所得税税率最高，为 27. 5%。

（一）鼓励科技创新的税收优惠

1. 专利盒

随着经济全球化的加剧，各国（地区）寻找各种方法来防止企业进行利润重组或利润转移，其中一种解决方法是创建专利盒。知识产权的流动性非常大，由于专利盒的应用可以使公司的知识产权收入享受较低税率，因此，一个国家（地区）可以利用专利盒的低税率来吸引在其境内的特有知识产权。除非这些公司将专利转移到其他国家，否则该策略将为各国（地区）提供他们原本无法获得的收入。同时各国（地区）认识到，资本都是流动的，各国（地区）应该全面降低公司所得税，而不仅仅是鼓励企业将专利盒放在指定的国家（地区）。

16 个 OECD 成员国（比利时、法国、匈牙利、爱尔兰、以色列、意大利、韩国、立陶宛、卢森堡、荷兰、波兰、葡萄牙、斯洛伐克、西班牙、土耳其以及英国）都存在专利盒制度，但各国的税率和豁免权各不相同。

近年来，随着 OECD 反有害税收行为的要求得到采纳，一些国家（地区）的专利盒制度不再宽松。例如，遵循 OECD 标准的国家（地区）开始要求公司在其境内开展更多的实质活动，以便从与其相关的知识产权的税收优惠中受益。

2. 研究与开发

在没有完全费用化的情况下，研发税收抵免部分补偿了企业投资的成本。但研发税收抵免很少是中立的——他们通常规定了非常具体的活动，并且在实施过程中往往很复杂。与其他激励措施一样，研发抵免扭曲了投资决策，导致资源配置效率低下。此外，争取研发优惠的愿望鼓励了游说活动，这些活动会消耗资源，导致企业投资和生产减少。例如，在意大利，企业可以通过谈判来获得诸如短期贷款和税收抵免的优惠。

波兰除了实行专利盒制度外，还计划实施许多与研究开发有关的税收优惠。例如：研发费用加计扣除优惠，允许研发活动相关的费用可以按 200%的比例税前扣除，此外，对拥有研发中心的纳税人，也允许按合理费用的 200%税前扣除；新产品优惠，即为新产品试生产和新产品投入市场的相关研发费用，包括购置（和增加）相关资产和原材料支出，取得新产品生产和投入市场所需的专业知识、意见和证书的费用等，允许加计扣除 30%，但加计扣除额最高不超过纳税人所得的 10%；研发人员优惠，即从事研发活动的纳税人可以减征研发人员（指在一个月内至少有 50% 的工作时间从事研发活动的职员）工薪所得的源泉扣缴税款。上述优惠措施可以与专利盒优惠制度同时享受，即研发费用可以从适用5%优惠税率的知识产权收益中加计扣除。

（二）支持优势行业发展的税收优惠

为支持特定行业发展，某些国家（地区）实行精准扶持，对特定行业设置税收优惠。赞比亚公司所得税法定税率为35%，但对一些特殊行业或营业额达到一定金额的企业实行特殊税率。例如：农业所得减按10%征税；化肥有机化工制造企业与非传统产品出口的所得减按15%税率征税；持有大规模开采许可证，开采普通金属的大型矿产公司，其支付的股息红利适用零税率等。

中国香港特别行政区的公司所得税税法规定，用于运输、码头、水电事业等行业的工业建筑物和构筑物，以及在磨坊、工厂和农场进行的货物和贸易的制造、加工或储存，在发生年度可获得资本支出的20%的初始补贴。在全部支出核销之前，每年给予原始资本支出4%的补贴。

但是，这种税收激励措施很难保持中立，可能会扭曲投资决策并导致资源分配效率低下。在研发激励措施方面，OECD用“隐含税收补贴率”衡量各国基于支出的研发税收减免程度。隐含税收补贴率是指一个单位的研发投资和该投资单位的税前收入，它衡量的是给予研发优惠待遇的程度。对研发的税收规定越宽松，研发的隐含税收补贴率就越高。隐含补贴率为零就意味着研发不享受税收优惠待遇。在OECD成员国中，斯洛伐克的研发支出隐含税收补贴率最高，达到49%，哥伦比亚和法国以44%和39%分别位居第二和第三。

（三）激发中小企业活力的税收优惠

中小企业在活跃地方经济、吸纳劳动就业、稳定社会等方面发挥着重要的作用，但是中小企业在市场竞争中处于相对弱势的地位，因此，在制定税收优惠政策时，许多国家出台了一系列惠及中小企业发展的税收优惠政策。OECD成员国和金砖国家支持中小企业发展的优惠政策主要可以分为投资抵免、减税、免税、优惠税率、重组合并税收优惠和加计扣除等类型。

1. 税收抵免

匈牙利推出税收激励措施，允许公司在投资当年及以后的12年内，抵免最多可达80%的公司所得税，从而使实际税率为1.8%（法定税率为9%）。中小型企业获得该税收减免政策所要求的最低投资现值将降低，这就提高了优惠政策的覆盖面和可及性。此外，匈牙利还通过提高与天使投资相关的最高免税限额来鼓励对初创企业的投资。智利出台面向中小企业进行利润再投资的激励政策，给予税基减免优惠，最高可达再投资利润的50%，扣除上限为 5000 智利比索（约合 165000 欧元）。韩国出台临时税收激励措施以提高生产率。2020 年 1 月至 12 月，对符合条件的项目进行投资可获得的税收抵免率，大型公司从 1%提高到 2%，而中型企业从 3%提高到 5%，中小型企业则从 7%提高到 10%。

18 个 OECD 成员国提供可退还（应纳税）税收抵免或同等的奖励。这些规定明确针对中小企业和新兴企业，而不是像澳大利亚、法国、加拿大等针对大型企业。

2. 减税

韩国对其在农村地区新成立的经营制造、采矿、增值电信、研究与开发、广播、数据处理、计算机、工程科学、运输和仓储业务的中小企业，或者在专门指定的地区设立的组织技术密集型中小企业开展上述业务的风险投资企业实行下列减税优惠：（1）所得税或公司税可在 5 年内减少 50%（某些合格的青年企业家建立的小企业在头 3 年可减少 75%）；（2）新成立的中小型企业成立后 5 年内，对其商业资产征收的财产税将减少 50%；（3）购置税将在 4 年减免 75%。从事上述业务的中小企业如果位于大都市区以外，还可享受 5%~30%的公司税或所得税减免。

西班牙的法律中引入了“税收减免保留准备金”，对在上一个纳税年度营业额低于 1000 万欧元的中小企业最高可减少税基的 10%，最高年度限额为 100 万欧元。此外，对于新成立的从事经营活动的企业，在其有盈利的第一个财政年度和下一个财政年度，无论盈利的金额是多少，均按 15%的税率纳税。

3. 免税

南非规定从 2015 年 3 月 1 日起，对中小企业融资实行一系列税收优惠。向中小企业提供资金的实体将免征所得税，对资产征收资本利得税。由融资实体实际持有的任何股息将免除股息税，由资助实体收到并提供的捐款将免除捐赠税。从核准供资实体获得资金的任何中小型企业将免征所得税。为了使中小型企业有资格获得豁免，中小型企业必须满足微型企业或小型企业的要求。

4. 加计扣除

匈牙利对有资格在财年最后一天从金融机构获得用于购置设备或生产有形资产的贷款的中小型企业实行加计扣除优惠，这类纳税人可从其应缴税款中扣除贷款协议所付利息的 100%。英国规定其中小型企业可获额外扣减有关开支的 130%。美国对其中小企业可以扣除企业资产的费用以代替折旧，对于 2017 年 12 月 31 日以后的应税年度内投入使用的财产，扣除限额为 100 万美元，开始逐步取消的最高限额为250万美元。申请扣减的金额不得超过在应税年度内在经营业务中所得的应纳税所得额。因应纳税所得额限制而不予扣除的，一般可以结转到以后的纳税年度。

（四）增加企业成本扣除的税收优惠

企业利润通常确定为收入（企业销售收入）减去成本（经营成本）。公司所得税是对这些利润征税。因此，税法必须正确定义应纳税所得额的构成。如果税法不允许企业核算所有经营成本，将会增加企业的应纳税所得额和应纳税额，从而增加其税收成本。

1. 亏损补偿规则

亏损结转允许企业从未来利润（结转）中扣除当前年度亏损，或从过去利润（往前抵减）中扣除本年度亏损。在OECD成员国中，有20个成员国可以在2021年无限期地继续弥补亏损，但11个成员国限制了用应纳税所得额弥补以前年度亏损；17个成员国限制了时间年限，平均损失结转期为9.4年。2021年，只有爱沙尼亚和拉脱维亚在税制设计上允许无限制的亏损结转。损失结转条款：不允许弥补亏损，亏损结转限于5年内，而且不得超过应税收入的50%。

2. 存货成本扣除

存货成本在其存货销售时予以扣除。通常有三种方法计算存货成本：后进先出法（LIFO）、平均成本法、先进先出法（FIFO）。一个国家允许采用的存货核算方法可以影响企业的应税收入。通常情况下，当价格上涨时，后进先出法是首选的方法，因为它允许存货成本更接近销售时的真实成本，使得企业应税收入最低。相同情况之下，先进先出法是最不受欢迎的方法，因为它会导致应税收入最高。平均成本法介于先进先出法和后进先出法之间。OECD成员国中有14个成员国允许公司使用后进先出法核算，18个成员国采用平均成本法，5个成员国选择先进先出法。

（五）因势利导实施其他税收优惠

1. 加速折旧

加速折旧是指政府为鼓励特定行业或部门的投资，允许纳税人在固定资产投入使用初期提取较多的折旧，以提前收回投资。加速折旧是OECD成员国和金砖国家鼓励企业资产更新普遍采用的税收优惠政策。综合分析OECD成员国和金砖国家加速折旧方面的税收优惠政策，可以看出加速折旧的政策设计主要涉及三个方面：适用范围、折旧率和折旧年限、资产价值补偿。

加速折旧公司所得税优惠政策具有以下主要特点。

一是政策适用范围更宽。通过对 OECD 成员国和金砖国家的分析发现，加速折旧主要分布在研发、环境保护、节能减污、交通运输、能源供给、厂房和机器设备、建筑物的建造重建或改造等方面，适用范围更宽，限制条件也适当宽松。例如，立陶宛政府规定，机器和其他设备、建筑物、齿轮、计算机、通信设备、软件和既得权利，如果用于研发活动，可在两年内进行折旧。墨西哥规定，在 2016 年和 2017 年，应纳税所得额不超过 1 亿墨西哥比索的纳税人，可以享受新固定资产以及在墨西哥首次使用的固定资产的加速折旧优惠。新固定资产的加速折旧也适用于基础设施部门的公司以及发电、运输和能源供应设备，而不论其收入水平如何。巴西 2019 年 2 月 1 日的更新文件指出，对东北和亚马逊地区工农业企业从事安装、现代化、扩展或多样化项目实行加速折旧的税收优惠，核准至 2023 年 12 月 31 日。

二是以差别折旧率代替单一折旧率。各国的税制不断完善，逐渐将对所有资产实行单一的折旧率改变为依据资产的性质来确定适用的加速折旧率，即不同的资产适用不同的加速折旧率。例如，以色列政府规定，一个企业可优先选择对构成核准投资方案一部分的机械和设备在资产经营的头 5 年内以标准折旧率的 2 倍加速折旧。因轮班作业或者在极其困难的条件下，机器设备发生非正常磨损的，允许企业按照标准折旧率的 250%进行折旧。就建筑物而言，企业可以申请按照标准折旧率的 400%进行折旧，但每年的折旧率不得超过 20%。

三是创新资产价值补偿方式。大多数国家的政策设计都是对资产折旧率、资产年限进行规定，但也有国家通过增加资产价值、提高折旧基数的方式进行加速折旧。例如，意大利政府规定在 2020 年 6 月 30 日之前购买的新的合格有形资产，其折旧基数可以增加 30%，前提是销售方接受了相关的采购订单，并且在 2019 年 12 月 31 日之前实际至少支付了购买价款的 20%。在 2020 年 12 月 31 日之前购买的，与意大利政府《工业计划 4. 0》中推进的数字化和技术改造过程相关的部分高科技有形资产投资额在 250 万欧元以下的，折旧基数增加 170%；投资额在 250 万～1000 万欧元的，折旧基数增加 100%；投资额在 1000 万～2000 万欧元的，折旧基数增加 50%。

2. 附加折旧

对于某些国家鼓励的行业或者资产，纳税人还可以享受附加折扣这一税收优惠政策。但是附加扣除并不是特别普遍，只在少数国家的税制中有体现。

丹麦政府规定，纳税人在 2013 年 12 月 31 日前投资于新制造的经营设备

（不包括汽车、船舶和软件，且只有用于商业用途的设备才能申请附加折旧），可选择申请附加折旧，而非通常适用的折旧。合格的设备可以按购买价的115%作为折旧基数，按25%的年折旧率折旧。德国政府规定，对于净资产不超过235000欧元的公司，在购置或制造当年及其后4年（所有年份合计为20%），给予新的动产（在国内常设机构中至少保留一年）购置或制造成本的20%的附加折旧。美国政府规定，对于纳税人在纳税年度内获得并投入使用的合格财产，可以申请额外的折旧免税额。一般而言，合格财产是指恢复期为20年或以下的有形个人财产，以及合格的租赁权益改进和某些可折旧的计算机软件。

3. 特殊折旧

有些OECD成员国还对纳税人的特定投资行为出台了相应的特殊折扣的税收优惠政策。例如，卢森堡政府规定，为残疾人提供工作的投资，以及保护环境、节约能源或减少浪费的投资，可以享受特别折旧津贴，但要求投资的购置成本或生产成本必须至少为2400欧元（不包括增值税）且这项折旧津贴不得超过合资格资产的购置成本或生产成本的80%。折旧额可在投资年度或其后4年中的某一年进行扣除，或者可以在这几年平均分配。

第二节　2021年主要变化情况

2021年，全球公司所得税平均税率降低的趋势仍在继续，税率降幅最大的国家主要是原来税率相对较高的国家，这就使得各国间公司所得税税率进一步趋近。许多国家进一步加大了公司所得税优惠力度，以刺激投资和鼓励创新。在国际税改方面，根据OECD/G20的BEPS行动计划，各国推行重大税收改革以保护公司所得税税基免受跨国企业避税侵蚀的努力仍在继续。此外，经济数字化带来的税收挑战所引发的关注持续上升，部分国家正在考虑或已经采取临时措施引入数字服务税。

一、公司所得税税率继续下降

2021年全球公司所得税平均税率相较于2020年总体上有更大规模的下

降。全球法定公司所得税税率的加权平均数已经从 1980 年的 46.52%下降到 2021 年的 25.44%，41 年来下降了 45%。根据 OECD《税收政策改革（2021）》报告，2021 年 OECD 的平均公司所得税税率为 22.9%，与 2020 年相比，2021 年公司所得税税率下降幅度更为明显。2021 年，在全球 225 个税收管辖区中，共有 20 个国家调整了法定公司所得税税率。其中，五大洲的 17 个国家降低了公司所得税税率，包括法国、土耳其、智利、印度尼西亚等主要经济体。17 个国家分别是瑞典、哥伦比亚、瑞士、摩纳哥、刚果（布）、印度尼西亚、法国、缅甸、冈比亚、老挝、斯里兰卡、安哥拉、刚果（金）、不丹、基里巴斯、突尼斯和智利。公司所得税税率降幅大小不等，降幅最小的为瑞典（从 21.4%下降至 20.6%），不到 1 个百分点；多数辖区降幅在 5 个百分点左右；降幅最大的为智利（从 25%降至 15%，受新冠肺炎疫情影响，又暂时降为 10%），暂时降低了 15 个百分点（部分税收管辖区税率下降情况见表 4-9）。

表 4-9　　　　2021 年部分税收管辖区降低公司所得税税率情况

序号	辖区	2020 年税率（%）	2021 年税率（%）	降幅（百分点）
1	瑞典	21.4	20.6	0.8
2	哥伦比亚	32	31	1
3	瑞士	21.15	19.7	1.45
4	摩纳哥	28	26.5	1.5
5	土耳其	22	20	2
6	刚果（布）	30	28	2
7	印度尼西亚	25	22	3
8	法国	32.02	28.41	3.61
9	老挝	24	20	4
10	斯里兰卡	28	24	4
11	冈比亚	31	27	4
12	安哥拉	30	25	5
13	刚果（金）	35	30	5
14	不丹	30	25	5

续表

序号	辖区	2020年税率（%）	2021年税率（%）	降幅（百分点）
15	基里巴斯	35	30	5
16	突尼斯	25	15	10
17	智利	25	10	15

3个辖区提高了公司所得税税率，其中，孟加拉国和直布罗陀分别从25%和10%提高至32.5%和12.5%，阿根廷将最高边际税率从30%提高至35%。

二、公司所得税税收优惠措施增加

2021年，公司所得税的税收优惠主要包括税前扣除优惠、税收抵免等税收政策措施，也包括分期纳税、延期纳税等征管措施。

（一）税前扣除优惠

从影响公司所得税税基的改革措施来看，大部分国家加大了公司所得税的优惠力度，特别是有关资本扣除的优惠以及一系列额外的费用扣除，以缩小税基的方式刺激投资和创新，如英国、澳大利亚、秘鲁等国增加了对投资额的税前扣除，意大利、马来西亚则增加了额外费用的税前扣除。

1. 资本优惠扣除

一些国家采取了（通常是临时性）措施来增加其资本扣除的优惠力度。

英国规定从2021年4月1日至2023年3月31日，投资于符合条件的新工厂和机械资产的公司将可享受130%的“加计扣除资本免税额”，按特殊扣除率扣除的资产的首年扣除率为50%。

澳大利亚通过临时全额税前扣除等激励措施来支持企业进行新投资。（1）总营业额少于50亿美元的企业可以立即扣除符合条件的折旧资产成本；无法通过50亿美元营业额测试的税收实体仍可以通过其他测试获得临时全额扣除的优惠。（2）延长中小企业可立即抵免资产的激励措施时间。

秘鲁规定，从事农业活动且（年）净利润不超过1700个税收单位的个人和法人，在2021—2030财政年度进行水利建筑和灌溉工程投资，可以每年折旧20%。

芬兰采取了新的临时性措施以鼓励纳税人对新机械和新设备投资，将资产的年折旧率从25%提高到50%，直至2023年底。

丹麦支持中小型企业购置机械等新资产和绿色资产，这些资产的折旧限额从 2020 年的 14100 丹麦克朗提高到 2021 年的 3 万丹麦克朗；在 2020 年 11 月 23 日至 2022 年 12 月 31 日期间购置新资产（化石燃料机械、乘用车和轮船除外），可以在 4 年以内按购置成本的 116%计提折旧；在 2022 年 12 月 31 日以前，研发费用可以在不超过 130%的比例内扣除。

2. 额外费用扣除优惠

美国亚拉巴马州更新了 CARES 法案指南，规定自 2021 年 1 月 6 日起，纳税人可以扣除用工资保障计划（PPP）支付的免除贷款费用；暂时提高新冠肺炎疫情慈善捐款扣除额，企业慈善捐赠扣除限额从应纳税所得额的 10%提高到 25%。

俄罗斯对于远程办公人员（居家办公）因使用购置或租用的设备、软件、硬件和信息安全技术而取得的补偿费，只要在经济上是合理的，用人单位可在计算缴纳公司所得税时予以扣除。

马来西亚为应对新冠肺炎疫情反弹宣布了 150 亿林吉特一揽子计划，其中包括为中小型企业提供至少 30%租金折扣的公司按减租享受特别扣除的政策，适用期限延长至 2021 年 6 月 30 日。在国际贸易和工业部（MITI）进行注册并通过规定的合规性审计的制造业企业和与制造业活动直接相关的服务企业，为员工租用房舍和旅馆所产生的费用，给予额外税收扣除，最高不超过 5 万林吉特；在 2021 年 12 月 31 日之前雇主为其雇员进行新冠病毒筛查发生的费用，给予额外税收扣除。

3. 亏损结转条款

限制亏损结转是近年来扩大税基的普遍性措施，然而，与近年来各国限制亏损结转的趋势相反，部分国家为应对新冠肺炎疫情的经济影响，采取了放松亏损结转的措施。

德国在原来允许 2020 年和 2021 纳税年度亏损往前结转 1 年的限额从 100 万欧元增加到 500 万欧元的基础上，进一步提高至 1000 万欧元。财政部还明确了亏损结转限制规则的例外情形，即，如果公司在 5 年内直接或间接将超过 50%的资本或参与权益、成员资格或投票权转让给了某购买方或该购买方的关联人，则该公司不得结转亏损。

法国允许跨国公司和其他公司，在 2020 年 6 月 30 日至 2021 年 6 月 30 日期间结束的会计年度发生的经营亏损无限额地往前结转 3 年，可结转的亏损金额不受限制，相应的可抵免税额可以冲抵今后 5 年内的公司所得税，或在 5 年后申请退税。

俄罗斯财政部发布提案建议将现行规定的亏损往后无限期结转政策的实施期限从2021年底延长至2024年底。

荷兰规定，自2022年起，亏损往后结转的期限从现行的6年改为无限期，但每一年结转额不能超过按下列方法计算的上限：100万欧元 +50%×（结转当年利润 - 100万欧元）。

（二）税收减免优惠

在新冠肺炎疫情的冲击下，不少企业经营困难，多数国家的优惠政策都是以助企纾困为出发点制定的，或是延续前期政策，或是出台新政策。

1. 税收优惠延期

美国延长雇主（因新冠肺炎疫情）为雇员提供带薪病假和带薪居家休假而临时享受的雇主工薪税收抵免，延长“留住员工”抵免政策的适用期限，即从2021年6月30日延长至12月31日；亚利桑那州将小型企业投资抵免政策（小型企业资本投资激励计划/天使投资税收抵免计划）截止日期由2021年6月30日延长至2031年6月30日。

印度尼西亚对符合资格的纳税人和某些商业部门的税收优惠期限由2020年12月延长至2021年6月，并进一步扩大税收优惠及适用的商业领域范围，政府需承担对符合条件的中小企业的总收入最终征税的0.5%；将每月公司税分期付款减少50%。

马来西亚出台《应对疫情救助经济复苏计划》，宣布对旅游业公司提供税收优惠，适用期限延长至2022纳税年度。

2. 新增税收减免

美国进一步加大企业税收优惠力度，扩大免税所得和支出扣除的范围，将额外经济伤害灾难贷款列入无须偿还的贷款范围；新的餐厅复兴基金提供额外补助（免税）。

法国颁布《2021年财政法》，将适用15%公司所得税优惠税率的中小企业标准从年营业额的763万欧元提高至1000万欧元。

意大利批准通过进一步的纾困措施，以减轻新冠肺炎疫情对纳税人的影响并帮扶受影响的企业，主要包括：取消追偿一部分不超过5000欧元的欠税；与2020年12月31日的会计净权益相比，2021年净收益增加15%的名义收益率部分将予以扣除；2019财年的收入不超过1500万欧元，且在2020年4月1日至2021年3月31日期间的平均月营业额同比减少了30%以上的企业，可享受2021年1月至5月期间租赁商业物业开展业务活动所产生费用60%的税收抵免等。

印度因新冠肺炎疫情暴发采取了多项税收措施，以加大对所涉行业的免税力度，规定如果公司不享受任何免税或激励措施，可以选择以 22%的优惠税率缴纳公司所得税。此外，新成立的国内制造公司（2019 年 10 月 1 日之后成立，并于 2023 年 3 月 31 日或之前开始投产）可以选择按 15%的税率缴纳公司所得税，但不能申请任何特定的豁免和激励措施。当然，此类企业也无须缴纳最低替代税（MAT）。2021 财政法案的修正案规定，开发性金融机构所取得的收入不予征税。以基础设施和发展筹资为目的而成立的机构所取得的收入可在连续的 10 个纳税年度内享受免税优惠，由印度批准设立的开发性金融机构取得的收入可在连续的 5 个纳税年度内享受免税优惠，上述机构合法转让资本资产取得的收益也可免税。

巴西通过公司所得税改革法案，恢复对股息征税（按 15%税率进行源泉扣缴），并规定了某些免税情形，例如，向同一经济集团的公司、专门从事房地产开发的法人实体、适用简易计税制度的年收入总额不超过 480 万雷亚尔的小微企业分配的股息免税。

土耳其发布《税收指南》，明确对规定的因出售不动产或持股股份而取得的资本利得免税。

（三）分期或延期纳税

巴西在新冠肺炎疫情期间建立分期缴税制度，根据分期缴税协议制度，纳税人必须支付债务总额的 4%作为第一期收款（最多将在 12 个月内支付），并在以下期限内支付剩余款项：对法人实体，最长为 72 个月，可申请减免最高 100%的罚款、利息和费用减免，但减免限于债务总额的 50%；个人、个体工商户、微型企业、小型企业、教育机构、合作社和其他民间组织的期限最长为 133 个月，可适用最多 100%的罚款、利息和收费，但减免仅限于债务总额的 70%。

马来西亚出台《应对疫情救助经济复苏计划》，宣布在 2021 年 4 月至年底，对旅游业等受新冠肺炎疫情影响较大的特定行业，允许其延期或分期纳税。

秘鲁允许旅游企业在最长 3 年内分期缴纳未缴税款，对旅游企业建立延期或分期纳税制度，允许提供旅游服务的纳税人在 2021 年 6 月 30 日以前提出申请，其符合条件的纳税义务可以享受在 12 个月或 36 个月内延期或分期纳税的安排。

三、BEPS 行动计划及数字服务税持续推进

（一）落实 BEPS 最低标准持续推进

虽然解决数字化带来的税收挑战继续主导着包容性框架的工作计划，但在打击税基侵蚀和利润转移的其他方面继续取得稳步进展。

包容性框架于 2021 年 10 月发布了 BEPS 第 13 项行动的第四次年度同行审查结果。审查涵盖了 132 个包容性框架成员对国别报告最低标准的实施情况，超过 100 个司法管辖区已经立法对跨国企业集团施加申报义务，几乎涵盖了所有合并集团年营业收入达到或超过 7.5 亿欧元门槛的跨国企业集团。

包容性框架还发布了关于相互协商程序的最新统计数据，该程序在监测 BEPS 第 14 项行动计划和衡量司法管辖区取得的进展方面发挥了重要作用。针对第 7 批和第 8 批司法管辖区的 BEPS 第 14 项行动计划最低标准的第 2 阶段发布同行评审监测报告，体现了这些批次中的 15 个司法管辖区为符合 BEPS 第 14 项行动计划的最低标准所做的努力。

此外，包容性框架发布了对 131 个司法管辖区关于 BEPS 第 5 项行动计划下的税收裁决信息交换的同行评审评估。审查确认，95 个司法管辖区完全符合 BEPS 第 5 项行动计划的最低标准，其余 36 个司法管辖区均收到一项或多项建议，建议通过改进其法律或运营框架以识别和交换税收裁决。

包容性框架还于 2022 年 2 月 9 日批准了 BEPS 第 6 项行动计划同行评审报告，该报告包括每个包容性框架成员实施第 6 项行动计划这一最低标准的详细信息，表明自 2021 年以来合规水平增加了一倍多，成员之间缔结的 2400 项税收协定中约有 2300 项应在不久的将来符合最低标准。

2021 年，《实施税收协定相关措施以防止税基侵蚀和利润转移的多边公约》（MLI）覆盖范围已扩大到 99 个司法管辖区和约 1850 个双边税收协定。BEPS MLI 已经开始影响批准它的 68 个司法管辖区的双边条约，一旦 MLI 得到所有签署国的批准，另外 950 个条约将被修改，从而影响全球 1850 个条约。

（二）“双支柱”方案达成共识

2021 年，OECD 提出的应对数字经济税收挑战的“双支柱”方案达成了国际共识，国际税改取得了显著进展。2021 年，美国成为“双支柱”方案达成共识的重要推动力量。1 月 28 日，美国新任财长耶伦在与法国财政、经济

和复苏部部长勒梅尔的通话中承诺，美国将重新积极参与 OECD 正在进行的国际税改讨论，以便及时推动达成国际共识。5 月 20 日，美国财政部向防止 BEPS 行动计划包容性框架指导小组提议，第二支柱方案中的全球最低企业税税率应不低于 15%。意大利经济和财政部长等发达国家官员对此提议表示支持。6 月 5 日，G7 财长会议就 OECD“双支柱”方案达成广泛协议：在支柱一方面，承诺将新的征税权分配给市场管辖区，针对“规模最大和利润最高的跨国企业”，由市场国的税务部门征收 20%的超额利润税；在支柱二方面，同意设定至少 15%的全球最低公司所得税税率。随后，法国、加拿大等国相继表态，将把“双支柱”方案作为国际税收规则改革的重要部分，在包容性框架内继续推动。

7 月 1 日，OECD 发布《关于数字经济税收挑战双支柱解决方案的声明》，进一步明确了“双支柱”方案的关键指标与设计，得到包容性框架 139 名成员中占全球 GDP 超过 90%的 130 个成员的支持。2021 年 10 月 8 日，OECD 再次发布声明，在 7 月共识的基础上，BEPS 包容性框架下 140 个成员中的 136 个国家（地区）就“双支柱”方案达成共识。10 月 30 日至 31 日，G20 领导人罗马峰会通过应对数字经济税收挑战的“双支柱”方案，并呼吁迅速制定规则范本和多边协议，确保新规则于 2023 年在全球范围内生效。

“双支柱”方案达成历史性协议后，OECD 积极推动其落地实施。2021 年 12 月 20 日，OECD 发布“支柱二”立法模板，并将于 2022 年 1 月发布立法模板的注释，进一步阐明模板规则的目的及具体运用机制（“双支柱”方案及相关评析参见第二章第一节）。

（三）数字服务税开征进程有所放缓

在包容性框架的支持下，各国都在努力应对数字化带来的税收挑战。在 OECD 主导的多边方案推进缓慢的情况下，过去的几年中，一些 OECD 成员国实施了所谓的数字服务税（DST）单边措施。多数情况下，这些国家税基的确定都是按照 2018 年欧盟关于数字服务税指令草案中概述的方法来确定的，有时也参考 2018 年 OECD 提供的应对数字化带来的税收挑战中期报告的相关内容。数字服务税是对大型数字企业的特定业务的收入流征收的税收，它们的税基通常包括来自一组特定的数字产品或服务（例如，有针对性的在线广告）的收入，或基于一个国家内的数字用户数量的收入。相对较高的国内和全球收入门槛限制了大型跨国公司的税收，它通过将税收限制在大型数字企业的某些收入流上，有效地束缚了数字经济的发展，造成了基于企业规模和商业模式的扭曲。

截至2021年底，8个OECD成员国实施了数字服务税，它们分别是：奥地利、法国、匈牙利、意大利、波兰、西班牙、土耳其和英国。例如，英国的提案涵盖社交媒体平台、互联网搜索引擎和在线市场，而法国的提案则涵盖了基于用户数据的数字中介服务和广告服务。加拿大要求向消费者提供数字产品或服务的非居民供应商申报货物劳务税或统一销售税（GST/HST），非居民供应商应针对加拿大消费者带来的应税销售额以及便于第三方供应商销售的数字平台产生的销售额，代扣代缴GST/HST。此外，肯尼亚也通过立法确定于2021年1月1日开征，巴西等国正在讨论开征的提案。当然，也有部分国家选择推迟实施改革，等待包容性框架的相关工作取得成果。例如，匈牙利将其广告税税率在2019年7月1日至2022年12月31日期间降低至0。

第三节　专题研究：支柱二规则及部分经济体应对动向

支柱二旨在通过实施全球最低税率规则，确保大型跨国企业集团在全球任一辖区的实际有效税率不低于全球最低税率，以系统性地解决BEPS剩余问题。其中，支柱二包括基于国内法的全球反税基侵蚀规则（Global Anti-base Erosion Rule，GloBE）和基于税收协定的应税规则（Subject-to-tax Rule，STTR）：

（1）GloBE—如果跨国企业集团内某一辖区公司的有效税率低于全球最低税率（15%），该跨国企业集团应就其有效税率与全球最低税率之间的差额税负缴纳补足税（Top-up Tax）；

（2）STTR—当某一辖区对利息、特许权使用费及某些特定类型的关联支付，适用的名义税率低于9%（应税规则的最低税率标准）时，允许来源国对适用税率低于最低税率的某些特定关联支付征税。

截至2021年底，BEPS包容性框架针对GloBE发布了《应对经济数字化税收挑战——支柱二全球反税基侵蚀规则立法模板》（以下简称《支柱二立法模板》），为GloBE提供了细节化的技术内容，并为有意实施GloBE的辖区修订本地税法设置了立法模板。考虑到 GloBE 的复杂性，BEPS 包容性框架还将于 2022 年发布 GloBE 实施框架，以规定具体实施方案，如征管程序、安全港规则等。

此外，针对 STTR，BEPS 包容性框架预计将于 2022 年完成 STTR 的协定范本条款，并完成一项多边工具（MLI）的开发，以便在相关双边税收协定中快速且一致地引入应税规则。

一、全球反税基侵蚀规则（GloBE）的具体内容

GloBE 旨在确保跨国企业集团无论其总部所在地或经营地在何处，都能够按照规定的全球最低税率缴纳税款。如果跨国企业集团内某一辖区公司的有效税率低于全球最低税率 15%，该跨国企业集团应就其有效税率与全球最低税率之间的差额税负缴纳补足税。通过以下五大步骤可计算出跨国集团公司应缴纳的补足税额：

（1）步骤 1，适用范围内的成员实体：确定适用范围内的跨国企业集团和集团内各成员实体所在地；

（2）步骤 2，GloBE 所得或亏损：确定各成员实体的所得或亏损；

（3）步骤 3，经调整有效税额：确定归属于各成员实体所得的税额；

（4）步骤 4，有效税率和补足税：计算位于同一辖区的所有成员实体的有效税率，若跨国企业集团在任一辖区的有效税率低于 15%，应计算该低税辖区由此产生的补足税；

（5）步骤 5，收入纳入规则（IIR）和低税支付规则（UTPR）：按优先适用规则，根据 IIR 或 UTPR 征收补足税。

（一）步骤 1：适用范围内的成员实体

GloBE 适用于年营业收入达到 7.5 亿欧元及以上的跨国企业集团。因此，判定跨国企业集团的年收入是否达到适用门槛是应用 GloBE 的首要步骤（如表 4-10 所示）。BEPS 包容性框架采用 7.5 亿欧元作为 GloBE 的适用门槛，主要是为了与 BEPS 第 13 项行动计划中提交国别报告的跨国企业集团门槛保持一致，发挥协同效应，简化应用。而且，多数符合这一标准的跨国企业集团需要采用国际会计准则（IFRS）或者其他同等受认可的会计准则对外披露集团合并财务信息，能够提供应用 GloBE 所需要的财务数据。另外，据统计，达到提交国别报告门槛的跨国企业集团的收入占全球公司总收入的 90%以上，因此，这一门槛很好地保留了 GloBE 的影响力，又同时避免了给中小企业带

来过重的税收负担，对其发展产生不利影响。

为了进一步以辖区为单位计算跨国企业集团的有效税率，跨国企业集团需确定落入 GloBE 范围的成员实体及其所在地。成员实体的判定与会计准则下合并财务报表的处理有一定关系。在某些情况下，合伙企业可能会被认定为跨国企业集团的成员实体。此外，如果某些实体仅因为规模较小或未达到重要性水平而被排除在财务报表的合并范围之外，那么这些实体也是成员实体。这主要是因为 GloBE 以辖区为单位来实行，对跨国企业集团整体影响未达重要性水平的，仍可能在某一辖区层面产生显著影响。同时，在计算各辖区 GloBE 所得时，准确归属总部与常设机构的所得非常重要。如果所得归属不够准确，可能会造成辖区有效税率的误差。

政府实体、非营利组织、养老基金等实体通常因特殊目的而设立，且拥有特殊的法律地位，其特殊法律地位可能使得该实体无须在国内缴纳所得税。事实上，这类实体的税收政策与 GloBE 的目标并不冲突。若将其纳入 GloBE 适用范围，反而影响各辖区本地税收政策目标的实现，同时也无益于 GloBE 的政策意图。因此，这些实体被排除在适用范围外。

表 4-10　　确定适用范围内的成员实体的具体步骤

步骤 1	确定 GloBE 适用范围内的跨国企业集团	• 7.5 亿欧元收入测试：GloBE 适用于最终母公司合并财务报表年收入在受测财年之前的四个财年中，至少有两个财年为 7.5 亿欧元或以上的跨国企业集团
步骤 2	确定成员实体	• 成员实体：成员实体指 GloBE 适用范围内的集团实体，包括集团内的所有实体和常设机构。 • 常设机构：常设机构应视为独立于其主体实体和该主体实体的任何其他常设机构
步骤 3	去除排除实体	• 排除实体：排除实体不适用 GloBE，但其所得仍应计入合并财务报表的收入测试。 ➢ 排除实体是指政府实体、国际组织、非营利组织、养老基金、作为最终母公司的投资基金或作为最终母公司的房地产投资工具。 ➢ 如果排除实体所持有至少 95%以上价值的实体（直接或通过排除实体链条），是专为排除实体的利益持有资产或投资基金，或者仅从事排除实体所开展活动的辅助性活动，那么该实体也是排除实体；如果排除实体所持有至少 85%以上价值的实体（直接或通过排除实体链条），其收入都是排除的股息或排除的权益损益，那么该实体也是排除实体。 • 除上述情况外，排除实体持有的其他成员实体仍适用 GloBE

续表

步骤 4	确定各成员实体的所在地	● 实体所在地取决于其税收居民地：如果一个实体基于其管理所在地、设立所在地或类似标准为某个辖区的税收居民，则认为该实体位于该辖区。在其他情况下，实体所在地位于设立地辖区。穿透实体适用特殊规定。 ● 常设机构所在地取决于其设立地：常设机构位于被视为在当地构成常设机构、在当地取得所得并应依法纳税的辖区。免税的常设机构适用特殊条款

（二）步骤 2：GloBE 所得或亏损

为确定跨国企业集团在某一辖区的有效税率，跨国企业集团需要根据 GloBE 来确定单个成员实体的税额（即经调整有效税额）以及所得或亏损（即 GloBE 所得）。每个成员实体的 GloBE 所得或亏损应根据相关条款对财务会计净所得或亏损进行调整后确定。

在确定财务会计净所得或亏损时，用最终母公司编制合并财务报表时所使用的单个成员实体的财务数据有两大优势。首先，使用同一标准有助于最大限度地减少由于在不同辖区使用不同会计准则来处理成员实体间交易而产生的数据不匹配的现象。其次，大部分情况下，尤其是对于上市跨国企业集团来说，用来编制成员实体财务数据的会计准则通常会遵循母公司所在辖区的标准。这是由于使用同一标准来维护所有成员实体的财务数据有利于跨国企业集团编制合并财务报表。如果一个成员实体的财务数据没有定期按照母公司的会计准则进行调整，则通常会有一些机制能以母公司的标准来转换这些财务数据。

如表 4-11 所示，跨国企业集团需要对财务会计净所得或亏损进行一系列调整来确定 GloBE 税基，包括排除股息、排除权益损益，调整政策不允许扣除的费用、股权激励费用以及非对称汇兑损益等。其中，排除股息是为了避免重复计算已征税所得，并与一些辖区常采用的参股豁免法和类似减免法协调一致；而排除权益损益主要是由于国际上大多数国家对于权益损益如资本利得等采用免税法，因此计算 GloBE 税基时也与其保持一致，不计入所得。

最后，GloBE 所得或亏损可在常设机构和主要实体之间分配，或根据当地的税法分配给穿透实体的所有者。这些分配规则确保了在符合当地税法规定的情况下，财务会计净所得或亏损可在这些实体和其所有者之间合理分配。

表 4-11　　　　确定 GloBE 所得或亏损的具体步骤

步骤 1	确定财务会计净所得或亏损	• 财务会计净所得或亏损：最终母公司编制合并财务报表时所使用的单个成员实体的净所得或亏损金额（在对集团内部交易进行任何调整抵销之前的金额）。
步骤 2	对财务会计净所得或亏损进行调整来确定 GloBE 税基	• 对已确定的净所得或亏损进行调整，以消除一些常见的税会差异。 ➢ 排除的股息：是指就所有者权益收取或应计的股息或其他分配。但以下情况除外： （a）短期组合投资股权； （b）根据应税分配方式选择权进行选择的投资实体的所有者权益。 ➢ 排除的权益损益：是指包含在成员实体财务会计净所得或亏损中的收益、利润或损失。上述损益源于： （a）所有者权益公允价值变动的收益和亏损，但组合投资股权除外； （b）权益法下所有者权益的收益和亏损； （c）处置所有者权益的收益和亏损，但组合投资股权的处置除外。 ➢ 政策不准予列支的费用： （a）成员实体计提的包括贿赂和回扣在内的非法付款的费用； （b）成员实体因大于等于 50000 欧元（或与计算该成员实体财务会计净所得或亏损等额的本位币）的罚款和罚金而计提的费用。 ➢ 股权激励费用：主要为了防止与股权激励计划有关的税会差异而产生的补足税。 ➢ 非对称汇兑损益：主要为了避免会计和税务上使用不同币种计价而产生的差异。 • 排除国际海运所得
步骤 3	分配给常设机构或穿透实体（必要时）的 GloBE 所得或亏损	• GloBE 所得或亏损根据当地税法在常设机构和主体实体之间分配或分配给穿透实体的所有者

（三）步骤 3：经调整有效税额

为确定跨国企业集团在某一辖区的有效税率，除了需要确定其 GloBE 所得或亏损外，还需要确定单个成员实体的税额（即经调整有效税额）。有效税额是指 GloBE 认可的公司所得税税额，包括对企业净利润征收的各种税费，如取得所得时征收的税额、将所得以股息形式分配给股东时征收的税额、其他所有公司所得税性质的税额，以及对留存收益和公司股权征收的税额等。

如表 4-12 所示，跨国企业集团对每个成员实体的当期税收费用按一些因素进行调整后（如暂时性差异等），即可得出成员实体的经调整有效税额。考虑暂时性差异调整是为了减少有效税率不必要的波动以简化计算。在某些情况下，有效税额会从一个成员实体分配到另一个成员实体。例如，母公司按受控外国企业规则下缴纳的税额应分配给受控的外国成员实体，以及与分配利润有关的任何有效税额，应分配给作出分配的成员实体。如果在申报后税负发生变化的情况下，辖区的有效税额需要作相应调整。

表 4-12　　调整有效税额的具体步骤

步骤 1	确定有效税额	• 确定有效税额：计算有效税额时，应以单个成员实体的财务会计上确认的当期税收费用为起点，再根据相关条款对其进行调整
步骤 2	针对暂时性差异和亏损调整有效税额	• 通过递延所得税调整总额对有效税额进行调整，应将暂时性差异和以前年度亏损考虑在内。 • 处理暂时性差异的机制中包括一些保障措施，旨在确保计算 GloBE 有效税率时的公平和统一。这些保障措施包括：将递延所得税资产和负债按最低税率重新计算，以及运用"汇回规则"以确保在规定时间内相关报告成员实体实际支付了纳入有效税额的所得税金额。 • 若某低税率辖区的报告成员实体当年发生 GLoBE 净损失，辖区内的报告成员实体可选择不适用递延所得税规则，转而适用简化后的亏损结转规则
步骤 3	将有效税额从一个成员实体分配至另一个成员实体	• 必要时可将有效税额从一个成员实体分配至另一个成员实体。可能需要分配的此类税额包括因受控外国企业规则产生的税款、分配税（预提所得税），以及与常设机构、税收透明实体及混合实体相关的税款
步骤 4	申报后调整	• 对以前年度应纳税额的调整（例如由于审计或更正所得税申报表导致的情况）适用特殊规定。 • 特殊规定要求，如果该调整使以前年度的应纳税额有实质性减少，则需要重新计算以前年度的有效税率。如果该调整导致产生额外的补足税应纳税额，则该补足税应在本财年缴纳（即无须对上一财年进行更正申报）。以前年度增加的税额应纳入本财年有效税额

（四）步骤 4：有效税率和补足税

跨国企业集团在一个辖区的有效税率等于位于该辖区的每个成员实体经调整有效税额的总和除以该辖区该财年的 GloBE 所得。简单来说，有效税率以辖区为单位进行计算。当某一辖区确定的有效税率小于 GloBE 规定的最低税率（15%）时，就会产生差额税负，需要按补足税率和辖区超额利润来计算并缴纳补足税（补足税计算逻辑见图 4-6）。

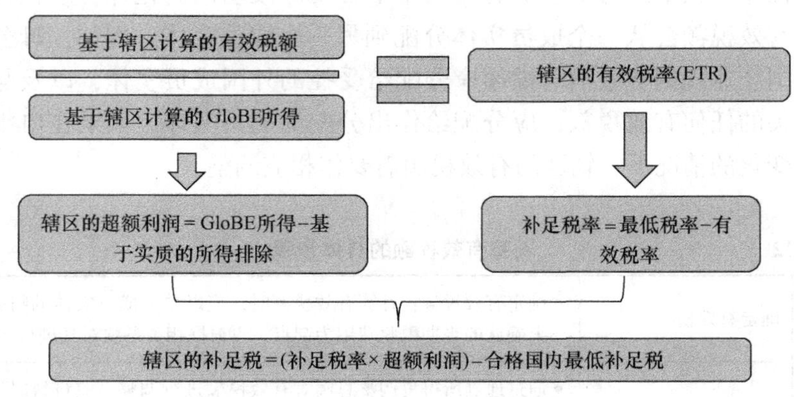

图 4-6　补足税计算逻辑

在计算超额利润时，GloBE 考虑了在辖区从事实质性经济活动的情况，允许通过公式化的方法，在超额利润中扣除实质性经济活动产生的部分回报。GloBE 的出发点是解决遗留的 BEPS 问题，以及遏制税收逐底竞争，而针对研发等实质性经济活动的税收优惠政策可以有效弥补市场缺陷，对于鼓励创新、促进经济发展具有积极作用。因此，为降低 GloBE 对实质性经济活动的影响，在计算超额利润时引入了公式化经济实质排除机制。

体现实质性经济活动的指标包括有形资产折余价值和人员工资。长期来看，有形资产折余价值和人员工资可以排除的回报比例为 5%。GloBE 还设置了较为宽松的过渡期政策，过渡期为 10 年，过渡期起始年度有形资产折余价值和人员工资的排除比例分别为 8%和 10%。过渡期前 5 年排除比例每年下降 0. 2%；后 5 年，有形资产排除比例每年下降 0. 4%，人员工资排除比例每年下降 0. 8%。将有形资产折余价值和人员工资共同作为实质性经济活动的衡量指标，是考虑到劳动密集型和资产密集型等不同商业模式中实质性经济活动的表现方式，避免对不同行业区别对待而产生的不公平后果。

GloBE 之所以要分辖区计算有效税率，是为了实现其主要政策目标，即解决大型跨国企业集团利用低税地转移利润和税收逐底竞争问题，确保企业在每一辖区均承担不低于 15%的税负。如果采用全球汇总法而不是辖区汇总法计算有效税率，企业有可能利用全球各辖区税率差异以获取避税利益。辖区汇总相比全球汇总，更有利于抑制跨国企业集团向低税辖区转移利润的动机。

计算有效税率与补足税的步骤见表 4-13。

表 4-13　　　　　　计算有效税率与补足税的具体步骤

步骤 1	计算低税辖区的补足税额	• 单一辖区有效税额除以该辖区的 GloBE 所得，即可计算出该辖区的有效税率。 • 当有效税率低于最低税率时，应计算该辖区的补足税率。最低税率减去有效税率计算得出补足税率（例如，若有效税率为 10%，则补足税率为 15% -10% = 5%）。 • 再将补足税率乘以该辖区的超额利润来确定补足税额。该辖区的超额利润等于 GloBE 所得减去基于实质的所得排除（即排除有形资产和工资的常规回报）。 • 最后，该辖区的补足税额应减去所适用的合格的国内最低补足税额
步骤 2	补足税额在低税成员实体之间的分配	• 确定取得 GloBE 所得的成员实体：补足税应分配给该低税辖区取得 GloBE 所得的成员实体（并按该收入比例分配），以便确定针对哪些成员实体征收补足税

值得一提的是，BEPS 包容性框架曾多次向公众征集支柱二意见，许多跨国企业集团提出建议，希望能提供简化措施，以减少企业在多辖区经营的情况下遵守 GloBE 所带来的合规复杂性与管理负担。因此，GloBE 提供了微利排除并考虑制定安全港规则。

——微利排除

若跨国集团在某个辖区同时满足以下两个条件则该辖区的补足税金额视为零：该辖区的平均 GloBE 收入低于 1000 万欧元，且该辖区的平均 GloBE 所得为负或低于 100 万欧元。上述标准按其三年的平均值计算。

——GloBE 安全港

首先，作为实施框架的一部分，当跨国企业集团很可能按 15%或以上税率在某些辖区缴纳税款时，安全港规则将尽量降低跨国企业集团在该些辖区的合规与管理负担。

其次，安全港规则的最终设计将在与业界和利益相关者的协商中进一步完善，并包含在 2022 年发布的实施框架中。

（五）步骤 5：IIR 和 UTPR

当跨国企业集团在某个辖区的有效税率低于最低税率（15%）时，可以通过 IIR 和 UTPR 两种方式来征收补足税（具体步骤见表 4-14）。根据 IIR，持有低税成员实体所有者权益的母公司的辖区可优先征收补足税。如果在运用 IIR 后仍有剩余的补足税额未征收，UTPR 的分配机制会将剩余的补足税额分配给适用 UTPR 的辖区来征收。

1. IIR 的应用

IIR 要求母公司实体（在大多数情况下是最终控股实体）就其在低税辖区中每个成员实体的所得相对应的份额缴纳补足税。然而，若要求所有权益链中的每个成员实体都适用 IIR，那么多个辖区的规则可能适用于相同的低税成员实体，这可能引起双重征税。因此，GloBE 提供了“自上而下”的协调机制，以防止不同辖区的 IIR 规则的重叠适用。

“自上而下”的机制给予一个跨国企业集团内，最靠近顶层控股链成员实体所在辖区优先使用 IIR 的权利。根据 IIR，直接或间接持股低税成员实体的母公司应按持股比例在其所在辖区缴纳补足税。换言之，一旦最终控股实体适用 IIR，其他成员实体所在辖区不得同时适用 IIR。如果最终控股实体（或上述母公司）不适用 IIR，那么集团架构中最终控股实体持有的次一级实体将可以适用 IIR，该次一级实体仅需对其具有直接或间接权益的低税成员实体适用 IIR 并缴纳补足税，以此类推。

2. UTPR 的应用

虽然 UTPR 与 IIR 目的一致，计算有效税率、应缴纳补足税等方式均相同，但是其功能不同、适用方式也不同。UTPR 是 IIR 的后备征税方式，只有在运用 IIR 后仍有剩余的补足税额未征收，才能通过 UTPR 分配机制将剩余的补足税额分配给适用 UTPR 的辖区来征收。

UTPR 辖区可以征收的剩余补足税，按基于 UTPR 辖区所有成员实体持有的有形资产账面净值总额及 UTPR 辖区所有成员实体的员工总数的公式计算得出。

表 4-14　　通过 IIR 和 UTPR 征收补足税的具体步骤

步骤 1	确定根据 IIR 应缴纳补足税的母公司	• 最终母公司：按照优先适用规则，跨国企业集团的最终母公司应缴纳所有低税成员实体补足税的税款。 • 自上而下的方法（top-down approach）：如果跨国企业集团的最终母公司所在地未立法实施 IIR，则应根据当地法规，对所有者权益链中的次一级适用 IIR 的中间层母公司征收补足税。 • 部分持股母公司：部分持股母公司是指由非集团成员持有超过 20% 的所有者权益的成员实体。在这种情况下，应适用 IIR 的部分持股母公司将优先被征收补足税

续表

步骤 2	确定母公司根据IIR需缴纳的补足税金额	●归属于母公司的补足税份额：补足税以“纳入比率”分配给母公司。“纳入比率”即根据会计准则计算低税成员实体的利润有多少归属于该母公司的比率。 ●抵减机制：如果多个母公司根据IIR对同一个低税成员实体有缴纳补足税的义务，则在所有者权益链中处于较高层级的母公司，应在其应缴的补足税额中减去较低层级的中间母公司或部分持股母公司支付的补足税额
步骤 3	确定剩余可用UTPR征收的补足税额（如有）	●后备机制：如果属于最终母公司的补足税款未按IIR缴纳，则这些补足税款可通过后备机制UTPR来征收。 ●最终母公司的辖区：UTPR也可以适用于因最终母公司辖区实行低税率而产生的补足税。 ●UTPR限制：当一个跨国企业集团处于其跨国活动的初始阶段时，免于适用UTPR
步骤 4	通过UTPR调整实现UTPR补足税分配	●分配因子：步骤3中确认的UTPR补足税额应在所有UTPR辖区之间分配，其两个分配因子为：UTPR辖区所有成员实体持有的有形资产账面净值总额、UTPR辖区所有成员实体的员工总数。 ●UTPR调整：分配给一个辖区的UTPR补足税额通过限制税前扣除（或根据国内法进行等额调整）来实现

二、欧盟关于实施全球最低税率的指令草案

2021年12月22日，欧盟发布了关于确保欧盟内跨国企业集团按全球最低税率水平缴税的指令草案（以下简称指令草案），旨在推动欧盟成员国实施BEPS包容性框架发布的支柱二立法模板中的全球最低税率规则。指令草案严格遵循了立法模板的规则，其中包含IIR及UTPR。但是，为了与欧盟法律相适应，它也做了一些必要的调整。

（一）总体架构

指令草案提供了一系列在欧盟范围内适用的规定，旨在通过以下两个相关联的规则（统称为欧盟GloBE规则），确保跨国企业集团的有效税率达到15%：（1）对低税成员实体的最终母公司通过IIR征收补足税；（2）在成员实体的低税所得不适用IIR时，作为后备机制的UTPR可以适用，即根据辖区内有形资产价值及辖区内雇员数量的双因素公式来分配补足税。指令草案中并没有明确提到如何征收UTPR补足税（例如，通过不允许扣除或其他

方式）。

值得注意的是，与 OECD 立法模板相同，指令草案中规定位于欧盟成员国内的跨国企业集团的成员实体，有义务提交补足税的税务信息申报表，除非该跨国企业集团在与该欧盟成员国签有信息交换协议的另一辖区已经提交过该申报表。该申报表必须在其相关财年结束后的 15 个月内（第一年是 18 个月）提交。该指令草案还规定，若成员实体未按时申报税务信息申报表，成员国有义务对该违反实施细则的行为进行处罚，处罚应包括至少相当于该成员实体在相关财年营业额 5%的行政罚款。若该成员实体在提出要求后的 6 个月内提供了补交的税务信息申报表，则可免于处罚。

指令草案目前没有列出任何行政简化措施来减轻合规性负担。

（二）与 OECD 立法模板的关键不同之处

1. 将 IIR 的适用范围扩大到“大型国内企业集团”

指令草案扩大了 IIR 的适用范围，不仅适用于至少拥有一个位于最终母公司辖区外的实体或常设机构的跨国企业集团，还适用于所谓的“大型国内企业集团”，即所有成员实体都位于同一成员国内的跨国企业集团，并且其合并财务报表在过去连续四个财年中至少有两个年度的收入达到或超过 7.5 亿欧元。在指令草案的解释性说明文件中，明确指出了这一扩展是为了“避免跨境和国内情况之间产生的任何歧视”。

指令草案还提供了过渡性规则。根据该规则，从大型国内企业集团首次被纳入指令草案适用范围内的财年首日起算，该大型国内企业集团根据 IIR 应征收的补足税，在前五个财年降为零。同时明确，从指令草案生效之日起被纳入适用范围的大型国内企业集团，其过渡期将从 2023 年 1 月 1 日起算。该过渡性规则是为了确保与给跨国企业集团国际活动初始阶段提供的过渡期保持一致，从而避免对类似情况产生不同处理。

2. 将最终母公司、中间层母公司或部分持股母公司纳入补足税范围

根据 OECD 的立法模板，适用 IIR 的辖区仅对境外低税成员实体征收补足税。而欧盟指令草案的不同之处在于，规定了若位于某成员国的最终母公司（或者在某些特定情况下，中间层母公司或部分持股母公司）本身就是一个低税成员实体，则它应该与位于同一成员国的低税成员实体一起纳入 IIR 补足税的计算。

3. 跨国企业集团国际活动初始阶段可临时豁免适用 IIR

根据 OECD 立法模板规定，若跨国企业集团在不超过 6 个辖区拥有成员实体，且位于参考辖区以外所有辖区的所有成员实体的有形资产净值总和不

超过 5000 万欧元，则认为跨国企业集团处于其国际活动的初始阶段，可以临时豁免适用 UTPR。

在指令草案中，上述豁免规则扩展到了 IIR 的应用。该额外的豁免情况虽然与 OECD 立法模板不同，但确保了与前文所提到的“大型国内企业集团”相关条款的一致性。

4. 第三国辖区法律框架下设定的规则应视为等同于欧盟 GloBE 的 IIR

指令草案规定了在某些情况下，由第三方辖区实施的境外（即非欧盟）IIR 可被视为等同于欧盟 GloBE 的 IIR，使得两套规则可以协调运作。根据等同性评估规定，满足以下条件的非欧盟 IIR 可以视为等同于欧盟 GloBE 的 IIR：

——制定了母公司应计算和缴纳跨国企业集团中低税成员实体的可分配补足税份额的规则；

——规定的最低有效税率至少为15%；

——仅允许位于同一辖区的实体合并计算收入；

——允许抵减根据欧盟指令草案在欧盟成员国缴纳的 IIR 补足税。

截至 2021 年底，美国的最低税率规则（GILTI）仍使用合并全球收入的方式来确定境外所得的有效税率。美国国会正在考虑对 GILTI 规则进行修订，其中包括一项只允许辖区内合并计算 GILTI 有效税率的建议。这项立法的最终结果尚不确定，因此在当前 GILTI 的规则框架下可能不会被视为等同于欧盟 GLoBE 的 IIR。

5. 欧盟成员国可选择实行“合格的”国内补足税

指令草案为欧盟成员国提供了一个选择权，即选择施行“合格的”国内补足税制度。该定义与 OECD 立法模板中描述的相一致。

选择实行国内补足税制度的欧盟成员国需要在施行该方法的 4 个月内通知欧盟委员会。若跨国企业集团的成员实体位于某个实行了合格国内补足税的欧盟成员国内，则该成员实体需要向该成员国支付补足税。

指令草案解释了提供该项选择是为了让欧盟成员国从位于其境内的低税成员实体征收的补足税收入中获益。因此，施行国内补足税可以避免其他辖区应用 IIR 或 UTPR。在缴纳国内补足税后，任何超出的补足税将根据欧盟 GloBE 来征收。

指令草案的批准执行需要所有欧盟成员国的一致同意。若指令草案最终通过，欧盟各成员国应在 2022 年底前颁布用于施行指令草案的国内法律法规，并从 2023 年 1 月 1 日起正式实行 IIR，从 2024 年 1 月 1 日起正式实行

UTPR。

三、其他国家（地区）对于 GloBE 的态度及最新动向

根据支柱二的效力规则，签署《关于应对经济数字化税收挑战“双支柱”方案的声明》（以下简称声明）的包容性框架成员并不一定要实施 GloBE，但是一旦选择实施，就需要采取与支柱二成果相一致的方式实施和管理相关规则；如果不实施 GLoBE，则应接受其他包容性框架成员实施 GloBE，包括认可规则适用顺序以及所有达成一致的安全港规则。因此，即使签署了声明，各辖区当局也需要考虑后续是否在本辖区采用并实施 GloBE 规则，以及是否需要修订辖区内税制（如推行辖区内最低税率、调整所得税税率等）以保护本辖区税源。此外，各辖区当局可能还需要考虑如何在推行税收变革的同时保留税制竞争力来吸引投资。部分已签署声明的国家（地区）对于 GloBE 的态度与最新动向如下。

1. 英国

2022 年 1 月 11 日，英国皇家税务和海关总署和财政部就修订国内税法来落实 OECD 最低税率规则发布了意见征询文件。该份征询文件主要参照 OECD 立法模板中的规则，其中需要按照英国税制特点做出调整的部分并不多。英国 IIR 预计于 2023 年 4 月 1 日起生效，UTPR 预计于 2024 年 4 月 1 日起生效。英国当局也在考虑是否要从 2024 年 4 月 1 日起引入国内最低税率法规，一旦实施该法规，那么英国产生的低税所得将在英国而非其他国家缴纳补足税。英国皇家税务和海关总署和财政部在征询文件中提到“引入国内最低税率法规可以在不增加大型跨国企业集团额外税负的同时，增加英国的财政收入，而且可以降低企业管理与合规的成本，提高纳税人的税收确定性”。

2. 西班牙

西班牙财政部于 2021 年 10 月宣布了 2022 年预算草案，提出对年收入超过 2000 万欧元的公司或隶属于企业集团的公司实施 15%最低所得税税率。西班牙当局认为这项最低税率法规将在 2022 年和 2023 年分别额外带来约 5000 万欧元及 4 亿欧元的税收收入。

3. 中国香港

在声明发布后，香港特别行政区政府表示，BEPS 2.0 主要涵盖符合条件的大型跨国企业集团，不会影响香港的中小型企业。香港利得税的标准税率为 16.5%，在国际上具有一定竞争力，而香港简单及透明的税制也深受投资

者欢迎。随着 BEPS 2.0 改革框架落实后，大型跨国企业集团在各辖区的实际税率必须至少达到 15%，辖区日后以不征税或特低的优惠税率等作为竞争手段的效用将会减低。香港可在此更公平的税务环境下巩固竞争优势。香港特别行政区政府就如何落实 BEPS 2.0，与受影响的企业交流，阐明特区政府原则，包括维持香港税制简单、明确和具透明度的优势，保留属地税制等，以及尽量减轻企业的合规负担。

根据 2022 年香港预算法案，香港特别行政区政府计划向立法委员会提交实施全球最低税率的建议法案。这份全球最低税率法案将参照 OECD 的 GloBE 框架规则。香港特别行政区政府还计划从 2024—2025 纳税年度对跨国企业开始实施辖区内最低税率规则。该规则可以确保这些跨国企业的有效税率达到 15%，并每年为香港额外带来 150 亿港币的税收收入。

4. 新加坡

新加坡是 BEPS 包容性框架就“双支柱”方案达成共识的成员国之一。支柱二规则的实施将限制部分在新加坡投资的大型跨国企业继续享受传统的税收优惠政策，新加坡的企业税收制度很可能会相应作出调整。财政部承诺其税制调整将始终遵循三个原则以持续提升新加坡经济的整体竞争力：遵守国际达成共识的规则、保障自身征税权和最小化企业合规成本。根据 2022 年新加坡预算法案，新加坡正在探索引入国内最低税率，对那些受 GloBE 规则约束但实际税率低于全球最低税率 15%的集团另行征税。

尽管有利的低税收环境可以为新加坡吸引大批外来投资者，但是提高整体实力才是应对税收变化的最佳办法。因此，新加坡财政部表示他们将加强优质基础设施建设，增强劳动力保护，完善全球友好性的商业环境开放和监管，旨在为新加坡面对数字化和可持续发展等金融格局变动的关键时期保持并提升自身优势。

5. 爱尔兰

爱尔兰财政部长表示支柱二规则将解决数字化经济带来的全球税收挑战，并为大型企业和政府带来其所重视的确定性和稳定性。不仅如此，声明对最初“至少 15%”的协议内容进行了进一步澄清，向全球明确了最低有效税率为 15%。该税率也将适用于爱尔兰的跨国企业。然而，爱尔兰长期公司所得税税率 12.5%仍将继续适用于在爱尔兰的绝大多数企业。爱尔兰财政部长还表示，该国将继续为跨国企业的繁荣发展提供有利平台，保持“一流”商业环境的同时提供有吸引力的税率，为在爱尔兰发展的跨国企业提供更多的发展机会。

6. 加拿大

加拿大副总理兼财务部长在签署声明后表示支柱二规则将为参与在全球经济活动中的加拿大员工和加拿大企业带来更加公平的商业竞争环境。这项规则不仅可以确保加拿大重要社会保障体系的资金来源，还可以防止本国的税基受到侵蚀。因此，加拿大期待与国际伙伴的进一步合作，以促进这项新税收框架的生效和落实。

第四节　发展特点与趋势

公司所得税虽然在筹集收入方面的作用和地位与个人所得税、社会保障缴款和增值税相比较为逊色，但却是影响吸引资本投资的一个重要因素，是一国税制竞争力的重要体现。2021 年，全球公司所得税的发展趋势主要呈现出以下特点。

一、公司所得税税率或将出现“提降同现”的局面

虽然 2021 年全球公司所得税平均税率继续下降，延续了疫情前的发展态势。但从未来发展趋势看，主要经济体公司所得税税率调整或将出现“提降同现”的局面，与疫情前有所不同。疫情前，主要经济体基本呈现“集体降低”公司所得税税率的态势，特别是美国 2017 年通过法案将联邦公司所得税税率由 35%大幅下降至 21%以后，部分其他主要经济体也纷纷跟进。但 2021 年，在法国等高税率主要经济体继续降低公司所得税税率的同时，出现了部分主要经济体提高税率的新情况。例如，阿根廷修订了原来将公司所得税税率由 30%降低至 25%的计划，转而实施了 25%、30%和 35%三档累进税率。从未来趋势看，在宣布以后几年调整公司所得税税率计划的 OECD 成员国中，法国和奥地利将降低公司所得税税率，具体为：法国在 2020 年（34.43%降至 32.02%，包括 3.3%社会附加）和 2021 年（32.02%降至 28.41%）降低公司所得税税率的基础上，将于 2022 年进一步降低至 25.83%；奥地利计划 2023 年将公司所得税税率从 25%下降至 24%，2024 年进一步下降至 23%。英国和荷兰将提高公司所得税税率，具体为：英国计划自 2023 年 4 月 1 日起将

公司所得税税率从19%提高至25%；荷兰2021年12月21日上院通过的2020年税收计划显示，2022年公司所得税税率由25%提高至25.8%[①]。

二、影响各国公司所得税税率变化的因素更趋复杂多元

疫情前，公司所得税税率呈现的“集体降低”的逐底竞争态势，主要是由国际竞争驱动形成的。疫情后，影响公司所得税税率的因素较之前更为复杂多元。从各国国内看，一方面，助企纾困、促进经济复苏成为经济政策的重要目标之一；另一方面，确保财政可持续性也成为各国制定税收政策的重要考量。从国际看，国际竞争并未减弱，而“支柱二”实施15%全球最低有效税率的政策也成为影响各国公司所得税税率调整变化的又一重要因素。上述国内外因素相互叠加、综合作用，共同影响公司所得税税率的发展趋势，而各因素之间的影响力对比等，将对各国公司所得税税率的最终确定产生决定性作用。

三、公司所得税税收优惠成为疫情期间助企纾困的重要举措

自2020年疫情发生以来，各国经济面临巨大的下行压力，企业经营和盈利能力也受到严重冲击，纾困解难、扶持企业发展不仅是促进经济复苏的重要方面，也是稳定就业岗位、保障民生的重要着力点。因此，助企纾困成为各国政府实施税收政策的重要目标之一。2021年，为帮助企业渡过难关，各国在实施普惠性税收优惠政策的同时，对餐饮、旅游行业等受疫情冲击严重的行业以及抗风险能力相对较弱的中小企业出台了有针对性的帮扶措施。普惠性税收优惠主要包括增加税前扣除额、延长亏损结转期限、提高亏损结转限额等措施，以普遍降低企业主体的税收负担，减轻企业压力。有针对性的税收优惠主要为出台相关行业、企业的税前扣除和税收抵免等，这些特殊优惠政策一般而言优惠力度更大。此外，这些纾困政策大多数为短期临时性政策。

① 资料来源：IBFD税收研究数据库。

四、国际税改进展显著但落地存在变数

近年来，随着经济数字化的快速发展，其催生的新模式和新业态带来了一系列税收挑战。应对数字经济的税收挑战成为各国税收领域面临的重要课题，也成为2013年OECD启动的BEPS 15项行动计划中的第一项。但相对其他行动计划而言，应对数字经济的税收挑战进行较为缓慢。2019年，OECD首次提出“双支柱”这一解决方案框架，之后经历了曲折的谈判，2021年“双支柱”方案加速推进，国际社会达成共识。此次国际税改通过重新分配征税权、实施全球最低税，将重塑国际税收规则，被称为第二次“伟大的妥协”。但从未来落地实施的前景看，由于利益受损国家可能缺乏实施意愿、规则设计的复杂性将给税企双方都带来较高的遵从成本等原因，“双支柱”方案仍将面临重重困难。

第五章　社会保障税

社会保障作为社会稳定机制，是现代国家最重要的社会经济制度之一，在经济社会发展中起着重要作用。建立、健全与经济发展水平相适应的社会保障体系，是对全体社会成员基本生存提供必要保障的前提，是经济协调发展的必然要求，也是社会稳定和国家长治久安的重要保证。

在社会保障制度安排中，政府既制定社会保障政策，又借助必要的经济手段保证社会保障制度顺畅运行和健康发展。其中，合理选择有效的社会保障资金筹集方式，是社会保障制度安排的核心环节之一，更是社会保障制度建设必须解决的重大问题。开征社会保障税①是世界大部分发达国家和一些发展中国家重要的社会保障筹资方式。本章选取了部分经济合作与发展组织（OECD）成员国和部分非 OECD 成员国家及地区，对其税制进行了详细介绍，并对这些国家（地区）2021 年社会保障税的相关变化进行了简要分析。同时，本章详细阐述了社会保障资金的筹集制度，并对几个代表性国家进行了比较分析。本章最后，初步总结了世界社会保障税的若干变化趋势，展望全球疫情下社会保障税发展的机遇和挑战。

---

① 不同国家对社会保障筹资方式及筹资收入的称谓没有统一的表述。如英国称为国民保险缴款（national insurance contributions），挪威等国家称为社会保障缴款（social security contributions），爱尔兰称为社会保障付款（pay related social insurance），有些国家将保障筹资收入归类为特别税（special assessments）。不同的国家根据不同的国情和理解，各自确定本国社会保障筹资的名称。鉴于此，为研究方便和统一比较，本章将缴纳给政府的强制性社会保障收入统称为社会保障税。

第一节　社会保障税概况

一、社会保障和社会保障税概述

（一）社会保障概述

社会保障是按照立法或其他强制性安排制定的社会保护方案，当参保人面临养老、遗属养恤、丧失行为能力、残疾、失业或抚养子女等问题和意外时，社会保障制度可为其提供一定程度的收入保障。短期内，社会保障的被保险人需要为其将来享受的社会保障服务缴纳相应的税费，从而影响到个人的可支配收入，但是社会长期的稳定发展依赖于社会保障制度。

从功能的角度来看，社会保障发挥了宏观经济的“自动稳定器”作用，在人们失业或无生产性活动时提供收入，从而支持家庭日常的商品和服务消费，进而支持地方和国家的经济活动和就业。主要表现在以下几个方面。第一，社会保障可以通过培训费用补贴、集中培训等方式提高劳动者技能，使其与劳动力需求匹配，它增加了就业机会，减少了失业，促进了结构性经济转型。第二，社会保障制度通过一系列疾病预防、康复保健、指导人们形成健康的生活方式、支持个人积极参与社区工作等措施，改善人们的生存状况，以缩小世界范围的贫富差距。第三，它通过各类福利和服务支持有孩子的家庭，在儿童早期提供更好的生活开端，并在家庭境况脆弱时期提供支持。第四，促进性别平等，改善工作与生活的平衡。社会保障制度在人们整个生命过程中开发人力资本，以增强和培养适应性，从而增强个人的适应力，以应对生活的转变，为家庭提供所需，并为社区做出贡献。综上所述，社会保障的这些作用决定了社会保障的可及性、可持续性和适当性。这是一种以尊严和尊重对待每个人的社会保障，通过培养自我适应力来保护弱势群体。

（二）社会保障税概述

社会保障制度体系包括法律依据、覆盖范围、筹资方式、社会保障资金管理、社会保障待遇等因素。社会保障税作为世界各国普遍采用的融资方式，其税制设计因国家制度、人口结构、经济发展水平等因素的不同而异。社会保障税是向一般政府支付的强制性款项，使参保人有权获得（或有）将来的社会福利。具体包括：失业保险，补充、意外、受伤和疾病保险，老年、残疾和遗属养恤金，家庭津贴，医疗费用偿还或提供医院或医疗服务。雇员和雇主均可缴付供款，大部分社会保障税制度也覆盖了自主经营者（以下简称自营业者）。这些款项通常支付给提供这些福利的一般政府机构，并用于资助社会福利。

与一般税种开征的目的不同，社会保障税的开征意味着政府将承担社会保障的相应责任。社会保障税并不是财政增收措施，因此，和其他税种相比，它具有两个主要特点，一是直接受益性。社会保障类税收自成收支体系，专款专用。按受益原则征收，由获得某种特定收入的纳税人缴纳，在缴费者与国家之间存在着一种“有偿交换”的关系，缴费数量与受益程度之间基本存在着一一对应关系，并且，受益人相对固定，具有明显的补偿性和一定的返还性质。二是保障对象特定性。社会保障税的纳税人是特定的，不同保障项目的纳税人具有明确的特定性。这体现在一个保障项目的社会保障税收入要专门用同类项目投保人的社会保障支付，而且还体现在只有参加该类社会保障项目的人现在纳税，将来才有资格享受社会保障的利益。

开征社会保障税主要具有以下三方面作用。一是为基本社会保障提供资金。社会救助、社会福利和优抚安置等社会保障的经费主要由财政承担，财政对社会保障收支管理的方式一般取决于其筹资模式。从目前各国情况来看，开征社会保障税是大多数国家最主要的筹集资金方式。二是具有收入再分配作用。社会保障制度的实质是一种转移支付和风险分散制度，社会保障税是实现上述目的的一个有效工具，可对财富和国民收入初次分配所造成的收入不平等和贫困扩大化趋势进行抑制。三是具有社会稳定作用。英国在 19 世纪 50 年代颁布并实施的《济贫法》，作为现代社会保障制度萌芽阶段的标志，首创了认定要求社会救助属于公民合法权利，社会救助是国家应尽义务的新准则。社会保障是现代政府必须长期承担的义务，是一项积极的福利举措。

二、世界各国（地区）社会保障税概况

截至 2020 年 2 月，除澳大利亚、阿富汗、孟加拉国、博茨瓦纳、开曼群岛、库克群岛、格鲁吉亚、朝鲜、马尔代夫、新西兰、纽埃岛、东帝汶、瑙鲁、帕劳外，世界范围内，绝大部分国家（地区）都已经开征了社会保障税。

本章主要以经济合作与发展组织（OECD）成员国和金砖国家等世界主要国家为研究对象，呈现各国社会保障税税制的基本框架，并以世界经济发展为背景，发掘世界范围内社会保障制度面临的挑战，从而探寻世界范围内社会保障税税制发展趋势。

从收入的角度来看，宏观角度的社会保障税税负可以用社会保障税收入占 GDP 的比重来表示，社会保障税收入在各国税制中的地位可以用社会保障税收入占全国税收总收入的比重来表示。表 5-1 显示了 OECD 成员国 2017—2020 年社会保障税收入占 GDP 和税收总收入比重情况。整体来看，OECD 成员国社会保障税的宏观税负平均为 8.9%。2017—2020 年社会保障税税收收入占 GDP 比重均超 10%的国家有 18 个，占 OECD 成员国（以开征社会保障税的 35 个国家为基数）50%以上。2020 年 OECD 成员国中社会保障税收入占 GDP 比重前 3 名和倒数 3 名的国家分别是斯洛文尼亚（16.8%）、捷克（15.8%）、奥地利（15.6%）和丹麦（0.1%）、智利（1.5%）、哥伦比亚（1.9%）。奥地利、爱沙尼亚、德国、希腊、意大利、韩国、拉脱维亚、波兰、葡萄牙、斯洛伐克、斯洛文尼亚、西班牙 12 个国家社会保障税收入占 GDP 的比重逐年增加。

各国社会保障税收入占税收总收入的平均比重为 26%。2017—2020 年社会保障税收入占税收总收入的比重均超过 1/3 的国家有 10 个，占 OECD 成员国 28.57%。其中，捷克、斯洛文尼亚、斯洛伐克 3 个国家社会保障税收入占税收总收入的比重 4 年均超过 40%。丹麦因社会保障税收收入过少，4 年均为 0.1%，占税收总收入的比重最低。

表 5-1　OECD 成员国 2017—2020 年社会保障税收入占 GDP、税收总收入情况

国家	占 GDP 的比重（%）				占税收总收入的比重（%）			
	2017 年	2018 年	2019 年	2020 年	2017 年	2018 年	2019 年	2020 年
奥地利	14.6	14.7	14.9	15.6	34.9	34.8	34.9	37.0
比利时	13.4	13.3	13.2	13.7	30.6	30.2	31.0	31.8
加拿大	4.6	4.6	4.7	4.9	14.0	13.8	13.9	14.2
智利	1.5	1.5	1.5	1.5	7.3	6.9	7.3	8.0
哥伦比亚	1.5	1.8	1.9	1.9	7.6	9.6	9.5	10.0

续表

国家	占 GDP 的比重（%）				占税收总收入的比重（%）			
	2017 年	2018 年	2019 年	2020 年	2017 年	2018 年	2019 年	2020 年
捷克	14.8	15.3	15.4	15.8	43.0	43.8	44.2	46.1
丹麦	0.0	0.0	0.0	0.1	0.1	0.1	0.1	0.1
爱沙尼亚	11.1	11.5	11.7	12.9	34.2	34.9	35.0	37.3
芬兰	11.9	11.8	11.8	11.5	27.8	27.9	27.9	27.5
法国	16.7	16.0	14.8	14.9	36.3	34.9	33.0	32.7
德国	14.3	14.5	14.6	15.2	37.9	37.7	37.9	39.7
希腊	11.7	11.9	12.2	12.9	29.8	29.9	30.8	33.2
匈牙利	12.3	11.6	11.7	11.1	32.5	31.6	32.0	31.0
冰岛	3.4	3.5	3.2	3.2	9.1	9.5	9.2	8.9
爱尔兰	3.7	3.7	3.7	3.4	16.5	16.6	16.8	17.0
以色列	5.2	5.3	5.2	5.0	16.2	17.1	17.3	17.0
意大利	12.7	13.0	13.3	13.5	30.3	31.1	31.2	31.5
日本	12.3	12.7	12.9	—	39.9	40.2	41.1	—
韩国	6.5	6.8	7.3	7.8	25.7	25.4	26.7	28.0
拉脱维亚	8.4	9.1	9.6	10.1	26.9	29.3	30.6	31.6
立陶宛	12.2	12.6	9.6	10.4	41.2	41.8	31.8	33.4
卢森堡	10.8	10.8	10.8	11.2	28.8	27.3	27.7	29.3
墨西哥	2.1	2.2	2.3	2.5	13.3	13.4	13.8	13.9
荷兰	13.8	14.0	13.4	13.6	35.7	36.0	34.2	34.3
挪威	10.3	10.1	10.6	11.2	26.6	25.5	26.5	28.9
波兰	12.8	13.1	13.2	13.8	37.5	37.2	37.6	38.4
葡萄牙	9.2	9.3	9.6	10.3	26.9	26.9	27.8	29.5
斯洛伐克	14.6	14.7	15.0	15.5	42.8	43.0	43.4	44.7
斯洛文尼亚	15.4	15.4	15.7	16.8	41.6	41.4	42.2	45.7

续表

国家	占 GDP 的比重（%）				占税收总收入的比重（%）			
	2017 年	2018 年	2019 年	2020 年	2017 年	2018 年	2019 年	2020 年
西班牙	11.5	11.7	12.3	13.7	34.1	33.9	35.3	37.5
瑞典	9.6	9.6	9.2	9.1	21.7	21.9	21.4	21.5
瑞士	6.5	6.4	6.5	7.0	23.8	23.8	23.7	25.1
土耳其	7.2	7.2	7.2	7.1	29.3	30.0	31.4	29.7
英国	6.3	6.3	6.5	6.9	19.2	19.2	19.7	20.9
美国	6.2	6.1	6.1	6.3	23.1	24.5	24.5	24.8
OECD 平均水平	8.870	8.952	8.933	—	25.78	25.94	25.94	—

数据来源：OECD. Social Security Contributions［DB/OL］.［2022-05-25］. https：//data. oecd. org/tax/social-security-contributions. htm#indicator-chart.

三、社会保障税税制要素概况

本节主要介绍世界主要国家社会保障税的税制情况，包括社会保障税的纳税义务人、税率、计税依据等。

（一）纳税人

社会保障税的纳税人一般包括参保人、雇主、自营业者。参保人包括依法受雇的雇员，有的国家还包括学生、失业人员、家庭主妇、家政人员等。很多国家对缴纳社会保障税的雇员也有一定的条件限制，例如年龄、收入、居民身份等。雇主一般就其支付给雇员的薪酬为雇员缴纳社会保障税，有的国家对强制缴纳社会保障税的企业规模进行了规定，大部分国家雇主的分担比例要高于雇员。如表 5-2 所示，2019 年 32 个有分类数据的 OECD 成员国中雇主分担比例高于雇员的国家有 23 个，占比 72%。仅智利、丹麦、以色列、希腊、斯洛文尼亚、日本、卢森堡、波兰、荷兰 9 个国家雇员分担比例高于雇主。智利和爱沙尼亚形成鲜明对比，智利雇员缴费占社会保障税收入高达 96.65%，爱沙尼亚则为 4.16%。

由于自营业者不存在雇佣关系，也没有确定的工薪所得，是否应纳入课征范围，各国的做法不尽相同。按照专款专用的原则，只有纳税才能享受社会保障利益，因而多数国家在行政管理条件可行的情况下，把自营业者也纳入社会保障税的纳税人范围之内。截至 2019 年，OECD 成员国中仅智利、丹麦、匈牙利、葡萄牙 4 个国家还未将自营业者纳税社会保障税范围。

表 5-2　　2019 年 OECD 成员国社会保障税收入结构　　单位：%

国家	雇员	自营业者	雇主	无法分配的
智利	96.65	0	3.35	0
丹麦	68.97	0.00	31.03	0
以色列	56.24	12.72	31.05	0
希腊	54.19	0	45.81	0
斯洛文尼亚	49.44	13.91%	36.66	0
匈牙利	49.98	0	49.52	0.5
日本	44.38	9.10	46.52	0
瑞士	46.41	6.56%	47.03	0
卢森堡	46.09	12.41	41.49	0
美国	45.60	5.22	49.17	0
德国	43.34	9.75	46.91	0
韩国	43.32	11.14	45.53	0
波兰	41.71	19.44	38.85	0
奥地利	40.24	12.66	47.10	0
加拿大	40.84	3.63	55.53	0
葡萄牙	39.77	0	60.23	0
荷兰	37.23	22.79	39.98	0
英国	39.23	3.04	57.73	0
土耳其	38.40	4.59	57.01	0
挪威	34.72	6.68	58.60	0
爱尔兰	30.53	4.81	64.65	0
比利时	30.22	9.87	59.91	0
芬兰	30.20	6.97	62.83	0
拉脱维亚	29.10	0.94	69.95	0
瑞典	27.69	0.93	71.53	-0.1

续表

国家	雇员	自营业者	雇主	无法分配的
斯洛伐克	24.39	14.98	60.62	0
法国	24.18	7.82	68.01	0
捷克	20.76	15.20	64.05	0
立陶宛	75.96	16.44	7.60	0
意大利	18.74	14.43	66.83	0
西班牙	15.26	11.13	73.61	0
爱沙尼亚	4.16	0.62	95.22	0

注：虽然冰岛和墨西哥征收社会保障税，但没有分类数据。

数据来源：OECD. Revenue Statistics 2021：The Initial Impact of COVID-19 on OECD Tax Revenues [EB/OL]. [2022-05-25]. https://www.oecd-ilibrary.org/sites/b5975909-en/index.html? itemId=/content/component/b5975909-en#section-d1e3919.

（二）课税项目

世界各国由于经济发展水平、人口年龄结构、经济政策、社会保障目标要求不同，社会保障税课税项目有所差别。就本章选取的 OECD 成员国和金砖国家情况来看，总的来说，雇主和雇员一般都包括以下基本保障项目：养老、医疗、失业、疾病与生育、残疾。雇主一般要比雇员缴纳的项目多一些，主要涉及意外保险、职业疾病保险等，被保险人则根据缴费情况和参保年限享受各项社会保障福利。在有些国家还根据具体情况设置了特殊的保障项目。

（三）计税依据

雇员和雇主社会保障税的计税依据一般为雇员工薪年（有的国家按照月、周计税）收入，包括现金、实物福利和各种津贴。各国一般对应税工薪有最高限额的规定，即不是对纳税人的全年总工薪课税，而只是对一定限额以下的工薪收入额征税。最高限额的高低因国而异，并随着各国消费物价指数的变动而调整。最高限额的设定，体现了社会保障税缴纳与受益之间的相关性，同时也为那些通过商业保险等自愿行为补充国家的福利计划留有一定的余地。自营业者的计税依据一般为其年（月、周）经营收入或者调整后的利润总额，一般也有最高限额的规定。也有些国家雇员和雇主缴纳社会保险税的计税依据是应纳中央税所得额，如冰岛和荷兰。

雇主所缴税款可作为费用在计征公司所得税时全部抵扣。而雇员和自营业者所缴纳的社会保障税，除意大利、西班牙、瑞士等少数国家允许在缴纳个人所得税时进行限额或定率扣除外，一般国家均不允许扣除。

（四）税率

各国社会保障税税率水平的高低，一般由社会保障制度的覆盖面和受益人收益的多少决定。从税率的设计原理上讲，社会保障税税率的确定应以社会保障资金的支出需要和纳税人的承受能力为依据进行测算。目前，凡是保障受益多的国家，社会保障税的税率都比较高。有些欧洲福利国家社会保障税税率在30%以上。过去几十年来，由于各国社会保障制度的覆盖面和受益程度都在逐步扩大和增加，社会保障税的税率也有逐步上升的趋势。近年来，税率总体来讲相对稳定。根据各国经验，社会保障税税率的高低应当适度，既要考虑政府社会保障资金的需要，同时也要兼顾民众的承受能力。

纵观一些典型国家，一般雇员、雇主和自营业者的保障项目略有不同，其各自的税率及设置形式也有所不同，社会保障税主要有以下5种税率形式。

一是依不同项目设置的比例税率。考虑到社会保障税的性质和本着征税简便、降低税收成本的原则，大多数国家针对养老、失业、残疾、医疗等具体项目需要的社会保险支出量，规定高低不等的差别比例税率。

二是一些国家采取定额税的方式，依不同项目设置固定税额，如丹麦和冰岛。

三是依工薪收入不同级距设置的比例税率。

四是依纳税人不同年龄设置的比例税率。

五是依不同情况设置的幅度税率（额）。

第二节　社会保障税制度

虽然各国社会保障税的保险种类及名称各不相同，但主要可以划分为五大类①：一是养老、残疾和遗属保险；二是医疗和生育保险；三是工伤保险；

① 由于保险种类繁多，本文采用“Social Security Programs Throughout the World”系列研究报告中的分类方法。参见：ISSA. Social Security Programs Throughout the World：Europe，2016［R/OL］.［2022-05-25］https：//www. ssa. gov/policy/docs/progdesc/ssptw/2016-2017/europe/ssptw16europe. pdf.

四是失业保险；五是家庭津贴。其中，养老、残疾和遗属保险是社会保障制度的重要组成部分，是五大险种中最重要的险种，是一国社会稳定的重要保障措施之一。

在过去的二三十年里，公共养老保险体系引起了各类国际组织、各国政府、科研人员的关注，关注的焦点主要集中在受人口老龄化重大挑战的工业化国家，各国养老保险的主要发展趋势反映在促进多元化、多支柱的养老保险制度的建立，使参保人退休收入来源多样化，以减少财政可持续性风险，同时强化养老保险的再分配功能。对于覆盖率低、其员工在非正规部门中所占比例高的发展中国家，当前养老保险的主要目标是扩大覆盖率，这是一项艰巨的任务，主要原因是将非正式员工纳入正式社会保障方案的范围存在较大的困难。

养老保险是为老年人提供稳定可靠的生活来源，保障其基本生活需求的社会保障制度安排。世界各国的养老保险缴款分为两种类型，第一种缴款与参保人的收入直接相关，第二种缴款是与参保人收入无关的定额总量税（缴款）。目前，由于世界各国人口预期寿命的延长和生育率的下降，人口老龄化问题对各国的养老保险制度带来了挑战，各国公共养老保险体系的财政可持续和管理成本问题对养老保险体系提出了改革的要求。

残疾保险是对非因工造成残疾、丧失劳动能力的劳动者给予的经济保障。残疾保险于1889年起源于德国，目前已推广到世界上绝大多数国家和地区。残疾保险是社会保险的一种方式，通常与老年、遗属保险并为一体。在许多国家，因提前丧失劳动能力的残疾人被按退休对待，残疾补助金也就有了提前支付退休金的含义；有些国家则视残疾为长期或永久性的疾病，通过长期的延长疾病补助金的方式支付残疾补助金，直到残疾者达到正常退休年龄时，才改为支付退休金。

与养老相关的社会福利还包括提供遗属福利。这一保障一般是在死者死亡时予以支付，或者是在被保险人达到相应年龄时予以支付。在大多数情况下，遗属保险只限于照顾幼儿、超过规定年龄或残疾的寡妇、鳏夫。

一、养老、残疾和遗属保险

（一）养老、残疾和遗属保险税税制基本特点

1. 纳税人主要为雇员和雇主

几乎所有国家的纳税人都包括雇主和雇员。通过强制性法律规定，雇

主与雇员共同承担缴纳税款义务，以保证养老保障资金的充足和来源稳定。一直以来，大部分 OECD 成员国都强制性要求自营业者缴纳养老保险，有些国家则采取自愿方式或者缴纳给私营保险部门。金砖国家中，除南非未设立养老、残疾和遗属保险外，巴西和印度社会保障税主要由雇主和雇员分担，俄罗斯雇员不承担缴费。

2. 课税项目均包括养老保险

在 35 个已开征社保费的 OECD 成员国中，23 个国家有单独的养老保险项目，12 个国家没有单列，而是在总的社会保险或者国民保险项目中。这 12 个国家是比利时、丹麦、希腊、匈牙利（2020 年 7 月起）、爱尔兰、以色列、意大利、挪威、葡萄牙、西班牙、拉脱维亚和英国。有残疾保险的国家包括智利、捷克、法国、德国、卢森堡、墨西哥、荷兰、波兰、斯洛伐克、斯洛文尼亚、瑞士、土耳其、美国。有遗属保险（survivors' insurance）的国家包括智利、法国、墨西哥、波兰、瑞典、瑞士、美国。金砖国家中已设立该项险种的国家中，印度和俄罗斯单独设置养老保险，其中印度还设置三类养老金计划。巴西则是包含在总的社会保险中。

3. 雇员、雇主的计税依据大多为雇员工薪收入，自营业者计税依据多为其经营收入

对于计税依据的规定，各国比较一致，有的国家对雇员工薪收入的范围有具体规定，如包括工资和薪金、奖金和实物福利以及分配给雇员的任何利益。

4. 几乎所有 OECD 成员国和金砖国家都采取比例税率

各国依据本国的实际情况设置税率。有的国家按照纳税人类别设置差别比例税率，有的国家按照纳税人的年龄来设置差别税率。如芬兰雇员养老保险一般税率为 7.15%，53 岁以上雇员为 8.65%。有的按照纳税人的工薪收入水平来设置差别税率，如 2021 年英国雇员的国民保险，周薪不超过 184.01 英镑为 0，周薪在 184.01～967 英镑为 12%，收入超过 967 英镑为 2%。有的按照自营业者的身份设置不同的比例税率，例如：法国贸易、制造业和手工业的个体经营者和自由职业的自营业者按照不同的比例缴纳养老和遗属保险。

雇主和雇员养老、残疾和遗属保险的总税率在 20%～30%的国家有奥地利、捷克、爱沙尼亚、芬兰、希腊、匈牙利、意大利、拉脱维亚、荷兰、挪威、葡萄牙、斯洛文尼亚、西班牙、土耳其、英国、巴西、俄罗斯。税率超过 30%的国家有意大利、匈牙利、葡萄牙。

（二）OECD成员国养老、残疾和遗属保险税的税制

OECD成员国和金砖国家养老、残疾和遗属保险税的税制情况见表5-3。

表5-3　OECD成员国和金砖国家养老、残疾和遗属保险的社保税制情况

国家	纳税主体	计税依据	适用的税率及对计税依据的说明
奥地利	雇员	雇员月工薪收入	2021年养老保险费率为10.25%； 2021年用于计算缴款的最低收入为475.86欧元/月，最高收入为5550欧元/月； 若涉及特殊工资，则计税的最高收入为11100欧元/年
	雇主	雇员月工薪收入	2021年养老保险费率为12.55%。计税依据同雇员
	自营业者	—	不适用
比利时	雇员	参考收入	2021年养老保险费率为7.5%（2017年7月1日起实施）。 参考收入：白领职工总收入的100%和蓝领职工总收入的108%
	雇主	参考收入	2021年养老保险费率为8.86%
	自营业者	年收入总额	不分险种，2021年养老保险费率： 收入少于（含）14042.57欧元的，定额缴纳2878.72欧元。 收入大于14042.57欧元按比例缴费，具体为： （1）14042.58~60638.46欧元，缴费比例为20.5%（每季度5.125%）； （2）60638.47~89361.89欧元，缴费比例为14.16%（每季度3.54%）
加拿大	雇员	雇员年工薪收入	2021年养老保险费率为1.58%（魁北克省为1.18%），用于计算缴款的最高年收入为60300加元
	雇主	雇员年工薪收入	2021年养老保险费率为2.21%（魁北克省为1.65%），每个雇员的社保费雇主缴费金额最高为1245.36加元
	自营业者	每年总收入	必须同时支付“雇主”和“雇员”部分的养老金

续表

国家	纳税主体	计税依据	适用的税率及对计税依据的说明
智利	雇员	雇员月工薪收入	分为社会保险（强制性个人账户）和额外保险（个人自愿）两种。 （1）2021 年个人强制性账户保险费率：工资收入的 10%（养老保险）加 0.47%~1.54% 的行政费用和 1.53%的残疾和遗属保险。 2019 年用于计算税额的每月最低收入以智利法定最低月薪作基础来计算（18~65 岁的法定最低月薪为 301000 智利比索；18 岁以下或 65 岁以上的法定最低月薪为 224704 比索）。[①] 2021 年用于计算税额的每月最高收入为 81.6 个 UFs（1UFs=26665.98 比索），每年根据上年度实际薪资的变化进行调整。 （2）2020 年个人自愿账户保险费率：包括 APVC（个人自愿社会保障储蓄）和 Account Two（第二账户）两种
	雇主	雇员月工薪收入	2021 年个人强制性账户保险费率：税额为工资支出的 1%或 2%（养老保险，实际比例取决于职业类型）加 1.94%残疾和遗属保险。用于计算税额的每月最低收入为 60 个 UFs，每月最高收入为 81.6 个 UFs（1UFs=26665.98 比索），每年根据上年度实际薪资的变化进行调整
	自营业者	年收入	2021 年养老保险费率：11.5%。（2022 年 12.25%）年收入的 80%作为计税收入。 用于计算缴款的每年最低收入为法定最低月薪，每年最高收入为 900 个 UFs（1UFs=26665.98 比索）
哥伦比亚	雇员	雇员月工资收入	包含两种独立的养老保险制度：固定收益的平均保费项目和通过个人缴纳的集资项目。 2021 年养老保险基本费率为 4%。用于计算税额的最低月工资为 1MMS，用于计算社保费的最高月工资为 25MMS（MMS 即 Monthly Minimum Salary，为法定最低月薪）。当雇员工资超过（含）4MMS，则需要向固定收益保费项目缴纳额外的社保税。具体为： （1）超过（含）15MMS，额外缴纳 1%。 （2）超过 16MMS，则按以下标准： 16~17 MMS：0.2%（17.2%）； 17~18 MMS：0.4%（17.4%）； 18~19 MMS：0.6%（17.6%）； 19~20 MMS：0.8%（17.8%）； （3）超过（含）21 MMS：额外缴纳 1%（18%）
	雇主	雇员月工资收入	2021 年养老保险费率为 12%。用于计算社保费的最低月工资为 1MMS，用于计算税额的最高月工资为 25MMS
	自营业者	法定最低月薪	2021 年养老保险费率为 16%

① 智利的相关资料来自国际社会保障协会网站。ISSA. 国家概况：智利［EB/OL］.［2022-05-25］. https：//ww1. issa. int/zh-CN/node/195543？country=826.

续表

国家	纳税主体	计税依据	适用的税率及对计税依据的说明
捷克	雇员	雇员年工资总额	2021 年养老保险费率为 6.5%。 年工资总额为应纳个人所得税的工资总额。 用于计算社保费的最高年收入为平均年薪的 4 倍（2021 年为 1701168 捷克克朗）
	雇主	雇员年工资总额	2021 年养老保险费率为 21.5%。残疾保险费率为 2.1%。 计税依据同雇员
	自营业者	年申报收入	2021 年养老保险费率为 28%。残疾保险费率为 2.1%（非强制性）。 用于计算缴款的最低年收入不得低于：①个人所得税计税基数的 50%；②平均年薪的 25%。（2020 年为 106323 克朗）。 用于计算社保费的最高年收入为平均年薪的 4 倍（2020 年为 1701168 克朗）
丹麦	雇员	雇员年工资总额	不分险种，2021 年综合费率为 8%。 对于按月计薪的全职职工而言，还需要缴纳补充养老金，金额为 94.65 丹麦克朗
	雇主	—	不需要缴纳
	自营业者	年收入总额	不分险种，综合费率为 8%。 年收入总额根据是否选择适用《个人营业税法》的特别适用制度。如果选择不适用，收入总额为扣除各项费用之后的金额；如果选择适用，收入总额包括分配给自营业者的利润，可以扣除相关利息支出
爱沙尼亚	雇员	雇员月工薪收入	分为社会保险和个人强制缴款账户。社会保险缴款比例为 0，强制性个人账户缴款比例为收入的 2%加上行政费用。2022 年用于计算缴款的最低月收入为 584 欧元，无最高收入限制
	雇主	雇员月工薪收入	社会保险缴款比例为申报收入的 16%；强制性个人账户缴款比例为申报收入的 4%。2021 年用于计算供款的最低月收入为 584 欧元，无最高收入限制
	自营业者	申报月收入	社会保险缴款比例为申报收入的 16%；强制性个人账户缴款比例为申报收入的 4%加上行政费用。2021 年用于计算缴款的最低月收入为 584 欧元，每月最高收入为 5840 欧元
芬兰	雇员	雇员月工薪收入	2021 年养老保险费率为 7.15%（53 岁及以上的雇员：8.65%）。用于计算缴款的最低月收入为 58.27 欧元，没有最高收入限制
	雇主	雇员月工薪收入	2021 年养老保险费率为 16.95%。用于计算缴款的最低月收入为 58.27 欧元，没有最高收入限制
	自营业者	全年收入	2021 年养老保险费率为 24.1%（53 岁及以上的自营业者为 25.6%）

续表

国家	纳税主体	计税依据	适用的税率及对计税依据的说明
法国	雇员	雇员月工薪收入	2022 年强制性职业养老金费率：无缴费上限为 0.4%（全部工资收入）；有缴费上限为 6.9%（0~3428 欧元）。 强制补充养老金费率为 0~3428 欧元 4.15%（不超过 3428 欧元的按 4.01%）；3428~27424 欧元 9.86%
	雇主	雇员月工薪收入	2022 年强制性职业养老金费率：无缴费上限为 1.9%（全部工资收入）；有缴费上限为 8.55%（0~3428 欧元）。 强制补充养老金费率为 0~3428 欧元 6.22%（不超过 3428 欧元的按 6.01%），3428~27424 欧元 14.78%。 2022 年人寿保险（参保人员仅限于行政人员）费率为 1.5%。用于计算缴款的最低收入为 3428 欧元
	自营业者	每年申报	贸易、制造业和手工业的个体经营者的养老保险：第一年 1340 欧元，第二年 1328 欧元，之后年度年申报收入低于或等于 39732 欧元的按 17.75%计算缴款，超过 39732 欧元的按 0.60%计算缴款。残疾和遗属保险：第一年 98 欧元，第二年 97 欧元，之后年度年申报收入按 1.3%计算缴款，年申报收入上限为 39732 欧元。 自由职业的自营业者的养老保险：年申报收入低于或等于 39732 欧元为 8.23%，年申报收入 39732 ~ 198660 欧元为 1.87%。残疾和遗属保险：税率因行业而异。微型企业经营者每个月或每个季度都要缴纳一笔统一的缴款，具体数额根据行业而异。 （根据 IBFD 数据库资源，2021 年自营业者不强制缴纳一般社会保险，可以自愿向专项基金缴纳社会保障金。目前主要有三类专项基金：养老、医疗和家庭津贴。对于不同的职业，会有不同的缴款计划。但是法国社保体系发展趋势是扩大社会保障范围，使独立制度与一般社会保障制度相协调。）
德国	雇员	雇员月工薪收入	2021 年养老保险费率为 9.3%，用于计算缴款的最高月收入为 7100 欧元（5 个新联邦州用于计算供款的最高年收入为 6700 欧元）。 2021 年残疾和养老保险费率为 1.525%（萨克森 2.025%）；针对没有孩子的雇员，该项社保费额外增加 0.25%。用于计算缴款的最高月收入为 4837.50 欧元
	雇主	雇员月工薪收入	同雇员
	自营业者	每月保障收入	月收入的 18.6%，每月最低缴款 83.70 欧元。根据自营业者选择的保险类别，每月最高缴款为 1209 欧元或 566.37 欧元。 [根据 IBFD 数据库，自营业者不强制缴纳一般社会保险，可以自愿缴纳，缴费费率为 18.6%（雇员+雇主）]

续表

国家	纳税主体	计税依据	适用的税率及对计税依据的说明
希腊	雇员	雇员月工薪收入	不区分险种，2021 年保险费率如下。 白领：全职职工费率为 14.12%；兼职职工费率为 14.54%。 蓝领：全职职工费率为 17.57%；兼职职工费率为 17.99%。 用于计费的每月最高收入为 6500 欧元
	雇主	雇员月工薪收入	不区分险种，2021 年保险费率为 22.54%。对于繁重或者有风险的工作费率更高
	自营业者	月申报收入	从 2020 年 1 月起，自营业者可从以下 6 档缴费选择其一进行缴费：210、252、302、363、435、566
匈牙利	雇员	雇员月工薪收入	从 2020 年 7 月起，社保费不再分类，整合为单一的一般社会保险。 2022 年社会保险费率为 13%。 最高计税收入为 3864000 匈牙利福林
	雇主	雇员月工薪收入	同雇员
	自营业者	每月月收入	养老、残疾和遗属保险，工伤保险，医疗和生育保险以及失业保险：以社会贡献税形式缴纳申报月收入的 10%和月收入的 19.5%。计税依据同雇员
冰岛	雇员	雇员年工薪收入	—
	雇主	雇员年工薪收入	2021 年养老保险费率为 4%
	自营业者	推定收入[①]和每年总收入	不区分险种，2021 年社会保险费率为 6.10%（海员费率为 6.75%）
爱尔兰	雇员	雇员周工薪收入	不区分险种，2021 年社会保险费率为 4%。用于计算缴款的收入为 352 欧元/周
	雇主	雇员年工薪收入	不区分险种，收入高于（不含）398 欧元的，费率为 11.05%。收入低于（含）398 欧元的，费率为 8.8%
	自营业者	年保障收入	不区分险种，2021 年社会保险费率为 4%。 自营业者用以计算供款的年收入，是以总收入减去资本免税额及经批准的退休金供款计算

① 冰岛自营业者的推定收入指一个人如果同样被一个不相干的人雇用，他将获得的就业收入。

续表

国家	纳税主体	计税依据	适用的税率及对计税依据的说明
以色列	雇员	雇员月工薪收入	不区分险种，2021年社会保险费率如下： （1）月收入低于（含）6331以色列谢克尔（NIS）的，费率为3.5%； （2）月收入在6332NIS至44020NIS之间的，费率为12%； （3）月收入高于（不含）44020 NIS的，费率为0
	雇主	雇员月工薪收入	不区分险种，2021年社会保险费率如下： （1）月收入不高于（含）6331NIS的，费率为3.55%； （2）月收入在6332 NIS至44020NIS之间的，费率为7.6%； （3）月收入高于（不含）44020 NIS的，费率为0
	自营业者	每月收入	不区分险种2021年社会保险费率如下： （1）月收入不高于（含）6331NIS的，费率为5.97%； （2）月收入在6332 NIS至44020NIS之间的，费率为17.83%
意大利	雇员	雇员工资总额	不区分险种，2021年社会保险费率约10%，取决于公司的规模和雇员的级别。艺术及舞蹈家9.89%。用来计算缴款的最低每日收入是一般法定每日最低工资或集体协议规定的部门最低工资，两者以较高者为准。一般法定日最低工资为48.20欧元①
	雇主	雇员工资总额	23.81%，艺术及舞蹈家为25.81%
	自营业者	年申报收入	按自营业者类别及保障范围划分，适用不同比例②

① 意大利对于1996年以前投保的人，缴款按所有收入计算。对于1996年1月1日或之后进入该系统的人员，用于计算缴款的最高年收入为101427欧元。

② 意大利自营业者收入及税率资料来源：http：//www.oecd.org/ctp/tax-policy/social-security-contributions-explanatory-annex.pdf，2021。
年的比例具体为：

收入	技术工人		商人	
	21岁以下	21岁以上	21岁以下	21岁以上
不超过15953欧元	3572.94欧元	3828.72欧元	3587.29欧元	3843.08欧元
超过15953至47379欧元的部分	22.35%	24%	22.44%	24.09%
超过47379至78965欧元的部分	22.35%	25%	23.44%	25.09%
超过78965欧元的部分	17964.54欧元	19267.46欧元	18035.61欧元	19338.53欧元

续表

国家	纳税主体	计税依据	适用的税率及对计税依据的说明
日本	雇员	雇员月工薪收入	养老保险费率为9.15%。每月应计养老金的薪酬数额包括酬劳和奖金，酬劳的缴款基数最高限额为620000日元，缴款基数的最高限额根据全国平均工资的增加调整
	雇主	雇员月工薪收入	与雇员缴费比例相同
	自营业者	—	16610日元/月（2021年4月~2022年3月适用）
韩国	雇员	雇员月收入	养老保险费率为4.5%（从1999年起），2021年用于计算缴款的最高月收入为503万韩元
	雇主	雇员月收入	同雇员
	自营业者	每月收入	养老保险费率为9%，2021年用于计算缴款的最高月收入为503万韩元
拉脱维亚	雇员	雇员年工薪收入	不区分险种，2021年社会保险费率：雇员为10.5%，雇主为23.59%，其中名义账户为14%，个人账户为6%，领取薪金雇员计算供款的最低年薪是法定的最低年薪6000欧元，领取工资的雇员，用于计算缴款的最低日收入标准为每周工作40小时的法定最低小时工资为3.125欧元。用于计算缴款的最高年收入为6.28万欧元
	雇主	雇员年工薪收入	
	自营业者	每年总收入	不区分险种，2021年社会保险费率为31.83%。其中名义账户14%，个人账户6%，自营业者每年最低收入应达到6000欧元
卢森堡	雇员	雇员月工薪收入	2021年养老和残疾保险费率为8%，用于计算缴款的每月最高收入为11284.77欧元（从2021年10月起）
	雇主	雇员月工薪收入	同雇员
	自营业者	全年营业收入	2021年养老和残疾保险费率为16%，计税依据与个人所得税一致。用于计算缴款的每月最高收入为11284.77欧元（从2021年10月起）
墨西哥	雇员	保障收入	2021年养老保险费率为1.125%，残疾和遗属保险费率为0.625%。用来计算缴款的每月最低收入是法定的每月最低工资，用于计算缴款的每月最高收入是25倍的日均UMA，从2022年2月1日起的日均UMA为96.22墨西哥比索
	雇主	雇员月工薪收入	2021年养老保险费率为3.15%，残疾和遗属保险费率为1.75%。另外，还需要每两月为雇员缴纳补充养老保险，费率为2%。 用来计算缴款的每月最低收入是法定的每月最低工资，用于计算缴款的每月最高收入是25倍的日均UMA，从2022年2月1日起日均UMA为96.22比索

续表

国家	纳税主体	计税依据	适用的税率及对计税依据的说明
墨西哥	自营业者	法定最低工资	自愿按年缴纳
荷兰	雇员	雇员年工薪收入	2021 年养老保险费率（国家社会保险计划）为 19.2%。针对 1946 年 1 月 1 日出生且 1953 年 1 月 1 日之前的市民用于计算缴款的最高年收入为 35129 欧元。1946 年 1 月 1 日之前出生的市民，用于计算缴款的最高年收入为 35941 欧元
	雇主	雇员年工薪收入	2021 年残疾保险费率为 7.03%（雇员保险计划）。用于计算缴款的最高年收入为 58311 欧元
	自营业者	每年总收入	养老保险费率为 17.9%，遗属保险费率为 0.1%，计税依据同雇员
挪威	雇员	雇员年工薪收入	国民社会保障税（不区分险种）：个人工资收入的 5.1%。如果雇员的工资收入低于 59650 挪威克朗，则不需缴纳。一旦工资收入超过这一最低限额，缴款额等于超过这一最低限额的工资收入的 25%。所作的实际缴款是超过免征额 25%与工资收入总额 5.1%之间的最低数额
	雇主	雇员年工薪收入	国民社会保障税（不区分险种）：缴费比例因工作地点所在的城市的地理位置不同而异。标准缴费率分别为工资总额的 14.1%，最高税率适用于挪威南部中部地区。较低税率 10.6%、7.9%、6.4%、5.1%或 0，适用于挪威北部地区和一些发展中区域在某些情况下可适用较低的税率
	自营业者	每年总收入	自 2015 年起，自营业者的社会保障税率为每年劳动总收入的 11.4%
波兰	雇员	雇员年工薪收入	养老保险费率为 9.76%，残疾和遗属保险费率为 1.5%，没有用来计算缴款的最低收入，用于计算缴款的最高年度收入是法律规定的全国平均每月收入的 30 倍，2021 年全国平均月收入为 5259 兹罗提（2021 年用于计算缴款的最高收入为 157770 兹罗提）。最高社保费不超过 5 万美元
	雇主	雇员年工薪收入	养老保险费率为 9.76%，残疾和遗属保险费率为 6.5%。计税依据同雇员
	自营业者	月申报收入	养老保险费率为 19.52%。残疾和遗属保险费率为 8%。计算供款的最低基数为法律规定的全国月平均收入的 60%。计算供款的最低基数为法律规定的全国月平均收入的 30 倍。2021 年全国平均月收入为 5259 兹罗提。2021 年用于计算缴款的最高收入为 157770 兹罗提

续表

<table>
<tr><th>国家</th><th>纳税主体</th><th>计税依据</th><th>适用的税率及对计税依据的说明</th></tr>
<tr><td rowspan="3">葡萄牙</td><td>雇员</td><td>雇员月工薪收入</td><td rowspan="2">雇员和雇主的总税率为 34.75%（雇员费率为 11%，雇主费率为 23.75%），20.21%用于支付养老保险，4.29%用于支付残疾保险，2.44%用于支付遗属保险。没有用来计算捐款的最低或最高收入</td></tr>
<tr><td>雇主</td><td>雇员月工薪收入</td></tr>
<tr><td>自营业者</td><td>每月参考收入</td><td>养老、残疾和遗属保险，医疗和生育保险，岗位疾病保险：每月参考收入的 29.6%，34.75%适用于特殊类别的自营业者人士（独资经营者及单一成员有限责任公司的业主及其配偶或合伙人）。自营业者选择用来计算供款的参考收入，可达每月社会福利率的 1~11 倍</td></tr>
<tr><td rowspan="3">斯洛伐克</td><td>雇员</td><td>雇员月工薪收入</td><td>2022 年养老保险费率为 4.0%，残疾保险费率为 3.0%，2022 年用于计算缴款的最低月收入为 566.50 欧元，最高月收入为 7931 欧元</td></tr>
<tr><td>雇主</td><td>雇员月工薪收入</td><td>2022 年养老保险费率为 14.0%，残疾保险费率为 3.0%，2021 年用于计算缴款的最低月收入为 566.50 欧元，最高月收入为 7931 欧元</td></tr>
<tr><td>自营业者</td><td>每月收入</td><td>2021 年养老保险费率为 18%，残疾保险费率为 6%，自营业者每月申报的收入为上一年度每月平均应课税收入的 1/1.486。自愿被保险人可以选择其申报的收入。2022 年用于计算缴款的最低月收入为 566.50 欧元，最高月收入为 7931 欧元</td></tr>
<tr><td rowspan="3">斯洛文尼亚</td><td>雇员</td><td>雇员月工薪收入</td><td>养老保险费率为 15.50%，职工缴纳社会保险缴费的计税依据数，是指工资总额，包括休假工资、福利待遇和与工作有关的超过一定标准的费用的报酬总额</td></tr>
<tr><td>雇主</td><td>雇员月工薪收入</td><td>养老保险费率为 8.85%，残疾保险费率为 0.53%</td></tr>
<tr><td>自营业者</td><td>每月收入</td><td>养老保险费率为 24.35%。用于计算缴款的最低月收入为法定月平均工资的 60%，最高月收入为法定月平均工资的 3.5 倍。2021 年用于计算缴款的最低月收入为 1024.24 欧元</td></tr>
<tr><td rowspan="3">西班牙</td><td>雇员</td><td>雇员年工薪收入</td><td>不区分险种，2021 年一般的保险费率为 4.7%。用于计算供款的每月最低收入取决于工作类型。用于计算供款的每月最高收入为 4070.10 欧元</td></tr>
<tr><td>雇主</td><td>雇员年工薪收入</td><td>不区分险种，2021 年一般的保险费率为 23.6%。计税依据同雇员</td></tr>
<tr><td>自营业者</td><td>—</td><td>不区分险种，2021 年社会保险费率为 28.3%。
用于计算供款的收入限额根据参保人年龄确定：
（1）47 周岁以下：944.4~4070.10 欧元；
（2）47 周岁：2052~4070.10 欧元；
（3）48 周岁及以上：944.4~2077.80 欧元</td></tr>
</table>

续表

国家	纳税主体	计税依据	适用的税率及对计税依据的说明
瑞典	雇员	雇员年工薪收入	2021年养老保险费率为7%。用于计税的最高年收入为550374瑞典克朗
	雇主	雇员年工薪收入	2021年养老保险费率为10.21%，遗属保险费率为0.6%。缴款没有上限
	自营业者	年申报收入	2021年养老保险费率为10.21%，遗属保险费率为0.6%。缴款没有上限。 另外，还需要额外缴纳养老保险费，费率为7%。用于缴纳该项的最高年收入为550374克朗
瑞士	雇员	雇员年工薪收入	2021年老年和遗属保险费率为4.35%；残疾保险费率为0.7%。24岁以上且年收入超过21510瑞士法郎的雇员需强制缴纳在职养老金。用于计算缴款的最低收入为25095法郎，最高收入为60945法郎。费率具体为：25~34周岁，费率7%；35~44周岁，费率10%；45~54周岁，费率15%；55~65周岁，费率18%
	雇主	雇员年工薪收入	同雇员
	自营业者	调整利润	2021年老年和遗属保险费率为8.1%；残疾保险费率为1.4%
土耳其	雇员	雇员年工薪收入	2021年养老、残疾和遗嘱保险费率为9%。 用于计算缴款的最低月收入为3577.50新土耳其里拉，最高月收入为26831.40里拉。 退休后再就业的雇员如果想继续领取养老金，可以继续按照7.5%的费率缴纳
	雇主	雇员年工薪收入	2021年养老、残疾和遗嘱保险费率为11%①（地下采矿业的费率为13%） 用于计算缴款的最低月收入为3577.50里拉，最高月收入为26831.40里拉。 退休后再就业的雇员如果想继续领取养老金，雇主需要继续按照23.5%的费率缴纳
	自营业者	每年总收入	养老、残疾、死亡保险：20%

① 为了提高就业率、减少区域间的不均衡，土耳其实行了许多社会保障税税收优惠政策。其中对于雇主降低保费的激励政策包括：用人单位如果依照《社会保障和一般医疗保险法案》第81款第5510条规定定期缴纳伤残、老年、死亡保险费的，则国家将代雇主缴保险费11%中的5%。除这个优惠外，从2013年起在全国51个省份的单位实行6%的折扣。2017年起，雇员日薪低于110土耳其里拉的，将由政府为其缴纳社保中的100里拉。

续表

国家	纳税主体	计税依据	适用的税率及对计税依据的说明
英国	雇员	每周总收入	不区分险种，按照雇员的周薪来划分社会保障税税率。2021年雇员周薪超过（不含）184.01英镑不超过967英镑的，适用税率为12%（某些已婚妇女和寡妇为5.85%），超过（不含）967英镑的部分适用2%的税率
	雇主	每周总收入	不区分险种，2021年对于周薪超过170英镑的员工，雇主为其缴纳13.8%的社会保障税
	自营业者	每年总收入	每周缴纳3.05英镑。 2021年用于计算缴款的最低年收入为6515英镑
美国	雇员	雇员年工薪收入	2022年老年、遗属和残疾保险费率为6.2%，用于计算缴款的年收入最高为147000美元的雇员
	雇主	雇员年工薪收入	同雇员
	自营业者	每年总收入	2022年养老、残疾和遗属保险为12.4%。用于计算缴款的年收入最高为147000美元的雇员
巴西	雇员	雇员月薪收入	不区分险种，2022年费率按照月收入分为以下级次：月收入不超过1212雷亚尔为7.5%，月收入1212雷亚尔至2427.35雷亚尔为9%，月收入2427.36雷亚尔至3641.03雷亚尔为12%，月收入3641.04雷亚尔至7087.22雷亚尔为14%
	雇主	雇员月薪收入	不区分险种，2021年社会保险费率为20%。金融机构需要额外再缴纳2.5%的社会保险费
	自营业者	缴费工资	不区分险种，2022年社会保险费率为20%。2022年“缴费工资”为7087.22雷亚尔。符合条件的缴费人可以享受简化的社保，按照最低工资的11%费率缴费。2022年最低月工资为1212雷亚尔
印度	雇员	雇员月薪收入	三项养老保险计划。（1）雇员公共福利基金（Employees' Provident Fund，EPF），养老保险费率为12%，用于计算缴款的最高月收入为15000印度卢比。月收入超过15000卢比的雇员可以自愿缴纳。政府会按照雇员月薪收入（不超过15000卢比）的1.17%向员工养老基金存款。（2）国家养老金计划（National Pension Scheme，NPS），是一种基于成员的固定缴款和雇主的匹配缴款的计划，最初不适用于《公积金法案》覆盖的个人。但从2009年5月1日起，适用于印度18~65周岁的市民，属于非强制缴费。雇员每年最少缴纳4次，每次至少缴纳500卢比的保险费。

续表

国家	纳税主体	计税依据	适用的税率及对计税依据的说明
印度	雇员	雇员月薪收入	(3) 国家保险计划 (State Insurance Scheme, SIS), 不区分险种, 社会保险费率为 1.75%。用于计算缴款的最高月收入为 21000 卢比。月收入超过 21000 卢比的雇员可以自愿缴纳
	雇主		三项养老保险计划。 (1) 雇员公共福利基金: 养老保险费率为 12%, 用于计算缴款的最高月收入为 15000 卢比。 (2) 国家养老金计划, 雇员按照定额缴费, 雇主匹配缴费。 (3) 国家保险计划, 不区分险种, 社会保险费率为 4.75%。用于计算缴款的最高月收入为 21000 卢比
	自营业者		可以自愿参加国家养老金计划, 每年最少缴纳 4 次, 每次至少缴纳 500 卢比的保险费
俄罗斯	雇员	雇员年收入	不承担缴费
	雇主	雇员年收入	2021 年养老保险费率: 年收入不超过 (含) 146.5 卢布的, 费率为 22%, 超过 146.5 卢布的, 费率为 10%
	自营业者	年净利润	2021 年养老保险费率: 不超过 30 万卢布的, 定额缴费 32448 卢布。超过 30 万卢布的, 定额缴费 32448 卢布加上超过 30 万卢布的收入的 1%, 缴纳最高保险费不超过定额保险费的 8 倍 [2021 年为 259584 卢布 (32448×8)]
南非	雇员	雇员年收入	—
	雇主	雇员年收入	—
	自营业者	—	—

资料来源: 除特别注释外, 资料均来源于荷兰国际财税文献局网站 (https: //research. ibfd. org/#/search? N = 3 + 10&Ne = 7487&Nu = global _ rollup _ key&Np = 2&Ntk = Text&Ntt = % 22Social% 20security% 20contributions%22&Nty = 1&Ntx = mode+matchallpartial)。

二、医疗和生育保险

目前, 世界主要国家大都建立了适应国情的医疗保障制度。大部分国家的医疗和生育保险制度由现金福利、医疗保险、生育福利等构成, 但是各具体项目的适用范围和含义因国而异。

在OECD成员国中，医疗保障体系有两大主流制度，即社会医疗保险（Social Health Insurance，SHI）和全民公费医疗（National Health Service，NHS）。在社会医疗保险和全民公费医疗之间，还有一种医疗保障体系，通称为全民健康保险（National Health Insurance，NHI）。全民公费医疗和全民健康保险的制度结构，仅在筹资机制上小有差别，即前者的筹资基于一般税收，而后者的筹资基于医保缴费（也可被理解为一种专项税收）。因此，全民健康保险与全民公费医疗都被视为以税收为基础的医保体系。

在OECD成员国中还有少数国家，如美国、瑞士、智利等，其医保体系以私立医疗保险或私立健康保险为主。全民医保的目标在美国至今也没有达成。

除了美国之外，所有OECD成员国都实现了全民医保的目标。瑞士和智利较为特殊。瑞士的全民医保体系以私立健康保险为主干，并通过颁布强制性全民参保的法令，自1996年实现了全民医保。智利医保体系具有混合性，既有私立健康保险，也有社会医疗保险，一部分人群享有公费医疗或公共健康保险。除瑞士和智利以外，以社会医疗保险为主导建立全民医保体系的国家有16个，以全民公费医疗为主导的国家有13个，另有4个国家的医保体系以全民健康保险（即准全民公费医疗）为主导①。

综上所述，各OECD成员国的“医疗保险税”的性质并不一致，下文中统一使用的“医疗保险”或“医疗和生育保险”概念，只是从承担医疗保险或医疗和生育保险筹资这一共同使命的角度而言的（见表5-4、表5-5、表5-6）。

各国医疗和生育保险的纳税人和计税依据基本与养老、残疾和遗属保险保持一致，值得注意的是，匈牙利、冰岛、爱尔兰、以色列、挪威、葡萄牙、西班牙、英国的医疗和生育保险的计税依据和税率规定与养老、残疾和遗属保险融合在一起。在所列举的所有国家中，丹麦的特殊性值得注意，因为其地方政府承担了医疗和生育保险所有负担。加拿大医疗和生育保险的事权在省一级政府，各省制定相应的医保制度并确定缴费比例。

---

① 顾昕．社会医疗保险和全民公费医疗：医疗保障制度的国际比较［J］．行政管理改革，2017（12）：63-70.

（一）OECD 成员国和金砖国家医疗和生育保险的税制情况

表 5-4　　　　OECD 成员国医疗和生育保险税制情况

国家	纳税主体	计税依据	适用的税率及对计税依据的说明
奥地利	雇员	雇员月工薪收入	医疗保险费率为 3.87%。 2021 年用于计算缴款的最低收入 475.86 欧元/月，最高收入为 5550 欧元/月
	雇主	雇员月工薪收入	医疗保险费率为 3.78%。 2021 年用于计算缴款的最低收入 475.86 欧元/月，最高收入为 5550 欧元/月
	自营业者	—	—
比利时	雇员	参考收入	医疗保险：3.55%。 疾病补助：1.15%。 有家属且每月养老金收入低于 1470.90 欧元的养老金领取者可免缴。参照收入为被保险人白领职工总收入的 100%和蓝领职工总收入的 108%
	雇主	参考收入	医疗保险：3.8%。 疾病补助：2.35%
	自营业者	—	—
加拿大	雇员	雇员年工薪收入	没有联邦政府管理的全国疾病福利计划，但各省份都有省级医保计划
	雇主	雇员年工薪收入	没有由联邦政府管理的全国医疗保险，但各省都有省级管理的医疗保险计划。三个省对雇主征收特别税，为医疗服务（魁北克和安大略省）或医疗服务和教育（马尼托巴省）提供资金。以安大略省为例，雇主根据其雇员工资单的价值支付医疗保险税，税率因雇员年收入而异，从年收入低于 20 万加元适用 0.98%到年收入高于 40 万加元适用 1.95%
	自营业者	每年总收入	以魁北克为例，缴费为收入的 0.973%
智利	雇员	雇员月工薪收入	医疗保险费率为 7%，雇员可以自行选择加入政府管理的保险计划或者是私人部门的保险计划（Isapres）
智利	雇主	—	雇主需要为雇员缴纳工伤和疾病、儿童照料、失业、残疾、养老等五项社会保障计划，但是这五项都不列入智利的税收收入中
	自营业者	月申报收入	医疗保险费率为 7%，用来计算缴款的最低月收入为 27 万比索

续表

<table>
<tr><th>国家</th><th>纳税主体</th><th>计税依据</th><th>适用的税率及对计税依据的说明</th></tr>
<tr><td rowspan="6">捷克①</td><td rowspan="2">雇员</td><td rowspan="2">雇员月工薪收入</td><td>现金福利：—</td></tr>
<tr><td>医疗福利：每月收入的 4.5%。
用来计算缴款的每月最低收入是法定的每月最低工资 12200 捷克克朗。没有最高收入限制</td></tr>
<tr><td rowspan="2">雇主</td><td rowspan="2">雇员月工薪收入</td><td>现金福利：2.3%。没有用来计算缴款的最低收入，最高年收入是全国平均月工资的 48 倍。全国平均月工资是 29979 克朗</td></tr>
<tr><td>医疗保险费率为 9%。用于计算缴款的最低收入为个人所得税的 50%，但不得低于社会年平均工资的 50%（2021 年为 212646 克朗），没有最高收入限制</td></tr>
<tr><td rowspan="2">自营业者</td><td rowspan="2">月申报收入</td><td>现金福利：2.3%。用于计算供款的年度申报收入为上一年度收入与支出差额的 50%。用于计算缴款的最低年收入是全国平均月工资 25%的 12 倍，最高年收入是全国平均月工资的 48 倍</td></tr>
<tr><td>用于计算缴款的最低收入为个人所得税的 50%，但不得低于社会年平均工资的 50%（2021 年为 212646 克朗），没有最高收入限制</td></tr>
<tr><td rowspan="3">丹麦</td><td>雇员</td><td colspan="2" rowspan="3">纳税人没有缴款义务，由地方政府承担全部费用</td></tr>
<tr><td>雇主</td></tr>
<tr><td>自营业者</td></tr>
<tr><td rowspan="3">爱沙尼亚</td><td>雇员</td><td>—</td><td>—</td></tr>
<tr><td>雇主</td><td>雇员月工薪收入</td><td>2021 年医疗保险费率为 13%。
2021 年用于计算供款的最低月收入为 584 欧元，没有最高收入限额</td></tr>
<tr><td>自营业者</td><td>申报月收入</td><td>2021 年医疗保险费率为 13%。
计税收入为净利润。
2021 年用于计算供款的最低月收入为 584 欧元，每月最高收入为 5840 欧元</td></tr>
</table>

① 捷克的医保分为现金福利和医疗福利两类。现金福利适用范围为每月收入至少 2500 克朗的受雇人员。自营业人士及外国公司雇员的自愿性保障。医疗福利适用范围为捷克永久居民或雇主设在捷克的雇员。

续表

<table>
<tr><th>国家</th><th>纳税主体</th><th>计税依据</th><th>适用的税率及对计税依据的说明</th></tr>
<tr><td rowspan="5">芬兰①</td><td rowspan="2">雇员</td><td rowspan="2">雇员月工薪收入</td><td>现金福利：雇员月工薪收入的 1.53%。用于计算捐款的最低年收入为 14020 欧元，没有用来计算捐款的最高收入</td></tr>
<tr><td>医疗保险费率：2021 年一般雇员为 2.04%（护理保险 0.68%+每日津贴 1.36%）。用于计算每日津贴缴款的最低年收入为 14766 欧元。领取养老金的人员为 1.65%</td></tr>
<tr><td rowspan="2">雇主</td><td rowspan="2">雇员月工薪收入</td><td>现金福利：每月工资的 0.86%，没有用来计算捐款的最低或最高收入</td></tr>
<tr><td>2021 年医疗保险费率为 1.53%。缴款没有最高收入限制</td></tr>
<tr><td>自营业者</td><td>每月总（净）收入</td><td>2021 年医疗保险费率为 1.55%（护理保险 0+每日津贴 1.36%+自营业者额外缴费 0.19%）。用于计算每日津贴缴款的最低年收入为 14766 欧元</td></tr>
<tr><td rowspan="3">法国</td><td>雇员</td><td>—</td><td>—</td></tr>
<tr><td>雇主</td><td>雇员年工薪收入</td><td>2022 年医疗保险费率为 13%</td></tr>
<tr><td>自营业者</td><td>每年总收入</td><td>2021 年医疗保险费率为 0~6.5%（因行业而异）</td></tr>
<tr><td rowspan="3">德国</td><td>雇员</td><td>雇员月工薪收入</td><td>2021 年医疗保险费率为 7.3%，此外，每月还会根据疾病基金的不同缴纳额外的费用，2021 年平均缴费率为 1.3%，雇员需承担 50%的额外费用。用于计算缴款的每月最高收入为 4837.50 欧元</td></tr>
<tr><td>雇主</td><td>雇员年工薪收入</td><td>同雇员</td></tr>
<tr><td>自营业者</td><td>—</td><td>—</td></tr>
<tr><td rowspan="3">希腊</td><td>雇员</td><td>雇员月工薪收入</td><td>现金福利：每月收入的 0.4%。医疗福利：每月收入的 2.15%。领养老金的人每月缴纳 6%的养老金。用于计算缴款的最低月收入是未婚蓝领工人的法定月最低工资。未婚蓝领工人的法定最低月工资为 586.08 欧元；25 岁以下，工作未满 3 年者，510.95 欧元。用于计算缴款的每月最高收入为 5860.80 欧元</td></tr>
<tr><td>雇主</td><td>雇员月工薪收入</td><td>现金福利：每月收入的 0.25%。医疗福利：每月收入的 4.3%，计税依据同雇员</td></tr>
<tr><td>自营业者</td><td>月申报收入</td><td>现金福利：每月收入的 0.65%。医疗福利：6.45%。计税依据同雇员</td></tr>
</table>

① 芬兰的医疗和生育保险分为现金福利和医疗福利，现金福利适用于居民，医疗福利适用于居民或者在芬兰工作的人。

续表

<table>
<tr><th>国家</th><th>纳税主体</th><th>计税依据</th><th>适用的税率及对计税依据的说明</th></tr>
<tr><td rowspan="3">匈牙利</td><td>雇员</td><td>雇员年收入</td><td>医疗保险费率为 7%</td></tr>
<tr><td>雇主</td><td>雇员月收入</td><td>详见养老、残疾和遗属保险</td></tr>
<tr><td>自营业者</td><td>每月月收入</td><td>详见养老、残疾和遗属保险</td></tr>
<tr><td rowspan="3">冰岛</td><td>雇员</td><td>雇员年工薪收入</td><td>详见养老、残疾和遗属保险</td></tr>
<tr><td>雇主</td><td>雇员年工薪收入</td><td>详见养老、残疾和遗属保险</td></tr>
<tr><td>自营业者</td><td>每年总收入</td><td>详见养老、残疾和遗属保险</td></tr>
<tr><td rowspan="3">爱尔兰</td><td>雇员</td><td>雇员年工薪收入</td><td>详见养老、残疾和遗属保险</td></tr>
<tr><td>雇主</td><td>雇员年工薪收入</td><td>详见养老、残疾和遗属保险</td></tr>
<tr><td>自营业者</td><td>每年总收入</td><td>详见养老、残疾和遗属保险</td></tr>
<tr><td rowspan="3">以色列</td><td>雇员</td><td>雇员月工薪收入</td><td>详见养老、残疾和遗属保险</td></tr>
<tr><td>雇主</td><td>雇员月工薪收入</td><td>详见养老、残疾和遗属保险</td></tr>
<tr><td>自营业者</td><td>每月总收入</td><td>详见养老、残疾和遗属保险</td></tr>
<tr><td rowspan="6">意大利</td><td rowspan="2">雇员</td><td rowspan="2"></td><td>疾病现金福利：—</td></tr>
<tr><td>生育现金福利：因行业而异</td></tr>
<tr><td rowspan="2">雇主</td><td rowspan="2">雇员年工薪收入</td><td>疾病现金福利：工业工人总收入的 2.22%；商业及服务业雇员的总收入的 2.44%</td></tr>
<tr><td>生育现金福利：工业工人 0.46%；商业及服务业的雇员 0.24%</td></tr>
<tr><td rowspan="2">自营业者</td><td rowspan="2">每年总收入</td><td>疾病现金福利：因行业而异</td></tr>
<tr><td>生育现金福利：因行业而异</td></tr>
<tr><td rowspan="2">日本</td><td>雇员</td><td>雇员月工薪收入</td><td>2021 年医疗保险费率：40 周岁以下的，费率为 4.935%；40 周岁（含）以上的，费率为 5.83%。
（注：医疗保险费率根据雇员所在地区不同，以上为东京地区费率。）</td></tr>
<tr><td>雇主</td><td>雇员月工薪收入</td><td>2021 年医疗保险费率：5.0%。计税依据同雇员</td></tr>
</table>

续表

国家	纳税主体	计税依据	适用的税率及对计税依据的说明
日本	自营业者	每月总收入	根据保险公司的不同而有所不同，2016 年平均每人每年缴纳 86286 日元，即每户 140171 日元，每户每年的最高捐款为 77 万日元
韩国	雇员	平均月收入	2021 年医疗保险费率为 3.83%，其中长期护理险占医疗保险的 11.52%。用于计算缴款的最高收入为 102739070 韩元
	雇主	平均月收入	与雇员缴费比例相同
	自营业者	每月总收入	每月的缴费取决于个人的财产所有权、收入、年龄和性别等因素
拉脱维亚	雇员	雇员年工薪收入	医疗保险费率为 3.65%。领取薪金雇员计算供款的最低年薪是法定的最低年薪 6000 欧元，领取工资的雇员，用于计算缴款的最低日收入标准为每周工作 40 小时的法定最低小时工资为 3.125 欧元。用于计算缴款的最高年收入为 6.28 万欧元
	雇主	雇员年工薪收入	
	自营业者	每年总收入	详见养老、残疾和遗属保险
卢森堡	雇员	雇员年工薪收入	2021 年医疗保险费率为 3.05%（对于非周期性的收入如：第 13 个月工资、津贴等以及公车等的公司福利费率为 2.8%）。 用于计算缴款的每月最高收入为 11284.77 欧元（从 2021 年 10 月起）
	雇主	雇员年工薪收入	基本医疗保险缴费同雇员。 另外，雇主还需要为雇员缴纳“共同医疗保险”（mutual health insurance），费率为 0.60%、1.13%、1.66% 和 2.98%，根据公司的出勤率确定。 同时，雇主还需为雇员缴纳“Health at Work”基金，费率为 0.14%
	自营业者	每月总收入	2021 年医疗保险费率为 6.1%。（对于非周期性的收入如：第 13 个月工资、津贴等以及公车等的公司福利费率为 5.6%。）“共同医疗保险”，费率为 0.60%、1.13%、1.60% 和 2.98%，根据个人的出勤率确定。 “Health at Work”基金，费率为 0.11%。 用于计算缴款的每月最高收入为 11284.77 欧元（从 2021 年 10 月起）
墨西哥	雇员	雇员月工薪收入	现金福利：每月收入的 0.25%
			医疗福利： 一般雇员：雇员月薪与 3 倍 UMA 的差额的 0.40%。领养老金的人员：每月保障收入的 0.375%。 用来计算缴款的每月最低收入是法定的每月最低工资，用于计算缴款的每月最高收入是 25 倍的日均 UMA，从 2022 年 2 月 1 日的日均 UMA 为 96.22 墨西哥比索

续表

国家	纳税主体	计税依据	适用的税率及对计税依据的说明
墨西哥	雇主	雇员月工薪收入	现金福利：每月收入的0.7%
			医疗保险费率： 一般雇员：如果雇员月薪超过3倍UMA，缴费为20.4%乘以1倍UMA；如果雇员月薪不超过3倍UMA，缴费为月薪与3倍UMA的差额的1.1%，领养老金的人员：每月保障收入的1.05%。 用来计算缴款的每月最低收入是法定的每月最低工资，用于计算缴款的每月最高收入是25倍的日均UMA，从2022年2月1日的日均UMA为96.22比索
	自营业者	每月总收入	现金福利：—
			医疗保险费率：法定每月最低工资的20.40%，加上法定每月最低工资超过3倍保障收入部分的1.425%
荷兰	雇员	应纳税所得额	疾病现金福利和生育福利：—
			医疗保险费率：18岁或以上人士须缴付由健康保险公司订定的定额供款。被保险人可支付与收入有关的占被保险人年收入5.65%的供款，用于计算捐款的最高年收入为54614欧元
			长期护理福利：年收入的9.65%。用于计算捐款的最高年收入为33994欧元
	雇主	雇员年工薪收入	疾病现金福利和生育福利：见失业保险
			2021年医疗保险费率：工资总额的7%。用于计算捐款的最高年收入为58311欧元
			长期护理福利：—
	自营业者	年申报收入	疾病现金福利和生育福利：—
			2021年医疗保险费率：每年申报收入的5.50%。用于计算捐款的最高年收入为58311欧元
			长期护理福利：每年申报收入的9.65%。用于计算捐款的最高年收入为33994欧元
挪威	雇员	雇员年工薪收入	详见养老、残疾和遗属保险
	雇主	雇员年工薪收入	详见养老、残疾和遗属保险
	自营业者	每年总收入	详见养老、残疾和遗属保险

续表

国家	纳税主体	计税依据	适用的税率及对计税依据的说明
波兰	雇员	雇员年工薪收入	疾病和生育保险费率为2.45%
	雇主	雇员年工薪收入	—
	自营业者	月申报收入	疾病和生育保险费率为2.45%（自愿）。计算供款的最低基数为法律规定的全国月平均收入的60%。2021年全国平均月收入为5259兹罗提
葡萄牙	雇员	雇员月工薪收入	详见养老、残疾和遗属保险
	雇主	雇员月工薪收入	详见养老、残疾和遗属保险
	自营业者	月参考收入	详见养老、残疾和遗属保险
斯洛伐克①	雇员	雇员月工薪收入	医疗保险费率为4%。2022年用于计算缴款的最低月收入为566.50欧元，最高月收入为7931欧元
			病假保险费率为1.4%。2022年用于计算缴款的最低月收入为566.50欧元，最高月收入为7931欧元
	雇主	雇员月工薪收入	医疗保险费率为10%。2022年用于计算缴款的最低月收入为566.50欧元，最高月收入为7931欧元
			病假保险费率为1.4%。2022年用于计算缴款的最低月收入为566.50欧元，最高月收入为7931欧元
	自营业者	月申报收入	医疗保险费率为14%。2022年用于计算缴款的最低月收入为566.50欧元，最高月收入为7931欧元
			病假保险费率为4.4%。2022年用于计算缴款的最低月收入为566.50欧元，最高月收入为7931欧元
斯洛文尼亚	雇员	雇员月工薪收入	医疗保险费率为6.36%。生育保险费率为0.1%。用于计算缴款的最低月收入是被保险人去年平均月工资的54%（2021年达到60%），没有用来计算缴款的最高收入
	雇主	雇员月工薪收入	医疗保险费率为6.56%。生育保险费率为0.1%。计税依据同雇员

① 分为全民保险（医疗福利）和社会保险（现金福利）。全民医疗福利范围包括斯洛伐克居民和就业人员，除去在国外投保的人员和在斯洛伐克为享有外交特权的雇主工作的非斯洛伐克公民。社会保险范围包括就业人员，以及年收入超过最低月薪12倍的自营业者。特定情报、安全、警察、消防、海关和军事人员的适用其他特殊的医保体系。

续表

国家	纳税主体	计税依据	适用的税率及对计税依据的说明
斯洛文尼亚	自营业者	雇员每月总收入或评估收入	医疗保险费率为13.45%，生育保险费率为0.2%。评估所得是去年利润的75%。如果自营职业者的收入不超过平均年薪的某一百分比，则适用计算社会保险缴款的最低标准。2021年用于计算缴款的最低月收入为1024.24欧元，用于计算缴款的最低月收入为平均工资的60%，最高月收入为平均工资的3.5倍
西班牙	雇员	雇员年工薪收入	详见养老、残疾和遗属保险
	雇主	雇员年工薪收入	详见养老、残疾和遗属保险
	自营业者	每月总收入	—
瑞典	雇员	雇员年工薪收入	不承担缴费义务
	雇主	雇员年工薪收入	2021年医疗保险费率为3.55%。缴费无上限
	自营业者	年收入	2021年医疗保险费率为3.64%。缴费无上限
瑞士	雇员	雇员年工薪收入	兵役、公务员和生育补偿项目的合计缴费费率为0.25%
	雇主	雇员年工薪收入	同雇员
	自营业者	调整利润	兵役、公务员和生育补偿项目的合计缴费费率为0.5%。医疗保险费率根据保险公司、个人的居住地、年龄以及投保险种的不同而有所不同
土耳其	雇员	雇员月工薪收入	疾病现金福利和生育福利：—
			医疗福利：雇员月工薪收入的5%。2021年用于计算缴款的最低月收入为3577.50新土耳其里拉，最高月收入为26831.40新土耳其里拉
	雇主	雇员月工薪收入	疾病现金福利和生育福利：1%~6.5%
			医疗福利：7.5%。计税依据同雇员
	自营业者	月申报收入	疾病现金福利和生育福利：2%
			医疗福利：12.5%。计税依据同雇员

续表

国家	纳税主体	计税依据	适用的税率及对计税依据的说明
英国	雇员	雇员周工薪收入	详见养老、残疾和遗属保险
	雇主	雇员周工薪收入	详见养老、残疾和遗属保险
	自营业者	每年总收入	详见养老、残疾和遗属保险
美国	雇员	雇员年收入	2021 年医疗保险费率为 1.45%。缴费无上限
	雇主		同雇员
	自营业者		2021 年医疗保险费率为 1.45%。缴费无上限

资料来源：国际社会保障协会网站（https：//www.issa.int/en/country-details）。

(二) 金砖国家医疗和生育保险的税制情况

表 5-5　　金砖国家医疗和生育保险的社会保障税税制情况

国家	纳税主体	计税依据	适用的税率及对计税依据的说明
巴西	雇员	一般收益群体不需要缴纳社会保障费用，各纳税主体对养老、残疾和遗属保险的缴费还用于为被保险人提供医疗和生育保险	
	雇主		
	自营业者		
印度	雇员	雇员每月工资	1.75%；身处于首次实施该计划的地区的雇员，适用税率为 1%（为期两年）。被保险人的缴款还包括了工伤保险和失业保险。自愿参保的人每月支付 10 卢比的统一医疗保险税额
	雇主	雇员每月工资	4.75%；身处于首次实施该计划的地区的雇主，适用税率为 3%（为期两年）。雇主的供款也用于支付工伤保险和失业保险
	自营业者	—	—
俄罗斯①	雇员	—	—
	雇主	雇员工资总额	现金福利：2.9%。临时居住在俄罗斯的外国公民，其雇主缴费率为 1.8%。用于计算该缴款的最高年收入为 81.5 万卢布。

① 俄罗斯分为现金福利和医疗福利。现金福利适用范围为雇员，包括俄罗斯的临时和永久居民，不包括自雇者。医疗福利适用范围为俄罗斯公民和难民。

续表

国家	纳税主体	计税依据	适用的税率及对计税依据的说明
俄罗斯	雇主	雇员工资总额	医疗保险费率为 5.1%。无缴费上限
	自营业者	—	2021 年医疗保险费：固定缴费 8426 欧元
南非①	雇员	—	见失业保险基金
	雇主	—	见失业保险基金
	自营业者	—	医疗福利：—； 疾病现金保险、生育和收养福利：详见失业资金来源； 疾病现金福利：—

资料来源：国际社会保障协会网站（https：//www.issa.int/en/country-details）。

（三）美国的医疗保险税制度

美国的医疗保险制度大体可以分为公共医疗保险和私人医疗保险两大类。美国的公共医疗保险制度主要包括老年和残障健康保险（medicare）、联邦政府对各州医疗援助资助（medicaid）、儿童健康保险和其他保险（例如军人医疗保险等）。其中最重要、惠及面最广的是老年和残障健康保险和医疗援助，而老年和残障健康保险（medicare）就是通常意义上所说的“医疗保险”，也是美国仅次于社会保障项目（social security）的第二大政府财政支出项目。

同时，美国的私人医疗保险制度非常发达，八成以上的美国人都购买了各种各样的私人健康保险产品，很大程度上弥补了公共医疗保险计划对特定人群享受医疗服务的限制，满足了不同人群不同层次的需要。私人医疗保险经常作为一种非工资福利，由雇主为雇员支付保险金（employer-provided insurance），也有人自行购买私人医疗保险。在美国，不少人同时参加公共医疗保险和私人医疗保险。下文主要介绍美国公共医疗保险主要项目的融资缴费情况。

依据 1965 年的社会保障法修正案建立的老年和残障健康保险是美国最早的一项医疗保险制度，由美国联邦政府开办，其服务对象是 65 岁以上的老年

① 南非医疗福利属于全民保障，疾病现金保险、生育和收养福利属于社会保险，疾病现金福利属于雇主赔偿责任，医疗福利属于社会救助。全民保障被保险人为南非公民。社会保险的被保险人为每月工作超过 24 小时的雇员，包括家庭和季节工。不包括公务员、实习生、在合约下工作的外籍人士及因工受伤或职业病而受惠的人士。雇主责任保障的被保险人为每月工作超过 24 小时的雇员，包括公务员、实习生、家政及季节性工作者，以及根据合约工作的外国人。不包括国防部队、国家情报局、南非特勤局的成员，以及无偿志愿者。社会救助的被保险人南非低收入公民。

人或者符合一定条件的65岁以下的残疾人或晚期肾病患者。医疗保险缴纳的资金属于工薪税的一部分，税率是职工工资总额的2.9%，雇主和雇员各缴纳1.45%，用于职工的退休健康福利，计税依据包括全部工薪收入。医疗保险工薪税收入存入医疗保险（HI）信托基金，用于支付医疗保险金，专款专用。

医疗保险包括四部分，分别为住院保险（Part A)、补充性医疗保险(Part B)、医保优势计划（Part C）以及2006年1月实施的处方药计划（Part D)。其中，C计划可以取代A、B和D部分。其缴费情况见表5-6。

表5-6　　美国医疗保险制度的缴款规定

类型	雇员	雇主	自营业者
A	年收入的1.45%加上年收入超过限额的0.9%。单身限额为200万美元，已婚为25万美元。 本项缴款也为医疗保险C部分融资	员工工薪收入的1.45%。雇主该部分缴款也为医疗保险的C部分融资	申报收入的2.9%加上超过限额部分的0.9%。限额为年收入20万美元（单身）或者年收入25万美元（已婚）。本项缴款也为医疗保险C部分融资
B	年收入不超过8.5万美元（单身）或17万美元（已婚）每月缴纳134美元；年收入超过8.5万美元（单身）或17万美元（已婚），根据具体收入情况，月缴费为187.5~428.6美元	不承担缴费义务	年收入不超过8.5万美元（单身）或17万美元（已婚）每月缴纳134美元；年收入超过8.5万美元（单身）或17万美元（已婚），根据具体收入情况，月缴费为187.5~428.6美元
C	详见医疗保险A	详见医疗保险A	详见医疗保险A
D	每月缴费额因参保人收入而异。年收入超过8.5万美元（单身）或17万美元（已婚）的参保人每月需要额外直接向政府缴纳13.3~76.2美元的费用	不承担缴费义务	每月缴费额因参保人收入而异。年收入超过8.5万美元（单身）或17万美元（已婚）的参保人每月需要额外直接向政府缴纳13.3~76.2美元的费用

资料来源：国际社会保障协会网站（https：//www.issa.int)。

三、工伤保险

工作条件对工人的健康和福利有重大和直接的影响，工伤保险是为工伤和职业病提供的补偿性保障。工伤保险制度的成效取决于一系列因素，主要反映在工伤事故和职业病的减少，因此，预防职业风险的概念在各国的工伤保险项目中都有体现。将预防与工伤保险赔偿挂钩，可以建立有效的机制，减少工伤事故和职业病的发生，并鼓励雇主在企业内加强预防活动。在许多国家，职业预防活动已高度普及。统计数据表明，对预防措施的投入时间越长，工伤事故和职业病发生概率的减少就越明显。随着全球化带来的工作场所的快速变化，新的职业风险正在出现，这可能对安全和健康战略提出新的要求，因此各国或许都需要对工伤保险制度作出相应的调整。

目前，各个国家都建立了统一的工伤保险制度，但各国的制度差异明显。以 OECD 成员国和金砖国家为例，在纳税主体方面，雇员不承担缴费义务的国家包括奥地利、比利时、加拿大、智利、丹麦、芬兰、法国、德国、意大利、日本、韩国、卢森堡、墨西哥、挪威、波兰、斯洛伐克、瑞典、巴西、俄罗斯和南非。部分国家自营业者没有纳入工伤保险制度的覆盖范围，包括奥地利、比利时、加拿大、捷克、法国、希腊、爱尔兰、拉脱维亚、斯洛伐克、英国、美国、印度、俄罗斯和南非。税率方面，各纳税主体的缴费标准是根据行业、职业的工作性质及其风险程度而定。

值得注意的是，有些国家的工伤保险制度是融合在养老、残疾与遗属保险制度中的，比如捷克、爱沙尼亚、匈牙利、冰岛、以色列、意大利、爱尔兰、拉脱维亚、葡萄牙、斯洛文尼亚，也有的国家的工伤保险制度融合在医疗和生育保险制度中，如匈牙利、荷兰、斯洛文尼亚和印度。下面主要介绍主要国家的工伤保险税制，具体内容见表 5-7。

表 5-7　　OECD 成员国和金砖国家的工伤保险社会保障税税制情况

国家	纳税主体	适用的税率及对计税依据的说明
奥地利	雇员	不承担缴费义务
	雇主	月收入 1.2%。 2021 年用于计算缴款的最低月收入为 475.86 欧元，最高月收入为 5550 欧元
	自营业者	不适用

续表

国家	纳税主体	适用的税率及对计税依据的说明
比利时	雇员	不承担缴费义务
	雇主	工伤：参考收入的 0.3%，加上根据评估风险程度而变化的保险费
		职业病：参考收入的 1%，加上与石棉有关的疾病（肺病）的 0.01%。没有用来计算捐款的最低或最高收入。 参照收入为被保险人白领职工总收入的 100% 和蓝领职工总收入的 108%
	自营业者	不适用
加拿大	雇员	不承担缴费义务
	雇主	总费用因不同行业和根据评估的风险程度而异。根据省或地区的不同，每 100 加元工资单的雇主平均分摊率从 1.02~2.65 加元不等。省级和地方当局使用不同的评估方法，包括按工资或按工业、工业的混合、不同的福利水平和收入上限、工业覆盖的范围和债务筹资的程度对个别费率进行加权。用来计算捐款的最高收入因省或地区而异，从 52800~127000 加元
	自营业者	不适用
智利	雇员	不承担缴费义务
	雇主	每月申报收入的 0.94% 加上 3.4%（因职业而异，有些高危职业的缴费率可到 6.8%）
	自营业者	每月申报收入的 0.94% 加上 3.4%（因职业而异）。用来计算缴费的每月最低收入为 27 万智利比索，最高收入为 80.2UFs。UFs 是一项根据消费者价格指数每月变动而每日调整的指数，为 26597.33 比索
捷克	雇员	暂时性残疾：不承担缴费义务
		永久性残疾：详见养老、残疾和遗属保险
	雇主	暂时性残疾：详见医疗和生育保险
		永久性残疾：详见养老、残疾和遗属保险
	自营业者	不适用
丹麦	雇员	不承担缴费义务
	雇主	工伤：私人保险公司。职业病：劳动力市场职业疾病基金。两类缴费由这两个机构承担
	自营业者	自愿参保
爱沙尼亚	雇员	详见医疗和生育保险，养老、残疾和遗属保险
	雇主	详见医疗和生育保险，养老、残疾和遗属保险
	自营业者	详见医疗和生育保险，养老、残疾和遗属保险

续表

国家	纳税主体	适用的税率及对计税依据的说明
芬兰	雇员	不承担缴费义务
	雇主	雇员年收入的0.1%~7%，因职业评估风险而异
	自营业者	自负总成本，承担费用的大小根据行业的风险评估程度而异
法国	雇员	不承担缴费义务
	雇主	承担总成本，费用的大小因职业评估风险而异
	自营业者	不适用
德国	雇员	不承担缴费义务
	雇主	承担费用的大小因职业评估风险而异，2016年平均费率为1.18%
	自营业者	承担费用的大小根据行业的风险评估程度而异
希腊	雇员	详见医疗和生育保险
	雇主	详见医疗和生育保险，外加根据报告的事故率而定的比例
	自营业者	不适用
匈牙利	雇员	详见养老、残疾和遗属，医疗和生育保险
	雇主	详见养老、残疾和遗属保险
	自营业者	详见养老、残疾和遗属，医疗和生育保险
冰岛	雇员	详见养老、残疾和遗属保险
	雇主	详见养老、残疾和遗属保险
	自营业者	详见养老、残疾和遗属保险
爱尔兰	雇员	详见养老、残疾和遗属保险
	雇主	详见养老、残疾和遗属保险
	自营业者	不适用
以色列①	雇员	详见养老、残疾和遗属保险
	雇主	详见养老、残疾和遗属保险
	自营业者	详见养老、残疾和遗属保险
意大利	雇员	详见养老、残疾和遗属保险
	雇主	详见养老、残疾和遗属保险
	自营业者	详见养老、残疾和遗属保险

① 以色列分为两类，第一类为工伤与职业病，覆盖范围包括就业人员、个体工商户、职业培训人员和职业康复人员、在押人员、在以色列工作的外国居民、在以色列工作的移徙工人、为以色列雇主在国外工作的部分以色列居民，但不包括警察、监狱服务人员和国防部队雇员。第二类为非工伤，覆盖范围是以色列居民。

续表

国家	纳税主体	适用的税率及对计税依据的说明
日本	雇员	不承担缴费义务
	雇主	雇员工资的 0.25%~8.8%，因企业的类型而异
	自营业者	每日基本福利的 0.3%~5.2%乘以 365，因企业类型而异。每日基本福利是被保险人受伤或患病前最后 3 个月的平均日薪
韩国	雇员	不承担缴费义务
	雇主	2021 年工伤保险缴费：雇员工资的 0.6%~18.5%。因行业而异
	自营业者	根据评估的风险程度，占已申报收入或工资总额的 0.7%~28.1%
拉脱维亚	雇员	详见养老、残疾和遗属保险
	雇主	详见养老、残疾和遗属保险
	自营业者	不适用
卢森堡	雇员	不承担缴费义务
	雇主	雇员月工资的 0.75%，但是费率会因风险类别不同有一定浮动，实际的费率为 0.675%~1.125%。 用于计算缴款的每月最高收入为 11284.77 欧元（从 2021 年 10 月起）
	自营业者	月保障收入的 0.90%。用于计算缴款的每月最高收入为 11284.77 欧元（从 2021 年 10 月起）
墨西哥	雇员	不承担缴费义务
	雇主	根据评估的风险程度，支付工资总额的 0.5%~15%。用于计算供款的最低月收入是被保险人所在地理区域的法定最低工资。用于计算缴款的最大月收入是 UMA 的 25 倍
	自营业者	不承担缴费义务
荷兰	没有具体的工伤保险项目。1966 年和 1968 年的《疾病和生育福利及残疾养恤金方案》的立法规定适用于所有丧失工作能力的人，不论是否与工作有关	
挪威①	雇员	不承担缴费义务
	雇主	社会保险：详见养老、残疾和遗属保险。雇主责任：全部成本
	自营业者	社会保险：自愿参保人员缴纳应纳税所得额的 0.4%。雇主责任：—

① 挪威第一类为社会保险，适用范围为在挪威居住或作为雇员工作的人，或在挪威大陆架上的永久或可移动设施上工作的人，学生和军事人员。自营业者可自愿参加。第二类为雇主责任，适用范围为雇员，不适用自由职业者。

续表

国家	纳税主体	适用的税率及对计税依据的说明
波兰	雇员	不承担缴款义务
	雇主	根据评估的风险和员工人数，从雇员工资总额的0.4%~3.86%
	自营业者	申报收入的0.4%~3.86%。用于计算缴款的最低收入是《预算法》规定的全国月平均收入的60%，2021年全国平均月收入为5259兹罗提。2021年，除非特别规定费率，否则一般自营职业者的费率为1.67%
葡萄牙	雇员	社会保险：详见养老、残疾和遗属保险
		雇主责任：不承担缴费义务
	雇主	社会保险：详见养老、残疾和遗属保险
		雇主责任：全部成本（支付给私人保险机构）
	自营业者	社会保险：详见养老、残疾和遗属保险
		雇主责任：全部成本（支付给私人保险机构）
斯洛伐克	雇员	不承担缴费义务
	雇主	雇员月工资的0.8%，缴费无上限
	自营业者	不适用
斯洛文尼亚	雇员	暂时残疾：详见医疗和生育保险，永久性参加详见养老、残疾和遗属保险
	雇主	同雇员，此外，雇主为参加职业培训的学生、参加培训的残疾人、某些失业者和某些其他群体支付统一费率的缴费
	自营业者	同雇员
西班牙	雇员	不承担缴费义务
	雇主	费率因工作类型而异。比如：办公室工作费率为1.5%，建筑工作费率为6.7%
	自营业者	—
瑞典	雇员	不承担缴费义务
	雇主	申报收入的0.2%
	自营业者	雇员工资的0.2%
瑞士	雇员	工伤和职业疾病：不承担缴费义务
		非工伤：全部成本，费率因风险评估程度而异。用来计算缴款的最高年收入为148200瑞士法郎
	雇主	工伤和职业疾病：全部成本，费率因风险评估程度而异。用来计算缴款的最高年收入为148200法郎
		非工伤：不承担缴费义务
	自营业者	缴费因评估风险程度而异

续表

国家	纳税主体	适用的税率及对计税依据的说明
土耳其	雇员	不承担缴费义务
	雇主	详见医疗和生育保险
	自营业者	详见医疗和生育保险
英国	雇员	详见养老、残疾和遗属保险
	雇主	详见养老、残疾和遗属保险
	自营业者	不适用
美国	雇员	在部分州适用各自缴款办法
	雇主	承担全部或部分缴费义务，费率因风险评估程度而异
	自营业者	不适用
巴西	雇员	不承担缴费义务
	雇主	根据评估的风险程度，雇主缴费比例为工资总额的1%、2%、3%
	自营业者	自营业者不在工伤保险的保障范围
印度	雇员	详见医疗和生育保险
	雇主	详见医疗和生育保险
	自营业者	不适用
俄罗斯	雇员	不承担缴费义务
	雇主	俄罗斯将22类工业企业的职业风险分为32个等级，雇主按照相应级别适用从0.2%~8.5%的缴费比例
	自营业者	不适用
南非	雇员	不承担缴款义务
	雇主	工伤保险的所有成本由雇主负担，缴款率根据行业和报告的事故率而异
	自营业者	不适用

资料来源：国际社会保障协会网站（https：//www. issa. int）。

四、失业保险

失业保险主要为参保人因非自愿失业而造成的收入损失提供补偿，也起着一定的收入再分配的作用。目前，全世界只有不到80个国家有失业保险项目，一般来说，享受社会保险福利的期限是有限的，福利数额与被保险人就业前的收入水平有关。在没有建立失业保险的国家，对于失业者往往由政府或者雇主在解除就业协议时提供一次性转移支付。少数国家建立了强制性的个人离职补偿金账户制度，失业保险的总福利等于被保险个人离职补偿金账户中累积资本的价值。OECD 成员国和金砖国家的失业保障制度因国而异，具有如下特点。

第一，有的国家单独设置了失业保险的课税项目，有的国家的则没有。没有单独设置失业保险课税项目的国家包括智利、丹麦、希腊、以色列、意大利、卢森堡、墨西哥、波兰、冰岛、爱尔兰、拉脱维亚、挪威、葡萄牙、英国、印度等。这些国家的失业保险包含在总的社会保障税中，主要是和养老、残疾和遗属保险项目融合在一起或者筹资方式统一。

第二，除了巴西和俄罗斯政府承担了本国的失业保险财政支持责任外，其他国家的失业保险融资大多通过雇员、雇主和自营业者三方进行融资，多数国家是由雇主按照雇员工薪收入的一定比例缴纳失业保险金。其中，雇员不承担缴费义务的国家包括捷克、冰岛、意大利、荷兰、波兰、瑞典、巴西。雇主不承担缴费义务的国家包括卢森堡和巴西。除个别国家外，自营业者一般不缴纳失业保险，这些国家有比利时、智利、法国、爱尔兰、以色列、日本、拉脱维亚、荷兰、波兰、瑞士、土耳其、巴西、印度和南非。

第三，单独设置失业保险课税项目的适用税率都是比例税率，基本 2%以下，个别国家比较高，如奥地利雇主适用税率 3%，芬兰雇主适用税率 2. 6%~3. 25%，法国雇主适用税率 4. 05%，西班牙雇主适用税率 5. 5%，失业保险税制具体情况见表 5-8。

表 5-8　　　　OECD 成员国和金砖国家失业保险税制情况

国家	纳税主体	适用的税率及对计税依据的说明
奥地利	雇员	月收入的 3%； 低收入者的缴款率适当降低。 2021 年用于计算缴款的最低收入为 475. 86 欧元/月，最高收入为 5550 欧元/月
	雇主	雇员月收入的 3%。 计税依据同雇员
	自营业者	自愿参保者可以选择每月缴纳 89. 78 欧元、179. 55 欧元或 269. 33 欧元的固定数额
比利时	雇员	参考收入的 0. 87%。参照收入为被保险人白领职工总收入的 100%和蓝领职工总收入的 108%
	雇主	参考收入的 1. 46%
	自营业者	不适用

续表

国家	纳税主体	适用的税率及对计税依据的说明
加拿大	雇员	2019年为保障收益（covered earnings）的1.62%，魁北克省为1.25%。用于计算捐款的最高年收入为53100加元，最高限额每年调整一次
		收入在2000加元或以下的投保人有资格获得全额退款。投保人的捐款还资助疾病和生育福利
	雇主	2019年为保障收益（covered earnings）的2.268%，魁北克省为1.75%
	自营业者	2019年为保障收益的1.62%
智利	雇员	每月收入的0.6%，加上约0.04%的管理费，仅限于永久合同工人。签订固定期限合同的工人不缴纳
	雇主	在长达11年的服务年期内，每月支付工资总额的1.6%，加上为长期合约雇员而设基金（solidarity severance fund）的0.8%，定期合约雇员为2.8%加上0.2%
	自营业者	不适用
捷克	雇员	不承担缴费义务
	雇主	雇员月工资的1.2%
	自营业者	每月申报盈利的1.2%。用于计算缴款的年度申报收入为上一年度收入与支出差额的50%，全职个体户用于计算供款的最低年收入为全国月平均工资25%的12倍，兼职个体经营者为全国月平均工资10%的12倍。用于计算供款的最高年收入是全国平均月工资的48倍。全国平均月工资为29979捷克克朗
丹麦	雇员	每月工资或收入总额的8%，适用于失业保险和自愿提前退休的劳动力市场基金。失业保险基金的供款因基金类别而异
	雇主	根据参加特点的失业保险基金而异
	自营业者	同雇员
爱沙尼亚	雇员	总收入的1.6%
	雇主	雇员收入的0.8%
	自营业者	不承担缴费义务
芬兰	雇员	1.4%
	雇主	年薪不超过2169000欧元的为0.5%，年工资超过2169000欧元为1.9%
	自营业者	每年超过5800欧元的申报年收入的2.25%~2.65%

续表

国家	纳税主体	适用的税率及对计税依据的说明
法国	雇员	2022 年失业保险费率：0
	雇主	2022 年失业保险费率：雇员工薪收入的 4.05%。用于计算缴款的每月最高收入为 13712 欧元
	自营业者	不适用
德国	雇员	2021 年失业保险费率：每月收入的 1.2%。 用于计算供款的最高月收入为 7100 欧元（五个新联邦州用于计算供款的最高年收入为 6700 欧元）
	雇主	同雇员
	自营业者	经营前两年，按每月参考收入一半的 3%，经营满 2 年后，每月参考收入的 3%计算，每月参考价值为 3045 欧元
希腊	雇员	总收入的 0~6.96%。用于计算供款的最低月收入是未婚蓝领工人的法定月最低工资 586.08 欧元；25 岁以下，工作未满 3 年者为 510.95 欧元。用于计算缴费的每月最高收入为 5860.80 欧元
	雇主	3.17%，计税依据同雇员
	自营业者	每月 10 欧元
匈牙利	雇员	月收入的 1.5%
	雇主	详见养老、残疾和遗属保险
	自营业者	每月申报收入的 1.5%，详见养老、残疾和遗属保险
冰岛	雇员	不承担缴费义务
	雇主	详见养老、残疾和遗属保险
	自营业者	详见养老、残疾和遗属保险
爱尔兰	雇员	详见养老、残疾和遗属保险
	雇主	详见养老、残疾和遗属保险
	自营业者	不适用
以色列	雇员	详见养老、残疾和遗属保险
	雇主	详见养老、残疾和遗属保险
	自营业者	不适用
意大利	雇员	详见养老、残疾和遗属保险
	雇主	详见养老、残疾和遗属保险
	自营业者	详见养老、残疾和遗属保险

续表

国家	纳税主体	适用的税率及对计税依据的说明
日本	雇员	每月收入的 0.3%～0.4%，行业之间会有 0.9%～1.2%的费率差异（农业、林业、渔业、清酒酿造业和建筑工人为 0.4%）。
	雇主	雇员工资的 0.6%～0.8%，行业之间会有 0.9%～1.2%的费率差异（农业、林业、渔业或清酒酿造行业工人为 0.7%，建筑工人的比例为 0.8%）。
	自营业者	不适用
韩国	雇员	2021 年失业保险缴费：雇员工资总额×0.8%
	雇主	2021 年失业保险缴费：雇员工资总额×0.8%。 雇主还需要为雇员缴纳职业发展基金，费率为 0.25%～0.85%，费率取决于雇员人数
	自营业者	申报工资的 2.25%（只限就业服务）
拉脱维亚	雇员	详见养老、残疾和遗属保险
	雇主	详见养老、残疾和遗属保险
	自营业者	不适用
卢森堡	雇员	作为特别团结税缴纳①
	雇主	不承担缴款义务
	自营业者	作为特别团结税缴纳
墨西哥	劳动法要求雇主一次性支付被解雇员工 3 个月的工资，加上每年 20 天的工资，最长为 12 个月。其他福利详见养老、残疾和遗属保险	
荷兰	雇员	不承担缴费义务
	雇主	2021 年失业保险费率为 2.70%～7.70%，低税率适用于未明确期限的固定合同员工，高税率适用于弹性员工和临时合同员工
	自营业者	不适用
挪威	雇员	详见养老、残疾和遗属保险
	雇主	详见养老、残疾和遗属保险
	自营业者	详见养老、残疾和遗属保险
波兰	雇员	不承担缴费义务
	雇主	雇员总工资的 2.45%
	自营业者	不适用

① 团结税是卢森堡政府征收的旨在为理论上统一（或巩固）项目提供资金的一种税收，它与所得税同时征收。

续表

国家	纳税主体	适用的税率及对计税依据的说明
葡萄牙	雇员	详见养老、残疾和遗属保险
	雇主	详见养老、残疾和遗属保险
	自营业者	详见养老、残疾和遗属保险
斯洛伐克	雇员	每月保障收入总额的 1%。2022 年用于计算缴款的最低月收入为 566.50 欧元，最高月收入为 7931 欧元
	雇主	每月工资总额的 1%。2022 年用于计算缴款的最低月收入为 566.50 欧元，最高月收入为 7931 欧元
	自营业者	每月申报收入的 2%（自愿缴纳）。2022 年用于计算缴款的最低月收入为 566.50 欧元，最高月收入为 7931 欧元
斯洛文尼亚	雇员	总收入的 0.14%。用于计算供款的最低月收入是被保险人去年平均月工资的 54%（到 2021 年达到 60%），没有用来计算捐款的最高收入
	雇主	雇员总收入的 0.06%。计税依据同雇员
	自营业者	评估收入的 0.2%。评估所得为上一年度利润的 75%，如果自营职业者的收入不超过平均年薪的某一百分比，则适用计算社会保险缴款的最低标准。2021 年用于计算缴款的最低月收入为 1024.24 欧元，用于计算缴款的最低月收入为平均工资的 60%，最高月收入为平均工资的 3.5 倍
西班牙	雇员	收入的 1.55%，该费率适用于永久合同。2021 年用于计算缴款的每月最低收入取决于工作类型。用于计算缴款的最高月收入为 4070.1 欧元
	雇主	收入的 5.5%，该费率适用永久合同。计税依据同雇员
	自营业者	—
瑞典	雇员	不承担缴费义务
	雇主	雇员工资的 2.64%
	自营业者	收入的 0.1%
瑞士	雇员	不超过 148200 瑞士法郎适用比例为 1.1%，达到或超过的适用 0.5%
	雇主	同雇员
	自营业者	不适用

续表

国家	纳税主体	适用的税率及对计税依据的说明
土耳其	雇员	月收入的1%。2021年用于计算缴款的最低月收入为3577.50新土耳其里拉，最高月收入为26831.40新土耳其里拉
	雇主	雇员月工资的2%，计税依据同雇员
	自营业者	不适用
英国	雇员	详见养老、残疾和遗属保险
	雇主	详见养老、残疾和遗属保险
	自营业者	不承担缴费义务
美国	雇员	除了阿拉斯加州、新泽西州和宾夕法尼亚州，其他州都没有
	雇主	联邦失业保险：占年度工资的0.6%（全额为每年工资总额的6.0%，但如果各州都符合联邦政府的要求，则可减免5.4%）。用于计算缴款的最高年收入为7000美元
		州失业保险：每年工资的5.4%（实际比例从0到超过10%不等，视雇主要求工人领取失业救济金的经验而定）。根据各州的情况，用于计算缴款的最高年收入为7000~45000美元
	自营业者	不适用
巴西	雇员	均不承担纳税义务，由政府来负担所有成本
	雇主	
	自营业者	不适用
印度	雇员	详见医疗和生育保险
	雇主	详见医疗和生育保险
	自营业者	不适用
俄罗斯	失业保险收益范围覆盖每一位俄罗斯公民，其保险费用由联邦和地方政府预算资助，不需要雇员雇主和自营业者额外缴纳，地方和地方政府可以为失业人员及其家属提供补助	
南非	雇员	缴纳失业保险基金，用以保障失业、疾病和生育。 2021年保险费率为1%。用于计算缴款的最高收入为每年149736扎尔
	雇主	同雇员
	自营业者	不适用

资料来源：荷兰国际财税文献局网站（https：//research. ibfd. org/#/search？N = 3 + 10&Ne = 7487&Nu = global _ rollup _ key&Np = 2&Ntk = Text&Ntt = % 22Social% 20security% 20contributions% 22&Nty = 1&Ntx = mode+matchallpartial）。

第三节　社会保障税征管制度

目前，绝大多数国家都建立了社会保障税制度，作为政府提供特殊服务（医疗、失业和养老等）的经费来源。而且，世界各国社会保障税的征收、管理和监督大都是由不同的机构来进行管理。在 OECD 成员国和金砖国家中，加拿大、爱沙尼亚、匈牙利、冰岛、爱尔兰、拉脱维亚、荷兰、挪威、斯洛文尼亚、瑞典、英国、美国、巴西和俄罗斯等 14 个国家通过税务、海关或者财政部门来征收社会保障税，其余的国家则大多通过公立或私立的社会保障基金协会或公司来征收管理社会保障税。

在欧洲，社会保障税是政府税收收入的主要来源之一。大多数国家将社会保障税与税收制度分开，并通过独立的社会保障机构而不是通过主要的税收机构来进行征收管理。然而，部分国家税务机关在一定程度上参与了社会保障税的征收，而且在过去 20 年中有明显地将社会保障征管机构与税收机关合并或者一体化的趋势，例如希腊、俄罗斯、斯洛伐克等。一些国家政府将选择进一步整合社会保障管理机构的行政职能，而另一些国家政府则很可能继续依赖职能和职责明确的专门机构。根据吉尔吉斯斯坦 2018 年 12 月 31 日第 648 号政府令的规定，2019 年 1 月 15 日起，社会保障税将由原来向社会保障基金部门申报改为向国家税务局申报，申报自 2019 年 1 月 1 日起发生的纳税义务[①]。

已开征社会保障税或者有社会保障税制度的 OECD 成员国和金砖国家社会保障税征收管理机构的情况见表 5-9。

表 5-9　　OECD 成员国和金砖国家社会保障税征收管理机构

国家	社会保障税管理机构
奥地利	征收：奥地利社会保险机构联合会
	监管：联邦劳工、社会事务和消费者保护部、联邦财政部

① 龚辉文．国际税讯［J］．国际税收，2019（2）：81.

续表

国家	社会保障税管理机构
比利时	征收：国家社会保障办公室
	监管：联邦社会保障公共服务署
加拿大	养老、医疗、失业保险。征收：加拿大税务局。管理：加拿大就业和社会发展部、卫生部
	工伤保险。各省、各地区的职工补偿委员会负责征收和管理
智利	养老保险。征收：个人退休基金管理公司（AFPs）。管理：社会保障协会。监督：劳动和社会保障部
	医疗保险。征管：国家卫生基金（FONASA）负责公共系统，卫生协会（ISAPREs）负责私人系统。监督：卫生部
	工伤保险。征管：职业安全协会和雇主互助基金。监督：劳动和社会保障部
	失业保险。征收：智利 AFC。管理：社会保障协会和家庭津贴补偿基金。监督：劳动和社会福利部
捷克	征管：捷克社会保障局
	监督：劳动和社会事务部
丹麦	征收：劳动力市场补充养老金协会征收养老保险，劳动力市场的保险公司征收工伤保险，授权失业基金征收失业保险
	监管：就业部
爱沙尼亚	征收：税收和海关办公室
	监管：社会事务部
芬兰	征收：有执照的非营利性保险公司、养老基金和基金会征收养老、工伤保险，税务机关征收医疗和生育保险，失业保险基金征收失业保险
	监管：社会事务和卫生部
法国	养老、医疗、工伤保险。征收：联合募捐机构。监管：团结和卫生部、经济和财政部提供一般监督并发布法规
	失业保险。征收：就业中心。监管：劳工、就业、职业培训和社会对话部
德国	养老、失业保险。征收：疾病基金。监管：联邦劳动和社会政策部
	医疗和生育保险。监督：联邦卫生部
	工伤保险。征管：由行业协会和公共保险公司组成的意外保险机构。监督：联邦保险协会监管联邦意外保险机构，联邦劳动和社会政策部监督职业安全和健康项目
希腊	征管：统一社会保障基金（EFKA）
	监督：劳动和社会保障部

续表

国家	社会保障税管理机构
匈牙利	征收：国家税务和海关总署
	管理：匈牙利国库管理除失业保险外的社会保险，公共就业服务局管理失业保险项目
	监督：人力资源部监督除失业保险外的社会保险，国家经济部监督失业保险
冰岛	征收：海关总署
	管理：社会保险管理局负责管理除失业保险以外的社会保险项目，劳工理事会负责管理失业保险基金和职业介绍所
	监督：福利部
爱尔兰	征收：税务局
	管理：就业和社会保障部
以色列	征管：国家保险协会
	监督：社会事务部
意大利	征管：国家社会保障协会负责除工伤保险以外的社会保障项目，国家意外保险协会负责工伤保险
	监督：劳工和社会政策部、经济和财政部
日本	征管：日本养老服务协会
	监督：卫生、劳动和福利部
韩国	征收：国民健康保险服务中心
	管理：卫生和福利部、就业和劳动部
拉脱维亚	征收：国家税务
	管理：国家社会保险机构管理现金福利和个人账户
	监督：福利部、卫生部
立陶宛	征收：国家社会保险基金委员会
	监管：社会保障和劳工部
卢森堡	管理：国家养老保险基金管理私营部门的养老保险，公务员事务局负责管理公务员养老保险。国家卫生基金管理医疗保险。意外保险协会为工业、农业和林业工人管理工伤保险。就业局通过其当地办事处管理该项目并支付失业保险
	监督：社会保障部监管除失业保险以外的社会保障项目，劳动、就业和社会团结经济部监督失业保险
墨西哥	管理：墨西哥社会保障协会
	监督：社会发展秘书处

续表

国家	社会保障税管理机构
荷兰	征收：国家税收和海关总署
	管理：社会保险银行管理养老和遗属保险，授权的私人保险公司管理和提供医疗保险，雇员福利协会管理失业保险
	监督：荷兰社会及就业部（SZW）劳工督查①
挪威	征收：每个直辖市的地方税务局
	管理：挪威劳工和福利管理局（NAV）
	监督：卫生和保健服务部、儿童与平等部、劳工和社会事务部
波兰	征管：社会保险协会
	监督：家庭、劳工和社会政策部
葡萄牙	征收：社会保障财务管理协会
	管理：社会保障协会
	监督：劳动、团结和社会保障部
斯洛伐克	征管：社会保险机构
	监督：劳动、社会和家庭部
斯洛文尼亚	征收：财政部
	监督：劳工、家庭、社会事务和机会平等部
西班牙	征管：社会保障总库
	监督：就业和社会事务部
瑞典	征收：税务机关
	监督：瑞典社会保险机构
瑞士	养老保险。征收：分散的州、工业和联邦赔偿基金网络，监督：联邦内政部
	医疗保险。征收：法定的健康和疾病保险公司，监督：联邦公共卫生办公室监督健康和疾病保险立法的遵守
	工伤保险。征收：瑞士国家意外保险基金、获授权的私人保险公司、公众疾病和意外保险基金，监督：联邦公共卫生办公室
	失业保险。监管：国家经济事务秘书处批准和监督失业基金，联邦社会保险办公室监督缴款情况
土耳其	征管：社会保障协会
	监督：劳动和社会保障部

① 荷兰的劳工督查（Inspectorate SZW），致力于为每个人提供公平、健康和安全的工作条件和社会经济保障，隶属于荷兰社会事务和就业部。资料来源：https：//www. inspectieszw. nl/。

续表

国家	社会保障税管理机构
英国	征收：英国税务海关总署
	管理：工作及退休金署
美国	养老保险。征收：美国财政部通过美国国内收入局监督社会保障税的征收 管理：社会保障管理局
	医疗保险。征收：美国财政部通过美国国内收入局监督医疗保险税的征收 监督：卫生及公众服务部
	工伤保险。征管：大约50%的州由州工人补偿机构管理雇主责任项目，约37.5%的州由州劳动部门管理，三个州由法院管理。有四个州雇主必须在州基金投保，19个州拥有国家基金或私人保险公司，其余州是与私人运营商合作
	失业保险。征收：财政部通过美国国内收入局监督联邦失业保险缴款的收取 管理：劳工部通过其就业和培训管理局和失业保险办公室在全国范围内管理该项目，各州的劳动机构管理各州的失业项目和工资福利
巴西	征收、监督：财政部提供除失业保险外的社保项目的监督并征收缴款，失业保险项目由劳工部监督
	管理：国家社会保障协会负责管理除失业保险外的项目，工人援助基金咨询委员会负责管理失业保险
印度	管理：雇员公积金组织通过区域、次区域、监察局和子账户办事处管理养老公积金，雇员国家保险公司通过区域和地方办事处管理医疗、工伤和失业保险计划
	监督：劳工及就业部
俄罗斯	征收：联邦税务服务局
	管理：联邦退休基金及其区域机构管理养老保险，地方政府管理医疗保险，联邦社会保险基金和区域基金管理临时残疾福利，联邦养恤基金管理永久残疾养恤金，俄罗斯联邦劳动和社会保障部和地方就业中心管理失业保险
南非	管理：失业保险基金
	监督：劳工处

资料来源：国际社会保障协会网站（https：//www.issa.int/en_GB/country-profiles）。

第四节 2021年主要变化

2021年，新冠肺炎疫情的影响仍在世界范围内持续。为应对新冠肺炎疫情引发的经济危机，尤其是对劳动力市场的冲击，全球各国普遍对本国的社会保障税制度进行了调整和完善。一方面，在社会保障税税率基本保持稳定的基础上，OECD大部分成员国上调了用于缴款的计税收入；另一方面，为减轻疫情下社会保障税缴款给雇主和雇员带来的经济压力和负担，多国政府推行了一系列临时性的社会保障税收优惠政策，包括社会保障税款推迟缴纳、减免以及豁免政策等。

一、社会保障税税率基本保持稳定，计税收入小幅提升

2021年，OECD各成员国社会保障税税率基本保持稳定。以养老保险费率为代表，各国2021年的养老保险费率与2020年和2019年基本保持一致。同时，伴随着世界范围内平均工资的提升，养老保险费的计税依据有小幅提升。总体来说，2021年OECD各成员国的社会保障税收政策未因新冠肺炎疫情影响而发生较大变化。

2021年，OECD多数成员国的养老保险费率保持不变，用于缴款的最低收入或最高收入小幅提升：2021年奥地利对雇员征收的养老保险费率维持在10.25%，对雇主征收的养老保险费率维持在12.55%，2021年用于缴款的最低收入由460.66欧元/月提升至475.86欧元/月，最高收入由5370欧元/月提升至5550欧元/月；2021年德国对雇员和雇主征收的养老保险费率维持在9.3%，用于计算供款的最高月收入由6900欧元提升至7100欧元；2021年斯洛伐克对雇员征收的养老保险费率维持在4.0%，对雇主征收的养老保险费率维持在14.0%，2022年用于计算缴款的最低月收入由546欧元增加至566.50欧元，最高月收入由7644欧元提高至7931欧元。

尽管OECD大部分成员国未在2021年调整社会保障税税率，但仍有少数成员国的社会保障税税率有所变动：智利在2021年将对自营业者征收的养老保险费率由10.75%上调至11.5%；2022年希腊将对雇主征收的社会保障税税

率由 24.82%下调至 22.54%；2021 年匈牙利将对雇员征收的社会保障税税率由 15.5% 下调至 13%；2021 年拉脱维亚雇员的缴款比例由 11% 下调至 10.5%，雇主的缴款比例由 24.09%下调至 23.51%；荷兰在 2021 年将雇主的残疾保险费率由 6.77%上调至 7.03%。

二、多国在新冠肺炎疫情下采取社会保障税收优惠政策

2020 年初在世界范围内暴发的新冠肺炎疫情导致全球经济下行，面对就业率下降带来的劳动力市场疲软，社会保障制度作为国民经济发展的稳定器，发挥着至关重要的调节作用。全球各国普遍出台了多样化的社会保障措施，来争取保障国民经济能在疫情下相对平稳运行。在社会保障税方面，世界多国均采取了一定力度的税收优惠措施，包括推迟社会保障税款的缴纳以及社会保障税款的减免和豁免，作为应对新冠肺炎第二波疫情的经济刺激政策。截至 2021 年 2 月，全球共有 68 个国家至少采用了其中一种措施。2020 年 4 月欧盟委员会的一份函件赞成了这些措施，认为它们是新冠肺炎疫情危机期间减少企业流动性限制和维持就业的有力工具。

（一）延期缴纳税款的税收优惠政策

在欧洲许多国家，雇主如果选择延期缴纳社会保障税款可以享受免息的分期付款：瑞士正是采取了此类措施，针对养老、残疾和遗嘱保险，瑞士推行了最长 6 个月的分期无息延期缴款。为支持此政策，国家社会保障计划的债务从 2020 年 3 月 19 日至 4 月 19 日进行了为期一个月的冻结。若雇主的工资支付总额由于裁员等原因减少，社会保障管理部门将对雇主的缴款额度进行调整。

芬兰政府批准将雇主的社保税款支付延迟 3 个月。为了保证此项政策的可持续性，政府授权了国有财务公司 Finnvera 提高其对企业的信贷额度，并提供担保，来为企业提供支付延期和未来社保税款的支持。2022—2025 年，为改善私营部门的财务状况，其养老金计划的缴款将逐步提高。此外，对于此政策给 Finnvera 公司带来的损失，政府将给予 50%～80%的补偿。

中国政府对于因疫情下的危机导致收益大幅下降的企业，可以将社会保障税款缴费延期 6 个月，同时免缴任何罚款。

文莱政府对每月收入低于 1500 文莱元的当地雇员和雇员人数少于 100 人的中小微型企业，给予雇员信托基金和补充养老保险推迟缴纳 6 个月的税收优惠。

（二）减免或豁免缴纳税款的税收优惠政策

从疫情开始，西班牙政府就根据经济部门（特别是直接受封锁影响的部门）和雇员人数（50 人以下或 50 人以上）给予雇主不同的社保缴纳豁免水平。针对所有员工都临时休假的企业，西班牙逐步推出了一项新的临时就业法规（Expediente de Regulación Temporal de Empleo，ERTE）。2020 年 6 月下旬，西班牙政府宣布将于 2020 年 7—9 月推行这项新的 ERTE。对于符合资格的雇主群体，这项措施遵循常规的 ERTE，即逐步减少豁免：7 月减免 70%（雇员超过 50 人时减免 50%）；8 月占 60%（雇员超过 50 人时减免 40%）；9 月为 35%（雇员超过 50 人减免 25%）。

随着第二波新冠肺炎疫情于 2020 年 9 月下旬波及欧洲，西班牙宣布，在 2021 年 1 月 31 日之前，受疫情直接影响、雇员人数不超过 50 人的企业可免除缴纳社会保险费。对于雇员人数超过 50 人的企业，雇主可以免除缴纳 90% 的社会保险费。2021 年 1 月，由于再次实施封锁，该措施被延长至 2021 年 5 月，员工人数少于 50 人的直接受疫情影响企业的豁免率最高可达 100%。表 5-10 总结了截至 2021 年 5 月西班牙政府的社会保障税优惠政策变化情况。自 2021 年初以来，西班牙政府持续增加对企业的社保免税力度，不仅反映了经济中断的严重程度，也反映了政府为缓解不断上升的失业率做出的努力。

表 5-10　　新冠肺炎疫情以来西班牙对雇主的社会保障税减免比率

企业类型和受疫情影响的类型		2020 年 10 月	2020 年 11 月	2020 年 12 月	2021 年 1 月	2021 年 2—5 月
直接受疫情影响的企业	包括自营业者在内，雇员人数少于 50 人	100%	100%	100%	100%	100%
	雇员人数大于 50 人	90%	90%	90%	90%	90%
间接受疫情影响的企业	雇员人数少于 50 人	100%	90%	85%	80%	100%（2 月）；90%（3 月）；85%（4 月）；80%（5 月）
	雇员人数大于 50 人	90%	80%	75%	70%	90%（2 月）；85%（3 月）；75%（4 月）；70%（5 月）

资料来源：国际社会保障协会网站（https：//ww1. issa. int/analysis/covid-19-and-social-security-contributions-evolution-europe）。

与西班牙情况相似，法国在第二波疫情冲击下以更高的社会保障税豁免率支持受疫情打击最严重的企业。自 2020 年 10 月以来，因封锁导致主营业务发展受限的企业，如旅游公司、酒店、餐饮服务、体育设施、文化部门、航空运输和活动策划等，若这些企业与去年同期相比，利润亏损至少达到 50%，会再次获得社会保障税全部或部分豁免。表 5-11 总结了法国根据企业 2021 年同比周转率分级设置的 2021 年企业社会保障税全部或部分豁免政策。

表 5-11　新冠肺炎疫情下法国对雇主的社会保障税豁免比率

2021 年社会保障税豁免比率	2021 年企业同比周转率
100%	大于 60%
50%	40%~60%
25%	至少 20%
视亏损情况确定	由于封锁和整体经济危机，其他经济部门的企业可能面临业务减少的情况

资料来源：国际社会保障协会网站（https：//ww1. issa. int/analysis/covid-19-and-social-security-contributions-evolution-europe）。

德国政府推行的是全额或部分退还社会保障税的政策。在短期工作的情况下，德国将全额退还雇主缴款的期限延长至 2021 年 6 月 30 日。从 2021 年 7 月 1 日至 12 月 31 日，如果在 2021 年 6 月 30 日之前开始短期工作，将退还 50%的社会保险缴款。与西班牙和法国一样，德国的社会保障税退款是短期工作计划的一个组成部分。

巴西政府豁免了对于雇员保障基金（FGTS）的社会保障税缴款；在阿根廷，受新冠肺炎疫情影响而收入大幅下降的雇主（通常是旅游、交通和酒店行业），可以向政府申请免缴社会保障税。

第五节　社会保障基金的筹集

社会保障基金筹集是指由专职的社会保障机构按照法律规定的比例和计征对象征收社会保障税的一种行为，作为社会保障基金的首要环节，直接反映社会保障基金的收入来源，影响社会保障功能的发挥。国际劳工组织对社会保障基金的筹集提出了三项原则：一是受保职工负担的费用不应超过全部所需费用的一半；二是避免低收入者负担过重；三是要考虑本国的经济状况。社会保障基金是社会保障制度正常运行的经济基础，对全体公民提供了基础保障，并且关系到公民个人切身利益以及社会的稳定发展，同时基金的投资运营还可以促进国民经济的发展。

一、社会保障基金筹资模式

（一）现收现付制

现收现付制是以满足近期横向收支平衡①为指导纲要的基金筹集模式。社会保障机构以当期所需要的社会保障基金对社会进行筹集，当年提取，当年支付，以支定收，不留积累，由具有生产能力的雇主和雇员共同分摊。这种基金筹集模式很好地实现了经济资源再分配。优点是避免资金结余带来的经济风险和管理成本；缺点是由于没有资金积累，人口结构趋于老龄化，当代人负担的社会保障基金压力会持续升级。

现收现付制在各国占据主导地位，目前建立社会养老保险制度的大多数国家均采用此模式。作为一种代际转移方式，此制度将年轻一代的收入转移到年老一代。

（二）完全积累制

完全积累制是一种以远期纵向收支平衡②为原则的基金筹集方式，其实质是个人一生总收入的再分配，其与雇主每月共同缴纳的保险基金计入个人账户，专款专用，未来满足条件时可领取。由于未来收益与所缴纳的费用正相关，能够很好地对个人形成激励。缺点是由于基金专款专用，没有实现社会大环境的经济资源再分配，与社会保障体系建立的初衷相违背。同时，每个人都要建立专属的社会保障基金账户，工作量大，管理成本高，造成了资源的浪费。闲置的积累资金还有可能受通货膨胀的影响。

（三）部分积累制

部分积累制综合了现收现付制和完全积累制，一部分基金采用现收现付，

---

① 横向收支平衡是指保持当年费用总和收支相抵。

② 纵向收支平衡是指对某些保险项目，要求受保人在投保期间提取的资金总额与其在享受该项目保障期间所需支付的费用总和保持平衡。

使当前收支平衡，一部分基金采用完全积累，满足基金需求量的增长，是个人收入再分配与社会总体再分配的综合使用，既保留了个人账户的激励机制，又实现了社会保障总体调配的初衷。其执行特点是前期基金压力较大，以后逐年趋于平稳，既满足了当期需求，又避免了负担不均与储备不足的问题。但由于综合了前两种模式，执行难度较大，税率难以把控，一旦失去平衡反而会带来更大的管理成本。

二、社会保障基金筹资方式

（一）征税方式

征税方式即征收社会保障税。社会保障税，亦称工薪税，它是为筹集社会保障基金而向雇主和雇员依据工资总额和个人收入征收的一种税。美国是世界上最早采用税收手段筹集社会保障基金的国家。征税方式具有强制性强、负担公平、保险项目简单明了、缴税和支付有章可循、管理简便等优点。不足之处在于税收形成财政资金后只能通过年度预算来安排，且通常以年度收支平衡为基本目标，从而事实上无法积累社会保障基金，进而无法抗拒周期性的社会保障风险，如一旦遇到经济危机导致大批工人失业，或者人口老龄化趋势加快，均可能因缺乏社会保障基金积累而对国家财政造成巨大冲击，进而影响国民经济的持续稳定发展。此外，征税方式通常只与现收现付型社会保障制度相适应，而不能适应完全积累型社会保障制度的要求。

（二）缴费方式

缴费方式是指由政府职能部门依据有关法律规范，强制向企业和劳动者个人征收，并用于特定社会保障项目的基金筹集方式。社会保障基金的缴费方式包括统筹缴费和强制储蓄。统筹缴费是由雇主和雇员缴费，由政府指定的专门机构负责营运和管理。这种方式筹集的资金由政府统筹支付，独立于财政预算系统之外，实行专款专用，支付不足部分由政府补助。强制储蓄也是由雇主和雇员缴费，但不进行统筹管理，所筹资金存入个人账户，政府对社会保障基金的支配权极其有限，这种筹集方式对应的是基金积累制的社会保障基金筹资模式。

（三）自由筹资

社会保障基金的筹集除以上常见方式之外，还有多种方式，如通过发行福利彩票筹集用于社会福利事业的基金，对社会福利事业的服务性收费构成社会福利基金的重要来源，还有社会募捐等。这些基金筹集方式都能对社会保障基金起到重要的补充作用。为社会保障缴款的计算依据也是一个重要的问题。

三、社会保障基金分担方式

总体上讲，社会保障基金是由国家、企业和个人三方负担，以税或费的形式征集。不同的社会保障基金的负担方式反映了各个国家不同的社会保障理念。

（一）由政府、雇主和雇员三方负担

随着人口老龄化和社会保障支出水平的提高，政府、企业和个人三方承担的社会保障制度是未来发展的趋势，但政府的作用会越来越小。目前，有一半以上的国家实行的是三方负责制，且具有一定强制性。采用这种方式的国家有英国、日本、德国等。

（二）由雇主和雇员双方负担

在由雇主和雇员双方负担的方式下，国家不具体参与供款，但作为制度制定者，对制度的最终落实情况负责。这种制度强调的是国家的管理者身份。企业与个人各承担一定比例的社会保障基金，且在不同的险种中承担比例不同。采用这种方式的国家主要有新加坡、印度等。

（三）由政府和雇主双方负担

在由政府和雇主双方负担的制度下，政府在其中起着主导作用，强调国家统筹负责社会保障基金的投入和管理，公民有享受社会保障福利的平等权利。实行这种方式的主要国家是改革前的计划经济国家。

（四）由雇员单独负担

由雇员单独负担的方式是一种强制性的个人养老保险制度。在这种制度下，政府不再对养老保险金负有直接责任，但应对最低养老保险金保障线以下的部分承担相应的补贴责任。实行这种制度的主要国家是拉丁美洲的一些国家，如智利等。

四、世界主要国家社会保障基金筹资模式

在全球开征社会保障税的国家中，美国、德国、英国、新加坡、日本的社保筹资模式比较有代表性。这几个国家社会保障基金筹资的差异主要体现对社会保障基金的分担主体是否包括政府以及对雇员和雇主的课税率的不同。

其中，美国作为社会保障税制度比较完善的国家，其筹资模式较有研究价值和意义，下文将进行详细介绍。

（一）美国

美国社会保障的筹资方式是政府、企业与劳动者三方分担，个人和企业缴费为社会保障基金的主要来源。社会保障由专门的工资税提供资金。雇主和雇员各支付 6.2% 的工资，2021 年最高应纳税额为 142800 美元，而个体经营人士支付 12.4%。例如，2019 年，养老、残疾和遗属保险收入中，绝大部分来自工资税（9445 亿美元，占 89%），其余来自利息收入（808 亿美元，占 7.6%）和养老、残疾和遗属保险保险福利的税收收入（365 亿美元，占 3.4%）。

社会保障由纳税人出资，由政府管理。大部分项目由联邦政府资助，由各州进行管理。在一些联邦-州联合项目中，联邦政府全额资助福利，部分地资助州和地方行政费用。例如，低收入住房项目就是采取这种模式。

美国政府征收的社会保障税种类主要包括养老、残疾和遗属保险，医疗保险，工伤保险和失业保险，其中括养老、残疾和遗属保险和医疗保险均有专门的信托基金来对应险种资金的运作，下文将详细介绍这两个险种的筹资模式。

1. 养老、残疾和遗属保险

养老、残疾和遗属保险项目是美国最大的资金来源项目。根据社会保险的原则，该项目提供月度福利，旨在部分替代因退休、残疾或死亡而造成的收入损失。该项目覆盖了美国约 96% 的工作。根据联邦保险和个体经营缴费法案（FICA 和 SECA），员工缴纳工资税从而为该项目提供资金。收入存入两个信托基金（联邦老年和遗属保险信托基金与联邦残疾保险信托基金），用于支付该项目的福利和运营费用。

养老、残疾和遗属保险项目要求员工及其雇主和个体经营者就所涵盖工资收入纳税，最高可达年度应纳税额，该数额会随着工资的上涨而自动调整。这些税款存入两个独立的信托基金。信托基金收到的款项只能用于支付项目福利和项目运营费用。暂时闲置的资金用于投资由美国政府担保的有息证券。

该项目对年度应纳税的收入金额作出限制。当这些收入用于福利计算时，同样的年度限额也适用。这一限额每年随着全国平均工资指数的变化而变化；年度限额也被称为福利基数。这一数额通常也被称为最高应纳税额。最近 6 年的最高应纳税额如表 5-12 所示。

表 5-12　　2016—2021 年度美国对雇员规定的最高应纳税额

纳税年度	最高限额（美元）
2021	142800
2020	137700
2019	132900
2018	128400
2017	127200
2016	118500

资料来源：美国国内收入局网站（https：//www. irs. gov/）。

董事会负责管理该项目的信托基金，并且每年向国会报告信托基金的财务和精算状况。该委员会由 6 名成员组成，其中 4 名成员因其在联邦政府中的职位而自动任职，分别是：财政部长（经管受托人）、劳工部长、卫生和公共服务部部长，以及社会保障委员。另外两名成员由总统任命，并经参议院确认担任公众代表。

2. 医疗保险

联邦医疗保险作为社会保险福利，在 1965 年加入社会保障计划，由工资税资助，该保险为符合条件的参与者提供医疗保健方面的福利。大多数年满 65 岁的人，以及患有某些残疾（例如肾功能衰竭）的年轻人都符合资格。联邦医疗保险隶属于社会保障总署（SSA），现在由联邦医疗保险和医疗补助服务中心（CMS）管理。联邦医疗保险包括以下四部分。

A 部分为住院保险，具有强制性，为病人住院费用、专业护理费用、家庭保健服务费用以及晚期病人收容所护理费用等项目提供保障。它允许参保者每次享受最多 100 天的专业护理和 90 天的住院治疗，且在结束护理或离开医院 60 天之后重新获得 100 天的资格。

B 部分为补充性医疗保险，职工自愿参与，为医生服务和门诊护理的费用提供保障。该部分还覆盖其他医疗项目，例如物理疗法和作业治疗等。补充性医疗保险费用中，75%的资金来自美国联邦政府的一般性财政收入，25%左右来自参与者每月缴纳的保险费。参与 B 部分的高收入者将按照其向国税局报告的收入确定每月支付 B 部分费用的比例，可以是总费用的 35%、50%、

65%、80%或 85%。

C 部分为医保优势计划，参与了 A 部分和 B 部分的参保者有资格参与该计划。C 部分包含 A 部分和 B 部分的所有福利和服务，也包含额外项目，如处方药、视力保健、听力保健和牙科保健。参保者需为 C 部分每月支付保费。

D 部分为处方药计划，参与了 A 部分和 B 部分的参保者可自愿参与该计划。D 部分可以作为一个单独的计划，也可以内嵌于 C 部分中，除非参保者参与了私人健康保险计划（Private Fee-for-Service Plan，PFFS）；两种模式中的处方药福利是一致的。参保者需每月支付。额外保费，高收入参保者每月将支付更高费用。

社会保障总署负责办理联邦医疗保险的资格登记。一旦超过 65 岁，美国公民将自动加入医疗保险的 A 部分和 B 部分，并享受社会保障的福利待遇。

联邦医疗保险从两个信托基金获得资金：医院保险信托基金和补充医疗保险信托基金。

医疗保险信托基金资金来源主要为大多数雇员、雇主和个体经营人士支付的工资税；也包括其他来源，例如为社会保障福利支付的所得税、信托基金投资所赚取的利息、不符合免保费 A 部分资格的人所支付的保费等。资金用途主要为支付 A 部分（医院保险）的福利，如住院护理、专业机构护理、家庭保健和临终关怀；也包括医疗保险计划管理，例如支付福利、征收医疗保险税以及打击欺诈滥用等的成本。

补充医疗保险信托基金资金来源主要为国会授权的资金、参加 B 部分和 D 部分的人的保费；也包括其他来源，如信托基金投资所得的利息。资金用途主要为支付 B 部分和 D 部分的福利；也包括医疗保险计划管理，例如支付福利和打击欺诈滥用等的成本。

（二）德国

德国传统型社会保障模式下的社会保险基金由雇主、雇员按薪金的一定比例缴纳，政府财政适当负担一定的份额，国家担负的社会保障义务和个人义务并不混为一谈。德国将保险金的支付与工资、物价上涨挂钩，以实现保险金的支付与工资的协调，从而消除通货膨胀对保险金带来的冲击。在这种模式下，各险种的资金来源主要来自雇员和雇主缴纳的保险金。公务员等部分职业有各自独立的社会保险制度。社会赔偿体系主要包含各类抚恤金等，其与社会救助体系的资金来源均来自政府财政拨款，个人无须事先缴纳费用即可享受。

德国社会保险体系采取现收现付的制度，即政府根据当期社会保险经费支出需要，规定社会保险费缴纳费用。社会保险经费当期征收，当期使用，收支基本平衡。对于缺口部分，则经由险种主管部门向政府申请补贴的方式进行补齐。当期的社会保险经费不会作为日后经费支出的储备金。

（三）英国

根据“普遍性原则”，英国社会保障保险范围惠及全体社会成员。根据“费用共担”原则，社会保障费用由雇员、雇主和政府三方共同承担，缴纳足额的社会保险税后才可享受社会保险。国家另外向雇主收取雇员的社会保险税与投保人捐税共同构成“国家保险基金”，开支不足部分由政府拨款。低起点、涉及面广的社会保障税制度有利于实现社会保障一体化，提高社会保障基金的社会化程度。

（四）新加坡

新加坡社会保障制度的主体是中央公积金（Central Provident Fund，CPF）制度。中央公积金是一个强制性，且以个人储蓄为主的综合社会保障体系，囊括养老、医疗、住房、家庭、资产增值等保障项目。它由中央公积金局管理，中央公积金局是新加坡人力部下属的法定机构。

在新加坡，雇员和雇主每月都需共同缴纳中央公积金，缴纳款项将存入三个子账户，分别为普通账户、特别账户和医疗账户。其中：普通账户的公积金可用于购置政府组合房屋（简称组屋）、政府批准的保险项目、子女教育支出等；特别账户用于为公积金成员积累退休金并提供养老保障；医疗账户可用于为公积金成员及其直系亲属支付住院、门诊医疗服务或缴纳政府批准的疾病保险费等。此外，在新加坡中央公积金成员55周岁后，第四个账户，即退休账户会被自动创建。退休账户的资金来源于特别账户。其成员在中央公积金计划账户内的数额达到最低规定后，可以提取部分积蓄。

（五）日本

日本国民有参加公共医疗保险和缴纳保险费的义务，当生病、受伤时，在医疗机构出示健康保险证，按比例自费缴纳治疗费。日本的公共年金制度是由公司职员、个体经营者等劳动一代缴纳保险费，并将这些保险费作为财源为丧失劳动能力的老年人提供养老金的一种按现收现付制的“代际支持”系统。

通过“国民皆保险、皆年金”，国民全体平等享受社会保险便利，同时，政府积极发挥制度运营和财政支撑等作用。

为了保证医疗保险的平等，政府投入医疗保险制度的制度设计、诊疗报酬和药价基准的改定、保险者之间的财政调整、财政运营中并发挥积极作用。同时，为保证负担能力较低的人也能加入医疗保险，实施了公费承担费用。

在国民年金保险及厚生年金保险方面，政府承担制度设计和财政运营的责任，但 2010 年 1 月开始政府将业务运营交给了日本年金机构，日本年金机构每年会公开年度报告，就前一年年金征收情况进行公示。公共年金的财源基础包含保费收入和资金运作收入，为维持此制度的可持续性，基础年金的必要支付费用中，由国库承担其中的 1/2。

第六节　社会保障税发展趋势

2020 年，一场由新冠肺炎疫情引发的百年一遇的危机重创了世界经济。这一流行病蔓延到世界各地，感染了超过 4 亿人，迄今为止在全世界已造成接近 600 万人死亡。世界各国政府都迅速果断地采取了相关政策来遏制危机导致的国民健康和经济问题。尽管及时和大规模的财政干预有助于防止最坏的情况发生，但它们并没有减轻由弱势群体的边缘化和划分富人和穷人的明显不平等而引起更大范围的不满。2021 年 1 月联合国发布的《2021 年世界经济形势与展望》报告指出，2020 年，全球经济萎缩 4.3%，萎缩幅度是 2009 年全球金融危机期间的 2.5 倍以上。2020 年新增 1.31 亿贫困人口，其中许多是妇女、儿童和边缘化群体。大流行对妇女和女童造成了更大的负面影响，使他们面临更大的经济破坏、贫困、暴力和文盲风险。[①] 全球经济活动的持续低迷，可能导致可持续发展进程，包括消除贫困和为所有人创造体面就业机会的目标严重受挫。与此同时，普遍存在的不平等现象以及气候危机的不断加深，也导致世界许多地区人们的不满情绪日益加剧。

联合国首席经济学家兼主管经济发展助理秘书长埃利奥特·哈里斯指出：“这场史无前例的危机的深度和严重性预示着复苏将缓慢而痛苦。随着 2019 冠状病毒病疫苗的推出，我们进入了漫长的复苏阶段，我们需要开始加大长期投资力度，规划更具抵御力的复苏之路，同时要坚持避免过早采取财政紧缩政策的立场，重新定义债务可持续性框架，普遍推行社会保障计划，以及

---

① UN. World Economic Situation and Prospects 2021［M］. New York：United Nations，2021：1-24.

加快向绿色经济转型。”

社会保障税作为社会保障制度中的重要组成部分，其发展趋势应与社会保障体系的国际发展相协调，社会保障制度的改革与发展又要与全球政治、经济、文化、环境的发展趋势相一致。社会保障制度作为熨平经济波动的“自动稳定器”，应较好地回应全球经济下行带来的居民收入减少的风险。同时发挥收入再分配的职能，因为缩短世界各国之间的、国内各地区之间的贫富差距是社会保障制度所一直追求的目标。

在全球经济不景气的背景下，尤其是受到当前新冠肺炎疫情的影响，以数字平台和人工智能为代表的数字经济的发展重塑着社会的就业形式、劳资关系、雇佣关系等。数字平台以极低的成本快速匹配对各类社会服务的需求与供给，提高了服务效率、质量的同时解决了大量的失业问题。但以数字平台为中介提供服务的工人却长期因无法确立劳动法律地位而游离于社会保障体系之外，收入的不稳定性、岗位需求的不稳定性使得这类非标准工人成为社会稳定发展的潜在风险。大数据和人工智能的发展为社会管理提供了便利，但数据使用的安全性、道德性问题同样构成对社会管理的挑战。如何保障数字经济背景下平台员工的基本福祉，为他们提供稳定的社会保障制度，为社会保障管理提效的大数据如何高效、安全地使用，都需要社会保障体系的改革予以回应。

同时，在疫情下越来越多的跨境工作者开始出现，他们的社会保障制度规则成为了不可忽视的重要问题。跨境工作者在居住地和工作地的空间跨越是导致他们社会保障争议的主要原因，由居住国还是工作国来负责征收他们的社会保障税是一个难以界定的问题。随着疫情在全球范围内的持续，跨境工作者的存在将变得更加普遍，这将促使全球的社会保障制度由国家性逐渐向区域性转变，将会有越来越多国家联合起来推行区域性的社会保障税制度来解决跨境工作者的社会保障归属争议，现有的区域性联合社会保障制度也会在疫情下发生变化。

社会保障税作为社会保障体系中的重要的筹资手段，是社会保障制度中的一部分，社会保障税的发展和变革如何支撑社会保障制度、把握经济发展带来的机遇，应对挑战，其发展趋势可以总结为以下几个方面。

一、社会保障税纳税人的范围将不断扩大

新冠肺炎疫情下，面对数字经济的发展，社会保障计划需要作出调整，

扩大并确保有效覆盖劳动力市场中最弱势的群体，包括数字平台工人和非标准工人。要做到这一点，首先要确立这些工人在劳动法律关系中的地位，他们到底应该以雇员、自营业者还是第三类新的参保人加入社会保障体系中。当然，跳出对参与社会保障制度角色选择的困境，享受社会保障权利完全可以打破就业关系，直接与个人的工作经历相关联，将工人本人、雇主或国家代表他们缴纳的所有社会保障缴款记在一个账户中，并记录所有的缴款历史，在工作变化和职业中断期间保留津贴，以支持越来越不均衡的就业模式和劳动力市场灵活性。一些 OECD 成员国目前正计划引入这种“个人活动账户”，这也允许受益人为以前未受社会保护的事业（如教育和职业培训）或创业提取资金。

不管以什么样的改革将数字平台工人以及广泛的非标准工人纳入社会保障体系中，最终的结果便是社会保障税纳税人的定义和范围将随之进行调整。作为重要的社会保障资金筹措手段，明确受益人作为纳税人是顺其自然的。但需要注意的是，如果采取“个人活动账户”形式扩大社保范围，那也意味着以往雇员、雇主共担社会保障风险的模式将被打破，面对这样的困境，社会保障税纳税人的设计如何实现风险共担以保证社会资金的充足和可持续性，依然是一个值得商榷的问题。

值得一提是，澳大利亚的公共社会保障制度与大多数国家的公共社会保障制度有很大的不同，因为它没有以社会保险原则为基础，因此不需要以社会保障税的缴纳作为享受社保资格条件，它的社会保障资金来源于政府一般公共收入。当其他国家正在为平台工人到底应该以什么样的角色参与到社会保障体系中时，澳大利亚制度的设计特点并不排除他们受到社会保障。非标准工人有权享受与标准工人相同的政府福利，在某些情况下，他们可能更有资格享受这些福利，因为他们收入较低，兼职工作，没有带薪病假的权利。这样的制度设计一定程度上实现了广泛的覆盖率。澳大利亚员工享受社会福利的权利基于收入测试体系（income-tested system），经过收入和资产测试，极高收入和资产的员工是没有享受社会保障的资格的，因为，他们将比那些收入较低的人过得更好。需要注意的是，虽然基本一般公共收入为资金基础的社会保障制度扩大了覆盖面，但是澳大利亚的社会保障制度却面临着其他的挑战，在这里不做赘述。在这里澳大利亚的例子只是为全球社保应对挑战提出了一个可斟酌的案例。

二、有效避免税基侵蚀

数字化和人工智能正在大规模地改变我们的世界。数字技术和自动化已经在社会保障的各个领域证明了它们的巨大潜力，包括卫生保健、通信、职业安全与健康、失业保护、缴款筹措和数据交换。社交媒体、视频会议、移动电话和物联网为客户互动提供了便利，并及时帮助有需要的人，如行动不便的老年人或残疾人。它们是提高服务质量和降低成本的有力工具。数字技术有效避免税基侵蚀的主要途径如下。

第一，扩大社会保障范围在制度设计上扩大了社会保障税的税基。将非标准工人均纳入社会保障体系的同时，计税社会保障税的税基也需要同时调整。调整的方向是扩大税基，将纳税人的受雇所得、兼职所得以及其他非标准工作的所得均纳入计税依据。计税依据的扩大同时也是保证社会保障资金充足和可持续的关键因素。

第二，多部门数据共享避免了申报过程中的税基侵蚀。在数字技术的帮助下，社会保障税的税基侵蚀问题将得到一定程度的解决。其解决的主要途径是通过实现多方数据共享。多数据包括了更加全面的纳税人收入数据（收入来源、数量、支付手段等）、工作经历数据、资产配置数据、信用数据等，这些数据将与社会保障机构、保险机构、税务部门、银行、各类数字平台和雇用企业的数据资料进行稽核比对，以发现纳税人申报的计税依据是否存在偷漏税风险，从而提高了税收遵从度。

第三，数字技术使得受益人的社会保障账户的可携带性，避嫌了因劳动力迁徙而带来的税基侵蚀。前文已提到，因气候变化、社会动荡等问题将带来更大规模的劳动力流动，通过数据的实时保存和共享机制，社保个账户的可携带性即将成为现实，这也会解决因劳动力转移而带来的税基侵蚀问题。当然，跨国的劳动力迁徙不仅需要有可携带的个人社保账户，更需要与之相协调的国际社会保障协定。

三、区域性的联合社会保障税制度将用于解决跨境工作者的社会保障争议问题

为应对新冠肺炎疫情，各国采取的一个普遍性的措施就是限制跨国的人口流动。这些关闭边境和隔离防疫的政策在缓解疫情带来的医疗和经济压力

的同时，也带来了社会保障税制度方面的若干问题。这些问题主要是由跨境工作者（cross-border worker）引起的，这些雇员居住在一个国家（居住国），但工作地点或公司所在地在另一个国家（工作国）。

跨境工作者的社会保障税制度争议主要体现在滞留在居住国的跨境工作者是否会因为疫情转移其社保的归属。根据主要的规则，雇员受其工作国的社保法保护。但如果在新冠肺炎疫情期间，雇员的工作是在其居住国而不是工作国进行的，这可能会改变适用的社保法律制度。

以居住地在瑞典而工作地在丹麦的瑞典—丹麦跨境工作者为例。根据瑞典的法律，此雇员居住在瑞典，那么他在瑞典将有无限的纳税义务。由于此雇员在丹麦是非居民，所以丹麦政府只对他在丹麦的工作收入征税。但根据边境工作者法规，如果一位丹麦的非居民纳税人75%以上的收入来源都是在丹麦取得的，那么他可以选择成为丹麦的居民纳税者，这将会使他获得一些税收减免。由此可知，瑞典和丹麦都可以对此雇员征税，但根据北欧税收协定，瑞典将免除此雇员的税收。最终，此雇员将只对丹麦政府缴税。并且，此雇员也将只对丹麦政府缴纳社会保障税。由此导致了一个明显的边境工作者社保问题：瑞典作为居住国对此雇员提供了一些社保福利，例如道路、公共设施、教育等，但基于瑞典十分优惠的税收政策，瑞典并不会获得任何税收收入来弥补支付的社保福利。

因此，丹麦和瑞典于2003年签订了一份针对边境工作者的协议。协议中规定在纳税人家中进行的工作可视为在工作地进行的工作，前提是在3个月的周期内，纳税人至少有一半以上的工作是在公司（此案例中为丹麦）进行的。协议还明确了赔偿机制，这意味着丹麦将向瑞典支付与基于此雇员收入计算的丹麦平均市政税数额相当的补偿款。但在当前的新冠肺炎疫情下，此雇员有极大可能在3个月周期内无法在丹麦工作超过一半时长，如果发生这种情况，两国之间还有另一项条约，可以让瑞典税务机构要求丹麦税务机构将从此雇员的工资中扣缴的税款转移到瑞典。

在新冠肺炎疫情的持续影响下，各国政府将会越来越重视跨境工作者的社会保障税制度问题，区域间的社会保障税制度法规将成为社会保障税征管的一种趋势，现有的国家和区域联合社会保障税法规也会越来越完善，跨境工作者的社会保障税争议将得到进一步的解决。

第六章　增值税

增值税是对货物和劳务在生产和分配的每个环节产生的增值额征收的税种，最早由法国实施，随后在世界各国快速普及。目前，全世界已有 170 多个国家（地区）开征了增值税。本章首先对 2021 年度世界各国增值税纳税人和税率等税制基本要素进行了全面梳理，然后阐述了 2021 年世界增值税制度主要变化情况，同时对增值税抵扣制度进行了专题分析，最后归纳总结了世界增值税发展特点及趋势。

第一节　税制基本要素

一、纳税人

（一）定义

增值税纳税人，一般是指在一国境内销售货物和提供劳务以及进口货物和劳务的单位和个人，负有税法规定的缴纳增值税义务，而不论其从事这些经济活动的目的或结果如何。增值税纳税人可分为一般纳税人和小规模纳税人。

（二）增值税一般纳税人和小规模纳税人

从 OECD 37 个实行增值税的成员国①相关情况（见表 6-1）② 以及欧盟成员国的相关情况来看，各国在划分一般纳税人和小规模纳税人方面主要有以下两个特点。

1. 划分一般纳税人和小规模纳税人的方法不同

截至 2021 年 1 月 1 日，在 OECD 实行增值税的 37 个成员国中，有哥斯达黎加、墨西哥、西班牙 3 个国家不划分一般纳税人和特殊纳税人，对所有增值税纳税人实行统一的增值税制度。智利的情况比较特殊，智利只把符合条件的自然人划定为小规模纳税人，小规模纳税人必须进行适用所有税种的税务登记，并根据其过去 12 个月收入的平均值缴纳定额增值税。其余 33 个成员国分别采取下列方法来划分一般纳税人和小规模纳税人。

一是规定登记与征收起点（registration and collection thresholds）。登记与征收起点通常是纳税人年度应纳增值税营业额。达到登记与征收起点的纳税人为一般纳税人，未达到登记与征收起点的纳税人为小规模纳税人。小规模纳税人既可以不进行增值税登记，也无须缴纳增值税。澳大利亚、奥地利、

① 截至 2022 年 2 月，OECD 有 38 个成员国，美国没有实行增值税。

② OECD：Table 2. 5 Annual turnover concessions for VAT registration and collection，Consumption Tax Trends 2020.

加拿大、哥伦比亚、捷克、丹麦、爱沙尼亚、芬兰、法国、冰岛、爱尔兰、日本、拉脱维亚、立陶宛、新西兰、挪威、波兰、斯洛伐克、斯洛文尼亚、瑞典、瑞士、土耳其、英国23个成员国采用此方法划分一般纳税人和小规模纳税人，规定小规模纳税人既可以不进行增值税登记，也无须缴纳增值税。同时，这些国家还规定小规模纳税人可以自愿选择进行增值税登记并缴纳增值税。

二是只规定征收起点。征收起点通常是纳税人年度应纳增值税营业额，个别国家采用年度应纳增值税额。达到征收起点的纳税人为一般纳税人，未达到征收起点的纳税人为小规模纳税人。小规模纳税人必须进行增值税登记，但无须缴纳增值税，或适用特殊的增值税制度。比利时、德国、希腊、匈牙利、以色列、意大利、韩国、卢森堡、荷兰、葡萄牙10个成员国规定小规模纳税人必须进行增值税登记，但无须缴纳增值税。

三是部分国家规定年度应纳增值税营业额高于征收起点和（或）登记与征收起点且低于某一金额的纳税人也属于小规模纳税人，适用固定征收率制度。例如，欧盟《2006年增值税指令》“特殊规则”中的281条以及欧盟相关其他文件授权成员国对小企业（small business）实行简易征收制度，比如实行固定征收率制度（flat-rate schemes）[①]，即小企业按照应纳税营业额的一定比率直接计算应纳增值税额，不同行业适用不同的比率，不允许抵扣进项税额。英国在《1994年增值税法案》26B、《1995年增值税条例》以及英国皇家税务和海关总署发布的系列公告中对小企业适用的征收率制度进行了系统规定。具体规定是：年度应税营业额超过登记与征收起点（2021年为85000英镑[②]）但不超过150000英镑的企业，可以向英国皇家税务和海关总署申请适用固定征收率制度，征收率为4%~14.5%不等，不同行业适用不同的征收率，如会计行业的征收率为14.5%，广告和农业服务为11%，电脑维修为10.5%，金融服务为13.5%，林业和渔业为10.5%，印刷为8.5%，出版为11%，等等[③]。此外，受新冠肺炎疫情影响，餐饮服务、住宿服务和酒吧等行业适用优惠征收率：2020年7月15日至2021年9月30日，餐饮行业适用的征收率为4.5%，住宿行业征收率为0，酒吧征收率为1%；2021年10月1日至2022年3月31日，餐饮行业适用的征收率为8.5%，住宿行业征收率为

① European Union：Council Directive 2006/112/EC of 28 November 2006 on the common system of value added tax，Article 281.

② HM Revenue & Customs：https：//www.gov.uk/vat-registration-thresholds.

③ 资料来源于英国政府网站（https：//www.gov.uk/vat-flat-rate-scheme/how-much-you-pay）。

5.5%，酒吧征收率为4%。小企业可以自主选择适用固定征收率制度。适用固定征收率制度的纳税人不能抵扣进项税额，必须向购买方收取适用正常税率（包括标准税率和低税率）的税款，并向已进行增值税注册的购买方开具增值税发票，购买方可以依据发票进行进项税额抵扣①。固定征收率制度具有可选择性和灵活性等优点，既减轻了小企业的遵从负担，又保障了增值税抵扣链条的完整性②。

2. 各国对于登记与征收起点的规定差异较大

由于各国实际情况不同，各国对于登记与征收起点的规定各不相同，而且差异较大（如表6-1所示）。就采用年度应税营业额作为登记与征收起点的33个OECD成员国的情况来看，可以总结出两点：一是澳大利亚、奥地利、比利时、捷克、爱沙尼亚、法国、匈牙利、爱尔兰、意大利、日本、韩国、拉脱维亚、立陶宛、卢森堡、新西兰、波兰、斯洛伐克、斯洛文尼亚、瑞士和英国等20个成员国实行了较高的登记与征收起点，均高于30000美元；二是加拿大、丹麦、芬兰、德国、希腊、冰岛、以色列、荷兰、挪威、葡萄牙、瑞典等11个国家实行了相对低的登记和征收起点，大约在3000美元至30000美元之间。哥伦比亚和土耳其较为特殊，哥伦比亚增值税登记与征收起点以税额单位（Tax Value Unit，TVU）表示，当前或上一年度收入低于3500 TVU，且符合哥伦比亚税法第437条规定的个人，无须进行增值税登记。每年TVU对应的哥伦比亚比索价值由哥伦比亚法令予以规定。2021财年，1TVU等于36308比索。因此，个人增值税登记和征收起点为127078000比索（3500×36308）。

表6-1　OECD成员国增值税/货物劳务税登记与征收起点的相关规定

国别	本币	登记/征收起点[1]					自主登记或缴纳[2]	最短登记年限[3]
		登记/征收起点	一般起点		特殊起点			
			本币	美元[4]	本币	美元[4]		
澳大利亚	澳元	R	75000	51314	150000	102628	是	1年
奥地利	欧元	R	35000	46055			是	5年
比利时	欧元	C	25000	33155			是	无

① HM Revenue & Customs：http：//www. hmrc. gov. uk/vat/start/schemes/flat-rate. htm#1.

② 李林木．小微企业增值税课征模式的比较与选择［J］．税务研究，2014（3）：25-30；翁武耀，郭志东．论欧盟增值税小企业固定比例制度［J］．国际税收，2013（8）：20-24.

续表

国别	本币	登记/征收起点[1]					自主登记或缴纳[2]	最短登记年限[3]
		登记/征收起点	一般起点		特殊起点			
			本币	美元[4]	本币	美元[4]		
加拿大	加元	R	30000	25040	50000	41733	是	1年
智利	智利比索	无	无					
哥伦比亚	哥伦比亚比索	R	无		127078000	94008	是	
哥斯达黎加	科郎	无	无					
捷克	捷克克朗	R	1000000	77860			是	1年
丹麦	丹麦克朗	R	50000	7507	170000 300000	25524 45043	是	2年
爱沙尼亚	欧元	R	40000	75061			是	无
芬兰	欧元	R	10000	11702	30000	35105	是	无
法国	欧元	R	85800	115864	34400 44500	46454 60093	是	2年
德国	欧元	C	22000	29543	50000	67143	是	5年
希腊	欧元	C	10000	18330			是	1年
匈牙利	福林	C	12000000	82384			是	1年
冰岛	冰岛克朗	R	2000000	13878			是	无
爱尔兰	欧元	R	75000	91910	37500	45955	是	无
以色列	谢克尔	C	100491	27263			否	无
意大利	欧元	C	65000	97158			是	无
日本	日元	R	10000000	96701			是	2年
韩国	韩元	C	30000000	34520			否	无
拉脱维亚	欧元	R	40000	81312			是	无
立陶宛	欧元	R	45000	99946			是	无
卢森堡	欧元	C	30000	34715			是	无
墨西哥	墨西哥比索	无	无					
荷兰	欧元	C	20000	25161			是	3年
新西兰	新元	R	60000	41121			是	无
挪威	挪威克朗	R	50000	5375	3000000 140000	322479 15049	是	2年
波兰	兹罗提	R	200000	110427			是	无

续表

国别	本币	登记/征收起点[1]					自主登记或缴纳[2]	最短登记年限[3]
		登记/征收起点	一般起点		特殊起点			
			本币	美元[4]	本币	美元[4]		
葡萄牙	欧元	C	12500	21769			是	5年
斯洛伐克	欧元	R	49790	93374			是	1年
斯洛文尼亚	欧元	R	50000	87962			是	5年
西班牙	欧元	无	无					
瑞典	瑞典克朗	R	30000	3370			是	3年
瑞士	瑞士法郎	R	100000	87425	150000	131138	是	1年
土耳其	里拉	R	无					
英国	英镑	R	85000	118671			是	无

注：1. 表中“增值税/货物和劳务税登记/征收起点”是指年度应税营业额未超过该限额的纳税人可以不进行增值税/货物和劳务税登记和（或者）不缴纳增值税/货物和劳务税。除表中特别标明以及以下注释特别说明的之外，在大多数国家，在某一特定管辖区提供货物和劳务，且年度应税营业额未超过登记/征收起点的纳税人既可以不进行增值税/货物和劳务税登记，也无须缴纳增值税/货物和劳务税。在一些国家，某些特定行业和特定交易者（例如非居民供应者）也可以不进行增值税/货物和劳务税登记，并且不缴纳增值税/货物和劳务税，或者，这些特定行业和特定交易者要适用更加严格的登记和缴纳制度。本表中，“R”表示适用增值税登记/征收起点的国家，即在这些国家，提供货物或劳务的纳税人年营业额低于登记/征收起点，不需要进行增值税纳税登记，也不承担增值税/货物和劳务税的纳税义务。“C”表示适用增值税征收起点的国家，即在这些国家，所有提供货物或劳务的纳税人都需要进行增值税/货物和劳务税登记，但如果其营业额未超过征收起点，则不需要缴纳增值税/货物和劳务税。表中增值税/货物和劳务税登记/征收起点适用于建立在一个国家境内的企业。在大多数国家，增值税/货物和劳务税登记/征收起点都不适用于在一个国家境内无场所、经营地址、常设机构、永久或习惯性居所的外国企业。

2. 表中“是”表示当纳税人营业额低于登记起点时，可以自主选择是否进行增值税/货物和劳务税纳税登记和申报缴税。

3. 最短登记/征收期限是指纳税人适用登记/征收起点的最短期限。

4. 本币和美元换算的汇率采用购买力平价汇率（GDP）。

5. 欧盟成员国的限制。欧盟理事会 2006/112/EC 指令规定，销售新修建筑或建筑用地、提供特定的新型运输服务，或者处置企业资产等，不适用增值税登记/征收起点。增值税登记/征收起点不适用于非居民企业。欧盟成员国之间的特定的购销行为适用特殊起征点。

本表适用各国国内企业，截至 2021 年 1 月 1 日。

资料来源：OECD：Table 2. 5 Annual turnover concessions for VAT registration and collection，http：//www. oecd. org/ctp/tax-policy/tax-database. htm.

二、税率比较

（一）税率档次比较

1. 欧盟成员国相关情况

截至 2021 年 1 月 1 日，从欧盟 27 个成员国①的情况看（见表 6-2），实行 1 档增值税税率（不含零税率，下同）的国家只有丹麦；实行 2 档税率的国家共有 6 个，分别是保加利亚、德国、爱沙尼亚、荷兰、斯洛文尼亚、斯洛伐克；实行 3 档税率的国家共有 17 个，分别是奥地利、比利时、塞浦路斯、捷克、希腊、西班牙、芬兰、克罗地亚、匈牙利、立陶宛、卢森堡、拉脱维亚、马耳他、波兰、葡萄牙、罗马尼亚和瑞典；实行 4 档税率的国家有 3 个，分别是法国、爱尔兰、意大利。从整体来看，欧盟 27 个成员国中，实行不超过 3 档税率的国家为 24 个，占 27 个成员国的 88.89%；实行 1 档和 2 档税率的国家为 7 个，占 27 个成员国的 25.93%。

2. OECD 成员国相关情况

截至 2021 年 1 月 1 日，从 OECD 实行增值税的 37 个成员国的情况看（见表 6-3），实行 1 档增值税税率的国家有 8 个，分别是澳大利亚、加拿大、智利、丹麦、以色列、韩国、墨西哥和新西兰；实行 2 档税率的国家共有 9 个，分别是哥伦比亚、爱沙尼亚、德国、冰岛、日本、荷兰、斯洛伐克、斯洛文尼亚和英国；实行 3 档税率的国家共有 16 个，分别是奥地利、比利时、捷克、芬兰、希腊、匈牙利、拉脱维亚、立陶宛、卢森堡、挪威、波兰、葡萄牙、西班牙、瑞典、瑞士和土耳其；实行 4 档税率的国家只有 4 个，即哥斯达黎加、法国、爱尔兰、意大利。从整体上看，在 OECD 实行增值税的 37 个成员国中，实行不超过 3 档税率的国家为 33 个，占 37 个成员国的 89.19%；实行 1 档和 2 档税率的国家为 17 个，占 37 个成员国的 45.95%。

综上所述，OECD 和欧盟大多数成员国实行的增值税税率都不超过 3 档。

（二）标准税率比较

1. 欧盟成员国相关情况

截至 2021 年 1 月 1 日，从欧盟成员国的情况看（见表 6-2），27 个成员国增值税标准税率的平均值为 21.5%。匈牙利实行的标准税率最高，为 27%；

① 英国于伦敦时间 2020 年 1 月 31 日 23 时正式脱离欧盟，本文统计的数据更新至 2021 年 1 月 1 日，不包含英国的数据。

卢森堡实行的标准税率最低，为 17%。标准税率超过 20%（含 20%）的国家有 22 个，分别是奥地利、比利时、保加利亚、捷克、丹麦、爱沙尼亚、希腊、西班牙、芬兰、法国、克罗地亚、匈牙利、爱尔兰、意大利、立陶宛、拉脱维亚、荷兰、波兰、葡萄牙、瑞典、斯洛文尼亚和斯洛伐克；标准税率低于 20%的国家只有 5 个，分别是塞浦路斯、德国、卢森堡、马耳他和罗马尼亚；没有成员国实行 10%以下的标准税率。

2. OECD 成员国相关情况

截至 2021 年 1 月 1 日，从 OECD 实行增值税的 37 个成员国的情况看（见表 6-3），37 个成员国实行的增值税标准税率的平均值为 19. 15%。匈牙利实行的标准税率最高，为 27%；加拿大的标准税率最低，为 5%。标准税率超过 20%（含 20%）的国家有 23 个，分别是奥地利、比利时、捷克、丹麦、爱沙尼亚、芬兰、法国、希腊、匈牙利、冰岛、爱尔兰、意大利、拉脱维亚、立陶宛、荷兰、挪威、波兰、葡萄牙、斯洛伐克、斯洛文尼亚、西班牙、瑞典和英国；标准税率超过 10%（含 10%）但低于 20%的国家有 12 个，分别是澳大利亚、智利、哥伦比亚、哥斯达黎加、德国、以色列、日本、韩国、卢森堡、墨西哥、新西兰和土耳其；标准税率低于 10%的国家有 2 个，分别是加拿大和瑞士。

综上所述，OECD 和欧盟大多数成员国实行的增值税标准税率超过 20%（含 20%）。

（三）低税率和超低税率比较

1. 欧盟成员国相关情况

截至 2021 年 1 月 1 日，从欧盟 27 个成员国的情况看（见表 6-2），除丹麦之外，其他 27 个成员国均实行了 1~2 档低税率，实行 1 档低税率的国家有 8 个，分别是保加利亚、德国、爱沙尼亚、西班牙、卢森堡、荷兰、斯洛文尼亚和斯洛伐克，这些国家低税率的平均值为 8. 9%；实行 2 档低税率的国家有 18 个，分别是奥地利、比利时、塞浦路斯、捷克、希腊、芬兰、法国、克罗地亚、匈牙利、爱尔兰、意大利、立陶宛、拉脱维亚、马耳他、波兰、葡萄牙、罗马尼亚和瑞典，这些国家较高一档低税率的平均值为 11. 7%，较低一档低税率的平均值为 6. 3%。实行税率低于 5%的超低税率的国家只有 5 个，分别是西班牙、法国、爱尔兰、意大利和卢森堡，平均值为 3. 58%。

2. OECD 成员国相关情况

截至 2021 年 1 月 1 日，从 OECD 实行增值税的 37 个成员国的情况看（见表 6-3），除澳大利亚、加拿大、智利、丹麦、以色列、韩国、墨西哥、新西兰等8个只实行标准税率的国家外，在其余的29个国家中，不实行低税率但实行超低税率的国家有2个，分别为哥斯达黎加和瑞士；实行1档低税率的国家有12个，分别是哥伦比亚、爱沙尼亚、德国、冰岛、日本、卢森堡、荷兰、斯洛伐克、斯洛文尼亚、西班牙、土耳其和英国，这些国家低税率的平均值为8.5%；实行2档低税率的国家有15个，分别是奥地利、比利时、捷克、芬兰、法国、希腊、匈牙利、爱尔兰、意大利、拉脱维亚、立陶宛、挪威、波兰、葡萄牙、瑞典，这些国家较高一档低税率的平均值为12.5%，较低一档低税率的平均值为7.0%。实行税率低于5%的超低税率（不包括零税率）的国家只有8个，分别是哥斯达黎加、法国、爱尔兰、意大利、卢森堡、西班牙、瑞士和土耳其，其中哥斯达黎加和瑞士情况特殊，分别实行了2档和3档超低税率，其余6国实行1档超低税率，平均值为3.15%。

综上所述，欧盟和OECD大多数成员国基本上都实行1~2档低税率。

（四）零税率比较

从OECD实行增值税的37个成员国的情况看（见表6-3），截至2021年1月1日，对国内货物和劳务实行零税率的国家有17个，分别是澳大利亚、比利时、加拿大、哥伦比亚、丹麦、爱沙尼亚、芬兰、冰岛、爱尔兰、以色列、韩国、墨西哥、新西兰、挪威、瑞典、瑞士和英国，占36个成员国的47.22%。

（五）特殊税率和征收率比较

1. 特殊税率比较

增值税特殊税率主要是指某些国家实行的除增值税标准税率、低税率、超低税率和高税率之外的税率，主要包括欧盟个别成员国实行的暂行税率以及OECD部分成员国特殊地区适用的税率。

（1）欧盟个别成员国实行的暂行税率。这种"暂行税率"（parking rate）是欧盟部分成员国对个别货物和劳务实行的一种临时优惠税率，是对过去实行的优惠税率的一种延续。从历史发展来看，欧盟成员国实行暂行税率的国家逐渐减少，法国、意大利和英国分别于1988年、1997年和1995年取消了暂行税率，取消暂行税率应该是大势所趋。截至2021年1月1日，欧盟成员国中实行暂行税率的国家还有5个，分别是比利时、爱尔兰、卢森堡、奥地利和葡萄牙。

（2）OECD部分成员国特殊地区适用的税率。在实行增值税的37个OECD成员国中，奥地利、加拿大、法国、希腊、墨西哥、葡萄牙和西班牙7个国家采用了对特殊地区实行特殊税率的做法。比如，截至2021年1月1日，法国的科西嘉适用的增值税税率为0.9%、2.1%、10%、13%；除法属圭亚那和马约特岛之外的其他海外省份适用1.05%、1.75%、2.1%、8.6%的增值税税率。除加拿大之外，其余6个国家特殊地区适用的增值税税率都比标准税率低，实际上是给予这些地区一定的优惠。加拿大的情况较为特殊，新伯伦威克、纽芬兰及拉布拉多、新斯科夏、安大略和魁北克等5个省已经把本省的销售税制度与联邦货物和劳务税制度进行了协调统一，这些省的销售税和联邦货物和劳务税税基基本相同，税率则是本省税率和联邦税率的叠加，因此这些省实行的货物和劳务税（或称为协调的销售税）的税率比联邦货物和劳务税的标准税率高，分别是：新伯伦威克、纽芬兰及拉布拉多、新斯科夏、爱德华王子岛为15%；安大略为13%。

2. 征收率比较

征收率是开征增值税的部分国家对年度增值税应税营业额低于登记和征收起点、某一特定额度，或超过免税起征点但未超过特定额度的小规模纳税人实行简易征收办法时采用的一种征收比率。在这些国家，上述小规模纳税人年度应纳增值税额等于年度应税营业额乘以征收率。从世界范围看，开征增值税的大多数国家出于降低征纳成本的考虑，对营业额偏小的小规模纳税人都实行了免税制度，但是，仍然有一些国家对符合相关条件的小规模纳税人实行征收率制度。例如：韩国等对年度增值税应税营业额超过免税起征点但未超过特定额度的小规模纳税人实行征收率制度，并分行业确定征收率①。从这些国家实行的征收率来看，征收率都比较低。

表6-2　　欧盟成员国增值税税率

国别	超低税率（%）	低税率（%）	标准税率（%）	暂行税率（%）	税率档次
奥地利	—	10，13	20	13	3
比利时	—	6，12	21	12	3
保加利亚	—	9	20	—	2
塞浦路斯	—	5，9	19	—	3
捷克	—	10，15	21	—	3
德国	—	7	19	—	2
丹麦	—	—	25	—	1

① HM Revenue & Customs：http：//www.hmrc.gov.uk/vat/start/schemes/flat-rate.htm#1.

续表

国别	超低税率（%）	低税率（%）	标准税率（%）	暂行税率（%）	税率档次
爱沙尼亚	—	9	20	—	2
希腊	—	6，13	24	—	3
西班牙	4	10	21	—	3
芬兰	—	10，14	24	—	3
法国	2.1	5.5，10	20	—	4
克罗地亚	—	5，13	25	—	3
匈牙利	—	5，18	27	—	3
爱尔兰	4.8	9，13.5	23	13.5	4
意大利	4	5，10	22	—	4
立陶宛	—	5，9	21	—	3
卢森堡	3	8	17	14	3
拉脱维亚	—	5，12	21	—	3
马耳他	—	5，7	18	—	3
荷兰	—	9	21	—	2
波兰	—	5，8	23	—	3
葡萄牙	—	6，13	23	13	3
罗马尼亚	—	5，9	19	—	3
瑞典	—	6，12	25	—	3
斯洛文尼亚	—	9.5	22	—	2
斯洛伐克	—	10	20	—	2

注：1. 本表更新至 2021 年 1 月 1 日。

2. 表中“—”表示对应的成员国不实行该税率。

3. 因原始表格中没有提供成员国实行零税率的相关情况，因此表中“超低税率”是指低于5%的税率，不包括对国内货物和劳务征收的零税率。

4. 表中的“税率档次”不包括零税率和暂行税率。

资料来源：European Commission. VAT rates applied in the Member States of the European Union [EB/OL]. (2021-01-01) [2021-08-01]. https://europa.eu/youreurope/business/taxation/vat/vat-rules-rates/index_en.htm#shortcut-5.

表 6-3　　OECD 成员国增值税税率

国别	超低税率（%）	低税率（%）	标准税率（%）	暂行税率（%）	特殊地区适用的税率（%）	税率档次
澳大利亚	0	—	10	—	—	1
奥地利	—	10，13	20	13	19	3
比利时	0	6，12	21	12	—	3
加拿大	0	—	5	—	13，15	1
智利	—	—	19	—	—	1
哥伦比亚	0	5	19	—	—	2
哥斯达黎加	1，2，4	—	13	—	—	4
捷克	—	10，15	21	—	—	3
丹麦	0	—	25	—	—	1
爱沙尼亚	0	9	20	—	—	2
芬兰	0	10，14	24	—	—	3
法国	2.1	5.5，10	20	—	0.9，2.1，10，13 及 1.05，1.75，2.1，8.5	4
德国	—	7	19	—	—	2
希腊	—	6，13	24	—	4，9，17	3
匈牙利	—	5，18	27	—	—	3
冰岛	0	11	24	—	—	2
爱尔兰	0，4.8	9，13.5	23	13.5	—	4
以色列	0	—	17	—	0	1
意大利	4	5，10	22	—	—	4
日本	—	8	10	—	—	2
韩国	0	—	10	—	—	1
拉脱维亚	—	5，12	21	—	—	3
立陶宛	—	5，9	21	—	—	3
卢森堡	3	8	17	14	—	3
墨西哥	0	—	16	—	8	1
荷兰	—	9	21	—	—	2

续表

国别	超低税率（%）	低税率（%）	标准税率（%）	暂行税率（%）	特殊地区适用的税率（%）	税率档次
新西兰	0	—	15	—	—	1
挪威	0	12，15	25	—	—	3
波兰	—	5，8	23	—	—	3
葡萄牙	—	6，13	23	13	4，9，18 及 5，12，22	3
斯洛伐克	—	10	20	—	—	2
斯洛文尼亚	—	5，9.5	22	—	—	3
西班牙	4	10	21		0，3，7，9.5，15，20 及 0 至 10	3
瑞典	0	6，12	25	—	—	3
瑞士	0,2.5,3.7	—	7.7	—	—	3
土耳其	1	8	18	—	—	3
英国	0	5	20	—	—	2

注：1. 本表更新至 2021 年 1 月 1 日。

2. 表中“—”表示对应的成员国不实行该种税率。

3. 本表中的超低税率包括对国内货物和劳务实行的零税率。

4. 表中的“税率档次”不包括零税率和暂行税率和对特殊地区实行的特殊税率。

资料来源：https：//www.oecd.org/ctp/tax-policy/tax-database/。

第二节　2021 年主要变化

2021 年来，受新冠肺炎疫情、数字经济快速发展等多重因素影响，全球经济形势发生了重大变化，国际经济环境的不确定性、不稳定性因素显著增多。为有效应对各种机遇和风险挑战，促进经济社会健康、平稳发展，许多国家对本国的增值税制度在原有基础上进一步改革和完善。增值税税率方面，主要国家增值税税率呈现稳定趋势，部分国家针对部分行业制定临时性的增值税低税率和免税优惠。受疫情持续影响，各国增值税政策的制定旨在缓解企业流动性压力，并鼓励居民消费。为有效应对增值税税收流失问题，各国积极采取措施以打击增值税欺诈和违规行为。多个国家或国际组织纷纷制定相关增值税政策措施，以应对共享和零工经济快速发展带来的诸多挑战。欧盟及多个国家实施跨境电子商务增值税改革，以顺应数字经济的快速发展态势。

一、主要国家增值税税率基本保持稳定

（一）增值税标准税率

长期以来，提高增值税标准税率这一举措在许多国家发挥了非常关键的作用，OECD 成员国未加权平均标准增值税率从 1975 年的 15.6%逐步提高到 2021 年的 19.3%（见图 6-1）。通常情况下，通过增值税获得税收收入往往比所得税更加有效，对经济增长和竞争力的负面影响也要小于所得税。然而，各国增值税标准税率近些年并未持续提升，逐年趋于稳定（见表 6-4）。一是由于许多国家的财政状况相比之前有所改善，二是许多国家的标准增值税税率已经达到相对较高水平，税率的增长空间较小。

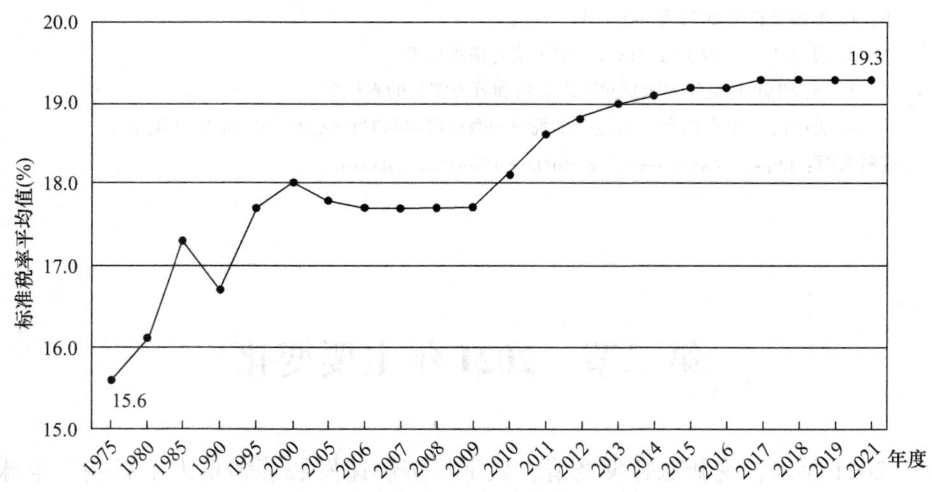

图 6-1　OECD 成员国增值税标准税率平均值变化趋势

资料来源：http：//www. oecd. org/tax/consumption/consumption-tax-trends-19990979. htm。

表 6-4　　2011—2021 年部分 OECD 成员国的增值税标准税率　　单位：%

国家	2011 年	2012 年	2013 年	2014 年	2015 年	2016 年	2017 年	2018 年	2019 年	2020 年	2021 年
哥伦比亚	16	16	16	16	16	16	19	19	19	19	19
捷克	20	20	21	21	21	21	21	21	21	21	21
芬兰	23	23	24	24	24	24	24	24	24	24	24
法国	19.6	19.6	19.6	20	20	20	20	20	20	20	20
希腊	23	23	23	23	23	23	24	24	24	24	24
冰岛	25.5	25.5	25.5	25.5	24	24	24	24	24	24	24
爱尔兰	21	23	23	23	23	23	23	23	23	23	23
以色列	16	16	17	18	18	17	17	17	17	17	17
意大利	20	21	21	22	22	22	22	22	22	22	22
日本	5	5	5	5	8	8	8	8	8	10	10
拉脱维亚	22	22	21	21	21	21	21	21	21	21	21
卢森堡	15	15	15	15	17	17	17	17	17	17	17
荷兰	19	19	21	21	21	21	21	21	21	21	21
斯洛文尼亚	20	20	20	22	22	22	22	22	22	22	22
西班牙	18	18	21	21	21	21	21	21	21	21	21
瑞士	8	8	8	8	8	8	8	7.7	7.7	7.7	7.7
各国未加权平均税率	18.0	18.2	18.6	18.9	19.1	19.0	19.2	19.2	19.2	19.3	19.3

数据来源：https：//www.oecd-ilibrary.org/taxation/data/revenue-statistics。

表 6-4 数据显示，2011—2021 年，有 12 个 OECD 成员国先后提高了增值税标准税率，分别是哥伦比亚（2017 年从 16%上升至 19%）、捷克（2013 年从 20%上升至 21%）、芬兰（2013 年从 23%上升至 24%）、法国（2014 年从 19.6%上升至 20%）、希腊（2017 年从 23%上升至 24%）、爱尔兰（2012 年从 21%上升至 23%）、意大利（2012 年从 20%上升至 21%，2014 年上升至 22%）、日本（2015 年从 5%上升至 8%，2020 年上升至 10%）、卢森堡（2015 年从 15%上升至 17%）、荷兰（2013 年从 19%上升至 21%）、斯洛文尼亚（2014 年从 20%上升至 22%）以及西班牙（2013 年从 18%上升至 21%）。在

同一时期，3 个 OECD 成员国降低了增值税标准税率，分别是冰岛（2015 年从 25.5%下降至 24%）、拉脱维亚（2013 年从 22%下降至 21%）以及瑞士（2018 年从 8%下降至 7.7%）。另外，以色列在此期间增值税标准税率先升高后下降（2013 年从 16%上升至 17%，2014 年上升至 18%，2016 年从 18%降至 17%）。OECD 成员国平均增值税标准税率在 2011—2021 年间增加了 1.3 个百分点（从 18.0%到 19.3%）（见图 6-1）。

（二）临时性的增值税低税率和免税优惠

受新冠肺炎疫情影响，将近半数的 OECD 成员国和 G20 成员暂时降低了受疫情影响较大的行业部门的增值税税率。其中，旅游业和酒店业得到了最为广泛的支持。数据显示，2021 年 13 个 OECD 成员国和 G20 成员暂时降低了旅游业和酒店业的增值税税率。餐饮服务（8 个国家）和文化体育服务（9 个国家）增值税税率也有所下降。少数非 OECD 成员国和非 G20 成员国家在特定行业部门（如保加利亚、克罗地亚、巴拉圭、乌拉圭）引入了增值税临时减免措施。

许多国家和地区对医疗设备和卫生产品（如手套、口罩、洗手液等）供应以及医疗保健服务实行了低税率和免税优惠。如意大利自 2021 年 1 月 1 日起，对符合条件的用于新冠肺炎疫情防控管理的进口卫生设备、医疗设备以及个人防护装备适用 5%增值税优惠税率，并对“新冠疫苗相关服务”进行了扩充解释，经批准的新冠肺炎疫苗供应和相关服务适用增值税零税率。欧盟理事会决定对新冠肺炎疫苗适用增值税零税率，并对体外诊断医疗设备实行增值税减免或适用零税率。另外，欧盟于 2021 年 12 月 7 日签署协议，各国财长已同意更新成员国适用的增值税低税率商品和服务清单，新加入清单的商品和服务包括：保护公众健康、有利于环境和支持数字转型的商品和服务。

少数国家对其降低的增值税税率进行了永久性调整，但这些调整与疫情带来的影响基本无关。如部分欧盟成员国（奥地利、希腊、立陶宛和西班牙）对降低数字出版物增值税税率达成协议，允许成员国将数字出版物适用于低税率或零税率；葡萄牙将某些电力供应服务的增值税税率永久性降低至 13%；2021 年 1 月，捷克将城市垃圾处置服务适用的增值税税率从 21%降低至 15%。

二、疫情期间各国出台多项增值税纾困措施

各国在 2020 年和 2021 年初推出的增值税政策措施的重点是降低遵从成本和缓解企业的流动性压力。2021 年，随着各国经济的重新开放，一些国

家陆续推出了针对特定行业的增值税税率临时降低措施，以鼓励受疫情影响较为严重行业发展。2021 年 OECD 税收政策改革问卷结果显示，世界各国推出的增值税政策类型主要集中在延期缴税、延期申报和加速退税等方面（如图 6-2 所示）。

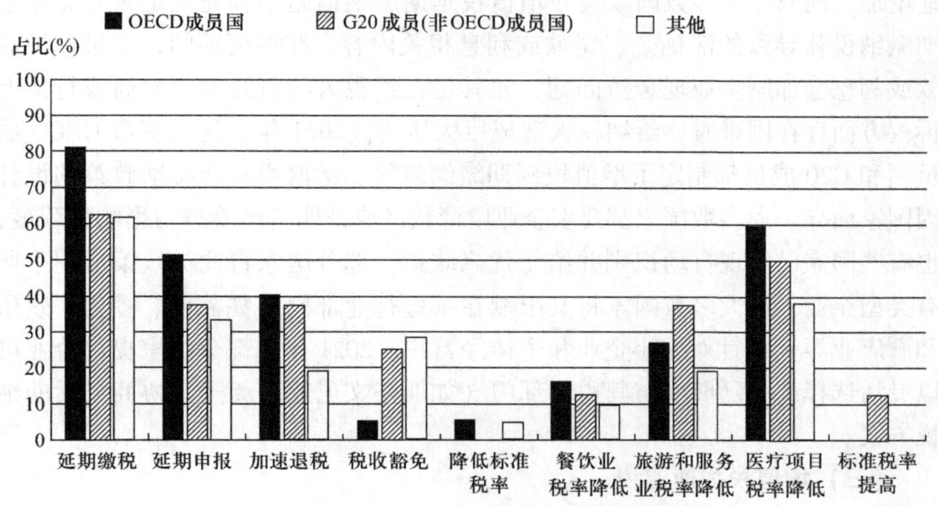

图 6-2　2021 年世界各国增值税主要政策变化分类

资料来源：2021 年 OECD 税收政策改革问卷。

（一）将前期针对疫情制定的优惠政策进行改变或延期

2021 年，各国在疫情暴发初期制定的许多税收政策措施被延长或修改，并向受危机影响最严重的家庭和企业提供支持。一些国家扩大接受救济的范围（如意大利、立陶宛和英国）或增加救济措施力度（如德国和意大利）。随着新冠肺炎疫情的持续，一些国家增加了有针对性的政策以确保能够更好地向受疫情影响严重的国家（如丹麦、希腊、意大利、印度尼西亚、日本、葡萄牙、西班牙、土耳其和英国）提供支持。通常情况下，各国针对疫情制定的增值税低税率或免税优惠的适用期限为 3~6 个月，但受疫情持续影响，多数国家将前期制定的优惠政策进行改变或延期。为应对新冠肺炎疫情，德国财政部宣布采取进一步措施支持纳税人，其中，餐厅和酒吧等餐饮服务临时减按 7%低税率征收增值税的政策实施期限，从原计划实施至 2021 年 6 月 30 日延长至 2022 年 12 月 31 日；土耳其宣布将夜间住宿服务增值税税率暂时从 8%降至 1%政策的适用期限从 2021 年 6 月 30 日延长至 2021 年 7 月 31 日。

（二）延期缴纳增值税

增值税延期缴纳措施在支持企业现金流方面发挥了重要作用。新冠肺炎疫情期间，各国延迟纳税及违约的风险显著增加，企业面临着越来越大的压力。由于增值税申报和缴纳的期限通常较短，企业为此面临的压力可能会快速增加。同时，大多数国家会在增值税延期缴纳措施中补充规定暂时免除逾期缴纳税款导致的滞纳金、罚款或利息相关内容。在疫情期间，支付这种罚款或利息会加剧企业现金流问题，尤其是在纳税人与行政部门沟通或行使上诉权方面存在困难时，给纳税人造成巨大压力。2021 年，绝大多数 OECD 成员国和 G20 成员都制定了增值税延期缴纳政策。增值税延期缴纳政策的设计因国家而异。大多数国家都要求企业申请救济或证明自己受疫情影响的程度，也有些国家已实现自动识别并给予优惠政策。部分国家将此类政策适用于所有类型企业，但大多数国家将其限制在某些行业部门（如旅游、零售、娱乐和酒店业等）或针对中小企业和个体经营户。2021 年，部分国家提出企业可以灵活选择部分延期或与其税务部门（如斯洛文尼亚和英国）协商灵活的纳税方案。

（三）增值税加速退税

加大增值税抵扣和返还力度是改善企业现金流的关键举措。2021 年，18 个 OECD 成员国和 G20 成员采取措施加快进项增值税款退税申请的处理。受疫情影响，许多企业的销售额下降，销项税额不断减少，而固定成本和其他企业采购业务的进项税额却在不断增加。由于许多企业承担着业务外包等长期合同的付款义务，这可能导致增值税留抵税额不断增加，即各种成本和投资产生的增值税进项税额抵扣完销售税额后仍有大量余额，这会导致进项抵免额不断增加。成本的不断上升可能会产生溢出效应，导致企业拖欠缴纳税款，且拖欠会在增值税链条中蔓延。2021 年，加拿大、智利、芬兰、印度尼西亚、沙特阿拉伯、南非、瑞士和泰国等国家采取措施促进和加快增值税退税程序。但加快增值税退税的条件可能因国家而异，有些仅允许将这些措施应用于低于特定门槛的增值税退税申请，也有些国家仅允许某些类型的企业获得加速退税的资格。部分非 OECD 成员国的增值税加速退税资格仅限于具有良好缴税记录的纳税人。

三、各国采取措施打击增值税欺诈行为

为了应对新冠肺炎疫情的影响，各国都需要投入大量财力帮助企业和个

人渡过难关，各国财政状况都不容乐观。同时，各国税务部门也在不断地寻求办法为政府增加税收收入，以此缓解财政支出压力。近年来，多国税务部门开展研究以评估本国的增值税流失情况，即因增值税欺诈、逃避税和纳税人破产造成的税款流失。根据相关报告，2018 年欧盟 28 个成员国的增值税流失约为 1400 亿欧元。尽管该流失数额巨大，但欧盟委员会观察到，近年来这一增值税流失状况无论在相对上还是名义上都略有改善。欧盟范围内的增值税流失额占增值税总应征税额的比例从 2014 年的 14.3%降至 2016 年的 12.3%，2018 年降至 11%。增值税流失状况的逐渐好转，与近几年各国采取了行之有效的打击增值税欺诈措施有关。

（一）继续引入增值税反向征收机制

增值税反向征收机制（reverse charge mechanism）是将供应商的增值税申报缴纳义务转移给购货方，主要针对境内“商对商”（Business-to-Business，B2B）交易中供应商收到增值税税款后，却不向税务部门缴纳的欺诈行为。欧盟成员国对增值税反向征收机制的应用较为广泛，主要用于电子设备销售（如笔记本电脑、平板电脑、手机、游戏机等）、燃气与电力销售、建筑工程服务、废料废物回收、黄金销售、提供二氧化碳排放证书等行为。

瑞典自 2021 年 4 月 1 日起对发票价值不少于 10 万瑞典克朗（11350 美元）的手机、集成电路、平板电脑和笔记本电脑的 B2B 交易采取增值税反向征收机制，英国从 2021 年 3 月 1 日起对提供建筑工程服务实行增值税反向征收机制。根据该规定，一家增值税注册企业向另一家注册企业提供建筑工程服务并分包时，将不需要缴纳增值税，但需要开具发票声明该服务在国内实行反向征收。服务接受方无须再向服务供应方支付增值税款，而是提交纳税申报表并缴纳增值税，该笔增值税税额也可作为接受方的进项税额进行抵扣，符合一般抵扣规定即可。

（二）推出新型信息交换系统

为打击 B2C 交易中的增值税欺诈问题，欧盟委员会提议创建“支付信息中央电子系统”（Central Electronic System of Payment Information，CESOP），建立“超国家”数据存储（supranational data retention）体系。该系统允许成员国传输其在国家层面上存储的支付信息，汇总各成员国传输的关于每个收款人增值税相关付款信息，并创建收款人（即企业）从付款人（即在线购物的消费者）那里收到付款的完整概述。CESOP 可识别同一支付交易的多个记录，并清除重复项、更正错误，之后由欧盟反欺诈专家网络（eurofisc）联络员对 CESOP 中的支付数据与根据欧盟相关条例交换的增值税信息进行交叉检查，从而识别潜在的增值税欺诈行为。关于支付信息的获取，欧盟委员会提出支付服务提供商对其所提供的跨境支付服务，必须保留相关支付活动的详细信息。

（三）国际税收征管合作与情报交换

加强国际税收征管合作有利于打击增值税欺诈和逃税行为已成为国际社会的共识。各国政府也日益意识到国际税收合作的重要性，尤其在经济数字化的背景下，情报交换和国际税收合作在打击国际增值税欺诈和确保有效征税方面发挥着重要作用。包括《多边税收征管互助公约》在内的多个文件和区域协定都为增值税领域的国际税收征管合作提供了法律基础保障。《多边税收征管互助公约》规定了缔约各方在税收核定和征收方面尤其是打击逃避税方面一切可能的行政合作形式。其适用范围广泛，涵盖了所有由政府（即中央政府及其分支机构）强制征收的包括增值税在内的所有形式税费，缔约各方可提出保留意见来限制公约规定的协助义务所适用税费的范围。截至2021年12月22日，共有144个司法管辖区加入了该项公约。①

四、共享和零工经济发展影响增值税政策的设计

在数字平台的推动下，共享和零工经济的兴起在短短几年内从根本上改变了多个行业的发展。商业模式不断创新，大量的新型经济、个体经营者进入市场，通过数字平台提供短期住宿、交通或其他类型的服务。随着时间的推移，共享与零工经济个体经营者快速增长，各国税务部门将面临大量营业额相对较小、增值税遵从意愿较低的纳税人的税收管理问题。这种现象引起了人们对当前增值税税制是否有能力承担主要收入来源、能否与传统企业保持公平竞争的担忧，同时也对现行增值税政策和征管实践提出了更高的挑战。在2019年3月举行的全球增值税论坛上，OECD提出了在共享和零工经济领域进一步开展工作的要求，得到了各国广泛的响应。

2021年4月，OECD公布了《共享与零工经济的增长对增值税政策设计和征管的影响报告》，分析了共享和零工经济的主要商业模式及其带给增值税征管的挑战，并提出了一系列应对挑战的措施，旨在确保共享和零工经济经营者与传统企业之间竞争环境的公平性。一些国家为降低增值税纳税人的纳税负担，纷纷对纳税流程进行简化，并增加了税收优惠措施。如欧盟于2021

---

① 参见：https：//www.oecd.org/tax/exchange-of-tax-information/Status_of_convention.pdf。

年 1 月 1 日进一步建立新的一站式服务（One Stop Shop，OSS），增值税信息可以通过卖家或市场在欧盟客户的销售点收集，非欧盟卖家也可通过 OSS 申报增值税。此外，如果不使用 OSS，欧盟将为进口服务提供另一种税收简化机制，即在进口时从客户处征收增值税，运输商每月只需向海关申报一次，这项举措预计将为欧盟成员国增加 70 亿欧元的增值税收入。

五、欧盟及多个国家实施跨境电子商务增值税改革

新冠肺炎疫情驱动全球消费需求加速转往线上，跨境电商成为日益重要的外贸新业态和新动能，各国陆续开始调整相关税收政策以顺应数字经济发展。2021 年 7 月 1 日，欧盟针对跨境电商的增值税改革方案在推迟半年后正式实施。欧盟增值税新规旨在简化跨境电商的增值税合规负担，确保增值税的征收遵循目的地原则，并实现跨境电商和欧盟实体卖家的公平竞争。改革措施主要体现在四个方面：一是取消了 22 欧元以下货物进口免税政策；二是统一了远程销售应税登记标准；三是明确了电商平台增值税纳税义务；四是引入了进口“一站式”简化服务（见表 6-5）。

表 6-5　　欧盟跨境电子商务增值税改革措施

2021 年 7 月 1 日前	2021 年 7 月 1 日后
—	推出 OSS 或 IOSS“一站式”商店注册申报服务，分配服务编码
商家或者买家自行缴纳增值税	订单货值小于或者等于 150 欧元由电商平台代收和缴纳增值税
订单货值小于或等于 22 欧元免除增值税	取消 22 欧元的进口增值税豁免政策
废除欧盟境内跨国增值税起征点（从 35000 欧元到 100000 欧元不等）	统一欧盟境内远程销售额超过起征点 10000 欧元，不分国别

欧盟新规并非特例，近年来在跨境电商不断发展的背景下，针对低价值进口商品的增值税免税等传统政策引发越来越多的争议，已有多国改革跨境电商增值税政策，以维护本国税收权益和公平竞争环境。英国于 2021 年 1 月 1 日开始施行新的跨境电商税收政策，根据新规，如果一家电商平台促成了第三方卖家向英国消费者的跨境 B2C 销售活动，其进口货物价值不超过 135 英镑或销售时货物位于英国境内，则该电商平台在英国负有增值税核算和支付义务。越南财政部于 2021 年 6 月 1 日发布通知，为电商平台的卖家提供增值

税、个人所得税和征收管理方面的指导。根据新规，电商平台将负责其卖家的纳税申报和支付，需要向税务部门提供包括销售额、银行账户和产品在内的卖家交易信息。格鲁吉亚从2021年10月1日起对数字服务海外供应商引入新的增值税规则，广播、电信和电子服务的海外供应商必须就提供给消费者的商品缴纳18%的增值税。

第三节　专题：增值税抵扣制度研究

增值税的广泛应用是半个多世纪以来税收领域最重要的发展之一，如今已成为全球170多个国家（地区）的重要收入来源。增值税是对每个环节的增值额征税，即供应链条中的每个交易者均参与增值税的征收过程，购进时产生进项税，销售时产生销项税，二者的差额为本环节应缴的增值税。而进项税额抵扣则是增值税制度的一项核心内容，对于确保增值税机制的顺利运行和保持税收中性起着至关重要的作用。

一、增值税抵扣制度概述

增值税抵扣制度是指增值税纳税人可将外购的商品或服务所缴纳的增值税在自身应纳增值税税额中进行抵扣的制度，一般根据进项是否用于经营活动来判断是否允许抵扣，具体见表6-6。通过这种抵扣机制，可以减少中间环节的重复征税现象。在抵扣型增值税中，纳税人通过从销项税中抵扣进项税额来计算净纳税义务。其中，销项税是纳税人销售商品或提供服务时应申报并缴纳的增值税，而进项税额是纳税人采购商品或服务所支付的增值税。目前，国际上计算净纳税义务的方法有两种。第一种是发票抵扣法（基于交易的方法）。增值税纳税人按照销售商品或提供服务所规定的税率计算销项税额，并开具发票给买家。其因采购商品或服务获得发票，发票上记载的增值税为该纳税人的进项税额。纳税人用销项税抵扣进项税额，其差额就是该纳税人应纳税额，如果差额为负数，纳税人可申请退税或者留抵。这种方法旨在打击税收欺诈行为，发票将这些供应链形成闭环管理，通过发票的交叉核对可以发现虚假抵扣。第二种是账簿法（基于实体的方法）。根据会计口径来计算增值量，即收入减去费用。虽然在计税机制上也是采用类似的销项税额减去进项税额，但是销项税额与进项税额的计算是依据企业账簿上所载明的信息，而非发票。这种方法不太适合存在多种税率的增值税制度，目前采用该方法的典型国家为日本。

表 6-6 不同情况下的进项税额抵扣

<table>
<tr><th>类别</th><th>用于纳税人经营活动的进项税额</th><th>用于纳税人非经营活动的进项税额</th><th>兼具经营活动和非经营活动的进项税额</th></tr>
<tr><td>直接归属于纳税人应税行为的进项税额</td><td>全额抵扣</td><td rowspan="3">不允许抵扣</td><td rowspan="3">与经营活动和应税行为有关的进项税额部分允许抵扣</td></tr>
<tr><td>直接归属于纳税人免税行为的进项税额</td><td>不允许抵扣</td></tr>
<tr><td>不能直接归属于应税或者免税行为的进项税额</td><td>分摊抵扣</td></tr>
</table>

（一）抵扣权概念

抵扣权（right of deduction），是指纳税人向税务部门申请对所购货物和服务缴纳的增值税进行扣减的权利，即销项税可抵减其进项税额。抵扣权应当在商品和服务购买完成时或者进项税额纳税义务发生时产生，产生的时间通常为提供货物或服务、开具发票和货物进口的当天，这个时间决定了纳税人可以在哪个申报期申请抵扣进项税额。许多国家都在抵扣制度的立法中引入了“抵扣权”概念，体现了大陆法系国家用权利概念作为核心表达工具、抽象推理演绎而成为法典秩序的传统。例如：欧盟在 2006/112/EC 号指令第 5 章抵扣中使用了“抵扣权”的概念；意大利在其 1972 年第 633 号共和国总统令（D. P. R 633 /72）第 19 条关于抵扣的规定中使用了“抵扣权”的概念；法国在其税法典增值税部分的抵扣一节使用了“抵扣权”的概念；西班牙在其 1992 年第 37 号法案（La ley 37 /1992）的抵扣一节使用了“抵扣权”的概念。

（二）影响进项税额抵扣的因素

1. 抵扣范围

进项税额抵扣的范围主要取决于三点：一是发生进项税额的交易活动类型是否属于允许抵扣的范围；二是购进的货物和服务是否用于可抵扣进项税额的活动；三是增值税的类型，不同类型的增值税规定的抵扣范围不同。

各国规定的允许抵扣进项税额的交易活动主要有三类：（1）境内货物或服务的销售和视同此类销售的交易，其中视同交易主要是指用于经营目的的

“自我供应”，即纳税人为其经营的需要选择自己提供货物或服务；（2）发生在欧盟内部的采购和被视为此类采购的交易（针对欧盟成员国）；（3）进口货物。对于这些交易活动中的接受方，须为顾客而不是其他人。所谓顾客是指指示供应商提供货物或服务的人、供应商对其负有义务的人、与供应商（或其代理）签订合同的人、根据合同从供应商处接收货物或服务的人。

各国规定的购进货物和服务用于可抵扣进项税额的活动主要有五类：（1）纳税人的应税交易；（2）某些免税交易，具体见表6-7；（3）境外交易，如果该项交易发生在境内的话属于可抵扣的范围；（4）跨境提供的新型交通运输服务；（5）某些免税的金融交易活动，具体见表6-8。

表6-7　　欧盟规定的可抵扣进项税额的免税交易

部分免税交易活动	欧盟成员国之间的货物销售
	欧盟成员国与亚速尔群岛和马德拉群岛的货物交易，以及在两个岛之间的货物运输
	与进口货物有关的服务，其应税金额包括该服务的价值
	出口货物
	国际运输服务，包括亚速尔群岛和马德拉群岛之间的运输以及它们与欧洲大陆之间的运输
	和国际机构之间的一些被视为出口的交易
	向中央银行销售黄金
	向海关库、税库、保税区或保税仓等销售货物或关联服务
	免税店零售商品、海外销售等
	通过临时进口安排或欧盟内部运输程序销售货物和相关服务
	用于出口目的的某些欧盟内部的货物销售

表6-8　　欧盟规定的可抵扣进项税额的免税金融交易

某些免税金融交易活动	保险和再保险交易
	信贷的洽谈和授信，以及授信人对信贷的管理
	信用担保业务及其授信人的管理
	与定期、活期和其他票据相关的交易，不包括催债业务
	与现金相关的交易
	股票、利息和其他有价证券交易，不包括管理和保管以及确定货物所有权和对物权的凭证

不同类型的增值税规定的抵扣范围不同。增值税类型主要有生产型增值税、收入型增值税和消费型增值税。①单一类型。生产型增值税不允许抵扣外购固定资产所发生的进项税额，收入型增值税允许分期抵扣购买固定资产所发生的进项税额，消费型增值税允许一次性抵扣购入固定资产所发生的进项税额。②混合使用类型。例如土库曼斯坦规定，企业购买或自行开发固定资产、未完工项目和无形资产，价值（不含增值税）不超过1万马纳特，进项税额可一次性抵扣；超过1万马纳特，在后续2年内按月均等抵扣；对于大型建筑项目、船舶和飞机、铁路运输工具，在7年内按月进行均摊抵扣。这种处理方法同时具有收入型与消费型增值税的特征。③选择使用类型。例如白俄罗斯规定，企业购入固定资产产生的进项税额可以选择一次性抵扣（消费型增值税），也可以将其资本化计入固定资产价值（生产型增值税）。

2. 抵扣凭证和时间

纳税人进行进项税额抵扣必须取得相关的有效凭证，包括税务发票、海关证明和其他有效凭证。税务发票必须按照规定明确信息才属于有效发票，例如商家名称、注册号码、数量、价格、日期等。特殊情况下无法取得税务发票时，可以提供相关证据和文件来证明业务的真实性来进行抵扣，其中包括：银行对账单，能够清楚地显示向供应商支付了货款；采购订单和合同；证明货物运输、储存或保险的文件；显示和供应商之间发生交易的任何其他文件。

进项税额的抵扣时间跟供应商的销项税额缴纳时间相关联，各国的规定通常是收到货物或服务的当天、开具税务发票的当天或其他文件开始生效的当天。只有在增值税纳税申报期才能申请抵扣，因此增值税的纳税申报期会影响抵扣时间。部分国家还对进项税额抵扣的递延时间作了规定，例如沙特阿拉伯允许纳税人将进项税额抵扣的时间延长至交易发生年度后的5年内，超过5年不允许抵扣。

3. 抵扣调整

一般来说，在进行初始抵扣后，由于购进的货物或者服务的使用情况发生变化，导致初始抵扣额不再正确，因此需要对初始抵扣额进行调整。发生变化的情况主要有以下几种。①对价发生变化。在应税行为全部或者部分发生后以及被视为全部或者部分发生后，交易取消或终止、交易物的价值发生了改变（例如后期获得价格折扣）。②未付款情形。由于可抵扣进项税额与应付销项税额直接相关，因此在未付款的情况下，购买方无权抵扣该项交易的进项税额。沙特阿拉伯的税法实施条例规定："任何纳税人进行了进项税额抵扣，但是在交易之日 12 个月后未全部付款，必须调减进项税抵扣额。"这项规定包括付款尚未到期的情况，例如延期付款。当购买方后期完成了付款，可以在付款期内再进行进项税额抵扣。英国规定："对于在 2003 年 1 月 1 日当天或之后的应税交易，如果在交易日期（通常为发票日期）或付款到期日后 6 个月内未向供应商付款，则需要调减已抵扣的进项税额。"③比例抵扣发生变化。在计算最终抵扣比例或者计算方法发生变化的时候可能会涉及调整。④资本货物抵扣调整。资本货物的概念从广义上来说等同于固定资产，其使用时间可能持续数年（至少为 5 年），通常是不动产、交通工具和机器设备等，也可以选择将具有与资本货物特征的服务视为资本货物。例如，英国规定："资本货物指不含税价值在 250000 英镑及以上的土地、建筑物、计算机设备和飞机船舶等资本支出，这些货物已按标准税率或低税率缴纳增值税。不包括持有待售的资本货物。"

当纳税人为进行应税交易而导致货物的使用程度发生变化时，就需要在规定的调整期内进行调整。当企业仅进行可抵扣进项税额交易或仅进行不能抵扣进项税额的交易时，无须对资本货物进行调整。正常的调整期为 5 年，通常在调整期每年进行一次调整。调整期一般从购买或制造货物之日，或者欧盟成员国可以从首次使用货物之日起开始计算这一期限。欧盟成员国规定不动产的调整期限可以延长至 20 年。调整额 =（购置产生的进项税额÷调整期年数）×可抵扣比例差额。其中：可抵扣比例差额 = 初始可抵扣比例−实际可抵扣比例。

（三）进项税额抵扣的判断标准

进项税额允许抵扣的核心条件是购买的货物和服务用于应税行为，因此各国普遍将审查交易的经营目的作为判断进项税额抵扣的一般标准，只有符合经营目的的进项税额才可抵扣，各国在税法中都予以了明确规定（具体见表 6-9），在特殊情形下也可能会存在例外。

表 6-9　部分国家对于可抵扣进项税额的规定

国家/地区	具体规定
欧盟	只有当货物和服务被用于纳税人的应税活动，纳税人才可抵扣进项税额
法国	只有当纳税人的采购是为达到经营目的所必须发生时，纳税人才可抵扣其中的进项税额

续表

国家/地区	具体规定
英国	仅当采购的货物和用于或即将用于纳税人从事的或即将从事的经营活动时，该纳税人才有权申请抵扣进项税额
奥地利	当其他经营者就货物和服务交易向某一经营者开具发票，且该交易符合经营目的时，后者可就发票上标明的金额抵扣进项税额
卢森堡	当货物和服务被用于企业经营，且满足《经修订的 1979 年 12 月 2 日增值税法》第 49 条至第 54 条的条件后，纳税人才拥有抵扣进项税额的权利

结合各国的规定来看，交易的经营目的审查规则主要有关联性原则和主观目的原则。关联性原则的重点是审查经营者的进项和销项之间是否存在关联性，只有在两者具有关联性的情况下，取得的进项税额才允许抵扣。随着一系列判例的出现，国际上逐渐衍生出了“三步骤法”来践行关联性原则。第一步首先确定进项是否能够直接归属于某一特定的销项交易。如果可以直接归属，就可以认为该进项是特定销项交易的直接构成，其进项税额允许抵扣。如果不可以的话，就需要进入第二步。第二步是为确定该进项是否与纳税人经营活动中的部分活动存在直接关系，如存在，就可认为该进项成本构成了该纳税主体部分经营活动成本的组成，相关的进项税额部分允许抵扣。如依然不存在，就需要进入第三步。第三步是确定特定的进项是否与纳税人整体的经济活动存在关联性，如果存在关联性就可以认定该进项成本构成了纳税人一般经营成本的组成部分，该部分的进项税额允许抵扣。

主观目的原则的重点是判断经营者购买货物和服务的主观意图是否是为了实现经营，这可能需要纳税人提供更多客观证据来证明其主观意图。在一些特殊情况下，由于种种现实原因，纳税人的经营活动未曾开始或其主要经营活动被迫提前结束。由于能够实现“增值”的真实经营活动的缺失，难以在客观方面对相关货物和服务的采购行为进行判断。当客观事实或材料无法为纳税人抵扣提供有力支撑时，甄别纳税人的主观意图则为纳税人抵扣进项税额提供合理依据，尽可能消除纳税人就经营消费承担的额外增值税。此时，相关进项税额能否获得抵扣的问题就变得具有争议性。

二、限制抵扣规定

限制抵扣旨在解决某些难以分割的货物或服务的进项税额抵扣问题，这类货物或服务通常用于非应税活动、非经营活动或私人消费。绝大多数 OECD 成员国，往往仅根据货物和服务的性质，而不是按照其实际用途，规定这些货物服务的进项税额不可抵扣。这样做的目的是确保税收收入的取得，对这些货物和服务一律视同为最终消费。限制抵扣原因主要有三个：第一，降低对那些易用于双重目的（在企业和个人消费中都可作为最终消费）的货物及服务的征管成本；第二，作为减少欺诈和降低风险的有效方式之一；第三，这些产品和服务的消费在“现实生活”包含了过多的“最终消费性”，即“更具”最终消费性质。

OECD《2020 年消费税趋势》报告中指出，在实行增值税的 36 个 OECD 成员国中，仅 6 个国家（捷克、丹麦、冰岛、以色列、墨西哥和瑞士）没有实行限制抵扣，大多数 OECD 成员国都对部分特定货物和服务的进项税额抵扣予以了明确限制，因为他们认为这些货物和服务更接近最终消费的性质。OECD 成员国限制抵扣主要有三个特点。一是比例抵扣。就某些难以判断从属个人消费还是经营消费的“易被滥用支出”，部分国家进行了抵扣比例规定。二是例外条款。在规定的不允许抵扣的大类别基础上，一些国家还根据实际情况明确了例外。三是与公司所得税联动。部分国家规定进项税额抵扣不得超过公司所得税的扣除额，公司所得税不允许扣除的费用，其进项税额也不允许抵扣。澳大利亚、德国、捷克、摩尔多瓦、土耳其等国都有此规定。

OECD 成员国增值税限制抵扣的进项类别主要包括娱乐服务、交通工具和其他三个方面。

（一）娱乐服务

各国针对娱乐服务的抵扣限制最为普遍，因为这类进项构成个人消费的可能性最大，与经营目的的联系相对疏远。娱乐服务一般包括餐饮、住宿、各类休闲娱乐活动（例如俱乐部、音乐会、奢侈品）以及将资本货物用于娱乐等。奥地利规定所有娱乐服务的进项税额不允许抵扣，比利时规定饭店及宾馆的所有进项税额均不可抵扣（带有若干严格的例外条款）。部分国家对娱乐服务的具体规定见表 6-10。

表 6-10　　部分国家对娱乐服务进项税额的限制抵扣规定

国家	具体规定
澳大利亚	休闲娱乐俱乐部的设施、娱乐款待、餐饮招待、家庭生活费和亲属的差旅费
加拿大	餐饮、娱乐或运动俱乐部的会员；食品、饮料及娱乐费的增值税抵扣额一般不高于货物和劳务税（或统一销售税）的 50%，而长途卡车司机的餐饮费用抵扣额限制比例为 80%
捷克、瑞典、立陶宛、德国	根据所得税法不予免税的代理费
丹麦、芬兰、意大利、韩国、荷兰、斯洛伐克、匈牙利、斯洛文尼亚、冰岛、匈牙利	招待费、餐饮费、礼品费
爱沙尼亚	与招待宾客相关的货物或服务，或者为雇员提供的食宿。这些限制不适用于因公出差中住宿服务的进项税额抵扣
希腊	宴会、一般娱乐和款待、住宿、食物、饮料、为个人或公司员工提供的班车服务和娱乐设施
爱尔兰	餐饮、住宿（资格会议除外）、个人服务、娱乐
拉脱维亚	对于因代理需要而取得的货物和接受的服务，进项税额的 60%不允许抵扣
卢森堡	非严格意义上的商业支出，例如奢侈品、娱乐和消遣等
新西兰	娱乐费用的进项税额允许抵扣 50%。企业可以在购买货物和服务时进行全额抵扣，但是必须每年计算并调整 50%被视为私人消费的部分
挪威	餐饮业及与餐饮相关场所的租用、招待费，为居住或救济需要而建设、维修、出租或经营不动产
葡萄牙	住宿或餐饮（与会议、研讨会、交易会或展览有关的除外，在某些特定情况下可抵扣 25%或 50%）；奢侈品和娱乐费用
西班牙	演出入场费和具有娱乐性质的费用，在所得税中可抵扣的旅行、住宿和餐饮服务除外
英国	业务招待。一般情况下，商业往来的任何免费招待供应是不可抵扣的，但用于招待非英国客户的部分情形除外

（二）交通工具

随着科技的发展，交通工具种类日益繁多，所涉及的环节也日益增多，例如购买、租用、维护、燃料费、客车服务等。因此，OECD 成员国对于交通工具的限制进项税额抵扣规定更加细化，具体见表 6-11。

表 6-11　　部分国家对交通工具进项税额限制抵扣的规定

国家	具体规定
澳大利亚	可抵扣的货物和劳务税的数额限于所购置车辆当年适用的最高折旧额，目前标准为 57466 澳元
奥地利	用于商业客运、租赁目的或者至少 80%用于驾校的车辆除外
比利时	与人员和（或）货物公路运输相关的费用。原则上，进项税额抵扣额度不能超过 50%（带有若干严格的例外条款）
加拿大	作为资产购买的客车，抵扣限额为资本成本价值计算的货物和服务税的应纳税额，最高为 30000 加元，零排放乘用车的抵扣限额为 55000 加币
智利	机动车、旅行车和类似车辆及其润滑油、配件、维修和保养，纳税人本身从事此类车辆的销售、出租或租赁的，以及税务局专员认为相关费用可以在所得税前扣除的除外
丹麦	载重量不超过 3000 千克的货车提供的服务；可容纳 10 人以下的汽车；汽车租赁
爱沙尼亚	购买、进口、租赁的客车及相关支出不是完全用于商业目的，只允许抵扣 50%，用于再销售、出租、运输乘客（如出租车）和驾校的汽车除外
芬兰	用于运动和休闲目的的汽车、摩托车和小型面包车。但是，任何用于再销售、出租、专业客运或驾驶培训的交通工具以及仅用于应税交易的客用车，其所含增值税是可以抵扣的
法国	无论设计用于载人还是混合用途的汽车或设备，作为新品再销售的除外；公司租用的 8 客座以上的职工专用班车，通过升降测试并在法令规定的条件下指导运输的、上山吊椅和滑雪场经营用的所有公路用车，公交客运公司取得的仅用于公共交通的车辆。此类汽车和设备的零件、部件和配件。作为上述汽车和设备燃料用的气态柴油和其他烃类、煤油的抵扣限额是 50%。作为上述汽车和设备燃料用的柴油和生物乙醇 E85 的抵扣限额是 80%，为制造发动机或自动设备测试用的燃料除外，因为它们和其他石油产品不同，不需要经其他加工可直接出售。车辆燃料费的抵扣比例限制为 60%
希腊	私人使用的九座以上的客车、摩托车、电动自行车、运动休闲用的船只和飞机，此类运输工具的燃料、修理、租赁成本以及维修保养费用。用于出售、出租或者运输乘客的除外
冰岛	出售、运营或租赁客车；载重量在 5000 千克及以下的运输卡车、卡车及越野车，但用作特殊规定应税交易的除外
爱尔兰	购买或租用客车（当汽车满足部分诸如商业用途或排放水平的条件时，允许抵扣 20%）

续表

国家	具体规定
意大利	运输工具和运输服务（机动车、飞机和游艇），其中运输工具60%的进项税额不予抵扣；旅客运输
拉脱维亚	购买、租赁和进口乘用车（不包括司机的8座以下车辆）以及相关支出（包括维修费和燃料费）发生的进项税额的50%不允许抵扣。购买、租赁和进口客车（不包括司机的8座以下车辆和不含税价超过了50000欧元）以及相关的维护费用，包括修理费和燃料费
立陶宛	客车（不包括司机的8座以下车辆），但购买或租赁用于出租车服务或属于特殊用途的车辆除外
波兰	购买、欧盟内部采购、进口、租赁汽车及相关支出发生的进项税额，当进项不完全用于经营活动时，最高可抵扣50%
葡萄牙	购买或租用视同非商业用途的轻型轿车，以及游艇、直升机、飞机和摩托车（用于销售目的或构成企业核心业务的除外）
斯洛文尼亚	用于运动、娱乐的快艇和船只，飞机，但用于载客、载货、出租、租赁业务和再销售飞机除外。用于运载乘客和货物、出租、租赁和再销售，符合相关规定的驾校培训用车及灵车之外的汽车和摩托车
瑞典	载重量3500千克及以下的车辆同时作应税和非应税用途，出租车、汽车租赁、销售或驾校车辆除外，车辆花费的燃油费可抵扣50%
英国	一般机动车，机动车存货（汽车经销商等）、商业工具（驾校等）或不可自用只供商用（汽车租赁公司等）的机动车除外。机动车租赁（仅允许抵扣50%）

（三）其他

除了最常见的娱乐服务和交通运输工具外，部分国家还对其他方面的进项税额抵扣作了限制规定。例如：法国规定，纳税人购进的货物和服务用于非经营目的的比例超过90%时进项税额不允许抵扣，为酒精饮料做广告的货物或服务不允许抵扣进项税额；挪威规定，艺术品或古董，企业雇主、管理人员、雇员或退休人员的住房补贴及实物报酬，商业赠品、为做广告而派送的试用货物与服务，高于10000挪威克朗（合1040美元）的现金支付不允许抵扣进项税额；土耳其规定，丢失或被盗的存货（因火灾而非财政部规定的理由除外）不允许抵扣进项税额；丹麦规定，由雇主、董事会和经营者支付的员工通信费以及其他员工福利不允许抵扣进项税额。

三、进项税额分摊

当纳税人存在混合交易行为时，即既进行可抵扣进项税额的交易活动（应税交易）又进行不可抵扣进项税额的交易活动（如大多数的免税交易），这时就会出现剩余进项税额。在这种情况下，纳税人只允许抵扣与应税交易活动相关的进项税额，需要将混合的进项税额按比例进行计算抵扣，这就是所谓的进项税额分摊。国际上目前采用的分摊方法主要有标准分摊法和特殊分摊法。

（一）标准分摊法

为了确定剩余进项税额的金额，首先要剔除全额抵扣或者全额不抵扣的进项税额，然后按步骤计算每个纳税期的剩余进项税额。第一步，计算进项税总额；第二步，按照直接归属法分别确定用于应税交易和免税交易的进项税额；第三步，计算剩余进项税额，即进项税额总额减去应税交易进项税额和免税交易进项税额；第四步，计算分摊比例，分摊比例=本期应税交易额÷本期交易总额，均为不含税价；第五步，计算可抵扣剩余进项税额，可抵扣剩余进项税额=剩余进项税额×分摊比例。

关于作为计算依据的交易额，一些国家规定了需要被排除的交易情况。例如，欧盟规定以下的交易额不纳入计算：（1）纳税人用于经营目的的资本货物销售（在没有对资本货物进行调整的欧盟成员国，资本货物的处置可能包括在计算中）；（2）偶然的不动产交易和金融交易；（3）第 135 条第 1 款（b）至（g）项规定的基于偶然的方式实施的免税交易。

（二）特殊分摊法

标准分摊法并不适用于所有情况，因为不同业务的性质具有差异性，标准分摊法的结果并不能反映货物或服务的实际使用情况。因此，在标准分摊法不能反映所购进货物或服务的实际用途的情况下，可以考虑采用一些特殊的进项税分摊方法，这些方法一般只适用于某些行业的企业。常见的特殊分摊法主要有：产出分摊法、交易量分摊法、面积分摊法和部门分摊法。

1. 产出分摊法

产出分摊法是在企业产出的基础上计算出剩余进项税额的分摊比例，分摊比例=应税产出值÷所有产出值（包括应税、免税和非经营活动）。产出法背后的原则是，企业产生的费用与赚取的收入直接相关。这种方法适用于收入和支出具有强关联性的企业，例如保险公司、零售银行、国内客运服务公司等。

2. 交易量分摊法

交易量分摊法是基于交易数量计算分摊比例，分摊比例＝应税交易数量÷总交易数量。该方法适用于企业产生的费用与交易数量相关的情况，不管交易价值的高低，其花费的费用是相当的。该方法适用于从事批发和投资交易活动的银行。

3. 面积分摊法

面积分摊法通过确定用于应税活动的建筑面积占企业使用的总建筑面积的比例来计算分摊比例，该方法适用于进行商业房产和住宅交易（销售和租赁）的企业，包括房地产公司和其他出售或出租房产的企业，无论用于制造免税用品还是应税用品，其面积产生的费用是相当的。

4. 部门分摊法

大型企业通过不同的部门进行不同的业务活动，这些部门从运营和会计角度来看是相互独立的。例如：一家银行可能有不同的部门处理零售客户和投资银行业务；保险公司除了其核心业务外，还可能有专门的房产部门来处理房产租赁业务。如果企业的经营活动是通过企业的分立部门进行的，而不同部门的活动又涉及不同的费用，则任何一种特殊分摊法都不适用于整个企业的进项税额分摊。为了确保分摊方法尽可能适用各个业务部门，这些企业可以选择部门分摊法。第一步，纳税人必须按照一般规定确定剩余进项税额。第二步，确定完全涉及一个部门的剩余进项税额。第三步，将涉及多部门的剩余进项税额按照适当的分摊方法进行划分。一般采用两种方法划分：一是员工数量法，适用于管理费用的发生额与员工人数密切相关的情况，通过部门员工数量除以全部员工数量来划分。二是产出法，适用于收入和支出挂钩的情况，通过部门产出值除以全部产出值（包括用于非经营目的产出）来划分。第四步，每个部门将被分配适合该特定部门的分摊方法（例如，标准分摊法、产出分摊法、交易量分摊法、面积分摊法）。该部门随后将使用分配的分摊法来分摊与该部门有关的剩余进项税额。部门分摊法适用于大型的银行和保险公司。

第四节　发展特点及趋势

近年来，随着经济全球化和经济数字化的发展和深化，以及各国经济社会形势的发展和变化，尤其是突如其来的新冠肺炎疫情的暴发，世界范围内的增值税改革呈现出了一定的特点和发展趋势，主要包括：增值税地位越来越重要，增值税基本税率近年来总体稳定，应对数字经济挑战的增值税改革不断推进，增值税已成为多数国家应对新冠肺炎疫情的重要政策工具，增值税征管创新方式继续发展和完善，增值税领域的国际税收征管合作日益紧密。

一、增值税地位越来越重要

1954 年，法国率先开征增值税。在过去半个多世纪中，增值税的普及一直是税收领域最重要的发展之一。在 19 世纪 60 年代后期，只有不到 10 个国家（地区）征收增值税。由于增值税征税范围相对广泛，税率设计灵活，计税方式合理，能在一定程度上避免重复征税，并能显著增加财政收入，因此，很快受到一些国家的重视并被采纳。20 世纪 70 年代至 80 年代，拉丁美洲、亚洲等地区的国家，尤其是其中的发展中国家和新兴经济体逐渐开征增值税。增值税设计的初衷是对终端消费征税，对生产过程和国际贸易大体上是中性的。人们普遍认为它是一个有利于促进经济增长的税种，增值税能实现国内外中性的特质促进了其在全球的普及。目前，世界上已有约 170 个国家（地区）开征增值税。在 OECD 成员国中只有美国没有实行增值税，目前实行增值税的国家数量是 25 年前的两倍多。

在全球范围内，增值税收入约占税收总收入的 1/5。增值税已成为世界各国日益重要的税收来源，其在全球经济活动中所占的比重越来越大，这一趋势在全球税收政策中的重要性日益凸显。平均而言，2018 年，增值税是 OECD 成员国一般消费税最稳定的收入来源，也是这些国家税收收入总额的重要来源。增值税收入占 GDP 的平均比重从 2015 年的 6.7%略增至 2018 年的 6.8%，占税收收入总额的比重从同期的 20.3%增至 20.4%。

二、增值税基本税率近年来总体稳定

从 OECD 成员国增值税基本税率变化过程来看，其演变可分为五个阶段。1975—2000 年为第一阶段，平均的增值税基本税率从 1975 年的 15.6%逐步提高到 2000 年的 18.1%。在第二阶段（2000—2009 年），大多数国家的增值税基本税率保持稳定，35 个国家中有 26 个国家的税率保持在 15%~22%。截至 2009 年 1 月 1 日，只有丹麦、冰岛、挪威和瑞典四个国家的增值税基本税率高于 22%。在第三阶段（2009—2014 年），为了应对经济和国际金融危机造成的财政平衡压力，许多国家的增值税基本税率大幅提高。增值税基本税率的提高在许多国家的财政平衡策略中发挥了关键作用，有研究表明，相比于所得税等其他税种，通过增值税筹集额外收入的效率更高，且对经济增长和国家竞争力的负面影响也更小。在这一阶段，有 23 个 OECD 成员国提高了增值税基本税率。在此背景下，OECD 成员国增值税基本税率的未加权平均值从 2009 年 1 月的 17.7%提高到 2015 年 1 月的 19.2%，创下历史最高水平。在第四阶段（2015 年 1 月—2020 年 1 月），各国的增值税基本税率重新进入一个相对稳定的期间，只有 4 个 OECD 成员国提高了增值税基本税率，OECD 成员国增值税基本税率的未加权平均值变化较小，仅从 2015 年的 19.2%增加到 2020 年的 19.3%。在第五阶段（2020 年至今），增值税基本税率总体稳定，只是部分国家在应对新冠肺炎疫情冲击的税收政策中引入了临时下调增值税税率（包括零税率）。这些措施大多旨在支持医疗卫生部门。一些国家临时降低税率，以刺激消费或支持受新冠肺炎疫情冲击最严重的特定经济部门（例如旅游业和酒店行业）。

大多数 OECD 成员国实施种类繁多的低税率和免税优惠政策。除智利外，所有征收增值税的 OECD 成员国都通过设置一档或多档低税率来实现各种政策目标。实行低税率的主要原因是促进公平。但也有证据表明，增值税低税率和免税优惠并不是实现上述目标的有效方法，在某些情况下甚至可能起到反作用。因为从获益的绝对量来看，富裕家庭比低收入家庭从增值税低税率中获益更多。这是由于富裕家庭往往比贫穷家庭消费更多更昂贵的产品，他们对享受低税率的商品和服务的消费数量通常大于贫穷家庭。同时，增值税优惠制度，例如低税率和免税优惠往往会增加制度的复杂性，增加企业遵从成本，并对税收遵从度产生负面影响。

三、应对数字经济挑战的增值税改革不断推进

随着数字经济的发展，商业模式不断创新，大量的新型经济、个体经营者进入市场，通过数字平台提供短期住宿、交通或其他类型的服务，各国税务部门将面临大量营业额相对较小、增值税遵从意愿较低的纳税人的税收管理问题。同时，在数字经济不断发展的背景下，许多国家（地区）在线销售中享受免征增值税优惠的低价进口实物商品数量快速增长。这给国内零售商带来了不公平竞争的潜在压力，因为国内零售商销售给国内消费者的货物需要缴纳增值税。此外，这一政策也会减少政府的增值税收入。这也刺激了国内供应商迁移到离岸的司法管辖区，以便出售不含增值税的低价商品。这些针对低价值进口商品的增值税免税政策已引起越来越多的争议。面对这些增值税政策和征管实践的新挑战，2017 年 OECD 发布了《有效征收增值税/消费税的机制》，提供了有关供应商征收模式的设计和实施以及简化注册和遵从机制的详细指南。2019 年 OECD 发布了第二份报告《数字平台在征收网上销售增值税的作用》，提供了适用于线上市场和其他数字平台征收电子商务增值税可采用的模式指南，且重点提到实施供应商征收机制，从而有效征收低价值商品的进口增值税。2021 年 4 月，OECD 公布了《共享与零工经济的增长对增值税政策设计和征管的影响报告》，分析了共享和零工经济的主要商业模式及其带给增值税征管的挑战，并提出了一系列应对挑战的措施，旨在确保共享和零工经济经营者与传统企业之间竞争环境的公平性。一些国家为降低增值税纳税人的纳税负担，纷纷对纳税流程进行简化，并增加了税收优惠措施。从跨境电商增值税政策改革动态反映出全球经济数字化背景下增值税制度的几点趋势：一是取消或降低对低价值商品进口的增值税起征点，并设置简化的登记、申报、缴税制度以提高征管效率，这使得此类商品的国内外销售商处于平等地位；二是明确电商平台的低价值商品增值税代收代缴或监督责任，通常要求促成跨境交易的线上平台进行增值税登记，代收代缴税款；三是价值低于一定金额的进口商品增值税不是由海关在进口时征收，而是在销售时由税务部门征收，以降低海关管理成本并提高通关时效。

四、增值税已成为多数国家应对新冠肺炎疫情的重要政策工具

2021 年新冠肺炎疫情继续在全球蔓延，对各国经济造成巨大冲击，税收政策仍是各国为减少损失和支持经济复苏以及在危机后公平、可持续地恢复公共财政的重要战略组成部分，其中增值税已成为多数国家应对新冠肺炎疫情的重要政策工具。疫情危机还在持续，各国仍将重点放在维持企业发展和家庭生计方面，并不断扩展其最初制定的一揽子措施。一些国家延长了现有危机措施执行期限，并扩大受益范围，对最初措施未涵盖的一些群体予以支持。各国的经验和企业界反馈表明，支持企业现金流和减轻遵从负担的增值税措施在减轻疫情危机对企业的影响方面发挥着重要作用。增值税延期缴纳、快速灵活的增值税留抵退税等措施，在支持企业现金流方面尤为重要。而鉴于许多国家因实施缓解和遏制疫情措施而导致各方面的限制，临时简化增值税程序和手续的措施，尤其是从纸质流程转为电子和在线流程这一举措，在减轻遵从负担和帮助企业得以继续经营方面至关重要。

经济活动从遏制和缓解走向复苏的过渡可能是渐进的，各国需要持续多次评估其短期措施，为最有效促进经济复苏根据实际情况取消某些措施、延长或扩大其他的措施以及实施刺激措施。复苏阶段将得到扩张性财政政策的有力支持，政府刺激措施将是实现包容性和可持续性复苏计划的关键支柱。这可能包括采取措施来支持消费，临时性的增值税削减可以提振投资和消费者信心，并促使人们提前购买某些商品，特别是耐用品。同时，出于减少欺诈风险、减轻对税收遵从度的负面影响以及避免损害各国中期税收增长能力等方面的考虑，需要在扩大支持企业措施，例如延期纳税政策等做法上保持谨慎。

五、增值税征管创新方式继续发展和完善

减少因纳税人不遵从造成的增值税税收流失仍然是世界各国面临的主要挑战和首要任务，尤其是在跨境电子商务急速扩张的新形势下，经济数字化给增值税制度在应对欺诈和不遵从问题方面带来了新的挑战。各国税务机关正在制定和实施各种对策，创新一些新的机制，以应对日益增长的复杂挑战，打击增值税欺诈和不遵从行为，保护重要的增值税税收收入。《增值税流失报告》指出，2018 年欧盟 28 个成员国的增值税流失估计为 1400 亿欧元。最常

见的有组织增值税欺诈类型是“失踪的交易者”或“旋转木马”式欺诈，特别是在跨境电子商务急速扩张的新形势下，经济数字化给增值税制度在应对欺诈和不遵从问题方面带来了新的挑战。目前各国实践中主要有三种方式比较有效果。一是国内反向征收。在反向征收机制下，向税务机关缴纳增值税的责任从供应商转移到了企业客户（即 B2B 交易中）。将增值税纳税义务从供应商转移给客户，一方面杜绝了不诚实供应商带着从客户处收取的增值税失踪的可能性，另一方面企业也无法在未支付增值税（如假发票中的增值税）或未向税务机关缴纳增值税的情况下要求增值税的抵扣或退税，也就是说有效打击了“失踪的交易者”和“旋转木马”两种典型增值税欺诈行为。目前实施国内反向征收机制的 OECD 成员国，通常将其应用范围局限于特别容易受到此类有组织欺诈计划影响的经济领域。但它也具有一些缺点，包括给企业和税务管理部门带来新的负担，增加零售层面其他类型欺诈的风险（例如抑制销售、滥用增值税识别号）等。同时还会产生一个问题，因为所有收入风险都集中在最终销售阶段或者有限的时点上，以及该制度本身固有的弱点，它会把增值税转变为零售税。身为欧盟成员国的 23 个 OECD 成员国广泛使用国内反向征收机制作为打击增值税欺诈的手段，超过半数的 OECD 成员国对建筑业的供应实行反向征收。二是拆分缴税机制。供应商按照正常规则向客户收取其国内供货的增值税，在这种机制下，客户支付的增值税（或其中一部分增值税）直接缴纳给税务机关（“扣缴方案”），或存入供应商的增值税专用账户（“拆分缴税”），而不再支付给供应商。拆分缴税或预扣制度与国内逆向征收机制具有类似的预防欺诈作用，因为它杜绝了供应商收取增值税而又不向税务机关缴纳的可能性。但这些制度的弊端包括，增加操作复杂性（包括供应商需要确定每笔交易是否在制度规定的范围之内）以及影响企业现金流。这一点在预扣制度下尤为明显，因为企业收不到或只能收到少量销项增值税，影响进项增值税的抵扣（这可能导致进项税额长期超额）。目前有 5 个 OECD 成员国（波兰、意大利、哥伦比亚、智利、墨西哥）实施了这种制度，且都局限在特定的供应领域或供应类型内。三是纳税人交易信息报告制度。大多数 OECD 成员国自 2000 年以来已经推行纳税人交易信息报告义务。在推行交易信息报告义务的国家中，19 个国家规定了此类报告的具体格式，其中 8 个国家使用了 OECD 税收征管论坛制定的税务标准审计文件（SAF-T）格式或稍加变化。这就涉及通过会计软件创建包含涉税会计数据的电子文件（SAF-T 文件）。SAF-T 格式能让相关涉税数据以标准化的电子格式从纳税人端传送至税务机关。

六、增值税领域的国际税收征管合作日益紧密

加强国际税收征管合作有利于有效统筹打击增值税欺诈和逃税行为这一观点，逐渐成为国际社会的共识。各国政府也日益意识到，情报交换和国际税收合作在打击国际增值税欺诈和确保有效征税方面发挥着极为重要的作用，尤其在经济数字化的背景下。现行的多种法律文件都能为增值税领域的国际税收征管合作提供法律基础，包括：《多边税收征管互助公约》、执行 OECD 和联合国税收协定范本现行第 26 条和第 27 条的双边协定、基于 OECD 税收协定范本的《税收情报交换协议》（TIEA），以及第 904/2010 号欧盟条例、《北欧税收征管互助公约》、《CIAT 国际税务情报交换协定范本》和《非洲税收征管论坛税收征管互助协定》，等等。欧盟内部，成员国之间税收征管合作和情报交换的法律基础是第 2006/112/EC 号增值税指令和第 904/2010 号欧盟条例。成员国之间的税收征管合作和情报交换通过税务专家组成的“欧盟反增值税欺诈信息共享平台”（EUROFISC）实现。欧盟反增值税欺诈信息共享平台也加强了与欧洲反欺诈办公室（OLAF）和欧洲刑警组织的合作与情报交换。要求支付服务提供商报送来自会员国的跨境支付及所支付款项受益人的信息，这些支付信息将会储存在一个全新的“中央电子支付信息系统”（CESOP）中，并由国家反欺诈工作人员进一步处理。

第七章　特别消费税

特别消费税是在转让或交易环节以特定消费品或消费行为（服务）为课税对象的税种，有时称特别消费税或选择性消费税，通常简称消费税。

本章主要根据不同国家和地区消费税的实践情况，通过梳理消费税的征税模式、征收范围 、税率、征收环节、收入归属，以及 2021 年世界消费税的主要变化，归纳和反映消费税的主要特点和发展趋势。

第一节　税制基本要素

一、概念与作用

不同场合，消费税一词有着不同的含义，而有的税种不叫消费税，其性质却是消费税，譬如酒税、烟税。为了规范地梳理和比较国际上消费税的实践状况，有必要明确消费税这一概念的含义。

（一）消费税的含义

消费税有狭义和广义之分。狭义上的消费税（Excise Duty）是在转让或交易环节以特定消费品或消费行为（服务）为课税对象而征收的一种税，通常称为特别消费税或选择性消费税；广义上的消费税（Consumption Taxes）是指在转让或交易环节以消费品或消费行为为课税对象而征收的各种间接税，通常又称普通消费税或一般消费税，它不仅包括征收范围较广的增值税、货物劳务税、销售税等间接税，也包括狭义上的消费税。经济合作与发展组织（OECD）在其相关税收文献中通常在这种意义上使用消费税一词①，有的国家所称的消费税甚至就是指对货物和劳务普遍征收的增值税，如日本的消费税。本章讨论狭义上的消费税，故章名为特别消费税，但行文中统一简称消费税。

（二）消费税的作用

无论是在理论上，还是在现实中，消费税具有怎样的作用是存在争议的，但从各国实现看，发挥消费税的特殊调节作用往往是消费税存在的重要依据，而从其实现的收入规模看，又确实存在重要的财政意义。

1. 消费税的调节作用

随着商品经济的快速发展及可征税源的大量增加，各国开始根据不同的目的有选择性对特定消费品和消费行为征税，消费税的调节功能日益突出。

---

① 如OECD《消费税趋势：增值税/货物劳务税和特定消费税的税率、趋势和管理问题》（Consumption Tax Trends：VAT/GST and Excise Rates，Trends and Administration Issues）。

消费税的这种调节能力主要表现在三个方面。一是限制消费，通过对不鼓励消费的产品和行为征税，发挥“寓禁于征”的作用，如对烟、酒征税，以限制这类损害人们健康的“有害”（harmful）产品的消费需求。如2016年海湾合作委员会（GCC）6个成员国共同签署《海湾合作委员会消费税框架协议》中，就计划统一对身体不利的“有害”产品征收消费税。因此，一些国家或人们习惯性地对烟、酒等“有害”产品和赌博等不良行为征收的消费税称为“罪恶税”（Sin Tax）。如菲律宾2005年1月1日生效的“共和国第9334号法”（Republic Act No. 9334），是专门规定对烟酒征收消费税的，因此被称为“罪恶税法”（sin tax law）[①]。二是调节收入分配，通过对奢侈品、高档商品征税，提高高收入阶层的税负水平。三是调节消费品和消费行为的经济外部性，将其外部成本内在化，如对污染产品、资源性产品征税，使产品的环境成本内在化，有利于减少污染，保护资源和环境。

2. 消费税的财政地位

从消费税收入占税收总收入的比重看，到第二次世界大战时，消费税几乎一直是多数发达国家税收收入中占比最大的税种，成为政府财政收入的最大支柱：1940年，发达国家税收收入中，消费税所占比重平均为59%，是占绝对地位的第一大税种，而个人所得税、公司所得税和社会保障税[②]三项收入总共才占24%[③]。但是，第二次世界大战后，发达国家随着个人所得税和社会保障税在税收总收入中的比重不断提高，消费税所占的比重明显下降：1965年OECD成员国消费税收入占各国税收总收入的平均比重下降到了14%左右。到了20世纪70年代，随着多数发达国家步法国、德国等国后尘，纷纷开征税基广泛的增值税后，增值税与消费税在很大程度上存在替代关系：增值税收入占税收总收入的比重（以下简称收入占比）持续上升，消费税收入占比则持续下降，直至2010年左右，增值税和消费税的收入占比趋于稳定，消费税收入占比平均在10%左右，略高于公司所得税的收入占比（见图7-1）。

可见，虽然消费税已不是发达国家的主体税种，但仍具有重要的财政地位。

---

① 参见IBFD2005年11月23日的Tax News。

② 关于社会保障税、费，各国的称谓并不统一，为了便于叙述，在本文中通称为“社会保障税”。

③ 肯·梅塞. 二十一世纪税收及其未来［J］. 税收译丛，2000（2）.

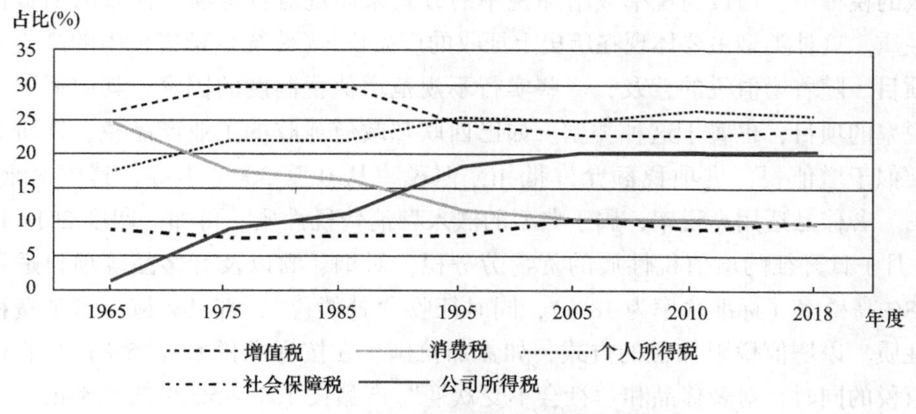

图 7-1　OECD 成员主要税种收入结构变化

资料来源：OECD. Consumption Tax Trends 2020：*VAT/GST and Excise Rates*，*Trends and Policy Issues* [R/OL].（2020-12-03）[2021-03-09]. https：//www. oecd-ilibrary. org/taxation/consumption-tax-trends-2020_152def2d-en.

二、征收模式

从不同国家和地区的消费税实践看，消费税征税模式可以分为下列四种类型。

（一）独立综合型

独立综合型（为方便起见，按字母顺序依次简称，独立综合型简称 A 型，以下类推），即独立征收消费税，对所有征税对象统一制定税法，综合设置一个税种，然后以列举税目的形式明确规定哪些消费品或者消费行为属于征收范围。如比利时、智利、爱沙尼亚、冰岛、拉脱维亚、卢森堡、泰国等。

（二）独立分设型

独立分设型（B 型），即性质上独立征收消费税，但对各个征税对象分别制定税法，对每一类应税消费品或者消费行为独立设置一个税种，名称上并不叫消费税，而是按征税对象命名，如对酒征收酒税，对卷烟征收烟税，等等。奥地利、丹麦、法国、德国、希腊、日本、墨西哥等国家采取这种征收模式。

（三）嵌入型

嵌入型（C 型），没有独立开征消费税，而是在增值税、销售税等广泛征收的税种中，通过高税率或附加税率的方式来体现对特定项目征收的消费税性质。这种类型主要体现在历史上征收的产品税、（传统）销售税中的高税率项目。随着增值税的普及，一些实行不规范增值税制度的国家，其中适用高税率的项目，也属于这种类型。如巴西联邦政府征收的工业产品税，性质上类似于增值税，进项税额允许抵扣，但税率从 0 至 300%不等，其中对烟、酒、奢侈品适用高税率，属于典型的嵌入型消费税性质。再如，印度 2017 年 7 月 1 日开征的增值税性质的货物劳务税，对烟、酒以及奢侈品等项目适用 28%高税率（标准税率为 18%），同时征收“补偿税”，都具有嵌入型消费税性质。以增值税附加税的方式，如孟加拉国，在按标准税率（15%）征收增值税的同时，对奢侈品和“社会不受欢迎”产品按 10%~500%的税率征收附加税。

（四）复合型

复合型（D 型），即上述三种模式不同程度并存的模式，逻辑上可以包括三种复合型形态。①在开征独立综合型消费税的基础上，又对部分品目单独开征独立分设型消费税种的“A+B 型”。如韩国既对珠宝、首饰、枪支等多种产品和夜总会、赛马、赌博等特定服务场所征收独立综合型消费税，又对烟、酒、燃油等消费品单独征收烟税、酒税、燃油税等税种。②在一般性税种中存在嵌入型消费税项目，同时又开征有独立的消费税的“A+C”或“B+C 型”。如中国营改增以前，对娱乐业按 20%高税率征收营业税，就具有嵌入型消费税，同时开征有独立综合型的消费税，因此具有“A+C 型”特征。③上述三种情况同时并存的全复合型（A+B+C），如阿根廷（综合型消费税+燃油税等+电信服务增值税 27%高税率）、白俄罗斯（综合型消费税+2022 年新开征广告税+电信服务增值税 25%高税率）等。

从历史发展看，随着增值税的日益普及和规范，这种嵌入型征收模式日渐减少，增值税等对货物和劳务普遍征收的税种，税率趋向简化，更多地体现税收中性，而将其中适用高税率的项目从中分离出来，单独征收消费税，更多地体现特殊调节和补充财政收入的功能。如埃及原实行增值税型销售税，但税率有 1.5%、2.9%、5%、10%、15%、25%、30%、45%等[①]多档，其中 10%属于常用税率，应税项目较多，具有标准税率性质，而适用 15%~45%的应税项目，则具有嵌入型消费税性质。2016 年 9 月 8 日，埃及实施增值税改

① 参见：http：//www.ey.com/Publication/vwLUAssets/ey-indirect-tax-developments-in-2015/$FILE/ey-indirect-tax-developments-in-2015.pdf。

革，实行比较规范的增值税代替原销售税，标准税率为13%（2019 年 7 月 1 日提高至 14%），另征一档 5%的低税率，原适用 15% ~ 45%的项目另征消费税。

再如安哥拉2019 年 10 月 1 日开征的独立型消费税，也是伴随增值税的改革由嵌入型向独立型转变的例证：2019 年 10 月 1 日，安哥拉实施流转税改革，新开征增值税和消费税共同代替原来征收的具有增值税和嵌入型消费税性质的“（一般）消费税”(consumption tax)。后者原来适用 20%、60%两档高税率的嵌入型消费税性质的项目，原则上改为开征独立型消费税。改革后形成单一税率的现代规范的增值税制度与部分项目独立征收的消费税制度构成规范的现代“双层”流转税模式（见表 7-1）。

表 7-1 安哥拉的流转税改革：从不规范到规范的现代双层模式

<table>
<tr><td rowspan="3">应税项目</td><td>2019 年 10 月 1 日以前</td><td rowspan="5">→</td><td colspan="2">2019 年 10 月 1 日起</td></tr>
<tr><td>（一般）消费税</td><td>增值税</td><td>（特别）消费税</td></tr>
<tr><td>consumption tax</td><td>VAT</td><td>excise duties</td></tr>
<tr><td>主要货物和劳务</td><td>标准税率：10% *</td><td rowspan="2">单一税率：14%</td><td>—</td></tr>
<tr><td>金、银、钻石，酒、啤酒，烟、雪茄等</td><td>高税率：20%或 60%</td><td>开征消费税：烟草产品税率为 30%；酒税率为 25%；含糖饮料、珠宝、古董和艺术品税率为 19%</td></tr>
</table>

注：* 表示部分项目适用 5%、10%低税率。

随着增值税的日益普及与规范，通过销售税、增值税等广泛征收的税种中的高税率项目来体现特别消费税性质的“嵌入型消费税”日趋减少，对货物和劳务全面征收规范的增值税和对特定货物和劳务征收消费税的双层结构已成为现代流转税制的重要特征。

鉴于嵌入型消费税的情况既不规范又日趋减少，因此本章主要讨论 A、B 两种独立型和 A+B 复合型的消费税情况。

三、征收范围

消费税的具体征收范围，不同国家存在较大的差异，这与消费税的功能定位有关。

依据征收范围大小，国际上通常将消费税分为有限型、中间型和延伸型三种类型。一些国家征收范围较小，主要限于烟草制品、酒精制品、石油资源类制品和机动车辆等传统商品，称之为有限型消费税。一些国家除了对上述传统商品征收特别消费税外，还对食物制品、奢侈消费品等征收，征税范围较广，称之为中间型特别消费税。还有一些国家征收范围除了涵盖上述两类型所含商品和服务项目外，还将一些生产、生活资料纳入征收范围，称之为延伸型特别消费税。

从不同国家和地区的消费税实践看，消费税的征收范围可以分为八大类：一是烟草产品；二是酒类产品；三是矿物能源产品；四是机动交通工具；五是奢侈品；六是污染产品；七是特定服务；八是其他产品。

（一）烟草产品

烟草产品包括卷烟、雪茄和包括烟草在内的各种烟草制品。烟草产品是征收消费税最为普遍的品目，世界上多数国家都对烟草产品征收消费税。

对烟草征收消费税的主要目的有二。一是筹集财政收入。烟草消费面广量大，需求价格弹性小，税源比较稳定，而且烟草厂家数量较少，易于监控管理，因此是政府取得财政收入比较理想的征税对象。二是引导减少和抑制烟草消费。烟草消费有害人体健康已形成社会共识。对烟草课以重税是世界卫生组织积极推广的主要控烟措施之一。虽然征税能否有效抑制烟草消费在社会上仍存在争议，但根据世界卫生组织的调研，征税能有效减少烟草产品需求。其实，是否有利于控烟的争议并不妨碍对烟草产品征高税，对烟草产品征税和提高税负目前并不存在阻力。这在很大程度上可以解释为什么烟草消费税征收那么普遍，而且税负可以很高，如墨西哥卷烟的税率高达160%。基于同样的原因，2008年国际金融危机以来，许多国家财政出现困难，提高烟草消费税税率成为许多国家增加财政收入的政策选择。

（二）酒类产品

酒类产品包括白酒、葡萄酒、啤酒、其他酒和酒精饮料，有的国家也对非酒精饮料征收消费税。酒类产品与烟草产品具有类似的“适合”征税的品质，因此对酒类产品征收消费税也很普遍，税负也比较高。

酒消费税的一个重要特点是多数国家按酒精度征税，酒精度越高，税负越重。这与抑制酒类产品过度消费的目的一致。从各国实践看，针对酒消费税，多数国家实行从量定额征税，只有少数国家实行从价定率征税，如墨西哥。

（三）能源产品

能源产品消费税主要对包括燃油、煤、天然气等在内的矿物能源产品征收，鉴于矿物能源是发电的重要来源，因此许多国家特别是欧盟成员国也对电力征收消费税。

能源产品是重要的生产资料，也是日常生活不可或缺的必需品，使用广泛，因此能源产品消费税传统上就具有重要的财政意义，开征也相当普及。自从环境污染问题受到社会关注以后，矿物能源作为重要的污染源和碳排放源，能源产品消费税的环保因素日益凸显，成为现代税制绿化的先锋。

此外，从各国实践看，针对能源产品消费税，大多数国家实行从量定额征税，只有少数国家实行从价定率征税。如 OECD 原 35① 个成员国中，对汽油和柴油只有墨西哥 1 个国家从价计征。此外，多数国家对用于交通的燃油消费税税负要高于其他用途燃油的税负，如 OECD 成员国中，除希腊、匈牙利、以色列、荷兰以外，其他 30 多个成员国用于家庭供热的柴油税负都低于交通用的柴油。

（四）机动交通工具

机动交通工具包括机动车、船、飞机等。虽然游艇、私人飞机等有时作为奢侈品被纳入消费税的征税范围（如希腊），但是征收消费税最常见的机动交通工具是各种机动车（汽车）。

同能源产品类似，机动车也是消费税的传统应税品目，其传统的征税目的也主要是为了财政收入。但机动车是消耗燃油的主要载体，其尾气污染和二氧化碳排放是造成现代城市环境问题和气候变化的重要因素。因此，越来越多的国家考虑按照环保因素来设计和调整机动车消费税。

（五）奢侈品

对奢侈品征收消费税，不仅可以增加财政收入，而且，奢侈品的消费人群主要是高收入阶层，因此对其征税一般不会影响普通居民的正常生活，反而可以引导适度消费，减少铺张浪费，达到间接调节收入分配的目的。因此，奢侈品是消费税的重要征收对象。不过，从各国开征情况看，对奢侈品征税没有对烟、酒、能源和机动车四类项目征税那样普及，而且，相对而言，发展中国家要比发达国家开征的相对较多。这一方面是因为奢侈品是一个相对的概念，也是一个动态的概念。随着经济的发展和生活水平的提高，新的高档消费品会不断出现，而一些原来的奢侈品，则会逐渐变为日常消费品。如在经济发展水平较低时，现代家用电器都是梦寐以求的奢侈品。另一方面，

---

① 2018 年 7 月 5 日、2020 年 4 月 28 日和 2021 年 5 月 25 日，立陶宛、哥伦比亚和哥斯达黎加分别成为 OECD 的第 36 个、第 37 个和第 38 个正式成员国。

对奢侈品征税存在一个普遍性的难题：奢侈消费品与普通消费品的界限很难客观界定，若简单地规定价格标准，则不仅在标准线上下存在不公平，而且在实际操作上很容易产生征管漏洞，因而影响征收范围的拓展。

从开征奢侈品消费税的国家来看，比较常见的应税项目主要有：豪华机动交通工具（如豪华汽车、游艇、私人飞机等），如澳大利亚的豪华汽车税，加拿大 2022 年 1 月 1 日对豪华车、船和飞机新开征的豪华税（luxury tax）等；贵金属（金、银器具），珠宝、化妆品及其他高档生活用品（如高档手表、裘皮大衣）等，如法国的贵重品税（TFOP）。再如韩国，对首饰（不包括工业用钻石和未经加工的原矿石），珍珠、玳瑁壳、珊瑚、琥珀、象牙及其产品；贵重金属产品，高档照相机及其附件、高档手表、高档皮毛及其制品（不包括兔皮和未经加工的皮毛）、高档地毯和家具，对价值超过 200 万韩元（高档家具为 500 万韩元/件或 800 万韩元/套）的部分，征收 20%的特别消费税①。

（六）污染产品

污染产品税对各种污染产品征收，其性质属于消费税，是现代消费税体现环保目的的“绿化”表现。从各国实践看，许多国家开征了与环境保护相关的消费税，将对环境有害的高污染、高资源消耗的消费品和消费行为纳入消费税征税范围。根据 OECD 的环境税收数据库资料的整理，OECD 成员国和其他一些国家对污染产品征税已相当普遍，纳入征税范围比较常见的污染产品除上面提到的能源产品和机动车外，主要还包括包装物、农业投入物（主要指农药和化肥）、轮胎、电池、电子产品、润滑油等几大类。

（七）特定服务

不同国家依据国情和经济社会发展水平，选择对不同消费行为（服务）征收特别消费税，比较常见的征税项目有：娱乐服务、广告服务、游戏和赌博或博彩等。例如：英国的赌博税、航空旅客税；美国对投注、航空运输征税；丹麦的特别保险税、航空旅客运输税；印度尼西亚的广告税、旅游税、娱乐税；菲律宾的赛马税；南非游戏税等。韩国对赛马场、老虎机经营场所、高尔夫球场、赌场、自行车赛场、酒吧、客栈等征收消费税。

（八）其他产品

有一些国家受历史传统因素或者其他因素影响还对其他产品征税。比如：挪威除对烟，酒，能源产品，机动车，化妆品、贵金属和珠宝首饰，不可重

---

① 韩国财政部，Guide to Korean Taxation 2021，http：//english. mosf. go. kr/。

复使用的饮料包装、杀虫剂等征收消费税以外，还对巧克力和糖果、扑克牌、船用发动机、飞机票、磁带、收音机和电视材料等征税；美国联邦除对烟，酒，能源产品，机动车，通信、保险、航空运输服务等征收消费税以外，还对疫苗、娱乐设备、枪支和弹药、港口维护等征收；马来西亚除对烟，酒，能源产品，机动车等征收消费税以外，还对糖和糖果，饮料、烈酒，橡胶、合成橡胶、人造橡胶及其制品，玩具、游戏和运动器材，空调机、冰箱和制冷设备，电气机械和设备，电视广播接收器等征收；等等。

从近些年的变化看，将电子香烟、含糖饮料等有害健康的产品纳入消费税征收范围的国家日益增多。更突出的是，消费税体现环保目的的“绿化”特征日益明显，不仅体现在将更多的污染产品和污染行为纳入消费税的征收范围，而且对传统的能源产品、机动交通工具的征税，在税率设计上也更重视环保因素。而数字经济的发展，催生了不同形态和特点的数字产品和数字服务。对新形态的数字产品和服务（包括跨境服务）统一征收增值税的同时，如何有选择性地将部分数字产品和服务纳入消费税的征收范围，值得研究和期待。

四、税率

从世界范围看，不管是发达国家还是发展中国家，消费税的税率都可划分为两种类型：从量定额与从价定率。前者按照商品的重量、体积、长度、数量等单位税额来征收，后者按照商品价格的一定百分率征收，有些商品（如烟草产品）则同时适用上述两种税率。

消费税征税对象的选择性和多样性决定了消费税税率的复杂性。由于消费税征税对象的选择性和多样性，消费税税率的设计就不能同增值税一样，对所有货物和劳务采用单一或少数几个税率。消费税税率的多样化才能保证政府利用消费税调节多重目标的实现。虽然各国消费税税率差异大，但确定税率高低的总体原则类似，即对生态环境和人体健康危害越大的产品或消费行为，适用的消费税税率越高。

（一）烟草产品消费税税率

与其他应税品目相比，烟草消费税还有一个很重要的特点，即许多国家（如 OECD 的大部分成员国）对卷烟既从量定额征税，又实行从价定率征税。

1. OECD 成员国烟草消费税税率

OECD 成员国都对烟草产品征收消费税，作为主要细目的卷烟、雪茄和烟丝，其适用税率见表7-2。

表7-2　　OECD成员国烟草产品消费税税率比较①

国家	卷烟		雪茄		烟丝	
	美元/千支	税率（%）	美元/千支	税率（%）	美元/千克	税率（%）
澳大利亚②	650.37	0.00	–	0.00	897.06	0.00
奥地利③	65.17	37.5	0.00	13.00	0.00	56.00
比利时	72.58	40.04	0.00	10.00	47.58	31.50
加拿大④	91.65	0	21.97	–	114.56	0.0
智利	71.41	30.00	0.0	52.60	0.0	59.70
哥伦比亚	37.03	10.0	37.03	10.0	58.83	10.0
捷克	70.21	30.0	81.99	—	107.28	—
丹麦	260.55	1.00	75.76	10.00	202.53	0.00
爱沙尼亚	92.08	30.0	169.66	10.0	100.71	0.00
芬兰⑤	78.37	52.00	33.71	34.0	52.25	52.00
法国	69.66	52.7	39.66	32.3	85.62	46.7
德国	110.34	21.69	15.73	1.47	54.48	14.76
希腊	92.7	26.0	0.00	35.00	191.01	0.00
匈牙利	70.53	23.0	0.00	14.00	69.15	0.0
冰岛	210.4	0.00	28700冰岛克朗/千克	0.00	234.08	0.00
爱尔兰	388.81	8.91	394.81欧元/千克	0.00	426.78	0.00

① 截至2020年1月1日，从价税基为零售价，标注P的为批发价。

② 澳大利亚对卷烟或者雪茄（每支烟草含量不超过0.8克）征收单位税额0.93653澳元/支。其他烟草制品征收单位税额1291.77澳元/千克。

③ 奥地利对雪茄采用复合计征，即税率为13%（税基为零售价），单位税额为至少100欧元/千支。

④ 加拿大对雪茄另加征0.09536加元/支或销售价格的88%（较高者）。此外，对所有烟草制品征收烟草税。

⑤ 芬兰2020年税率/税额如下：卷烟纸60%（税基是零售价）；吸用烟草48%（税基是零售价），65欧元/千克；卷烟最低单位税额282.75欧元/1000支；细切烟草单位税额173.5欧元/千克。

续表

国家	卷烟		雪茄		烟丝	
	美元/千支	税率（%）	美元/千支	税率（%）	美元/千克	税率（%）
以色列	112.62	270.0 P	0.00	90.0P	319.67	0.00
意大利	21.75	59.1	0.00	23.0	0.00	58.50
日本[①]	121.49	0.00	121.49	0.00	112.32	0.00
韩国	125.03	64.76	294800 韩元/千克	0.00	88.55	0.00
拉脱维亚	88.43	20	106.97	—	88.55	—
立陶宛	69.94	25	47.19	—	84.27	—
卢森堡	21.22	46.65	0.00	10.00	18.54	33.15
墨西哥	25.67	39.07	0.4944 比索/0.75 克	160.0/30.4	0.4944 比索/0.75 克	160.0/30.4
荷兰	246.35	5.0	0.00	8.0	175.25	0.0
新西兰	1030.9/1469.03 新元/千克	0.00	1288.59 新元/千克	0.00	1288.59 新元/千克	0.00
挪威	304.55	0.00	304.55	0.00	304.25	0.00
波兰	59.4	32.05	112.76	—	40.55	32.05
葡萄牙	108.0	15.0	0.00	25.00	91.01	15.0
斯洛伐克	72.02	23.00	86.18	—	86.18	0.00
斯洛文尼亚	82.74	21.88	0.00	6.3	46.62	37.0
西班牙	27.75	51.00	0.00	15.80	26.4	41.50
瑞典	169.13	1.00	149.05	0.00	206.87	0.00
瑞士	119.52	25.00	5.66	1.00	38.38	25.00
土耳其	85.56	67.0	88.32	80.0	85.56	40.0

① 表中日本一栏税率包含国家烟草税、县级烟草税和市级烟草税。2020 年 10 月 1 日起，税率为 14244 日元/千支（卷烟和雪茄）或日元/千克（烟丝）。

续表

国家	卷烟		雪茄		烟丝	
	美元/千支	税率（%）	美元/千支	税率（%）	美元/千克	税率（%）
英国[①]	292.68	16.50	365.08	0.00	300.83	0.00
美国[②]	141.0		—	—	—	—

资料来源：OECD. Consumption Tax Trends 2020：*VAT/GST and Excise Rates*，*Trends and Policy Issues* [R/OL].（2020-12-03）［2021-03-09］. https：//www.oecd-ilibrary.org/taxation/consumption-tax-trends-2020_152def2d-en.

从表 7-2 可以看出：OECD 成员国烟草产品消费税税率差异较大。如每 1000 支卷烟的定额税率，澳大利亚高达 650.37 美元（从价税率为 0），爱尔兰为 388.81 美元（从价税率为 8.91%），卢森堡、意大利则分别仅为 21.22 美元和 21.75 美元（但从价税率较高，分别为 46.65%、59.1%）。从价税率最高的是土耳其，为 67%（定额税率为每 1000 支 85.56 美元）。从计征方式看，大部分 OECD 成员国对卷烟、雪茄以及烟丝采用从价、从量复合计征方式。

2. 欧盟烟草产品消费税税率

欧盟成员国对烟草产品也同时实行从价、从量复合税率征收消费税，而且，欧盟将烟草产品消费税纳入协调机制，即规定了消费税税率的最低标准[③]：卷烟从量征收消费税部分，1000 支卷烟征税不低于 90 欧元；从价征收消费税部分，不低于加权平均零售价格的 60%。

其他烟草制品消费税最低标准见表 7-3。

其他烟草制品消费税的计税方式与卷烟略有不同。欧盟成员国可以选择特定征收部分，或者从价征收部分，或是选择二者中的较高者。

---

① 2020 年英国对其他吸用烟草和嚼烟适用特定单位税额 125.2 英镑/千克；加热（不燃烧）型烟草为 234.65 英镑/千克。

② 美国州烟草税税率差异大。联邦和州烟草税单位税额平均值是 141.00 美元/千支。联邦烟草消费税单位税额为：小型卷烟（每 1000 支重量不超过 3 磅）单位税额 50.33 美元/千支；大型卷烟 105.69 美元/1000 支；小型雪茄（每 1000 支重量不超过 3 磅）单位税额 50.33 美元/1000 支；大型雪茄（每 1000 支出厂价不超过 402.6 美元）税率为 52.75%（税基为出厂价）；自卷烟草单位税额 24.78 美元/磅。某些州对烟草产品采用从价定率计征。

③ 参见欧盟网站（https：//taxation-customs.ec.europa.eu/taxation-1/excise-duties/excise-duties-tobacco_en）。

表 7-3　　欧盟其他烟草制品消费税最低税率标准

产品类别	最低税率标准
细切烟草	加权平均零售价格 50%，或者 60 欧元/千克
雪茄和小雪茄	零售价格的 5%，或者 12 欧元/千克
其他类型的烟草	零售价格的 20%或者 22 欧元/千克

3. 韩国烟草产品消费税

卷烟是韩国中央政府征收的“独立综合型消费税”——韩国称“个人消费税”的税目之一，年税率为每包（20 支）594 韩元。此外，由地方政府对烟草产品征收“烟草消费税”（tobacco consumption tax），年税率见表 7-4。[①]

表 7-4　　韩国（地方）烟草消费税税率（2021 年）

烟草产品类型		税率
卷烟		1007 韩元/包（20 支）
雪茄		103 韩元/克
烟丝		36 韩元/克
烟斗烟		36 韩元/克
水烟		715 韩元/克
嚼烟		364 韩元/克
鼻烟		26 韩元/克
电子烟	使用液体尼古丁	1256 韩元/毫升
	加热不燃烧烟草	897 韩元/包（20 支）
	其他	88 韩元/克

（二）酒类产品消费税税率

酒类产品品种多，不同国家存在不同的分类并适用不同的税率。从总体看，酒类产品消费税税率多数区分啤酒、葡萄酒、白酒（烈性酒）和其他酒产品税率，以从量定额计征占多数，但也有一些国家实行从价定率征收，如韩国、墨西哥等。

① Guide to Korean Taxation 2021［EB/OL］.［2022-11-06］. http：//english. moef. go. kr/.

1. OECD 成员国酒消费税税率

不同酒类产品，税率设计有所差异。如啤酒是大众化消费的产品，单位价值和税率都比较低，税率设计少数国家考虑酒精度，对小型啤酒厂有一定的优惠；葡萄酒的税率设计除酒精度外，主要还考虑是否含汽；白酒（烈性酒）的度数比较高，因此税率的设计更加注重酒精度的高低。表 7-5 以白酒为例，介绍 OECD 成员国按纯酒精征收白酒消费税。

表 7-5　　OECD 成员国白酒消费税税率（2020 年）

国家	美元/百升纯酒精	本币/百升纯酒精
澳大利亚①	5628. 47	8587. 00
奥地利	1348. 31	1200. 00
比利时	3362. 69	2992. 79
加拿大	930. 45	1237. 50
智利②	31. 5%	31. 5%
哥伦比亚	—	25%+236 比索/度
捷克	1406. 45	32250. 00
丹麦	2272. 73	15000. 00
爱沙尼亚	2113. 48	1881. 00
芬兰③	5483. 15	4880. 00
法国	1975. 89	1758. 54
德国④	1464. 04	1303. 00
希腊	2752. 81	2450. 00
匈牙利	1214. 61	333385. 00

① 2019 年 8 月 1 日起，澳大利亚烈性酒和其他应纳税酒精饮料（啤酒除外）的单位税额为 85. 87 澳元/升，其中白兰地适用较低单位税额 80. 2 澳元/升。每年 2 月、8 月上述单位税额受通货膨胀因素影响可能会有所变化。

② 智利一栏“×%”是比例税率。

③ 随着酒精含量不同，芬兰采用如下单位税额：1. 2%≤酒精含量≤2. 8%，1140 欧元/百升；其他酒类产品，4880 欧元/百升。

④ 在德国，小型酿酒厂适用单位税额为 730 欧元/百升或者 1022 欧元/百升。Alcopops 另征 5550 欧元/百升纯酒精。

续表

国家	美元/百升纯酒精	本币/百升纯酒精
冰岛	12633.55	1549000.0
爱尔兰	4783.15	4257.00
以色列	2340	8551.00
意大利[①]	1160.13	1035.52
日本[②]	-	2.5万~4.0万日元
韩国[③]	72%+30%教育税	72%+30%教育税
拉脱维亚	1757.30	1564.00
立陶宛	2401.97	1832.00
卢森堡	1169.83	1041.15
墨西哥	53%	53%
荷兰	1894.38	1686.00
新西兰[④]	—	290.54/5291.6
挪威	8909.09	78400.00
波兰	1634.11	6275.00
葡萄牙	1558.35	1386.93
斯洛伐克	1213.48	1080.00
斯洛文尼亚	1483.15	1320.00
西班牙	1077.46	958.94
瑞典	6031.46	51659.0
瑞士	2929.29	2900.00
土耳其	4925.75	27929.02

① 意大利对酒精含量超过1.2%的饮料征税。

② 在日本，酒精含量为40%的威士忌和白兰地单位税额为4万日元/百升；酒精含量为37%的烈性酒单位税额为3.7万日元/百升；酒精含量为25%的A类、B类日本烧酒单位税额为2.5万日元/百升。

③ 韩国白酒消费税实行从价定率计征，税基为酒类价格。对威士忌、白兰地、普通蒸馏酒精、烈性甜酒、稀释性烧酒和蒸馏烧酒征收酒税税率为72%，同时附带征收教育税（酒税的30%）。

④ 随着酒精含量不同，新西兰采用如下单位税额：9%≤酒精含量≤14%，2.9054新西兰元/升；酒精含量>14%，52.916新西兰元/升。

续表

国家	美元/百升纯酒精	本币/百升纯酒精
英国[①]	3684.62	2874.0
美国[②]	909.00	909.00

资料来源：OECD. Consumption Tax Trends 2020：*VAT/GST and Excise Rates*，*Trends and Policy Issues* [R/OL].（2020-12-03）［2021-03-09］. https：//www.oecd-ilibrary.org/taxation/consumption-tax-trends-2020_152def2d-en.

从表7-5可以看出，不同国家白酒消费税税率各异。

（1）多数国家实行从量定额计征，只有智利、韩国、墨西哥三国实行从价定率计征。

（2）各国税率差异大。实行从量定额计征的国家中，每百升纯酒精单位税额最高的国家是冰岛，达到12633.55美元；最低的是美国909.0美元。

（3）芬兰、日本、新西兰和英国等按酒精度高低设计税率，对高度酒适用更高的税率。

2. 欧盟酒类产品消费税税率

欧盟成员国对酒类产品都按从量定额税率征收消费税，而且消费税纳入欧盟协调机制，即规定了最低税率标准（见表7-6）。[③]

表7-6　欧盟酒类产品消费税最低税率标准

产品	税率计算单位	最低税率
啤酒	每百升麦芽汁浓度 每百升中每度纯酒精	0.748欧元 1.87欧元
葡萄酒（起泡酒和不起泡酒）	百升	0欧元
半成品（波特酒和雪莉酒）	百升	45欧元
烈性酒	百升纯酒精	550欧元

① 对所有酒精含量超过22%的酒精饮料均比照烈性酒征税，含有不同类型酒精的烈性酒混合物比照烈性酒征税。

② 联邦和州对酒精饮料征税的平均单位税额为909美元/百升，其中联邦征收的单位税额为：前10万加仑，2.70美元/标准加仑；超过10万至2223万加仑的部分，13.34美元/标准加仑；超过2223万加仑的部分，13.50美元/标准加仑。1标准加仑=1美国加仑（酒精含量为50%），1美国加仑=3.785升。

③ 参见欧盟网站（https：//taxation-customs.ec.europa.eu/taxation-1/excise-duties/excise-duty-alcohol_en）。

（三）能源产品消费税税率

能源产品消费税主要对矿物能源包括对矿物油、煤、天然气等征收，有的国家还将电（特别是火力发电）纳入消费税征收范围。能源产品消费税多数国家实行从量定额征收，近些年来，能源产品消费税的税率设计日益重视环保因素。

1. 欧盟成员国能源产品消费税税率

欧盟成员国对矿物油、煤、天然气和电全面从量定额征收消费税。为了实现绿色环保目标，欧盟建立了能源产品消费税税率逐步调增机制。早在1997年就规定从1998年1月1日起设置能源产品消费税最低税率标准，并逐步提高该标准。现行标准见表7-7。①

表7-7　　欧盟能源产品消费税最低税率标准

<table>
<tr><th>能源种类</th><th colspan="2">具体能源名称</th><th>税率</th></tr>
<tr><td rowspan="5">机动车燃料</td><td colspan="2">含铅汽油</td><td>421欧元/千升</td></tr>
<tr><td colspan="2">无铅汽油</td><td>359欧元/千升</td></tr>
<tr><td colspan="2">粗柴油、煤油</td><td>330欧元/千升</td></tr>
<tr><td colspan="2">液化石油气</td><td>125欧元/1000千克</td></tr>
<tr><td colspan="2">天然气</td><td>2.6欧元/千兆焦耳</td></tr>
<tr><td rowspan="3">商业或工业用汽车燃料</td><td colspan="2">粗柴油、煤油</td><td>21欧元/千升</td></tr>
<tr><td colspan="2">液化石油气</td><td>41欧元/1000千克</td></tr>
<tr><td colspan="2">天然气</td><td>0.3欧元/千兆焦耳</td></tr>
<tr><td rowspan="6">加热和电力燃料</td><td colspan="2">粗柴油</td><td>21欧元/千升</td></tr>
<tr><td colspan="2">重油</td><td>15欧元/1000千克</td></tr>
<tr><td colspan="2">煤油</td><td>0</td></tr>
<tr><td colspan="2">液化石油气</td><td>0</td></tr>
<tr><td rowspan="2">天然气</td><td>商用</td><td>0.15欧元/千兆焦耳</td></tr>
<tr><td>民用</td><td>0.3欧元/千兆焦耳</td></tr>
</table>

① 参见欧盟网站（https：//taxation-customs. ec. europa. eu/taxation-1/excise-duties/excise-duty-energy_en）。

续表

能源种类	具体能源名称		税率
加热和电力燃料	煤和焦炭	商用	0.15 欧元/千兆焦耳
		民用	0.3 欧元/千兆焦耳
	电力	商用	0.5 欧元/兆瓦时
		民用	1.0 欧元/兆瓦时

欧盟各成员国能源产品的消费税税率实际都超过最低标准。以汽油为例，欧盟各成员国从 2021 年 7 月 1 日起实施的汽油消费税税率见表 7-8。[①]

表 7-8　　欧盟成员国汽油消费税单位税额比较　　单位：欧元/升

国家（地区）	2020 年 7 月		2021 年 7 月		说明[②]
	含铅汽油	无铅汽油	含铅汽油	无铅汽油	
欧盟[③]	0.421	0.359	0.421	0.359	最低税率标准
奥地利	0.554	0.482	0.554	0.482	S≤10mg/kg
比利时	0.667835	0.6001587	0.667835	0.6001587	高含硫：0.6158684
丹麦	0.7483759	0.6310361	0.7571788	0.6383951	含 CO_2 税
芬兰	*	0.7025	*	0.724	含 CO_2 税
法国	0.7156	0.6829	0.7156	0.6829	
德国	0.721	0.6545	0.721	0.6545/0.6698	S≤10mg/kg
希腊	0.681	0.700	0.681	0.700	
爱尔兰	0.601691	0.601691	0.61936	0.61936	含碳税 0.07752
意大利	0.7284	0.7284	0.7284	0.7284	
卢森堡	0.5266646 *	0.4720946	0.5699046 *	0.5163146	S≤10mg/kg
荷兰	0.89128	0.80033	0.90554	0.83314	

① 参见欧盟网站（https：//taxation - customs. ec. europa. eu/system/files/2021 - 09/excise _ duties - part_ii_energy_products_en. pdf）。

② “S”指含硫量；“Oct.”指辛烷值。表中反映低档税率（额）。

③ 欧盟税额为 2003 年 10 月 27 日通过的指令中规定的于 2004 年 1 月 1 日起实施的最低税额标准（此前为 0.287 欧元/升）。

续表

国家（地区）	2020年7月		2021年7月		说明[②]
	含铅汽油	无铅汽油	含铅汽油	无铅汽油	
葡萄牙	0.79065 *	0.66729	0.79134 *	0.66798	含二氧化碳税
西班牙	0.50579	0.50392	0.50579	0.50392	
瑞典	0.7043492	0.4313098	0.7305466	0.4472929	含CO_2税；烷基化汽油
保加利亚	0.42438	0.3630228	0.42438	0.3630228	
捷克	0.532634	0.4988345	0.532634	0.4988345	
爱沙尼亚	0.563	0.563	0.563	0.563	
塞浦路斯	0.421	0.479	0.421	0.429	2018年12月18日起
拉脱维亚	0.594	0.509	0.594	0.509	
立陶宛	0.57924	0.466	0.57924	0.466	
匈牙利	0.3708145 *	0.3708145	0.3449256 *	0.3449256	油价高于50美元/桶时
马耳他	0.67818	0.48938	0.67818 *	0.54938	
波兰	0.4162288 *	0.3827592	0.4054746 *	0.373692	
罗马尼亚	0.4390499	0.3732736	0.4409294	0.3748728	
斯洛文尼亚	0.49009 *	0.45361	0.49009 *	0.44549	含CO_2税
斯洛伐克	*	0.514	*	0.514	
克罗地亚	0.6071793	0.5208404	0.595002	0.5103795	

注：* 境内含铅汽油已禁止销售或不再销售。

资料来源：欧盟网站（http：//europa.eu/index_en.htm）。

从表7-8可以看出，欧盟各成员国汽油消费税税率总体较高，也都高于欧盟规定的最低标准。但各国差异也较大，从保加利亚的0.3630228欧元/升到荷兰的0.83314欧元/升不等，而且在税率设计上，不少国家已从不同的角度（含硫量、环境等级、碳排放等）考虑了环保因素。

2. 韩国能源消费税税率①

韩国对生产和进口煤油、天然气等能源产品征收“个人消费税”，实行从量定额计征。应税能源及2021年适用的税率见表7-9。

表7-9　　韩国能源产品“个人消费税”税率

<table>
<tr><th colspan="2">应税项目</th><th>税率</th><th>税率单位</th><th>备注</th></tr>
<tr><td colspan="2">煤油</td><td>90</td><td>韩元/升</td><td>2014年7月1日起实际税率：63</td></tr>
<tr><td colspan="2">重油</td><td>17</td><td>韩元/升</td><td></td></tr>
<tr><td colspan="2">丙烷</td><td>20</td><td>韩元/千克</td><td>（商业用和民用的，2014年7月1日起税率：14）</td></tr>
<tr><td colspan="2">丁烷</td><td>275</td><td>韩元/千克</td><td></td></tr>
<tr><td rowspan="2">天然气（含液化气）</td><td>发电</td><td>12</td><td rowspan="2">韩元/千克</td><td>新能源等：税率8.4</td></tr>
<tr><td>非发电</td><td>60</td><td>弹性税率42</td></tr>
<tr><td rowspan="3">发电用烟煤（NCV）</td><td>大于或等于5500</td><td>49</td><td rowspan="3">韩元/千克</td><td rowspan="3">2018年2月起开征</td></tr>
<tr><td>[5000，5500)</td><td>46</td></tr>
<tr><td>大于5000</td><td>43</td></tr>
</table>

注：净热值（Net Calorific Value，NCV），单位为“千卡/千克”。

对于汽油和柴油，不征收个人消费税，而是征收交通能源环境税。

“交通能源环境税”（transportation energy environment tax）是目前韩国对汽油（及其替代品）和柴油（及其替代品）征收的，具有能源消费税性质。它对汽油和柴油的生产商和进口商实行从量定额征收，2021年适用税率见表7-10。

表7-10　　韩国交通能源环境税税率　　单位：韩元/升

应税项目	法定税率	弹性税率
汽油及其替代品	475	529
柴油及其替代品	340	375

表7-10中，弹性税率是指总统令规定实施的税率。因此汽油和柴油现行适

① 韩国财经部：《韩国税制（2021）》（KOREAN TAXATION 2021），韩国财经部网站：http://english.moef.go.kr/。

用的税率实际为529韩元/升和375韩元/升。不过，在2018年11月6日至2019年5月6日期间，实际适用的弹性税率曾临时下调至450韩元/升和319韩元/升。

(四) 汽车消费税税率

对机动交通工具征收消费税最普遍的是汽车（机动车）。从各国实践看，对汽车征税的名称多种多样，但从性质看，可以分为两类：一类是在汽车购置或首次注册时一次性征收的税，其性质属于消费税；另一类是在汽车使用环节按年重复收的税，其性质属于使用税。因此，判断汽车消费税，不能依据税种名称，而是依据其征收环节以及是否属于一次性征收。

汽车消费税税率设计比较复杂，有的从量计征，有的从价计征，税率设计，有的区分车型及大小，有的区分发动机功率或排气量的大小，有的根据二氧化碳（CO_2）排放量设计，有的则考虑驱动能源的不同，特别是电动车往往实行减免优惠。

1. OECD成员国汽车消费税税率

OECD成员国汽车消费税税率见表7-11。

表7-11　　OECD成员国汽车消费税税率比较

国家	税种名称	税率/税额	备注
澳大利亚	注册费		依据汽车重量设置
	豪华汽车税	33%	价格超过67525澳元（2019—2020财年）
奥地利	新车注册税	(CO_2排放量-115g/km)/5	CO_2排放量低于275g/km
		售价×32%+（CO_2排放量-275g/km）×40欧元	CO_2排放量高于275g/km，高出的部分按照40欧元每1g/km计算
	注册费	119.80欧元/辆	另征不超过49.7欧元的手续费和20欧元的其他费用
比利时	投入使用税	各区不同。61.50～4957.00欧元	首都区，依据发动机马力和车龄设置；瓦隆区考虑CO_2排放
加拿大	机动车燃料能效消费税	1000加元	13升≤每100公里耗油<14升
		2000加元	14升≤每100公里耗油<15升
		3000加元	15升≤每100公里耗油<16升
		4000加元	每100公里耗油≥16升
	汽车空调税	100加元/单位	

续表

国家	税种名称	税率/税额	备注
智利	注册费	定额	包括首次注册费、车辆牌照费、注册费和转让费
哥伦比亚	注册费	15.2/7.4万比索	汽车/摩托车
	国家消费税	16%；8%	大于或等于3万美元；小于3万美元，大于200CC摩托车
捷克	注册费	300克朗或500克朗	摩托车：依据气缸容量设置
		800克朗	其他车辆
丹麦	注册税（依据汽车价格累进）	105%~150%	私家车（价格超出82800丹麦克朗部分）
		0~50%	商用车（价格超出17500丹麦克朗部分）
爱沙尼亚	汽车注册费	130欧元	临时进口的汽车：335欧元
芬兰	汽车注册税	2.7%~48.9%	依据CO_2排放量累进
法国	注册牌照税	33~51.2欧元/马力	依据发动机马力
		0~2000欧元	依据CO_2排放量的大小
德国	不征消费税		仅征收增值税
希腊	注册税	3.8%~192%	乘用车，依据价格和CO_2排放设置
		5%~13%	卡车，依据售价和排放标准设置
		0%~25%	摩托车，依据气缸容量
	公共汽车注册税		针对公共汽车，依据汽车座位数
	奢侈品税	20%	税基为汽车应税价格
匈牙利	注册税	4.5万~40万福林	新乘用车，依据动力类型和气缸容量；混合动力、电动车减免优惠
		1.5万~23万福林	摩托车，依据气缸容量
		400%、600%、800%或者1200%	污染型汽车
冰岛	汽车消费税	0~65%	私家车，依据CO_2排放量设置
		13%	小型货车、小型特殊用途车、使用超过40年的车辆等
		30%	小型长途公交车、摩托车等
爱尔兰	注册税	14%~36%和定额	依据CO_2和NO_x排放量设置
		13.3%	载重量小于或等于3.5吨的卡车、大篷车
		200欧元	载重量大于3.5吨的卡车；公交车、拖拉机
以色列	购置税	83%	重量不超过3500千克的私用和商用汽车
	商用汽车税	72%	重量超过3500千克的商用汽车

续表

国家	税种名称	税率/税额	备注
以色列	豪华车附加税	20%（售价－30 万新谢尔克）/售价	大于 30 万新谢克尔的车辆
意大利	注册税	1100~2500 欧元	每千米 CO_2 排放量>160 克
日本	汽车购置税	0~3%（县税）	商用和轻型车为 0~2%；环境标准
韩国	购置税	2%~7%	零售价
	特别消费税	0~5%	出厂价；依据气缸容量设置
拉脱维亚	注册费	43.93 欧元/辆	
	自然资源税	55 欧元/辆	
卢森堡	注册税	按公式	考虑 CO_2 排放量、动力类型等因素
墨西哥	新车税	2%~17%	乘用车；混合动力电动车免
荷兰	注册税	0~458 欧元/克 CO_2	依据 CO_2 排放量设置，柴油车加征；电动车免
新西兰	首次注册费	74~232 新西兰元	针对乘用汽油车，依据气缸容量、汽车类型以及注册期限（6 个月/1 年）设置
挪威	注册税	不详	依据汽车重量、发动机性能、CO_2 和 NO_x 排放量或气缸容量设置
波兰	消费税	18.6%、3.1%	乘用车；依据发动机容量；混电动车减
葡萄牙	汽车消费税		依据气缸容量、CO_2 排放；混电动车免
斯洛伐克	注册费	33~3900 欧元	依据发动机容量
		33 欧元	电动车
	车牌注册费	16.5 欧元/号	每个车牌号
斯洛文尼亚	汽车税 汽油车	0.5%~28%	乘用车、摩托车、露营车，依据 CO_2 排放量设置；大功力车征附加税
	汽车税 柴油车	1%~31%	
西班牙	汽车注册税	0~14.75%	依据 CO_2 排放量
瑞典	仅征收增值税		
瑞士	购置税	4%	电动车免税
土耳其	特别消费税		依据发动机容量、价值、动力等；电动车减征
英国	汽车首次注册费	55.0 英镑	
美国	重型卡车征税	12%	
	油老虎税	1000~7700 美元	依据燃油效率征收

资料来源：依据 Consumption Tax Trends 2020 中“Table 4. A. 1. Taxes on sale and registration of motor vehicles”整理。

2. 韩国机动车消费税[①]

韩国对排气量超过 1000 毫升（cc）的小汽车和排气量超过 125 毫升（cc）的摩托车实行从价定率征收“个人消费税”（individual consumption tax），税率为 5%。

此外，韩国对通过购置、继承等方式取得高价值财产，包括不动产、机动车、船、飞机、大型器具、树木、高尔夫会员、采矿权等，应按取得时财产的价值征收“取得税”（acquisition tax）。其中，对机动车、船和飞机征收的取得税，性质上就属于对机动工具征收的特别消费税，韩国实行从价定率征收，其税率：机动车 2%~7%；船 2%~3%；飞机 2%~2.02%。取得税属于地方税。

（五）奢侈品消费税税率

奢侈品消费税以实行从价计征的为多。

1. 希腊奢侈品税

希腊于 2010 年开征奢侈品税（luxury tax），主要征收项目包括动物皮毛及制品（包括皮鞋、皮衣）；真丝含量超过 10%的地毯；珍珠、宝石、钻石；珠宝首饰；金银制品；其他贵金属制品；私用的飞机、水上飞机和直升机；高档手表及配件等，其中，私用的飞机、水上飞机和直升机税率为 20%，其他应税项目税率为 10%。[②]

2. 韩国奢侈品消费税

在韩国，奢侈品是其征收的个人消费税[③]的重要税目。韩国个人消费税是对 6 类产品和 3 类场所综合征收的特别消费税，其中，第二类产品，包括售价超过 200 万韩元的高档手表、高档地毯和高档皮包；第三类产品，包括售价超过 500 万韩元的皮衣及其他皮制品，珠宝（不包括工业用钻石和未经加工的原矿石）、珍珠、龟甲、珊瑚、琥珀、象牙及其制品，贵金属制品和高档家具（包括售价超过 800 万韩元的成套家具）。这两类产品都具有奢侈品性质，其适用税率为 20%。

此外，韩国对特定场所征收消费税具有对特定高消费服务征税的特征。韩国对以下三类场所征收“个人消费税”。

---

① 韩国财经部：《韩国税制（2021）》（KOREAN TAXATION 2021），韩国财经部网站：http://english.moef.go.kr/。

②③ 参见欧盟网站（https://ec.europa.eu/taxation_customs/tedb/taxDetails.html?id=1141/1609455600）。

第一类场所，包括：赛马场，税率为每人 1000 韩元，投注中心为每人 2000 韩元；老虎机场所，税率为每人 1 万韩元；高尔夫球场，税率为每人 1.2 万韩元；赌场，韩国人税率为每人 5 万韩元，外国人税率为每人 2000 韩元（在江原道赌场），韩国人每人 6300 韩元，外国人免税；自行车、汽艇赛场，税率为每人 400 韩元，投注中心每人 800 韩元。

第二类场所，娱乐场所，税率为 10%。

第三类场所，赌场，税率按年营业额累进。年营业额不超过 500 亿韩元的，免税；超过 500 亿至 1000 亿韩元的部分，税率为 2%；超过 1000 亿韩元的部分，税率为 4%。

五、征收环节

从各国实践看，消费税的征收环节与应税项目有关，主要可以分为以下三种类型。

（一）进口应税产品：进口环节征收

几乎所有国家和地区都在进口环节由进口商或其他进口者缴纳，有保税区等保税机制的，则进入保税区时可以暂不征税，但离开保税区进入国内市场时补征。

应税消费品在进口环节征税、出口环节退税是国际惯例，应税产品按零税率进入国际市场统一按消费地国的税制征税，有利于不同产地的产品在国际市场公平竞争。

（二）提供应税服务：服务提供环节征收

由于服务的提供过程就是服务的消费过程，因此，应税服务的消费税都是在服务提供环节征收的，但在具体操作上，分两种情况：一是对服务提供者征税；二是对服务的消费者征税。

1. 对服务提供者征税

多数国家规定由服务提供者缴纳各种消费税性质的服务税，计征依据以服务毛收入为主，有的服务项目允许有一定的支出扣除，如赌博税一般允许支付给赢方的部分可以扣除。

如韩国省级征收的闲暇税。对赛马协会、国家体育促进会、地方汽车比赛团体和斗牛组织等娱乐性团体组织赛事取得的门票等收入征收，税率为 10%。上述韩国娱乐场所征收 10%，对年营业额超过 500 亿韩元的赌场征收 2%和 4%的个人消费税，也是对服务提供者（经营者）征收的。

2. 对服务的消费者征税，由经营者代收代缴

上述韩国对赛马场等第一类场所征收的个人消费税属于此种情况。日本也是这种类型的典型代表。日本由地方政府开征了4种具有消费税性质的特定服务税，即：都道府县开征的住宿税、狩猎税和高尔夫球场使用税；市町村开征入浴税。

根据日本东京都主税局《都税指南（2021）》的介绍，住宿税是向都内的旅馆、宾馆的住宿者征收的特定目的税，自2002年10月1日开始征收，税率为：每人每天住宿费不超过1万日元的，免征；住宿费超过1万日元不满1.5万日元的，税率为每人每日100日元；住宿费达到1.5万日元的，税率为每人每日100日元。住宿税收入主要用于提高作为国际都市东京的魅力，振兴旅游业方面的费用。纳税人为住宿者，但税款由旅馆等经营者代收。高尔夫球场使用税对高尔夫球场使用者按照高尔夫球场的使用次数进行征收，税率为每人次400~1200日元，由高尔夫球场经营者代收；狩猎税对在都道府县进行狩猎注册的个人按照狩猎人注册的狩猎方式进行征收，税率为每人次5500~16500日元不等；入浴税则对矿泉浴池的沐浴者按照人次进行征收，税率为每人次150日元。①

（三）销售国内应税产品：生产环节征收为主

销售国内生产的消费税应税产品，从笔者收集到的资料来看，多数国家都是在生产环节对生产商征收，只有少数国家对少数应税品目在批发或零售环节征收。

1. 在批发、零售环节征收

在批发、零售环节征收消费税有两种情况比较突出，一是机动车消费税（或注册税），二是由地方政府征收的消费税。

（1）机动车消费税（注册税）。

对机动车征税税种名称五花八门，但按性质大体上可以分为三类：一是在机动车交易或首次注册环节一次性征收的机动车税，这一类税收具有消费税性质，属于本章的研究范畴；二是在机动车拥有环节每年重复征收的机动车税，具有财产税或使用税性质；三是对机动车保险征收的税，属于一种保险服务税，但也是对机动车的一种征税。此外，对机动车燃油征税也与机动车的购买与使用直接相关，但这已不属于机动车税的范畴。

① 东京都主税局．都税指南2021［M/OL］.［2022-02-10］. https：//www. tax. metro. tokyo. lg. jp/book/guidebookgaigo/guidebook2021c. pdf.

就第一种具有消费税性质的机动车税来看，名称也各异，主要又可以分为三类：一是称机动车消费税，或者将机动车作为消费税的一个税目；二是称机动车购置税；三是称机动车注册税（对拥有和使用环节也有称机动车注册税的，两者的根本区别就在于是一次性征收还是按期限，通常按年多次重复性征收）。此外，也有的就笼统地称机动车税（如斯洛文尼亚、葡萄牙等）、客车税（如荷兰）或者交通工具税（如西班牙）等，其性质则需根据其征收内容判定。当然，有时名称的错乱是由于语言间的不同翻译造成的。

一般从名称上就基本能反映出机动车消费税的征收环节：称消费税的通常在生产环节征收的居多，如加拿大的机动车能效税、韩国的特别消费税等；称购置税和注册税的，通常都是在零售或首次注册环节征收，这样的国家不少，特别是欧盟成员国。机动车由于其使用特性，各国都实行严格的注册管理，这也为税源管控提供了便利，使机动车交易税在零售或注册环节征收成为现实。购置税或者注册税，其纳税人原则上都是机动车的车主，但不少国家销售商都提供机动车注册服务，因此由机动车销售商代扣代缴机动车消费税成为许多国家的选择。

（2）地方消费税。

根据收集到的资料，下列国家由地方政府征收的消费税大多在批发、零售环节征收。

在美国，州和地方政府征收各种消费税。以肯塔基州为例，州汽油税主要对零售商征收，液化石油气是在确认已用于机动车行驶时征收，但烟草产品则主要在批发环节对经销商征收，零售环节分销商对取得未征消费税的烟草产品也负有缴税义务。①

在印度，州消费税在批发或零售环节征收，中央消费税在生产环节征收。

在日本，地方烟税、轻油交易税在批发环节征收；航空燃油税对使用者征税，液化石油气则在加油站环节征收。

在意大利，地区燃油税，对批发商和代理商征收。

在法国，对塑料袋征收的污染税，在超市等零售场所征收。

在韩国，有四个具有消费税性质的地方税种，即作为省级税的财产取得税、闲暇税，作为市县级税的烟草消费税。①财产取得税，对通过购买或者继承方式取得不动产、机动车、重型设备、树木、船舶、飞机、高尔夫会员

① 参见肯塔基州税务局网站。

资格、公寓成员、保健俱乐部会员者，按照取得时财产的申报价格以一定比例征收。税率一般为2%~7%。但是对别墅、高尔夫球场、高档住宅、豪华轮船和高档娱乐场所等的取得，税率为12%。②闲暇税，对赛马等特定服务场所的经营者征收，税率为10%。③烟草消费税，对在其境内销售的烟草产品实行定额征收（税率见本节表7-4）。[①]

消费税的征收环节与消费税的收入归属存在一定的关联性。不过，从消费税收入的具体归属看，消费税收入以归属中央为主。

（3）其他情形。

澳大利亚。葡萄酒平衡税（Wine Equalisation Tax，WET）[②] 是澳大利亚2000年实施10%单一税率的增值型货物劳务税（GST）时，为平衡税负，对葡萄酒特别开征的。在GST开征以前，对葡萄酒征收销售税，税率为41%[③]，销售税改GST以后，税率统一降为10%，为弥补税率差，葡萄酒平衡税率为29%，并规定在最后一道批发环节征收。可见，澳大利亚葡萄酒平衡税与白酒、啤酒等其他酒类产品消费税有所不同，后者实行从量定额征收。但两者又具有替代关系，葡萄酒因征收平衡税而不再另行征收酒消费税。

根据相关规定，葡萄酒平衡税在批发的最后环节，对出售给零售商的批发商征税。因此，葡萄酒平衡税是零售商的成本之一，并由零售商转嫁给消费者。与GST不同，零售商承担的葡萄酒平衡税不能进项税额抵扣。如果零售商做了“批发”销售（即销售给分销商），则该零售商有可能需要缴纳葡萄酒平衡税，同时也可抵扣购进葡萄酒时承担的平衡税税额。葡萄酒出口免征平衡税。[④]

2. 在生产环节征收

多数情况下，消费税都在生产环节征收。在生产环节征收，发展中国家与以欧盟为代表的发达国家存在一定的区别。发展中国家明确规定销售国内生产的应税产品，由生产商缴纳消费税，而发达国家虽然也主要在生产环节对生产商征收消费税，但其特别强调是在应税消费品第一次投放消费市场时

---

① 韩国财经部：《韩国税制（2021）》（KOREAN TAXATION 2021），韩国财经部网站：http：//english. moef. go. kr/。

② 澳大利亚税务局（ATO）网站［https：//www. ato. gov. au/Business/Business-activity-statements-（BAS）/Wine-equalisation-tax-（WET）/］。

③ IBFD. Australia - Corporate Taxation - Country Tax Guides - 14. Miscellaneous Indirect Taxes［DB/OL］.［2022 - 06 - 13］. https：//research. ibfd. org/#/doc？ url =/collections/cta/html/cta _ au _ s _ 014. html%23cta_au_s_14. 6. 4.

④ 参见澳大利亚税务局网站（https：//www. ato. gov. au/Business/Wine-equalisation-tax/）。

征税。与生产环节征税的差别在于，对于符合规定条件的，生产商运出或销售应税消费品可以暂停征收消费税，而将纳税义务由下一环节的税收监管仓库（tax warehouse keeper）业主、批发商或代理商缴纳。这里的符合规定条件，通常是指“监管”条件，即发达国家通常对烟、酒、能源产品等应税消费品的生产、运输、存储、销售实行特别税收监管制度，应税消费品在监管体系内的各纳税人之间转移不征收消费税，只有销售给监管体系外的企业或者个人时才算“第一次投放消费市场”，对“投放者”征收消费税。因此，在监管体系内有特定资格的批发商甚至部分零售商都可能成为实际纳税人。监管方式各国不尽相同，有的采取消费税特别注册管理，有的采取特许经营管理，烟、酒等应税产品不少国家还实行消费税贴花制度（如美国、加拿大、英国、比利时等）。

虽然监管体系内应税产品的流转有免税的安排机制，但也会出现重复征税的现象，为此通常允许后一环节的纳税人对其购进应税产品的已纳税款予以抵扣，或者仅对其未缴纳的应税产品计征消费税。总之，纳税环节向批发零售环节延伸会带来许多管理上的现实问题。①

需要说明的是，多数国家对消费税都实行单环节征税，而且大多采取从量或从价两者中的一种计税方式征收，但对卷烟例外。许多国家对卷烟同时按从量和从价两种税率征税，如欧盟成员国，都明确规定在从量征税的基础上，还按零售价的一定百分比征税，不过按零售价计征不一定就是在零售环节征税，而可以是在生产环节一并征税，如英国 2021 年对卷烟按千支 262.9 英镑从量征收的同时，按零售价的 16.5%从价征税②。这里的零售价通常是由进口商或生产商建议的卷烟零售价格，如果没有提供零售价，则按市场通行的最高零售价计征。

六、收入归属

税种的收入归属很大程度上缘于不同政治体制框架下的财政体制。集权型 国家和分权型国家，财政体制模式不同，税权与税收收入归属也受之影响。

---

① 但监管免税制度也有其存在的意义，参见《世界税制现状与趋势（2019）》专栏 8-2：消费税监管免税制度的评价。

② 该定额税率从 2021 年 10 月 27 日起适用，此前税率为每千支 244.78 英镑。参见英国政府网站（https：//www.gov.uk/government/publications/rates-and-allowances-excise-duty-tobacco-duty/excise-duty-tobacco-duty-rates）。

从消费税收入归属的各国实践看，也能反映出这种影响。不过，由于消费税的财政地位已不具备支配地位，因此，其收入归属的选择更能体现消费税本身的特点。总体而言，消费税主要归属中央税，只有一小部分国家的消费税收入归属于地方，归属方式有三种：一是财政收入分成方式；二是消费税收入分成方式；三是地方独立征收消费税。

（一）消费税按财政收入分成方式部分归属地方

按财政收入分成方式，即不分税种，对财政收入按比例分成。举两个例子：一是奥地利，各税种收入都按 67.8∶20.5∶11.7 的分成比例在联邦、州和地方政府之间分配；二是泰国，规定财政收入的 25%归地方。

（二）消费税收入中央与地方共享

从收集到的资料看，消费税收入由中央与地方共享的，主要有以下国家。

1. 法国能源产品消费税

法国能源产品消费税收入在中央、大区和地方政府之间共享[①]。

2. 西班牙消费税

西班牙烟草产品[②]、能源产品[③]的消费税收入原则上在中央与大区政府之间共享，其中：电力消费税归地方政府；煤炭消费税归中央政府；碳氢化合物（石油产品）的消费税收入由中央政府与地方政府分享。酒类产品[④]消费税收入由中央与自治区政府共享。

3. 葡萄牙消费税

葡萄牙烟、酒、能源和机动车消费税，全部由中央和地区政府共享，其中能源产品消费税收入中，有小部分专用于森林保护基金：汽油消费税中，每升 0.007 欧元；柴油消费税中，每升 0.0035 欧元，专用于森林保护基金，不过每年合计不超过 3000 万欧元[⑤]。

---

① 参见欧盟网站（https：//ec.europa.eu/taxation_customs/tedb/taxDetails.html? id = 4080/1577833200）。

② 参见欧盟网站（https：//ec.europa.eu/taxation_customs/tedb/taxDetails.html? id = 4084/1577833200）。

③ 参见欧盟网站（https：//ec.europa.eu/taxation_customs/tedb/taxDetails.html? id = 4083/1577833200#footnote2）。

④ 参见欧盟网站（https：//ec.europa.eu/taxation_customs/tedb/taxDetails.html? id = 4082/1577833200#footnote1）。

⑤ 参见欧盟网站（https：//ec.europa.eu/taxation_customs/tedb/taxDetails.html? id = 4142/1656626400#footnote1）。

4. 日本的特别消费税①

日本总体上是区分国税与地税的，分别由中央和地方政府征收。但有的国税在收入用途上有部分甚至全部指定用于地方政府，主要包括：机动车重量税收入的 3/4 作为中央财政的一般性资金，其余的 1/4 作为道路建设特别财源让与市町村政府；本土汽油税收入作为道路建设和维护特别财源让与都道府县政府与市町村政府；汽油税收入的 3/4 作为中央财政的一般性资金，其余的 1/4 作为道路建设特别财源让与都道府县政府与市町村政府；航空燃料税收入的 1/3 作为中央财政的机场建设费，其余的 2/3 作为机场建设特别财源让与机场所在地的都道府县政府与市町村政府。此外，高尔夫球场税属于都道府县税，其收入的 3/10 作为都道府县财政的一般性资金，其余的 7/10 让与高尔夫球场所在的市町村政府。

5. 印度尼西亚的烟草消费税

印度尼西亚烟草消费税的 2%分给生产该应税烟草产品的省份，再按照不同地区烟草产品消费税对财政收入的贡献程度，按以下比例分配给不同层级政府：30%给获得消费税的省份，40%给获得消费税的行政区/市，30%给其他行政区/市。

（三）地方征收独立的消费税

地方征收独立的消费税，主要包括：比利时的机动车（首次）进入服务税；爱尔兰的塑料袋税（国税征）；意大利的地区燃油税、地方机动车税；西班牙、澳大利亚的博彩税、机动车税；日本的各种地方税（见表 7-12）；韩国的财产转让税、闲暇税、烟草消费税和汽车燃油税；加拿大各省征收的烟、酒税和能源税；乌兹别克斯坦的地方燃油税；美国州和地方政府征收的各种烟、酒、能源产品消费税；澳大利亚各省征收的车辆税、博彩税；等等。

表 7-12　　日本消费税税种情况

应税项目	消费税性质的税种
烟类产品 3 种	国税：烟草税、特别烟草税
	地税：地方烟草税（包括道府县烟草税和市町村烟草税）
酒类产品 1 种	国税：酒税

① 日本的“消费税”实际就是增值税；而具有特别消费税性质的则是按征税品目直接命名，如对烟征收烟税，属于典型的独立分设型消费税征收模式。

续表

应税项目	消费税性质的税种
能源类产品 5 种	国税：汽油税、石油液化气税、航空燃料税、石油和煤炭税、本土汽油税
	地税：轻油交易税
机动车产品 3 种	国税：机动车重量税
	地税：汽车税、汽车购置税
特定服务类 4 种	地税：高尔夫球场地税、狩猎税、住宿税、入浴税

资料来源：根据日本财务省官方网站（http：//www. mof. go. jp/）相关资料整理。

（四）消费税收入归属的基本特点

一是消费税收入以中央税为主。

二是从收入归属地方政府的方式看，与不同政体下的财政体制密切相关，如美国、加拿大、印度等税权划分比较明确的国家，地方征税权较大，因此地方直接参与烟、酒、能源产品、机动车等消费税重要税源的征收。

三是除了上述地方征税权较大的国家地方政府能够参与国税共享消费税重要税源各自征税的税种以外，机动车和特定服务两项与地方紧密相关的应税事项纳入地方税的相对较多。

四是纯粹由地方政府独自分享的地方消费税并不多见，而且一般都是税源很小的应税项目，相比较而言，无论收入共享还是税源共享，共享的税源一般都比较重要。

第二节　2021 年消费税政策的主要变化

根据对国际财税文献局（IBFD）税收动态信息库等网站的国际税收动态信息和相关国家政府部门网站的税收变化信息的不完全跟踪检索，2021 年世界消费税的主要变化①体现在以下几个方面。

① 参见龚辉文“闲文税语”微信公众号中的 2021 年《每日税讯》相关各期。

一、消费税征收范围的调整

消费税征收范围的调整，主要体现在征收范围的扩大（增加应税项目）、缩小（减少应税项目）。对于采取独立分设型征税模式[①]的国家和地区来说，应税项目的增减就体现为具体税种的开征与停征，因此，这里把消费税的开征与停征也作为消费税征收范围调整的一种方式（实行独立综合型消费税征收模式的，新开征消费税可以视作征收范围从无到有；反之，停征消费税视为征收范围从有到无）。至于对消费税的临时免征，则法理上属于税收优惠范畴，而非征收范围的变化。

各国的消费税具体征收范围差异很大，但也比较稳定，因此每年的总体变化并不大。下面是收集到的资料中反映消费税征收范围的一些主要变化。

（一）扩大消费税征收范围

1. 马来西亚对电子烟征收消费税

根据2021年预算法，从2021年1月1日起，对电子烟及其组件征收消费税。

2. 博茨瓦纳开征含糖饮料税

自2021年4月1日起，对每100毫升含糖量超过4克糖的饮料，开征含糖饮料税，税率为每克糖0.02普拉。

3. 意大利推迟开征糖税

根据意大利《2020年预算法》（2019年12月27日第160号法律）的规定，对酒精度不超过1.2%的甜饮料新征收糖税，并计划在2020年8月发布实施法令后1个月初开征。后因新冠肺炎疫情暴发，糖税被多次推迟。根据2021年12月31日官方公报颁布的《2022年预算法》（2021年12月30日第234号法律）规定，糖税的开征日期将再次推迟至2023年1月1日（详见本章第三节）。

4. 塞拉利昂对进口植物油、肥皂征收消费税

塞拉利昂《2020年财政法》规定，自2021年1月1日起，为保护本地产业，对进口下列产品征收消费税：进口植物油、棕榈油和人造黄油，税率为10%；进口肥皂，税率为20%。

5. 赞比亚开征塑料袋消费税

赞比亚议会通过的《2021年国家预算》规定，自2021年1月1日起，对

---

① 关于消费税征收模式的分析，见本章第一节第二部分。

塑料袋开始征收消费税，税率为 30%。同时对再生牛奶（reconstituted milk）征收消费税，税率为每升 1.50 克瓦查。

6. 意大利推迟开征一次性塑料产品消费税

根据意大利《2020 年预算法》（2019 年 12 月 27 日第 160 号法律）的规定，对生产、进口一次性塑料产品征收“一次性塑料产品消费税”，税率为每千克塑料 0.45 欧元。该税将从实施法令颁布后的次月 1 日起征收。实施法令原计划于 2020 年 5 月发布，后因新冠肺炎疫情暴发，该税被推迟至 2021 年 1 月 1 日开征。2020 年 12 月 30 日，意大利官方公报颁布《2021 年预算法》（第 178 号法律），其中规定将该税的开征日期从 2021 年 1 月 1 日推迟至 2021 年 7 月 1 日。2021 年 12 月 31 日官方公报颁布的《2022 年预算法》（2021 年 12 月 30 日第 234 号法律）规定将塑料袋税的开征日期再次推迟至 2023 年 1 月 1 日。

7. 喀麦隆调整消费税征收范围

2020 年 12 月 17 日，喀麦隆颁布《2021 年财政法》（第 2020/018 号法律）。其中规定：对苯二酚（hydroquinone）[①] 按超高税率、玉米碎粒（maize groats）按低税率征收消费税；进口木制品、卫生纸、食品、塑料、合成编织花和牙签，征收 25%的消费税。

2021 年 12 月 16 日，喀麦隆颁布《2022 年财政法》（第 2021/026 号法律）。根据规定，自 2022 年 1 月 1 日起，对进口蜂蜜、爱尔兰土豆、食用水果、茶、咖啡、辣椒、辣椒和生姜按 25%税率征收消费税；对进口牛、山羊、绵羊的食用内脏，家禽肉以及可可脂（包括用作投入品的可可脂），按 12.5%税率征收消费税。

8. 阿塞拜疆将新型烟草制品纳入消费税征收范围

2021 年 2 月，阿塞拜疆新修订的税收法典规定将新型烟草制品——加热不燃烧烟草制品（tobacco products consumed through evaporation by heating）纳入消费税征收范围，税率为每千支 12.9 马纳特；同时规定，除某些例外，对所有可吸烟草（smokable tobaccos）按每千克 30 马纳特的税率征收消费税。

9. 德国对电子香烟征收消费税

2021 年 2 月 16 日，德国财政部发布《烟草税现代化法律草案》，自 2011 年以来，首次改革烟草税（tobacco tax）：规定自 2022 年 7 月 1 日起，对含尼古丁的电子烟产品同烟草一样征收消费税，2023 年底以前，税率为每毫克尼

① 对苯二酚于 2017 年 10 月 27 日被世界卫生组织列为致癌物。

古丁生物碱 0.02 欧元；2024 年起提高至每毫克尼古丁生物碱 0.04 欧元。此外，自 2022 年 1 月 1 日起，对新型烟草产品——加热不燃烧烟草制品（heat-not-burn products）征收附加税，以便将来与香烟同等征税。

10. 坦桑尼亚对合成纤维、二手摩托车征消费税

2021 年 6 月 12 日，坦桑尼亚议会通过《2021 年财政法案》。其中规定，对进口和本地生产的合成纤维（渔业用的除外）、车龄超过 3 年的进口二手摩托车征收消费税，税率为 10%。

11. 挪威调整消费税征收范围

2021 年 7 月 1 日，挪威开始对野生海洋生物资源征收新的消费税，税率为 0.42%；对电子烟和其他尼古丁商品征收新的消费税，税率（单位税额）为 4.50 挪威克朗/毫升且净重 0.425 克；取消对非酒精饮料按含糖量征收的消费税。

12. 菲律宾立法开征离岸博彩税

2021 年 9 月 22 日，菲律宾总统签署第 11590 号共和国法案，规定对获得许可经营离岸博彩的营运商按博彩总收入的 5%征收离岸博彩税（offshore gaming Tax）。该法案于公布之日起 15 天后生效。

（二）缩小消费税征收范围

乌兹别克斯坦将于 2023 年取消移动通信服务消费税。

2021 年 2 月 10 日，乌兹别克斯坦官方公报发布第 ПП-4986 号决议，规定从 2022 年 1 月 1 日起，移动通信服务消费税[①]税率将从 15%降至 10%，并从 2023 年起取消该消费税。

二、消费税税率的调整

消费税税率调整以烟、酒和能源产品最为频繁，机动车、奢侈品和特定服务的税率变化也不少，而且税率调整以提高为主。

（一）烟酒产品的税率变化

1. 吉尔吉斯斯坦逐步提高烟草制品和酒消费税税率

根据吉尔吉斯斯坦总统签署的 2017 年第 65 号法律，从 2018 年 1 月 1 日起至 2022 年，每年 1 月 1 日提高烟草产品消费税税率，详见表 7-13。

① 乌兹别克移动通信服务消费税于 2019 年开征，税率为 15%。

表 7-13　　吉尔吉斯斯坦烟草消费税税率调整

应税项目	2018 年	2019 年	2020 年	2021 年	2022 年
香烟（索姆/千支）	1250	1500	1750	2000	2250
小雪茄（索姆/千支）	920	1060	1220	1400	1610
雪茄（索姆/包）	115	130	150	175	200
烟丝（索姆/千克）	460	530	610	700	800

2020 年 1 月 22 日，吉尔吉斯斯坦国家税务局明确自 2020 年 1 月 1 日起逐步提高酒消费税税率（见表 7-14）。

表 7-14　　吉尔吉斯斯坦酒消费税税率调整

应税项目	税率（索姆/升）			
	2020 年	2021 年	2022 年	2023 年
伏特加酒和其他烈酒	100	120	140	160
乙醇	100	120	140	160
科涅克白兰地	70	80	90	100

2. 哥斯达黎加逐年提高烟酒消费税税率

（1）哥斯达黎加根据消费指数按年调整烟草产品的消费税税率。

2021 年 3 月 10 日，哥斯达黎加官方公报颁布税务局发布的 RES-DGH-005-2021 号决议，规定自 2021 年 4 月 1 日起，将对烟草和烟草制品征收的消费税税率从每支 24. 18 科朗提高到每支 24. 28 科朗。

2022 年 3 月 16 日，哥斯达黎加官方公报颁布税务局发布的 RES-DGH-013-2022 号决议，规定自 2022 年 4 月 1 日起，将对烟草和烟草制品征收的消费税税率从每支 24. 28 科朗提高到每支 25. 47 科朗。

2017—2022 年哥斯达黎加烟草产品消费税税率调整见表 7-15。

表 7-15　　哥斯达黎加烟草产品消费税税率变化（2017—2022 年）

应税项目	税率（科朗/支）					
	2017 年 4 月 1 日	2018 年 4 月 1 日	2019 年 4 月 1 日	2020 年 4 月 1 日	2021 年 4 月 1 日	2022 年 4 月 1 日
烟草产品	22. 88	23. 39	23. 75	24. 18	24. 28	25. 47

(2) 哥斯达黎加酒消费税税率原则上每3个月进行通货膨胀调整。2021年以来的调整情况见表7-16。

表7-16　　哥斯达黎加2021年酒消费税税率变化

酒精度	税率（科朗/毫升纯酒精）					
	2020年11月1日	2021年2月1日	2021年5月1日	2021年8月1日	2021年11月1日	2022年2月1日
不超过15%	3.41	3.43	3.43	3.46	3.48	3.54
超过15%至30%	4.09	4.11	4.11	4.15	4.18	4.26
超过30%	4.77	4.80	4.80	4.84	4.87	4.96

3. 赞比亚提高卷烟消费税税率

根据赞比亚议会通过的《2021年国家预算》规定，自2021年1月1日起，对卷烟提高消费税税率，即从每1000克烟丝265吉瓦特提高到302吉瓦特。

4. 厄瓜多尔调整消费税税率

根据厄瓜多尔税务总局第NAC-DGERCGC20-00000078、DGERCGC20-00000079和NAC-DGERCGC20-00000080行政决议的规定，自2021年1月1日起实行新的消费税税率（见表7-17）。

表7-17　　厄瓜多尔消费税税率

应税项目	税率单位	税率	
		2021年	2020年
酒精	美元/升纯酒精	7.15	7.22
酒精饮料	美元/升纯酒精	7.18	7.25
大厂生产的工业啤酒	美元/升纯酒精	13.08	12.01
中等厂生产的工业啤酒	美元/升纯酒精	10.48	9.62
小厂生产的工业啤酒	美元/升纯酒精	8.41	7.72
手工啤酒	美元/升纯酒精	1.49	2.00
香烟	美元/支	0.16	0.16
*非酒精饮料和苏打水	美元/100克糖	0.18	0.18
塑料袋	美元/个	0.06	-

注：*含糖量>25克/升。

5. 南非提高烟和酒的消费税税率

根据南非《2021—2022 年度预算》，自 2021 年 2 月 24 日当日起，烟酒产品的消费税税率提高 8%，上调后税率为：一罐 340 毫升的啤酒或苹果酒，税率（额）增加 14 分；一瓶 750 毫升的葡萄酒，增加 26 分；一瓶 750 毫升的起泡酒，增加 86 分；一瓶 750 毫升烈酒，包括威士忌酒、杜松子酒或伏特加酒，增加 5. 50 兰特；一包 20 支装的香烟，增加 1. 39 分；25 克烟丝，增加 47 分；23 克的雪茄，增加 7. 71 兰特以上。

6. 阿塞拜疆提高部分进口烟草制品消费税税率

2021 年 4 月 5 日，阿塞拜疆总理签发第 87 号令，规定自 2021 年 5 月 4 日起，提高部分进口烟草制品的消费税税率：卷烟从每千支 39 马纳特提高至 43 马纳特；小雪茄从每千支 31 马纳特提高至 43 马纳特；电子烟用的烟油从每升 20 马纳特提高至 100 马纳特；水烟用的可吸烟草（smokable tobaccos for hookah）由免税改为按每千克 30 马纳特征收消费税。

7. 加拿大卑诗省提高烟草产品消费税税率

加拿大不列颠哥伦比亚省（卑诗省/BC 省）《2021 年预算》规定，自 2021 年 7 月 1 日起提高烟草产品消费税税率，见表 7-18。

表 7-18　　卑诗省烟草产品消费税税率

应税项目	消费税税率	
	2021 年 7 月 1 日起	2020 年 8 月 1 日—2021 年 6 月 30 日
卷烟	32. 5 分/支	29. 5 分/支
雪茄	90. 5%	90. 5%
加热型烟草产品	32. 5 分/单位	29. 5 分/单位
其他烟草产品	65 分/克	39. 5 分/克

注：雪茄适用从价税率，税基为应税价格（批发价格+30%加价）或零售价，但最高税额不超过 7 加元/支。

8. 立陶宛提高酒和烟草产品消费税税率

2021 年 6 月 29 日，立陶宛总统签署第 XIVP-636（2）号消费税法修订法案使之成为法律。该法规定自 2022 年 1 月 1 日起逐年提高酒和烟草产品的消费税税率。新税率见表 7-19 和表 7-20。

表 7-19　　立陶宛酒消费税税率

税目		税率（欧元/百升）		
		2022 年	2023 年	2024 年
啤酒	每 1%纯酒精度	7. 82	8. 60	9. 46
葡萄酒	酒精度<8. 5%	78	93	109
	酒精度≥8. 5%	181	199	219
中间产品	酒精度<15%	200	216	234
	酒精度≥15%	285	308	333
乙醇		2163	2310	2467

表 7-20　　立陶宛烟草产品消费税税率

税目		税率单位	税率（单位税额）		
			2022 年	2023 年	2024 年
卷烟	特定包装	欧元/盒	74. 3	79. 6	85. 3
	总计税率	欧元/千支	122. 5	130	138
雪茄和小雪茄		欧元/千克	66	79	95
烟草		欧元/千克	97	104. 6	112. 8
加热型烟草产品		欧元/千件	45. 6	60. 2	79. 5
电子烟油		欧元/毫升	0. 15	0. 19	0. 25
未加工烟草		欧元/千克	97	104. 6	112. 8

9. 爱尔兰提高烟草产品消费税税率

2021 年 10 月 14 日，爱尔兰税务局发布 2021 年第 187 号电子简报（eBrief），根据 2022 年预算，确定从 2021 年 10 月 13 日起，卷烟消费税税率每包（20 支装）上调 0. 5 欧元，其他烟草产品的税率按同等比例上调。

10. 瑞典政府提议提高烟酒消费税税率

2022 年 5 月 25 日，瑞典财政部发布新闻稿①，宣布政府已决定了一项提

① 财政部新闻稿（瑞典文）链接：https：//www. regeringen. se/pressmeddelanden/2022/05/regeringen-har-beslutat-om-forslag-pa-hojda-skatter-pa-alkohol-och-tobak/。

案，计划分步提高烟草（消费）税和酒（消费）税。①提高烟草税税率（额）。除每年按消费价格指数进行正常的通货膨胀调整以外，卷烟税从2023年1月1日起上调3%，2024年1月1日再上调约1%；2024年1月1日起对电子烟油和其他含尼古丁产品的消费税增加1%。②提高酒税税率（额）。啤酒和葡萄酒税，自2023年1月1日起增加5%，2024年1月1日再增加8%；白酒等酒精饮料税，2023年1月1日增加1%，2024年1月1日再增加约1%。（注：瑞典烟草税每年根据消费价格指数进行通货膨胀调整）。

11. 乌干达下调啤酒消费税税率

从2021年7月1日起，将不透明啤酒的消费税税率调整为30%或每升230先令（以前为先令650），以较高者为准。

12. 土耳其调整部分烟酒产品特别消费税税率

2021年7月15日，土耳其官方公报颁布第4298号总统决定[①]，规定自颁布之日起，对雪茄适用的特别消费税（SCT）税率从63%降至45%，最低税额标准从（每支）0.4883里拉降至0.4386里拉。

（二）能源产品的税率变化

1. 哥斯达黎加调整燃料消费税税率

哥斯达黎加燃料消费税税率每3个月根据通货膨胀情况调整。2021年以来作了以下几次调整：

2021年1月22日，哥斯达黎加官方公报公布第42800-H号财政部令，规定从2021年2月1日起，将燃料消费税税率约平均提高0.61%。

2021年4月28日，哥斯达黎加官方公报公布第42930-H号财政部令，规定从2021年5月1日起，将燃料消费税税率平均下调约0.05%，但因下调幅度过小和四舍五入因素，大部分税率实际没有变化。

2021年8月9日，哥斯达黎加官方公报公布第43125-H号财政部令，规定从2021年8月1日起，将燃料消费税税率平均上调约0.81%。

2021年11月5日，哥斯达黎加官方公报公布第43267-H号财政部令，规定从2021年11月1日起，将燃料消费税税率平均上调约0.7%。

各次税率调整见表7-21。

---

① 此前，根据2020年12月25日土耳其官方公报颁布的第3328号总统决定，自颁布之日起，对雪茄，烟草和烟草替代品、烟草提取物和香精，鼻烟等部分烟草产品，其适用的特别消费税税率从67%降至63%，但最低税额标准从（每支）0.4569里拉提高至0.4883里拉。第4298号总统决定（土耳其语）链接：https：//www.resmigazete.gov.tr/eskiler/2021/07/20210715-17.pdf。

表 7-21　　　　哥斯达黎加燃料消费税税率变化情况

燃油类型	税率（科朗/升）				
	2020 年 11 月 1 日	2021 年 2 月 1 日	2021 年 5 月 1 日	2021 年 8 月 1 日	2021 年 11 月 1 日
普通汽油	250.75	252.25	252.00	254.00	255.75
超级汽油	262.5	264.00	263.75	266.00	267.75
柴油	148.0	149.00	149.00	150.25	151.25
沥青	51.0	51.25	51.25	51.75	52.00
乳化沥青	38.5	38.75	38.75	39.00	39.25
锅炉燃油	24.0	24.25	24.25	24.50	24.75
LPG	51.0	51.25	51.25	51.75	52.00
喷气燃油	150.25	151.25	151.25	152.50	153.5
航空汽油	250.75	252.25	252.00	254.00	255.75
煤油	71.5	72.00	72.00	72.50	73.00
重型柴油	49.0	49.25	49.25	49.75	50.00
重石脑油	36.25	36.50	36.50	36.75	36.75
轻石脑油	36.25	36.50	36.50	36.75	36.75

2. 博茨瓦纳提高燃油税税率

博茨瓦纳 2021 年预算法案规定，自 2021 年 4 月 1 日起，将燃油税税率提高 1 普拉/升。

3. 南非提高燃油消费税税率

根据南非《2021/2022 年度预算》，自从 2021 年 4 月 7 日起，将燃油消费税综合税率上调 27 分/升，包括将一般燃油税上调 15 分/升，交通事故基金税上调 11 分/升，燃油碳排放税上调 1 分/升。

4. 美国密苏里州 25 年来首次提高汽油税税率

2021 年 7 月 13 日，美国密苏里州州长签署了一项法案［2021 年参议院第（SB）262 号法案］，规定自 2021 年 10 月 1 日起，密苏里州汽油税税率将在现行每加仑 0.17 美元的基础上上调 0.025 美元，并且今后将逐步增加到 2025 年 7 月 1 日的 0.295 美元/加仑。这是该州 25 年来汽油税税率首次上调。

5. 比利时降低汽油和柴油的消费税税率

2022 年 3 月 16 日，比利时政府发布新闻稿，为了帮助纳税人应对不断上涨的电力成本，宣布将汽油和柴油的消费税每 1000 升降低 144. 63 欧元，因此每 1000 升汽油和柴油的总消费税为 455. 53 欧元。这导致加油站每升汽油和柴油总共减少 0. 175 欧元。引入此项措施的皇家法令于 2022 年 3 月 18 日在比利时官方公报颁布，并于次日生效。

（三）其他应税项目的税率变化

1. 哥斯达黎加按季调整饮料和香皂消费税税率

哥斯达黎加非酒精饮料和香皂的消费税税率根据消费物价指数实行按季调整。2021 年以来的税率变化如下。

2020 年 12 月 22 日，哥斯达黎加官方公报公布第 42753-H 号行政令，规定从 2021 年 1 月 1 日起，将非酒精饮料和香皂消费税税率上调 0. 35%。

2021 年 3 月 26 日，哥斯达黎加官方公报公布第 42908-H 号行政令，规定从 2021 年 4 月 1 日起，将非酒精饮料和香皂消费税税率提高 0. 45%。

2021 年 6 月 24 日，哥斯达黎加官方公报公布第 43046-H 号行政令，规定从 2021 年 7 月 1 日起，将非酒精饮料和香皂消费税税率上调 0. 3%。

2021 年 10 月 5 日，哥斯达黎加官方公报公布第 43223-H 号行政令，规定从 2021 年 10 月 1 日起，将非酒精饮料和香皂消费税税率上调 0. 61%。

2021 年 12 月 22 日，哥斯达黎加官方公报公布第 43363-H 号行政令，规定从 2022 年 1 月 1 日起，将非酒精饮料和香皂消费税税率平均上调 1. 95%。

2021 年各次税率调整情况见表 7-22。

表 7-22　　哥斯达黎加饮料和香皂消费税税率变化情况

项目	2020 年 10 月 1 日	2021 年 1 月 1 日	2021 年 4 月 1 日	2021 年 7 月 1 日	2021 年 10 月 1 日	2022 年 1 月 1 日
平均调整幅度	0. 23%	0. 35%	0. 45%	0. 30%	0. 61%	1. 95%
软饮料和碳酸饮料（科朗/瓶）	19. 42	19. 49	19. 58	19. 64	19. 76	20. 15
矿泉水等其他瓶装饮料（科朗/瓶）	14. 41	14. 46	14. 53	14. 57	14. 66	14. 95
18 升（含）以上大桶装水（科朗/桶）	6. 72	6. 74	6. 77	6. 79	6. 83	6. 96
香皂（科朗/克）	0. 245	0. 246	0. 247	0. 248	0. 250	0. 255

2. 土耳其提高特殊通讯税税率

2021 年 1 月 30 日，土耳其第 31380 号官方公报颁布第 3469 号总统决定，自 2021 年 1 月 30 日起，特殊通讯税税率从 7.5%提高至 10%。

3. 乌兹别克斯坦降低移动通信服务消费税

2021 年 2 月 10 日，乌兹别克斯坦官方公报发布第 ПП-4986 号决议，规定从 2022 年 1 月 1 日起，移动通信服务消费税税率将从 15%降至 10%，并从 2023 年起取消该消费税。

4. 赞比亚提高保险费税税率

赞比亚《2021 年保险费税（修订）法案》规定将保险费税税率从 3%提高至 5%。

5. 喀麦隆提高特别消费税税率

喀麦隆 2021 年 12 月 16 日《2022 年财政法》（第 2021/026 号法律）规定，自 2022 年 1 月 1 日起，将《2019 年财政法》引入的资金专项用于地方垃圾收集和处置的特别消费税税率从 0.5%提高至 1%。

三、消费税优惠的调整

1. 马来西亚放宽出租车转让消费税免征条件

2021 年 1 月 18 日，为应对新冠肺炎疫情反弹，马来西亚总理宣布了 150 亿林吉特一揽子计划，其中的税收措施包括放宽出租车转让消费税免征条件，即出租车司机转让出租车免征消费税的条件由拥有满 7 年降为 5 年。

2. 马来西亚临时免征小排气量摩托车消费税

2021 年 3 月 17 日，马来西亚总理宣布了一项新的《应对疫情救助经济复苏计划》，计划在 2021 年 4 月 1 日至 2021 年 12 月 31 日期间，对任何销售排气量不超过 150 毫升（cc）的摩托车将免征 100%的消费税。

3. 阿塞拜疆临时免征贵金属消费税

自 2021 年 1 月 1 日起，根据《税收法典》的修改，阿塞拜疆对某些贵金属（如黄金和白银）的生产和进口，免征 3 年的增值税和消费税。

4. 乌兹别克斯坦对天然气供应实行消费税优惠

2021 年 10 月 25 日，乌兹别克斯坦第 ПП-5267 号总统决议生效。该决议规定下列税收优惠措施，旨在保障天然气和液化气向经济部门和公众稳定供应，并增加该行业的投资吸引力：一是从 2021 年 10 月 1 日起，对法人实体进口到乌兹别克斯坦的天然气供应征收税率为 0 的消费税；二是自 2022 年 1 月 1 日起，生产企业销售的液化气免征消费税。

5. 荷兰临时降低能源税以应对飙升的电力和天然气价格

2021 年 10 月 23 日，为了帮助纳税人应对不断上涨的天然气和电力成本，荷兰政府推出了一项法案，计划通过临时降低能源税使普通家庭在 2022 年可节省能源成本达 430 欧元。其中包括下调能源税第一档税率，即从 0. 09186 欧元/千瓦时降至 0. 02163 欧元/千瓦时，这将使普通家庭节省约 200 欧元。

6. 挪威新政府[①]提交 2022 年预算修订法案降低电力消费税

2021 年 11 月 8 日，挪威财政部发布关于 2022 年修订预算的声明，表示加大冬季电力消费税的减税力度，即 1—3 月电力（消费）税税率与 2021 年的相比每千瓦时下调 8 欧尔[②]，在其他月份即 4—12 月，税率比 2021 年下调每千瓦时 1. 5 欧尔。

四、消费税的其他变化

1. 加纳实行新版消费税印花税票

2021 年 1 月 1 日，加纳税务局开始启用新版消费税印花税票（new excise tax stamps）。它具有更强的安全功能，将进一步防止伪造，增加税收收入。新版印花税票将与旧版的并存使用，直到旧票用完为止。

加纳税务局根据《2013 年消费税印花税票法》（Excise Tax Stamp Act 2013）的规定，于 2017 年 12 月 14 日宣布，已从 2017 年 9 月 1 日起启动“消费税印花税票计划”（Excise Tax Stamp Scheme ，ETSS），要求对规定的消费税应税品粘贴消费税印花税票；2018 年 1 月 1 日起，对入境口岸（进口应税品）实施贴花；2018 年 3 月 1 日起，对销售点销售应税品实施贴花。推行 ETSS 的主要目的是，控制消费税应税品的生产和进口，检查其非法贸易、走私和假冒行为。要求贴花的应税品主要包括：香烟和其他烟草制品；各种包装的酒精饮料和非酒精碳酸饮料；瓶装水；财政部规定的其他应税产品。

---

① 在挪威 2021 年 9 月议会选举中，以工党为首的中左翼联胜出并于 10 月 14 日组建新政府，替代前索尔贝格政府。前政府于 10 月 12 日提交的 2022 年预算案中已计划将电力税税率下调每千瓦时 1. 5 欧尔。

② 欧尔为挪威克朗的一种货币单位，1 克朗 = 100 欧尔。

2. 塞尔维亚对烈性酒改按酒精度计征消费税

2021 年 5 月 28 日，塞尔维亚第 53 号官方公报颁布议会于 5 月 27 日通过的《消费税法修正案》，规定自 2021 年 6 月 5 日起，改变烈性酒消费税的计算方法，即由现行的根据酒精饮料的不同类型直接规定每升酒精饮料的消费税额，改为按温度在 20℃下测量的每百升纯酒精 46250 第纳尔的标准，再乘以每百升烈性成品酒的酒精度。

第三节　专题研究：含糖饮料税

含糖饮料税（sweetened beverages tax）是对含糖的甜味饮料征收的一种特别消费税。(非酒精）饮料许多都是含糖的，而不少国家如哥斯达黎加以及海湾合作委员会（GCC）成员国巴林、阿曼、卡塔尔、沙特阿拉伯和阿联酋等，都对饮料征消费税，其中对含糖饮料的征税，就具有含糖饮料税的性质。但严格意义上的含糖饮料税——经常简称为“糖税”（Sugar tax），是直接对含糖饮料征税，特别是税率依据含糖量实行差别设计。

近些年来，含糖饮料税日益受到关注，开征含糖饮料税的国家和地区也日益增多。一个很重要的原因是生活中摄糖量偏高，导致肥胖人群增多，并趋向年轻化。身体肥胖会导致多种并发症，严重影响人们的身体健康。对含糖饮料征税的主要目的就是试图通过增（征）税来抑制含糖食品的过量消费。世界卫生组织于 2016 年 10 月 11 日发布《饮食与非传染性疾病预防的财政政策》报告，认为有越来越多的证据和理由表明，对含糖饮料征税可以成比例地降低糖的消费，特别是如果可以使含糖饮料的零售价提升 20%以上，那么征税的效果将更为明显①。因此，含糖饮料税有时又被称为“健康税”（health tax）或类似的名称，如南非称为“健康促进税”（Health Promotion Levy，HPL）。当然，对开征含糖饮料税也存在不同的声音。如南非在开征 HPL 以前，曾将征收方案公开征求意见，南非饮料协会就表示南非政府开征

① 该报告链接：http://apps.who.int/iris/bitstream/10665/250131/1/9789241511247-eng.pdf。

含糖饮料税也是不公平的，而且将导致减少近6万个工作岗位①。

下面是对近年来主要国家开征含糖饮料税情况的概述。

一、菲律宾2018年开征含糖饮料税

2017年12月19日，菲律宾总统签署了《加速和包容税改第一套计划法案》（the first package of the Tax Reform for Acceleration and Inclusion Bill，简称TRAIN法案，法律编号：第10963号共和国法案）②，使之成为法律，规定自2018年1月1日起生效。法案涉及多项税改内容，其中规定自2018年1月1日起，引入含糖饮料税，纳税人为含糖饮料的制造商或进口商，税率如表7-23所示。

表7-23　　菲律宾含糖饮料税税率　　单位：比索/升

饮料类型	税率
含纯热量和/或无热量甜味剂的饮料	6
含纯高果糖玉米糖浆或与甜味剂混合的饮料	12
使用纯椰子汁糖或甜菊糖苷	免
所有奶制品、果汁、蔬菜汁、代餐和医疗指定饮料、研磨咖啡、速溶咖啡和预包装咖啡粉产品	免

二、南非2018年4月开征健康促进税③

2017年12月14日，南非政府公报颁布《2017年财税金融法律修订法》（Rates and Monetary Amounts and Amendment of Revenue Laws Act 2017，法律编号：2017年第14号法），并于当日生效。该法涉及多方面的法律修订，其中规定，南非自2018年4月1日起，对含糖饮料新征收消费税性质的“健康促进税”（HPL），旨在支持南非卫生部控制糖尿病、肥胖和其他相关疾病。

① Tax-news：19/08/2016 South African Sugar Tax “To Cost 60，000 Jobs”. http：//www. tax-news. com/asp/newstax. asp#sthash. GiyjyKIt. dpuf.

② 该法案链接：http：//www. officialgazette. gov. ph/downloads/2017/12dec/20171219-RA-10963-RRD. pdf。

③ 参见南非税务局（SARS）对HPL的简介，相关链接：https：//www. sars. gov. za/customs-and-excise/excise/health-promotion-levy-on-sugary-beverages/。

HPL 对应税含糖饮料的制造商或进口商征收，税率为每克糖 2.1 分[①]，对每 100 毫升超过 4 克的含糖量征收，不超过 4 克的含糖量免征，饮料出口免税。对应税含糖饮料的制造和经营由南非税务局（SARS）实行消费税许可管理。

三、英国 2018 年 4 月 6 日开征软饮料业税

英国含糖饮料税实际称“软饮料业税”（Soft Drinks Industry Levy，SDIL），自 2018 年 4 月 6 日起开征。它对含糖量达到每 100 毫升 5 克及以上的饮料生产商征收，税率为：每 100 毫升含糖量达到 5 克但低于 8 克的饮料，0.18 镑/升；每 100 毫升含糖量达到 8 克及以上的饮料，0.24 镑/升。税款为学校营养早餐俱乐部提供资金。英国政府于 2016 年 3 月宣布要开征此税时，就表示其目的是鼓励企业生产低糖饮料，以解决儿童肥胖问题。

四、爱尔兰 2018 年 5 月开征含糖饮料税[②]

爱尔兰自 2018 年 5 月 1 日起开征含糖饮料税（Sugar Sweetened Drinks Tax，SSDT），对含糖量达到每 100 毫升 5 克及以上的水和果汁饮料征收；自 2019 年 1 月 1 日起，征收范围扩大至钙含量低于每 100 毫升至少 119 毫克的某些类别的植物蛋白饮料和含有乳脂的饮料。SSDT 的税率为：每 100 毫升总含糖量达到 5 克但低于 8 克的饮料，每百升 16.26 欧元；每 100 毫升总含糖量达到 8 克及以上的饮料，每百升 24.39 欧元。SSDT 对首次供应应税饮料的供应商征收。SSDT 由爱尔兰税务局实行注册管理，供应商在首次供应应税饮料前需在税务机关进行注册。

五、塞舌尔 2019 年 4 月开征糖税

2019 年 3 月 29 日，塞舌尔财政部发布《2019 年消费税（对饮料征收糖税）条例》[Excise Tax (Imposition of Sugar Tax on Drinks) Regulations 2019][③]，

---

① 南非货币为兰特（ZAR）ZAR，1 兰特等于 100 分（Cents）。

② 参见爱尔兰税务局关于 SSDT 的介绍，相关链接 https://www.revenue.ie/en/companies-and-charities/excise-and-licences/sugar-sweetened-drinks-tax/index.aspx。

③ 参见 https://www.src.gov.sc/resources/SI/2019/SI14of2019.pdf。

规定从 2019 年 4 月 1 日起，对含糖量超过每 100 毫升 5 克的饮料，包括调味牛奶开征消费税性质的糖税，税率为 4 卢比/升。不含任何添加剂的普通牛奶和当地新鲜果汁免征。

六、葡萄牙 2019 年 10 月对含糖产品征收消费税

2019 年 9 月 18 日，葡萄牙官方公报公布《2019 年消费税（对饮料征收糖税）条例》[Excise Tax (Imposition of Sugar Tax on Drinks) Regulations 2019, 2019 年第 119 号法律][①]。该条例规定，从 2019 年 10 月 1 日起，对含糖产品征收消费税，税率见表 7-24。

表 7-24　　葡萄牙含糖产品消费税税率

含糖量（克/升）	税率（欧元/百升）	
	液体产品	固体产品
(0, 25]	6	10
(25, 50]	36	60
(50, 80]	48	80
(80, 80+]	120	200

注：(A, B] 为集合区间，指超过 A 至 B 的部分。

七、意大利立法 2020 年 9 月开征糖税但因新冠肺炎疫情被多次延期

2019 年 12 月 30 日，意大利第 304 号官方公报颁布《2020 年预算法》(2019 年 12 月 27 日第 160 号法律)，其中规定对酒精度不超过 1.2%的甜饮料新征收糖税，纳税人为甜饮料生产商、从欧盟成员国获取甜饮料的获取者、从欧盟成员以外的其他国家和地区进口甜饮料的进口者，税率为：成品饮料每百升 10 欧元；浓缩饮料每千克 0.25 欧元。糖税将从实施法令颁布后的次月 1 日起征收。实施法令原计划是将于 2020 年 8 月发布。后因新冠肺炎疫情暴发被推迟至 2021 年 1 月 1 日开征；2020 年 12 月 30 日在官方公报颁布的《2021 年预算法》（第 178 号法律）再次规定延期至 2022 年 1 月 1 日开征。2021 年 5 月 27 日，意大利第 125 号官方公报颁布了经济财政部长于 5 月 12

① 参见 https://dre.pt/application/conteudo/124793094。

日签发的一项部长令，规定了糖税的实施细则。2021 年 12 月 31 日官方公报颁布的《2022 年预算法》（2021 年 12 月 30 日第 234 号法律）规定将糖税的开征日期再次推迟至 2023 年 1 月 1 日。

八、博茨瓦纳 2021 年 4 月开征糖税

根据国民议会通过的 2021 年预算法案，博茨瓦纳为应对高糖摄入带来的健康挑战，自 2021 年 4 月 1 日起，对每 100 毫升含糖量超过 4 克糖的饮料，开征糖税，税率为每克糖 0.02 普拉（BWP）[①]。

九、部分国家征收含糖饮料消费税

部分国家将含糖饮料纳入消费税的征收范围征收消费税。下面是 2019 年以来开始对含糖饮料征收消费税的一些例子（见表 7-25）。

表 7-25　部分国家含糖饮料消费税

国家	开征时间	税率	备注
卡塔尔	2019 年 1 月 1 日	50%	GCC 成员，新开征消费税
安哥拉	2019 年 10 月 1 日	19%	新开征消费税
沙特阿拉伯	2019 年 10 月 1 日	50%	GCC 成员
阿联酋	2019 年 12 月 1 日	50%	GCC 成员
阿曼	2020 年 10 月 1 日	50%	GCC 成员
尼日利亚	2022 年 1 月 1 日	10 奈拉/升	

（一）卡塔尔 2019 年开征消费税

2018 年 12 月 13 日，卡塔尔颁布《消费税法》（2018 年第 25 号法律），规定对烟草产品和功能饮料按 100%税率、含糖软饮料按 50%税率征收消费税。消费税于 2019 年 1 月 1 日起开征。

（二）安哥拉 2019 年 10 月开征消费税

2019 年 4 月 24 日安哥拉通过《消费税法典》（Excise Duties Code，2019

① 资料来源：Botswana - Corporate Taxation - Country Tax Guides - 9. Miscellaneous Taxes（Last Reviewed：1 June 2022）［R/OL］. https：//research. ibfd. org/#/doc？ url =/linkresolver/static/gtha_bw_s_9. 6. 8. &refresh = 1658760783706%23gtha_bw_s_9. 6. 8.

年第 8 号法律），规定自 2019 年 10 月 1 日起，对烟草产品、酒精饮料、含糖饮料、珠宝和艺术品征收独立型消费税，实行从价定率征收，税率依次为：30%、25%、19%。即含糖饮料与珠宝、艺术品都按 19% 比例税率计征消费税。安哥拉新开征消费税是伴随增值税的同步改革并代替原来的具有增值税和嵌入型消费税性质的“（一般）消费税”。[①]

（三）沙特阿拉伯 2019 年 12 月对含糖饮料征收消费税

2019 年 6 月 8 日，沙特阿拉伯税务总局（GAZT）发布声明，修改消费税执行条例，规定自 2019 年 12 月 1 日起对含糖饮料开征消费税，税率为 50%。沙特阿拉伯是根据海湾合作委员会（GCC）六个成员国于 2016 年 6 月 16 日签署的《海湾合作委员会消费税框架协议》规定，由议会于 2017 年 4 月 16 日通过《消费税法》（5 月 23 日颁发的第 M/86 号皇家法令），并于 6 月 11 日生效，开始对奢侈品和“有害”产品征收消费税。其中，对烟、酒按 100% 税率征税，对饮料按 50% 税率征税。

（四）阿联酋 2019 年 12 月对含糖饮料和电子烟征收消费税

2019 年 12 月 1 日，阿拉伯联合酋长国新修订的消费税法实施，将消费税[②]征收范围扩大至含糖饮料和电子烟，包括电子烟装置和烟油（不论是否含有尼古丁或烟草成分）。含糖饮料和电子烟的消费税税率分别为 50% 和 100%。

（五）阿曼 2020 年 10 月对含糖饮料征收消费税

阿曼自 2020 年 10 月 1 日起，对含糖饮料征收消费税，税率为 50%。阿曼于 2019 年 6 月 15 日新开征消费税，征收范围与税率为：碳酸饮料，50%；烟草产品、能量饮料以及酒、猪肉制品等特殊产品，100%。税基为阿曼税务局（SGT）确定的“标准价格”和零售价格两者的较高者。现在将含糖饮料纳入消费税征收范围。

（六）尼日利亚 2022 年对非酒精饮料、碳酸饮料和含糖饮料征收消费税

根据 2021 年 12 月 31 日签署成为法律的《2021 年财政法》的规定，尼日利亚自 2022 年 1 月 1 日起，对非酒精饮料、碳酸饮料和加糖饮料征收消费税，税率为每升饮料 10 尼日利亚奈拉（NGN）。

---

① 详情见本章第一节表 7-1。

② 阿联酋于 2017 年 10 月新开征消费税，当时仅对烟草和烟草制品，能量饮料和碳酸饮料征收，税率为软饮料 50%，能源饮料和烟草制品 100%。

第四节　消费税的主要特征与发展趋势

从 2021 年的消费税变化看，一定程度上受到新冠肺炎疫情全球持续蔓延的影响，但从总体看仍然基本延续了近些年来消费税发展的一般趋势。

一、征税模式：嵌入型消费税日趋减少

随着增值税的日益普及与规范，通过销售税、增值税等广泛征收的税种中的高税率项目来体现特别消费税性质的“嵌入型消费税”日趋减少，对货物和劳务全面征收规范的增值税和对特定货物和劳务征收消费税的双层结构已成为现代流转税制的重要特征。

二、征收范围：基本稳定但“绿化”特征凸显

从消费税的实践看，虽然不同国家消费税的征收范围差异较大，但就同一个国家而言，消费税的征收范围都比较稳定。随着世界经济飞速发展，各国征收特别消费税的目的已经从筹集税收收入，调节、引导消费，调节收入分配等传统目标向其他目标延伸，因此总体上消费税的征税范围也随着目标的不同而有所调整。

从近些年的变化看，电子香烟、含糖饮料等有害健康的产品被纳入消费税征收范围的国家日益增多，更突出的是，消费税体现环保目的的“绿化”特征日益明显，不仅体现在对更多的污染产品和污染行为被纳入消费税的征收范围，而且对传统的能源产品、机动交通工具的征税，在税率设计上也更重视环保因素。

三、税率变化：调整频繁且上调趋势明显

从近些年世界消费税的主要变化中可以看出，烟草、酒和能源产品消费税税率的调整相当频繁，机动车、奢侈品和特定服务消费税税率的变化也较

大，税率调整虽然有增有减，但上调的趋势明显占主导。不过，2021 年继续受全球疫情暴发的影响，消费税税率变化的程度有所减弱，一些国家为减轻疫情对纳税人的冲击，而出台了减免消费税的临时措施，特别是为应对疫情和促进经济复苏，多数国家采取了特别宽松的货币政策。在经济复苏的过程中，全球性通货膨胀势头显现，特别是大宗商品和能源价格上涨较快。在这种背景下临时减免能源消费税成为不少国家的政策选择。但这种减征消费税只是暂时的。实际上受新冠肺炎疫情影响，各国财政普遍面临困难，赤字率大幅上升，客观上存在增加财政收入的迫切需求，因此随着疫情形势的好转和疫后经济的复苏，通过消费税增加财政收入的趋势将会更加明显。

四、征收环节：以生产环节为主

在批发、零售环节征收的主要是税源易于控管的机动车税和接近消费市场的地方消费税；出于管理的需要，绝大多数都在生产环节征税，只有在特别监管体系内才允许征收环节部分后移，而且大多控制在批发环节。

五、收入归属：以中央收入为主

消费税以中央税为多，收入以中央收入为主。地方消费税很大程度上与不同政体下的财政体制密切相关，此外，机动车和特定服务两项与地方紧密相关的应税事项纳入地方税的相对较多。

第八章　房地产税

作为世界上广泛开征的税种，房地产税在调节收入分配、促进经济发展等方面具有重要意义。本章分四小节阐述世界上现已开征房地产税国家的相关情况，一是简要概述世界各国房地产税的情况；二是重点介绍 2021 年房地产税制的国际变化；三是对主要国家近年房地产税改革趋势进行专题研究；四是总结世界各国房地产税制特点与发展趋势。

第一节　房地产税概述

房地产税（也称为不动产税）是一种在保有环节对房地产或不动产经常性（一般是按年度）征收的财产税。鉴于世界各国房地产税制的多样性和复杂性，本节以二十国集团（G20）的房地产税为研究对象。因为 G20 由 20 个重要经济体组成，其 GDP 约占全球经济的 90%，贸易额约占全球的 80%，具有较强的代表性。G20 成员中包含欧盟，而欧盟成员国由 27 个国家组成。

一、房地产税征收情况

按照国际财税文献局（IBFD）的统计，目前，在 G20 成员中有 17 个国家（地区）普遍征收房地产税，沙特阿拉伯仅对特殊用途的房地产征税，南非不征收房地产税。另外，欧盟成员国中除了马耳他、塞浦路斯两个国家以外，其他成员国都征收房地产税。具体情况见表 8-1。

表 8-1　　G20 成员房地产税制情况（2021 年）

征税情况	国家（地区）
普遍征收房地产税	中国、阿根廷、澳大利亚、巴西、加拿大、法国、德国、印度、印度尼西亚、意大利、日本、韩国、墨西哥、土耳其、英国、美国、俄罗斯，欧盟（除塞浦路斯和马耳他之外的 25 个国家）
对特殊用途的房地产征税	沙特阿拉伯
不征收房地产税	南非，欧盟（马耳他、塞浦路斯）

资料来源：根据 IBFD 网站（www.ibfd.org）资料整理。

二、房地产税收入情况

OECD 成员国包含半数以上的 G20 成员，尽管多数 G20 成员征收房地产税，但是在 OECD 的税收收入统计资料中，各成员国并没有对房地产税收入单独统计，而是将其并入财产税一并统计。财产税收入具体包括以下收入：经常性的房地产税、经常性的净财富税、遗产和赠与税、金融和资本交易税、其他非经常性的房地产税、其他经常性的净财富税等收入。因此，OECD 财产税收入的范围包含并超过了本节房地产税收入的范畴。近年来，OECD 成员国的财产税收入占税收总收入的比重情况见表 8-2。

表 8-2　　OECD 成员国财产税收入占税收总收入比重情况（1965—2020 年）

单位：%

国家	1965 年	1975 年	1985 年	1995 年	2000 年	2005 年	2010 年	2015 年	2016 年	2017 年	2018 年	2019 年	2020 年
澳大利亚	11.46	8.85	7.83	8.8	8.77	8.60	9.37	10.71	10.8	10.34	—	—	—
奥地利	3.97	3.1	2.44	1.48	1.34	1.32	1.28	1.33	1.31	1.26	1.29	1.27	1.38
比利时	3.74	3.16	2.79	3.82	4.7	6.97	7.23	7.83	7.97	7.89	7.83	8.05	8.01
加拿大	14.27	9.47	9.33	10.66	9.52	10.72	12.34	11.91	12.01	11.96	11.73	11.57	12.08
智利	—	—	—	6.28	7.01	6.32	4.11	4.37	5.07	5.38	5.14	5.41	5.19
哥伦比亚	—	—	—	2.63	6.63	7.84	8.67	11.34	10.98	10.27	8.02	9.08	9.68
捷克	—	—	—	1.39	1.41	1.16	1.27	1.43	1.44	1.35	1.31	1.23	0.59
丹麦	8.12	6.17	4.35	3.57	3.33	3.83	4.12	4.09	3.99	3.91	4.09	4.08	4.21
爱沙尼亚	—	—	—	1	1.25	0.96	1.05	0.84	0.81	0.75	0.68	0.62	0.63
芬兰	3.96	1.93	2.72	2.22	2.43	2.74	2.73	3.28	3.22	3.57	3.38	3.43	3.59
法国	4.29	5.14	5.77	7.03	7.18	7.95	8.64	9.21	9.33	9.48	8.92	8.87	8.75
德国	5.81	3.86	3.02	2.77	2.28	2.47	2.33	2.76	2.83	2.73	2.75	2.81	3.29
希腊	9.66	9.65	2.7	4.05	6.1	6.03	5.17	8.34	8.04	7.93	7.91	8.08	7.93
匈牙利	—	—	—	1.22	1.73	2.27	3.08	3.3	2.82	2.81	2.71	2.67	2.98
冰岛	3.95	5.14	7.31	9.09	7.85	6.54	7.05	5.36	34.18	5.50	5.49	5.92	6.77
爱尔兰	15.13	9.7	3.99	4.47	5.71	7.52	5.27	6.46	6.05	5.71	5.89	5.58	5.67
以色列	—	—	—	9.87	8.99	9.85	10.73	10.65	10.28	9.98	10.26	10.13	9.91
意大利	7.21	3.29	2.52	5.65	4.64	5.01	4.83	6.53	6.56	6.16	6.09	5.77	5.73
日本	8.07	9.09	9.7	12.15	10.49	9.66	9.72	8.19	8.35	8.19	—	—	-
韩国	—	9.7	9.14	13.95	12.36	11.91	11.32	12.36	11.57	11.69	11.61	11.40	14.21
拉脱维亚	—	—	—	3.38	3.79	3.56	3.04	3.35	3.44	3.31	3.03	2.98	2.96
立陶宛				1.16	1.5	1.17	1.29	1.17	1.1	1.04	1.00	0.99	0.96

续表

国家	1965 年	1975 年	1985 年	1995 年	2000 年	2005 年	2010 年	2015 年	2016 年	2017 年	2018 年	2019 年	2020 年
卢森堡	6.17	5.16	5.56	7.13	10.68	8.48	7.07	8.89	9.27	9.65	9.79	9.71	10.02
墨西哥	—	—	0.49	2.41	1.82	2.47	2.27	1.95	1.89	1.92	—	—	1.60
荷兰	4.38	2.39	3.47	4.21	5.27	5.48	3.85	3.83	3.96	4.02	4.03	3.74	4.24
新西兰	11.54	9.25	7.44	5.37	5.31	4.90	6.61	6.19	6.07	5.98	5.98	6.18	5.90
挪威	3.1	2.31	1.94	2.81	2.3	2.56	2.84	2.97	3.25	3.34	3.31	3.22	3.36
波兰	—	—	—	3.36	4.3	4.51	4.2	4.23	4.10	3.99	3.76	3.60	3.58
葡萄牙	4.97	2.5	1.9	3.17	3.68	3.67	3.54	3.72	3.70	3.94	4.07	3.96	4.18
斯洛伐克	—	—	—	1.42	1.82	1.57	1.46	1.32	1.33	1.28	1.24	1.15	1.38
斯洛文尼亚	—	—	—	1.42	1.74	1.53	1.66	1.71	1.73	1.77	1.65	1.65	1.70
西班牙	6.36	6.31	5.94	5.71	6.47	8.53	6.60	7.64	7.66	7.49	7.26	7.02	6.65
瑞典	1.78	1.11	2.34	2.71	3.42	2.96	2.4	2.42	2.39	2.24	2.17	2.19	2.24
瑞士	9.86	8.02	9.33	8.09	9.67	8.41	7.61	7.23	7.36	7.56	7.62	7.32	7.80
土耳其	10.53	6.86	4.58	3.05	3.16	3.34	4.06	4.87	4.83	4.51	4.32	4.18	4.45
英国	14.54	12.71	11.97	10.03	11.47	11.86	12.01	12.56	12.62	12.55	12.34	12.38	11.76
美国	15.88	13.95	10.66	11.18	10.18	12.14	13.46	11.25	11.55	16.03	12.20	12.09	11.94
OECD 平均	7.87	6.35	5.36	5.17	5.38	5.53	5.43	5.67	6.47	5.76	5.48	5.61	—

资料来源：OECD. Revenue Statistics 1965-2020［DB/OL］.［2022-03-08］. https：//data. oecd. org/tax/tax-on-property. htm.

从表 8-2 可以看出，总体上，OECD 成员国的财产税收入对税收收入的贡献非常有限，且呈现出不断下降的势头，据此可以推断作为财产税收入的一部分的房地产税收入，在 OECD 成员国税收收入的地位和作用也较为有限。

三、税制要素比较

（一）税种名称与征税对象

在征收房地产税的 G20 成员中，各国对于房地产征收的税种名称并不一致，分别有房地产税、房产税、土地税、净财富税、财产税等。同时，征税对象情况也较为复杂，主要包括四种情况：对房产、地产合并征收，分开单独征收，对房地产征收财产税或财富税，对房地产征收特定房地产税。各个国家开征的税种数量也不尽相同，大部分国家开征了两个及以上的房地产税税种，比如阿根廷对房地产开征房地产税和净财富税，法国开征住房税、财产税和房地产税，日本开征财产税、城市规划税、矿区税、土地开发税和营业场所税等，具体情况见表 8-3。

表 8-3 G20 成员房地产税的名称（2021 年）

国家	税种数量	税种名称及征税对象
中国	2	房产税（房产）、城镇土地使用税（土地）
阿根廷	2	房地产税（房地产）、净财富税（房地产）
澳大利亚	1	土地税（土地）
巴西	2	农村土地税（农村土地）、城市房地产税（城市土地和建筑物）
加拿大	1	房地产税（不动产）、空置税（住宅）、联邦空置房地产税（住宅）
法国	3	住房税（住宅）、财产税（建筑物）、房地产税（不动产）
德国	1	房地产税（不动产）
印度	3	土地税（土地）、房产税（房产）、净财富税
印度尼西亚	1	房地产税（土地和建筑物）
意大利	1	市政税（建筑物和土地）
日本	5	财产税（建筑物和折旧业务资产）、城市规划税（土地和建筑物）、营业场所税（建筑物）、矿区税（土地）、土地开发税（土地）
韩国	2	财产税（土地和房屋）、综合房地产持有税（总价值超过 6 亿韩元的住宅建筑物和附属土地）
墨西哥	2	房地产税（土地和建筑物）、不动产购置税（不动产）
沙特阿拉伯	1	特殊房地产税（出于投机目的而持有的房地产）
土耳其	3	土地税（土地）、房产税（建筑物）、豪宅税（高价值住宅）
英国	3	住宅房产税（住宅）、商业房地产税（商业用房）、豪宅税（高价值住宅）、土地印花税
美国	1	房地产税（房地产）
俄罗斯	2	土地税（土地）、财产税
南非	0	—

资料来源：根据 IBFD 网站（www. ibfd. org）资料整理。

（二）纳税人

房地产税的纳税人就是房地产税的实际缴税人或负税人。一般而言，房地产税的纳税人就是房地产的所有人。但是在实践中，世界各国关于房地产税纳税人的规定并不一致，规定的纳税人除了房地产所有者，还有房地产使用者、承租人、受益人、占有者等，具体情况见表8-4。

表8-4　　G20成员房地产税的纳税人（2021年）

国家	纳税人
德国、印度尼西亚、美国、韩国、墨西哥、印度、沙特阿拉伯、阿根廷、巴西、加拿大	所有者
中国、意大利、俄罗斯、日本	所有者、使用者
澳大利亚、法国	所有者、承租人
土耳其	所有者、使用人、受益人
英国	所有者、占有者

资料来源：根据IBFD网站（www.ibfd.org）资料整理。

（三）税基

理论上，房地产税作为一种财产税，其课税依据（税基）应该是房地产的价格或价值。但是，在实践中，世界各国对房地产税的税基有不同的规定，主要有房地产的价格（价值）、面积、租金等几种形式。同时，以价格为税基的也有多种形式，主要包括房地产的评估价格、账面价格、地籍册价格、市场价格等。其中：评估价格，主要指有关机构参考一定的因素对房地产价格进行评估得出的价格；账面价格，主要是指房地产的会计记账价格；地籍册价格，是各国房地产登记部门在房地产地籍册上登记的价格，一般是每隔数年（比如5年或10年）根据通货膨胀率等因素调整一次；市场价格，是房地产在市场上进行交易的价格。

在G20成员中除了欧盟以外的19个国家中接近一半的国家都以评估价值作为税基，主要有阿根廷、澳大利亚、加拿大、印度尼西亚、美国、意大利、日本、韩国、印度（净财富税、土地税）、法国（财产税、住房税）、土耳其（土地税）等。而在欧盟成员国中除了评估价值，有很多国家以土地或建筑物的面积作为税基，比如捷克（土地税中的其他类型土地，建筑物税）、匈牙利（建筑物税、土地税）、波兰、斯洛伐克（建筑物税、公寓税）、斯洛文尼亚、克罗地亚（乡村别墅税）、罗马尼亚（土地税）等。具体情况见表 8-5。

表 8-5　　G20 成员房地产税的计税依据（2021 年）

计税依据	国家
评估价值	阿根廷、澳大利亚、加拿大、印度尼西亚、美国、意大利、日本（财产税、城市规划税）、韩国、德国、印度（净财富税、土地税）、法国（财产税、住房税）、土耳其（土地税）、英国（房产税、豪宅税）、墨西哥（不动产购置税）
市场价值	巴西、沙特阿拉伯、法国（房地产税）、土耳其
土地面积	中国（城镇土地使用税）、日本（矿区税、土地开发税、营业场所税）
租金收入	中国（房产税）、印度（房产税）、英国（商业房产税）
地籍价值	俄罗斯（土地税、房产税）、墨西哥（房地产税）
房产原值	中国（房产税）

资料来源：根据 IBFD 网站（www. ibfd. org）资料整理。

（四）税率

与税基相适应，国外房地产税的税率也多种多样，主要有比例税率、定额税率等形式。一般而言，以房地产价格为税基的，大多实行比例税率；以房地产面积为税基的，大多实行定额税率。另外，实行比例税率的国家，又分为累进税率和固定税率两种形式。具体情况见表 8-6。

表 8-6　　G20 成员房地产税的税率（2021 年）

国家	税种	税率
中国	房产税	从价计征为 1. 2%； 从租计征为 12%； 个人出租住房为 4%
	城镇土地使用税	城镇土地使用税每平方米年税额如下： 大城市 1. 5 元~30 元； 中等城市 1. 2 元~24 元； 小城市 0. 9 元~18 元； 县城、建制镇、工矿区 0. 6 元~12 元

续表

<table>
<tr><th>国家</th><th>税种</th><th>税率</th></tr>
<tr><td rowspan="4">阿根廷</td><td>净财富税</td><td>不超过 300 万阿根廷比索，0.50%；
300 万~650 万阿根廷比索，0.75%；
650 万~1800 万阿根廷比索，1.00%；
超过 1800 万阿根廷比索，1.25%；
放置在国外或位于国外的资产将适用更高的税率，按上述数额计算，分别为 0.70%、1.20%、1.80%和 2.25%</td></tr>
<tr><td rowspan="3">房地产税</td><td>农村不超过 1.2%</td></tr>
<tr><td>城乡接合部不超过 1.35%</td></tr>
<tr><td>城市为 1.5%</td></tr>
<tr><td>澳大利亚</td><td>土地税</td><td>未改良土地的价值，估价规则因州而异（范围为 0.15%~3.7%）</td></tr>
<tr><td rowspan="2">巴西</td><td>城市房地产税</td><td>因市镇而异，0.5%、1%、2%~3.5%</td></tr>
<tr><td>农村土地税</td><td>取决于公顷土地的数量和实际使用面积与土地总面积的比率，税率为 0.03%~20%</td></tr>
<tr><td rowspan="4">加拿大</td><td>房地产税</td><td>因城市而异（单位：加元/平方英尺）
郊区：
卡尔加里 3.69；
蒙特利尔 6.05；
多伦多 5.75；
温哥华 2.60。
市中心：
卡尔加里 5.53；
蒙特利尔 2.75；
多伦多 11.00；
温哥华 3.69</td></tr>
<tr><td>空置税</td><td>对在不列颠哥伦比亚省不缴纳所得税并且住宅物业空置的所有者以年度形式征收的财产税；
加拿大公民和永久居民的税率为 0.5%，其他房地产所有者的税率为 2%；
用于大温哥华地区、弗雷泽河谷、首都地区（维多利亚）、纳奈莫地区、基洛纳和西基洛纳的住宅房地产</td></tr>
<tr><td>联邦空置房地产税</td><td>2021 年联邦预算提议对加拿大公民或永久居民（加拿大移民的永久居民）以外的任何人直接或间接拥有的空置住宅房地产按价值征收 1%的年度税；
该年度税将从 2023 年 1 月 1 日开始适用</td></tr>
<tr><td>物业税</td><td>自 2017 年 1 月 1 日起，温哥华市对本年度既非主要（个人）住宅又未出租至少 6 个月的住宅物业的评估值加征 1%</td></tr>
</table>

续表

<table>
<tr><th>国家</th><th>税种</th><th>税率</th></tr>
<tr><td>印度尼西亚</td><td>房地产税</td><td>土地和建筑物评估价值的0.5%</td></tr>
<tr><td rowspan="5">日本</td><td>财产税</td><td>1.4%</td></tr>
<tr><td>城市规划税</td><td>最高为0.3%</td></tr>
<tr><td>营业场所税</td><td>600元/平方米</td></tr>
<tr><td>矿区税</td><td>每年每公顷200元或400元。对于石油或可燃天然气矿山，税率降低33%</td></tr>
<tr><td>土地开发税</td><td>税率由当地城市、乡镇或村庄自行决定</td></tr>
<tr><td rowspan="2">韩国</td><td>财产税</td><td>土地为0.07%~4%，建筑物为0.1%~4%（企业）；
土地0.2%~4%，建筑物0.25%~4%，房屋0.1%~4%（个人）；
船只0.3%~5%，飞机0.3%</td></tr>
<tr><td>综合房地产持有税</td><td>住宅的税率为0.6%~3%；合并纳税的土地的税率为1%~3%；单独申报纳税的土地的税率为0.5%~0.7%</td></tr>
<tr><td rowspan="2">墨西哥</td><td>房地产税</td><td>固定金额（202.22~60694.47墨西哥比索），加上超过下限部分的累进税率</td></tr>
<tr><td>不动产购置税</td><td>固定金额（257.76~2538555.46墨西哥比索），加上超过下线部分的累进税率</td></tr>
<tr><td>沙特阿拉伯</td><td>土地税</td><td>土地价值的2.5%</td></tr>
<tr><td rowspan="3">土耳其</td><td>豪宅税</td><td>住宅价值超过52.5亿土耳其里拉的，适用0.3%的累进税率，住宅价值在78.75亿至105亿土耳其里拉的，适用0.6%的累进税率，住宅价值在105亿土耳其里拉以上的，适用1%的累进税率</td></tr>
<tr><td>房产税</td><td>一般建筑物为0.2%；
住宅为0.1%</td></tr>
<tr><td>土地税</td><td>建筑工地为0.3%；
一般土地为0.1%</td></tr>
<tr><td rowspan="3">英国</td><td>豪宅税</td><td rowspan="2">计税基础为房屋的价值，税款是房屋价值乘以一定的比例，这一比例由地方当局每年确定</td></tr>
<tr><td>房产税</td></tr>
<tr><td>商业房地产税</td><td>以房屋的年租金为计税基础，每年确定统一的商业税率</td></tr>
</table>

续表

国家	税种	税率
美国	房地产税	因州而异
俄罗斯	土地税	用于农业用地和用于住房的土地的比例为0.3%； 其他类型的土地则为1.5%
	财产税	住宅为0.1%（地籍价值超过3亿卢布特别适用于2%的个人财产税税率）； 其他的不动产适用0.5%的税率，州政府可在原始税率3倍范围内调整
法国	财产税	地方当局每年根据财政需求确定的系数
	住房税	地方当局确定的系数
	房地产税	财产或权利的市场价值的3%
德国	房地产税	有效税率为不动产财政价值的0.98%～2.84%；平均税率约为1.9%。 财政价值为可比财产可获得平均租金的倍数，并通常低于实际价值
意大利	市政税	一般为0.86%（不动产所在的城市可能会提高或降低税率）； 计税基础参照不动产和空地所占面积，根据地籍分类，市政府按不动产和土地所占面积80%计税
印度	房产税	因州而异
	土地税	因州而异； 地方当局以土地收入附加税的形式征收土地税
	净财富税	财富税率超过300万印度卢比的净资产税率为1%
南非	无	不对房地产征税

资料来源：根据IBFD网站（www.ibfd.org）资料整理。

（五）税收优惠

与其他税种一样，征收房地产税的国家都在一定范围内实行一定形式的税收优惠政策，比如大多数国家对用于慈善、教育的建筑物免税，以及对于居民个人的住房、低收入群体也会实行一定的税收优惠，保障居民的基本生活水平。具体情况见表8-7。

表 8–7　　G20 成员房地产税的税收优惠（2021 年）

国家	税种	税收优惠
中国	房产税	（1）国家机关、人民团体、军队自用的房产免征房产税，但上述免税单位的出租房产不属于免税范围； （2）由国家财政部门拨付事业经费的单位自用的房产免征房产税，但如学校的工厂、商店、招待所等应照章纳税； （3）宗教寺庙、公园、名胜古迹自用的房产免征房产税，但经营用的房产应照章纳税； （4）个人所有非营业用的房产免征房产税，但个人拥有的营业用房或出租的房产，应照章纳税
	城镇土地使用税	以下土地可以免征城镇土地使用税： （1）国家机关、人民团体、军队自用土地； （2）由国家财政部门拨付事业经费的单位自用的土地； （3）宗教寺庙、公园、名胜古迹自用的土地； （4）市政街道、广场、绿化地带等公共用地； （5）直接用于农、林、牧、渔业的生产用地； （6）经批准开山填海整治的土地和改造的废弃土地，从使用的月份起免缴城镇土地使用税 5~10 年； （7）由财政部另行规定免税的能源、交通、水利设施用地和其他用地
阿根廷	净财富税	（1）2016 年纳税人可以享受的扣除额为 80 万阿根廷比索；2017 年的扣除额为 95 万阿根廷比索；2018 年的扣除额为 105 万阿根廷比索，2019 年的扣除额为 200 万阿根廷比索。 （2）从 2019 纳税年度起，个人拥有的非城市土地将免税。此外，纳税人拥有的价值不超过 1800 万阿根廷比索的住宅免税。 （3）放置在国外或位于国外的资产中至少 5%转化为现金并于课税年度后一年的 4 月 1 日前汇回本国，则不适用加重课税。 （4）引入一次性财富税，自 2020 年 12 月 18 日起的 60 个工作日内，居民个人可以通过汇回相当于海外资产 30%的现金来减少对离岸资产的加重课税
	房地产税	—
澳大利亚	土地税	（1）纳税人主要居住地，农业和林业用途的土地存在某些豁免； （2）主要居住地和初级生产用地通常免征土地税
巴西	城市房地产税	面向公众的建筑，如博物馆、公园等，免税或者使用名义税率
	农村土地税	农村土地由拥有者（无城市资产）和其他人共同开发的、农村土地由生产协会或者合作社（无其他资产）开发的、特殊地区的土地，在不超过限额内，免税
加拿大	房地产税	正在进行大修的房产可以免税
	联邦空置房地产税	如果房地产不是空置的，则可以免税

续表

国家	税种	税收优惠
法国	财产税	（1）用于公共服务的不会产生收入的公有建筑物，用于公共宗教的建筑物，外国用于外交使团的财产以及用于农业活动的建筑物（农舍本身除外）存在豁免； （2）新开发的房地产享有 2 年的临时（在某些情况下为部分）豁免，除非全款购买或部分款项通过无息贷款购买； （3）某些福利住房项目适用 10~25 年的长期豁免； （4）地方当局可因洪水、冰雹、火灾等造成的农作物损失或由于流行病造成的养殖业损失给予税收减免
	住房税	（1）免税适用于某些科学或教育公共机构，低收入人士，外国外交官以及在法国建立的某些国际组织（例如，OECD、教科文组织）工作的高级公务员； （2）2020 年《财政法》规定，从 2023 年起，对所有纳税人取消主要住所的居住税
	房地产税	以下法律实体是免税的： （1）国际组织，外国主权国家和外国公共机构； （2）在法国或外国证券交易所上市的公司； （3）从事慈善，社会，文化或教育活动的养老基金和其他非营利性组织，并证明这些活动不动产所有权的合理性； （4）在法国的不动产（用于自己的商业或农业的财产除外）占其法国资产的 50%以下的公司； （5）在欧盟成员国或法国与之缔结了包含互助条款的税收协定的国家/地区注册了公司的公司，前提是它们必须在每年 5 月 16 日之前提交一份包含位置、说明和不动产的价值，股东的身份和地址，以及他们各自持有的股份数量的材料； （6）在法国具有有效管理地点的法人实体以及相关的非歧视条款所涵盖的非居民法人实体，只要它们提交或承诺应税务机关的要求提交年度声明，其中应包含关于不动产的信息财产和股东
德国	房地产税	（1）豁免适用于公共实体使用的不动产，以及用于慈善、宗教目的或学校等的不动产； （2）对于个人而言，房地产用于贸易或者出租并取得收入的，所缴纳的房地产税可以从所得税中扣除
印度	净财富税	纳税人通过信托或以慈善、宗教等为目的的法人持有的任何财产、官邸和法定的传家宝，个人的唯一住房免征净财富税。 以下法律实体是免税的： （1）任何以促进商业、艺术、科学、宗教、慈善事业等为目的的公司，且禁止向其股东支付股息； （2）任何合作社； （3）任何社交俱乐部； （4）《个人所得税法》（ITA）中定义的任何政党； （5）ITA 第 10（23D）节中定义的任何共同基金

续表

国家	税种	税收优惠
印度	土地税	—
	房产税	—
印度尼西亚	房地产税	(1) 不超过1200万印度尼西亚盾的土地和建筑免税； (2) 由公务员，退休者和军队人员所拥有、控制或使用的财产免税（其收入仅来自工资或养恤金）； (3) 指定国际组织使用的房地产免税； (4) 宗教、社会公共事业、健康、教育、文化、墓地、考古、国家公园，以及领事馆拥有的资产免税； (5) 林业土地和矿产土地评估价格减按40%征收。市场价格超过10亿印度尼西亚盾的任何其他土地和建筑评估价格减按40%征收。市场价格不超过10亿印度尼西亚盾的任何其他土地和建筑评估价格减按20%征收
意大利	市政税	如果其地籍分类属于高值属性地籍分类，则其适用低税率0.5%；税额可扣除200欧元
日本	财产税	—
	城市规划税	—
	营业场所税	仅在建筑面积超过1000平方米时征收
	矿区税	—
	土地开发税	—
韩国	财产税	以下属性免征财产税： (1) 属于国家，地方自治团体或外国政府的财产； (2) 非营利性商人直接用于提供宗教服务、教育服务、艺术和哲学教育的财产； (3) 农村地区价值在100万韩元以下的建筑物空置了6个月； (4) 法律规定的其他财产。 新成立的中小型企业有权在5年内减免50%的财产税
	综合房地产持有税	—
墨西哥	房地产税	以下不动产免征房地产税： (1) 当地政府财产； (2) 就《维也纳外交关系公约》和《维也纳领事关系公约》而言，外国外交代表的财产； (3) 国际组织的财产，前提是参议院批准相应的公约。

续表

国家	税种	税收优惠
墨西哥	房地产税	减免税： 纳税人在生态保护区从事农业、畜牧业、林业或牧场生产的，减免80%的税款。位于地方政府设置的特别行政区内的房地产，且建筑物的面积不超过土地面积10%的，减免30%的税款。退休及领取养老金人士、遗孀、孤儿的住宅，减免30%的税款。纳税人在每年1月份之前足额缴纳税款的，减免10%，2月份6%
	不动产购置税	以下不动产免征不动产购置税： （1）法律规定的情况下的政府财产； （2）外交代表机构的财产，如果有关国家给予对等待遇
沙特阿拉伯	特殊房地产税	2021年1月22日，沙特阿拉伯修订了不动产交易税范围之外的交易清单，在豁免清单中增加了以下情况： （1）公司的股东/合伙人以公司名义处置财产，前提是处置者提交经审计的财务报表或注册会计师出具的证明，证明该财产在处置日期之前已计入公司资产； （2）在根据资本市场管理局的规则和条例设立房地产投资基金时，任何纳税人将房地产作为实物出资处置； （3）任何纳税人将财产作为实物出资作为股份公司、有限责任公司、联营公司或有限合伙公司的资本，但前提是相应的股份自生效之日起5年内不被处置。此类公司应在此期间保留经外部审计师认证的经审计财务报表
土耳其	豪宅税	政府机构、市政当局、大学和外国居民（取决于互惠条约）以及只有养老金收入的国际机构和个人免征此税
	房产税	（1）房地产税可在所得税税前扣除； （2）仓库、马棚、羊圈等农业用途、水产用途，能源，船厂免税； （3）旅游业用途5年免征
	土地税	林业和贫瘠土地，有组织的工业园区和优先发展的工业5年免征
英国	豪宅税	慈善机构用作慈善用途，以及其他规定的公共机构和为国家目的而设立的机构
	房产税	单亲家庭可以享受25%的优惠，无人居住的享受50%的优惠
	商业房地产税	（1）农业、渔业可免征； （2）为了减轻新冠肺炎疫情大流行带来的负面经济影响，在英格兰，零售、酒店和休闲行业的企业于2020年4月1日至2021年3月31日期间享受商业税率减免。2021年财政法案延长了商业税率2021年4月1日至2021年6月30日期间的假期（在假期期间商业房地产税100%减免）。从2021年7月1日至2022年3月31日，商业房地产税将减免66%（对于需要在2021年1月5日前处置的资产，每家企业的减免上限为200万英镑，对于其他符合条件的资产，每家企业的减免上限为105000英镑）。

续表

<table>
<tr><th>国家</th><th>税种</th><th>税收优惠</th></tr>
<tr><td>英国</td><td>商业房地产税</td><td>在北爱尔兰，零售、酒店和休闲行业的企业在 2020—2021 纳税年度不收取任何税费。这项减免已延长至 2021—2022 纳税年度，即从 2021 年 4 月 1 日至 2022 年 3 月 30 日。
在苏格兰，为了减轻新冠肺炎疫情大流行的影响，在 2020 年度和 2021 年度，一般税率降低了 1.6%，对于经营的企业在零售、酒店和休闲行业，100%减免税率，后者的减免延长至 2021—2022 纳税年度。
对于威尔士，2021—2022 年的税率设定为 53.5%（与 2020—2021 纳税年度相同）。但是，由于新冠肺炎疫情大流行，在这项减免已延长至 2021—2022 纳税年度，但 500000 英镑的上限仅适用于在零售业经营的企业</td></tr>
<tr><td>美国</td><td>房地产税</td><td>—</td></tr>
<tr><td rowspan="2">俄罗斯</td><td>土地税</td><td>（1）宗教组织、科学机构以及部分其他的法律实体用于其法定目的的土地，以及在没有支付对价或租赁协议下拥有固定期限土地的公司，免税；
（2）经济特区的居民企业可自资产负债表上确认该类资产后的前 5 年免缴土地税。自贸区的居民企业自资产负债表上确认该类资产后的前 3 年免缴土地税；
（3）土地税可在公司所得税税前扣除</td></tr>
<tr><td>财产税</td><td>（1）鉴于新冠肺炎疫情大流行，在 2020 年 4 月 1 日至 6 月 30 日期间，列入个体经营者统一登记册且从事《受新冠肺炎疫情大流行影响最为严重的经济活动清单》所列活动的个体经营者，免征与创业活动所用财产和（或）土地有关的财产税及土地税；
（2）财产税可在公司所得税税前扣除</td></tr>
<tr><td>南非</td><td>—</td><td>—</td></tr>
</table>

资料来源：根据 IBFD 网站（www.ibfd.org）资料整理。

第二节　2021 年房地产税制的国际变化

一、征税对象变化

G20 成员中加拿大开始对空置住宅 2021 年联邦预算提议对加拿大公民或永久居民（加拿大移民的永久居民）以外的任何人直接或间接拥有的空置住宅房地产按价值征收 1%的年度税。

G20 成员中土耳其开始对豪宅征税，豪宅税于 2021 年 1 月 1 日生效，适用于在以下费率下，住宅价值超过 52.5 亿土耳其里拉的住宅。住宅价值超过 52.5 亿土耳其里拉的住宅适用 0.3%的累进税率；住宅价值在 78.75 亿~105 亿土耳其里拉的，适用 0.6%的累进税率；住宅价值在 105 亿土耳其里拉以上的，适用 1%的累进税率。

二、税率变化

G20 成员中墨西哥提高了税率，将房地产税固定金额由 195.68~58732.79 墨西哥比索提升至固定金额 202.22~60694.47 墨西哥比索，加上超过下限部分的累进税率。

G20 成员韩国对综合房地产持有税中住宅的税率进行了调整，由原来的 0.5%~2.5%改为 0.6%~3%。

三、税收优惠变化

为应对新冠肺炎疫情大流行对经济的不利冲击，G20 成员中部分国家出台了一系列的税收优惠措施。鉴于新冠肺炎疫情大流行，英国对于商业房地产税的税率给予了优惠。在英格兰，零售、酒店和休闲行业的企业于 2020 年 4 月 1 日至 2021 年 3 月 31 日期间享受商业税率减免。2021 年财政法案延长了商业税率 2021 年 4 月 1 日至 2021 年 6 月 30 日期间的假期（在假期期间商业房地产税 100%减免）。从 2021 年 7 月 1 日至 2022 年 3 月 31 日，商业房地产税将减免 66%（对于需要在 2021 年 1 月 5 日前处置的资产，每家企业的减免上限为 200 万英镑，对于其他符合条件的资产，每家企业的减免上限为 105000 英镑），在北爱尔兰，零售、酒店和休闲行业的企业在 2020—2021 纳税年度不收取任何税费。这项减免已延长至 2021—2022 纳税年度，即从 2021 年 4 月 1 日至 2022 年 3 月 30 日，为了减轻新冠肺炎疫情大流行的影响，在 2020 年度和 2021 年度，苏格兰一般税率降低了 1.6%，对于零售、酒店和休闲行业的企业，享受 100%减免，后者的减免延长至 2021—2022 纳税年度。对于威尔士，2021—2022 纳税年度的税率设定为 53.5%（与 2020—2021 年相同）。但是，由于新冠肺炎疫情大流行，2020—2021 纳税年度，500000 英镑的上限仅适用于在零售业经营的企业。日本出台了关于应对固定资产税评估额变更的措施，固定资产税的计税基准价格是在固定资产评估价格的基础上经过调整得出的，固定资产评估价格每 3 年重新评估一次，原则上评估后计税基准价格在 3 年间保持不变。2021 年是固定资产评估价格的再评估年份，为减轻疫情影响下居民和企业的税收负担，2021 年日本税制改革规定：计税基准评估后，如果计税基准价格上升，则 2021 年度仍按照此前的计税基准价格征税，确保固定资产税税额保持不变；评估后，如果计税基准价格下降，则 2021 年度按照降低后的计税基准价格征税。并且规定，在计税基准价格上升的情况下，2022 年度和 2023 年度分阶段上调计税基准价格，相应的固定资产税税额逐步上升，以使疫情后纳税人能有适当缓冲，避免税负迅速增加。

G20 成员中阿根廷引入一次性财富税，自 2020 年 12 月 18 日起的 60 个工作日内，居民个人可以通过汇回相当于海外资产 30%的现金来减少对离岸资产的加重课税。

四、征收管理变化

G20 成员中俄罗斯在税收征管方面进行了改革。一是简化企业财产税申报程序，自 2021 年 1 月 1 日起，纳税人无须提交年度纳税申报表。税务机关将发出应缴税款通知。二是规范了申报流程，自 2021 年 1 月 1 日起，纳税人必须将符合以下所有条件的地块告知税务机关：（1）需缴纳土地税的；（2）不属于豁免范围的；（3）从未反映在计算税额的报告中。如果法人实体不遵守此要求，则可能会被罚款 20%的未缴税款。自 2021 年 1 月 1 日起，与土地税有关的预缴款必须在报告期后的下一个月（即一个季度）之前支付。年度纳税义务必须在纳税年度之后的次年 3 月 1 日之前实行。

第三节 专题研究：主要国家近年房地产税改革趋势

一、美国

（一）改革背景

美国是实行房地产税最早的国家之一。1787 年，美国在宪法第一条第二款中授予了联邦政府可征收直接税的权力，其中就包括房产税，其征收主要是为了满足独立战争中巨额经费支出的需要。1818 年起，伊利诺伊州开始实行一般财产税制度，对各类动产、不动产征收同一税率。随着美国疆土范围的扩大，到 19 世纪中期，各州相继独立后，为了克服当时普遍存在的地方财政危机，各州政府开始引进并征收房地产税。可以看到，美国房地产税的历史沿革显示，房地产税颁布初期的主要目的是筹措财政资金，满足战争、公共服务等财政支出需要。

根据美国的政府级别，美国的房地产税收分为联邦政府税、州税和地方政府税。各级政府在至高条款的约束下，根据税法的不同征收不同类型的税。中央税和地方税完全分开，反映了美国联邦制下分权力的特征，也体现房地产税是适用联邦制的。作为一种典型的“受益税”，美国联邦制与房地产税的制定紧密相关。在立法权的分配中，地方政府仅享有征税权，而不具有立法权。立法权由联邦政府和州政府之间共享，地方政府只能在州政府制定的法律范围内开展收税活动。美国宪法还明确规定，三级政府具有独立的税收制度和一定的立法权，但此类地方享有的立法权受到一定的限制。例如，在确定税率时，美国房地产税率也由州和地方根据实际情况确定，而地方政府的税率确定权也受制于州政府监督。这不仅保证了地方政府的灵活性和自治性，又兼具公平理念。

经过长期的运作和调整，目前美国房地产税已形成了较为完善的税收政策体系。它以对不动产及其建筑物等统一征收财产税为主体，具备了由各州政府根据各级预算制定的税率、完善的税基评估机制、领先的评估技术和体系化的税收优惠政策等特质。其征税宗旨主要是为州及地方政府提供持续可靠的财政收入，为城市基建提供稳定的资金支持。

然而，近年来，世界经济增长速度明显放缓，许多国家都尝试利用各种手段刺激经济发展。其中，前任总统特朗普以“让美国再一次伟大”为竞选口号和政治目标，成功当选后实施了以减税为主的大规模的税制改革。此后，为缓解新冠肺炎疫情带来的冲击，维护美国经济稳定发展，拜登也提出了“重建更好法案”，针对收入分配不公等问题提出了一系列税收政策主张。

（二）改革内容

1. 特朗普时期的房地产税改革

特朗普执政时期，美国推出了近 30 年来最大规模的税收改革，即 2018 年 1 月 1 日正式实施的《减税和就业法案》（Tax Cut and Job Act，TCJA），对自 1986 年《税收改革法案》以来业主自用住房的联邦税收待遇做出了最重大的改变。

正如 Peach 等人（2018 年）总结的那样，新税法的几项规定以多种方式改变了个人住房所有权的税收待遇，房屋所有者可选择适用逐次扣除额成标准扣除额进行申报。其中，新的州和地方税扣除上限是最显著的变化。在新法案实施前，州和地方税的逐项扣除额没有上限，在实施后对于单身者和已婚夫妇联合申报，其逐项扣除额限制在 1 万美元以内。州和地方税扣除上限为需要逐项缴纳大量房地产税的房主节约了资金。例如，2016 年逐项申报的纳税申报人申报的房地产税平均金额约为 3800 美元，假设联邦所得税边际税率为 25%，每年可节省 950 美元。在房地产税较高的地区，家庭的平均储蓄甚至更高。

为了利用州和地方税扣除上限，申报人必须逐项列出扣税项目。由于税收改革也大幅提高了标准扣除额，2018 年后逐项扣除额的优惠效力将有所降低。对于共同申报的已婚夫妇，标准扣除额增至 24000 美元，几乎是 2017 年 12700 美元的两倍。对于个人和户主，扣除额分别增加到 12000 美元和 18000 美元。因此，限制州和地方税扣除上限扣减减少了房屋所有者的税收优惠。

2. 拜登时期的房地产税改革

2021 年 10 月 28 日，美国新任总统拜登发表了《重建更好法案》（Build Back Better Act）的基本框架，其中提道："……对经济适用房进行历史上最大，最全面的单一投资。该框架将使 100 多万套经济适用房的建设、修复和改善成为可能，从而增加住房供应并减轻租房者和房主的经济压力。它将解决美国各地大城市和农村社区公共住房存量的资本需求，并确保它不仅安全，适合居住，而且更健康、更节能。它将对租金援助进行历史性投资，将代金券扩大到数十万其他家庭。而且，它包括历史上最大的首付援助投资之一，使数十万首次购房者能够购买他们的第一套房子并积累财富。这项立法将通过对历史上资源贫乏的社区投资的重建专案，从数十万户家庭中去除含铅涂料，以及通过激励州和地方分区改革，使更多家庭能够居住在发展机会更多的社区，从而创造更公平的社区。"拜登计划向首次购房者提供最高 1.5 万美元的首付款补贴（以交割时可退还的税收抵免形式），以此来刺激购房需求，提升个人拥有房产的热情。

（三）改革进展

目前，拜登在上文所述的计划中提到的房地产税相关的措施仍未正式实施，但已有部分参议员提出相关法案，具体如下。

2021 年 4 月 28 日，众议院议员 Earl Blumenauer 提出《2021 年首次购房者法案》，该法案修改了首次购房者的税收抵免。具体而言，它将首次购房税收抵免的金额从 8000 美元增加到 15000 美元，修改了计算最高允许抵免金额的收入公式，将基于购买价格（目前为800000美元）的抵免限制替换为基于区域中位数的限制购买价格，并修订有关税收抵免和武装部队成员的规则。

2021年6月24日，众议院议员Van Duyne. Beth进一步提出《令人振奋的2021年首次购房者法案》，该法案将首次购房者免税退休计划中免罚款分配的终身限制从10000美元提高到20000美元。

目前，这两项法案仍在立法提案阶段，在2021年尚无进展。

（四）改革效应

1. 特朗普房地产税改革的效应

从2017年第四季度到2018年第三季度，新的30年期固定利率抵押贷款的平均合同利率上升了约70个基点，从3.9%上升到4.6%。在同一时期，住房市场活动普遍放缓，新的单户住宅销售下降了7.6%，而现有单户住宅的销售下降了4.6%。具体而言，这种放缓源于的边际税率较低，州和地方税的扣除上限调整为10000美元，以及可扣除利息的抵押贷款债务金额下限的降低，导致用户资本成本上升。

针对特朗普房地产税改革的结果，Li等人利用计量工具对改革进行了分析，其在文章中提到："……我们的分析表明，TCJA生效后，高税收地区的房价增长出现了相当大的放缓。接下来，我们调查了这样的房价增长下降是否产生了相应的经济后果，以及各个家庭如何应对不同州的房价差异的影响。对于实际的经济后果，我们关注当地建筑行业的就业情况和发放的建筑许可证。我们的研究表明，改革后，当地建筑业就业增长率放缓，在房地产税相对收入较高的地区，颁发的建筑许可证数量也有所下降。鉴于与TCJA相关的房价和实体经济变量受到了相当大的负面影响，在TCJA实施不到两年后，与房地产税负较低的地区相比，更多的人在改革后迁出了房地产税负较高的地区。此外，该法案似乎产生了政治后果。在2018年中期参议院选举期间，在房地产税负高于全国中值的地区，投票给民主党候选人的选民比例有所增加。无论现任候选人的政党关系或2016年参议院选举结果如何，这一结果都有效。"①

由此可见，特朗普针对房地产税的改革一定程度上加重了房地产行业的负担，特别是对于房地产税较高的州而言，限制抵扣上限使得这些州的居民所缴纳的房地产税无法在个人所得税中充分扣除。

2. 拜登房地产税改革的效应

即使拜登在竞选和当选后所提出的房地产税改革措施仍在提案阶段，尚

① Wenli Li，Edison G. Yu. Real estate taxes and home value：Evidence from TCJA，2021.

未落地实施，但其给市场带来的预期是明显的，具体数据如下。

根据 Realtor. com 网站的数据，2020 年 12 月全美房屋销售较 2019 年同期减少了近 40%。对市场上待售房屋的竞争激烈，从挂牌到出售的周期平均只有 66 天，比 2019 年同期水平快了两周。① 在库存有限、需求旺盛的情况下，房价增长迅速。Core Logic 数据则显示，2020 年 12 月房价较 11 月的增幅超 8%，达 6 年最高。②

由此可见，虽然房地产市场的波动取决于多种因素，但拜登的房地产税改主张一定程度上刺激了美国房地产市场，在未来房地产税相关的主张落地后，很可能进一步带来新的效应。

二、法国

（一）改革背景

法国对公平格外看重，历次大革命都为追求自由以及公平。这种革命性精神同时推动与民众生活密切相关的税收体系改革，以建立更具备公平性的税收体系。

法国的房产税源于 19 世纪以前的四种老税，即地产税、动产税、营业税、门窗税，且均属于直接税。地产税是针对地产所有者征收；动产税针对个人拥有的动产征收，之后演变成为现在的个人所得税；营业税针对工商营业者征收；门窗税则为历史所诟病，正是门窗税的征收形式形成了法国建筑尽量不设窗户、只留一扇小门的独特现象，也损害了住户的健康。以上四种税均因其直接税的性质和针对房地产的思路，在当时历史背景下起到了提升社会公平程度的作用。这四种税主要将房产和地产作为计税依据，税款征收针对的是当时拥有财富的人群，从而缩小了社会的贫富差距。

但是社会变迁与经济发展使得以上四种税逐渐不能适应经济环境，例如门窗税已经逐渐脱离现实，因此法国迫切需要进行税制改革以适应经济社会的发展，但因为这四种税对财政的重要支撑作用，虽然改革一直在进行，但并未实现对直接税的革新。直至 19 世纪，法国经历了两轮重要税制改革之后，逐渐稳定和健全了税制。第一次 1959 年改革，将所得税独立出作为国税一部分，将其他直接税种划分为地方征收；第二次 1968 年法令，确定地籍租

① 数据来源：https：//www. realtor. com/。

② 数据来源：https：//www. corelogic. com/。

赁价值为税基，并明确评估审查办法。自此，才真正大改了四种直接税，并依据现实情况进行更名，紧跟税收体系发展步伐。在修正明显错误的同时，弥补了原来固有的不足之处，并致力于简化征收程序，降低税收成本。此次改革之后，法国税制逐渐稳定下来，房地产税制度逐步确定下来，并每年通过应用系数调整房地产税的评价标准。

（二）改革内容及进展

法国企业房产税豁免制度较为完善，经过不断的增补，能较为公平地进行房产税征收，并给予特殊性质企业相应税收优惠。例如，国际组织、外国公共机构，法国或外国证券交易所上市的公司，从事慈善、社会、文化或教育活动并有相关证明的养老机构以及其他非营利性组织等均可免税。拥有的不动产（用于自营或农业的财产除外）占其法国资产不足50%的公司，或在欧盟成员国或与法国签订包含互助条款税收协定的国家进行注册并于每年5月16日前提交包含不动产价值、股东身份和地址以及持股数量的报告的公司，均可免税。在法国拥有有效管理场所的法人实体和相关非歧视性条款涵盖的非居民法人实体，只要提交或者向税务机关承诺按要求提交包含不动产信息的年度财产与股东声明，也可免税。

法国企业房产税间接所有权认定比较清晰，即使免税条款众多，也可有效避免税款流失。间接所有权可以通过法国房地产企业无论是否透明或者外国法人实体（其资产主要由法国不动产组成）来实现。在所有权链条中，税款应由最接近不动产的非免税法人实体支付，即使最终所有者可能适用于免税政策。同时，应纳税人与不动产之间的所有法人实体均对纳税负有共同责任。

针对个人财产征收的财产税和住房税，考虑多种情况，经过一系列改革不断细化，使税款征收更加合理公正。

财产税属于地方税，由财产所有者在每年1月进行缴纳，既适用于已开发房产，也适用于未开发房产。对于已开发房产，根据当地官方土地登记处修订的房产名义租金价值进行评估确定；税金计算方法为将该租金价值的一半与地方当局根据财政需求确定的系数相乘；征税对象为所有位于法国且未享受特定永久免税的建筑物、房产；豁免主要针对不产生收入的公共服务、公共教堂、安置外交使团的房产和农业活动的建筑物（但不包括农舍本身），新开发的房产只要收购过程不是通过补贴的无息贷款进行融资的，均享有2年的临时豁免，针对某些福利住房项目还提供10~25年长期豁免。对于未开发房产，根据房产名义租金价值进行评估，并将此类租金价值的80%乘以地方当局确定的系数计算税金；征税对象主要为私有土地和林业，针对种植木材的土地给予豁免，同时地方当局可以在自然灾害造成不利影响的情况下提供较短的豁免，例如，洪水造成的土地退化，由于洪水、冰雹、火灾等造成的农作物损失，由于流行病造成的养殖业损失等。

住房税也属于地方税，由居住者在每年 1 月 1 日缴纳。因此，房产所有者需要同时缴纳财产税与住房税，当房屋出租时，房产所有者只缴纳财产税，而住房税则由租赁者承担。住房税计算方法类似于财产税，也是根据当地土地登记处认定的租金价值进行评估，与地方当局确定的各种系数相乘计算税金。在科学或公共教育机构任职的个人、低收入者、外国外交官以及在法国成立的国际组织（例如 OECD、教科文组织）任职的高级公务员可适用免税政策。

法国税务局在 2015 年 3 月 18 日发布针对第二套住宅征收住房附加税的指导方针，根据 2014 年第二次修订《财政法》第 31 条（2014 年 12 月 29 日第 2014-1655 号法律），市政当局可以对不用作主要居所、带家具的住房征收 20%的住房附加税。以下纳税人免征该附加税：需要在工作地点附近拥有第二居所的纳税人；永久居住在疗养院或长期护理机构的纳税人，在此以前的主要住所免征住房税；纳税人可证明将第二居所作为主要居所有合理理由或不可抗力。市政当局可以从 2015 年开始征收住房附加税。

但是，法国近几年房产税改革中开始逐步取消住房税。

2017 年 9 月 27 日，政府提出在 2018 年《财政法》中发布针对住房税的“阶梯式”减免政策。对于年收入不超过 27000 欧元的单身人士或夫妻年收入不超过 43000 欧元的家庭，将引入以下住房税减免措施：2018 年减免 30%的住房税，2019 年减免 65%的住房税。根据政府计划，到 2020 年，减税比例将提高到 100%，从而实现 80%的家庭完全免征住房税，该计划预计将减少 38 亿欧元（约合人民币 286. 7 亿元）的税收收入。但是第二套住宅仍需按规定缴纳住房税。

根据法国 2018 年发布的数据显示，住房税占地方政府税收收入的 34%，因此取消住房税的改革政策会带来公共财政赤字，需要重新磋商财政预算以支持这项改革，例如提高住房转让税以弥补税收不足。这项改革也引起地方官员呼吁政府重新考虑对剩余 20%最富有家庭取消住宅税的计划，但是政府仍坚持自 2023 年起，对未享受上述豁免的纳税人，即 20%最富有家庭取消住宅税，并且也是通过逐步减免实现：2021 年减税 30%，2022 年减税 65%，2023 年减税 100%。

（三）改革效应

法国企业房产税缴纳制度趋于完善，有效地防止了纳税人利用房产税偷逃其他税款。所有法人实体，不论其形式如何，也不论其直接还是间接拥有位于法国的不动产或财产，原则上均需要按不动产或财产的市场价值按3%计算每年的房产税。因此，对此征税的真正作用是限制个人为避免缴纳房地产财富税，而利用法人实体进行逃税。

三、德国

（一）改革背景

德国一直都采取较为稳定的房产税政策，通过政策的不断调整，使房产税具备轻持有、重交易、讲公平的特点，并对稳定房价起到重要作用。在20世纪80年代到90年代，德国房地产市场上频频出现的投机行为，阻碍了房地产市场正常交易的进行，使房价大幅上涨。在投机行为盛行的背景下，德国分别于1987年与1996年推行房地产税制改革，通过高额的土地购置税与资本利得税严厉打击投机性住房行为，并对高端住房相关纳税人征收重税，以严格控制高端住房市场的发展。

德国通过20世纪税制改革建立了较为健全的房地产税制，因此在全球普遍房价上涨的背景下，德国依然维持平稳的房价态势，房地产税制度并未有大的变动。但是，德国房地产税计税依据是根据1964年甚至更早时期确立的财政价值进行年度评估的，过时的财政价值用于房地产税的计征违背了税法中的平等原则。因此，在2018年4月10日，德国联邦宪法法院裁定使用过时的财政价值用于房地产税是违宪的。因此，进行新一轮房地产税制改革，以使税金计征更为合理。

（二）改革内容及进展

德国20世纪税制改革目的是控制房价的迅速上涨，因此采取措施主要为抑制房地产投机和发展租赁市场，以充分发挥房地产居住功能。

在抑制房地产投机方面，主要通过有区别的税率以及交易环节的高税收进行调控。德国严格区分房地产的功能，对自用式住房购买者和其他土地经营者适用差别税率；根据不同的土地用途设定等级税率，双户住宅的税率为3.1‰，针对土地价值不足7.5万马克的独户住宅适用2.6‰的较低税率，而针对土地价值在7.5万马克以上的独户住宅则适用3.5‰的较高税率。在交易环节则针对投机者征收高额的土地交易税和资本利得税。例如：土地交易税的计税基础为土地和地面建筑物两者价值总和，适用税率为 3.5‰；针对 10 年内出售的房屋，则会参照公司税的标准，对交易获利金额征收 25%的资本利得税。

同时，德国对居民自用的第一套住房仅征收土地税，免予征收地面建筑物部分的税收，以鼓励购买住宅来自用而非投机。同时，德国出台《租房法》，大力发展房地产租赁市场，与房产税税制改革举措有机结合，充分发挥房屋的住房功能。

德国自 20 世纪税改完成后，一直维持稳定的房地产税制度。2013 年 5 月 1 日，经修改后的新租房法正式生效，对房租的涨幅规定更加严格。新租房法要求 3 年内租金涨幅不得高于 15%，并延续之前《租房法》规定，例如，房屋租金严格按照各地政府的指导价格确定，高于该指导价格的 20%，则被视为违法行为，承租人有权将房东告上法庭；超过指导价格的 50%，则房东被视为牟取暴利，可判入狱 3 年。而且房东不能单方面强行提高租金，即使有正当理由提高租金也必须与房客协商，双方合意才能提高。若房客不同意，则房东只能通过提起诉讼的方式提高租金。

完善的房地产税制和租房市场，既打击了房地产投机行为，又维持房地产租赁市场的稳定秩序，充分发挥房屋居住功能，避免房价的大幅上涨。但是，德国房地产征税制度中仍存在与当前经济现状不相适应的内容，因此，德国财政部于 2019 年 6 月 21 日印发房地产税改革草案，进行新一轮税制改革。德国的房地产税属于针对不动产（包括用于农业和林业、商业或私人用途的建筑物）征收的经常性地方税，在每年 1 月 1 日根据不动产的财政价值进行评估，财政价值通常为可比财产平均可获得租金的倍数，并通常低于实际价值，根据财政价值乘以联邦基本税率可计征房地产税。无论是对私人资产还是商业资产，税率均为 0.35%，在此基础上乘以市政系数（范围从 280%至 810%），使有效税率达到财政价值的 0.98%至 2.84%之间，平均税率约为 1.9%。

在 2018 年 4 月 10 日，联邦宪法法院裁定，使用过时的财政价值用于房地产税税款计征这一行为是违宪的。用于房产税计征的不动产财政价值根据估价法确定，而估价法规定，财政价值应该每 6 年更新一次，但是，在实际征收税款过程中，历史财政价值一直未进行更新。1974 年起，西德（旧联邦州）根据 1964 年财政价值数据计征房地产税，而在东德（五个新的联邦州）则使用 1935 年的数据作为房地产税相关的财政价值。因此，联邦宪法法院认为，继续使用 1964 年及更早确立的财政价值评估房地产税，违反了税收平等原则，缺乏合理性，因此进行关于房地产财政价值的税收政策改革。

联邦宪法法院认为，立法者必须在 2019 年 12 月 31 日之前依据宪法原则修改现行规则，在此之前，现行规则仍然使用，新规颁布后，现行规定仍可适用 5 年，但是不得超过 2024 年 12 月 31 日，以确保新规则立法后顺利覆盖实施。2019 年 12 月，新规则颁布并自 2025 年 1 月 1 日起实施，不改变房地产税制的基本特征，但是，需要在 2022 年 1 月 1 日之前确定新的财政价值。

（三）改革效应

德国对房地产财政价值进行的改革，将使德国 3500 万处房地产自 2025 年起重新评估并计征房地产税。而在 2022 年 7—10 月，业主有义务向税务局提交房产相关信息，包括土地价值、土地面积、房地产类型、房产施工年份、租金水平等，以帮助税务局完成大量相关的税收征管工作。

目前，德国房地产税的年收入已经接近 150 亿欧元，是城市和市政当局最重要的收入来源之一，土地所有者和房产业主通过缴税来支持部分市政基础设施建设。此次房地产价值评估工作比预期的要复杂。在 2022 年 7—10 月的 4 个月内对共计 3600 万处房地产进行重新估值以及提交决定声明是巨大的工作量，同时新冠病毒援助计划带来了额外的任务，德国税务顾问本就不堪重负，因此，联邦税务顾问商会主席表示，财政局原计划 10 月能得到首批数据基本是不可能的。

德国房产业主都在担心税收负担可能会增加，因为房地产税计算的第一个因素，即房产单位价值，在过去几十年中显著上升。但是，针对房产单位价值上涨推动税收上涨的问题，市政当局已承诺降低评估率。

而未来房地产税将如何征收还是最终取决于联邦各州。立法机关已起草了一个全国性的税收模式，但联邦州也可以选择本州适用的条款。巴登-符腾堡州、巴伐利亚州、黑森州、下萨克森州、萨尔州、萨克森州和汉堡都设计本州独立的税收模式，而其他联邦州则选择联邦模式。

四、印度

（一）改革背景

印度正在经历快速的城市化进程。以 2016 年数据为例，根据联合国人口数据库 Worldometer 统计，2016 年印度的总人口为 13.24 亿人。[①] 其中，超 3 亿印度人居住在大约 8000 个城市地区，53 个城市人口超过 100 万人。城市地

---

① 参见：https：//www. worldometers. info/world-population/india-population/。

区人口超过印度人口的1/3，城市地区的经济生产总值占国内生产总值（GDP）的75%。根据联合国2016年世界城市报告，预计印度将有7个人口超过1000万人的特大城市。[①] 由于快速的城市化进程，印度在基本市政服务上面临着巨大的挑战。为了应对日益增长的财政需求，印度各地开始积极提高当地的财政收入。

房产税是印度构成地方税制的支柱税种，是印度地方收入的主要来源。但印度的房产税收入相对并不充足，近年来其税收收入在印度许多城市都有所下降。与经济合作与发展组织（OECD）成员国相比，印度在房产税收入方面同样表现不佳。数据显示，虽然OECD的房产税平均征收率约为国内生产总值的1.1%，但印度的这一数字约为0.2%，仅为平均值的1/6。[②]

有以下因素导致印度的房产税收入较低：低估房产价值、房产登记不完整、政策不充分和管理不力。通过房产税增加地方收入受到了行政、监管和技术缺失导致的严重限制，特别是印度有限的行政能力限制了地方政府获得税收收入的能力。税收管理薄弱的问题由于监管和法律上的制约而更显严重，这些制约将税基与滞后于法律管制的房地产租金挂钩，并扭曲了土地使用规则，从而对土地价格产生不利影响。房产税如果管理得当，就可以成为高效的财政工具。因此，有必要改革整个房产税制度，以改善印度地方政府的财政状况。

（二）改革内容

1. 改革历程

随着印度1992年《宪法修正法》第74项产生的体制和管理改革，行政和财政职能已下放给地方当局。改革明确了印度房产税是由市政府按照国家规定的程序征收的。改革的内容包括以下方面：税基、税率、退税和免税政策以及处理拖欠和延期纳税的措施。各市在制定房产税方面的自主权受到严格限制，市政府享有的唯一灵活性是设计征税机制和确定税率，同时这大部分也需限制在国家规定的范围内。

印度各地逐步开展房产税改革，比哈尔邦、泰米尔纳德邦、安得拉邦、

---

① UN-HABITAT. 2016. World Cities Report 2016：Urbanization and Development — Emerging Futures. New York：UN. https：//doi. org/10. 18356/d201a997-en.

② OECD（Organisation for Economic Co-operation and Development）. 2017. Revenue Statistics 2017. Paris：OECD Publishing. https：//doi. org/10. 1787/9789264283183 - en. Bandyopadhyay，Simanti. 2013. “Property Tax Reforms in India：A Comparison of Delhi and Bangalore.” International Center for Public Policy Working Paper Series，GSU Paper 1321，Andrew Young School of Policy Studies，Georgia State University.

古吉拉特邦和北方邦政府提出了立法修正案。卡纳塔克邦也加入了房产税改革先锋行列。巴特那、艾哈迈达巴德、海得拉巴、班加罗尔和德里的市政公司已经提出了改革的倡议。人口不足10万人的米尔扎布尔，是在北方邦政府修订后，率先启动房产税改革的小城镇之一。

2. 改革措施

过去几年，印度各城市采取了若干措施来改善其房产税制度。改革包含以下一系列具体措施：完善房地产名册、更新房产税法、取消无效的房产税减免政策、采用更有效的房产估值方法以及加强行政管理。此外，制定具有示范性的市政法案也帮助建立了更健全的房产税制度。

这些改革侧重于改善税收管理，包括加强房产税征收的执法力度，通过发现新房产来更新房产税名册扩大税基等。新增在线计费和征收系统以及引入自我评估系统，纳税人可以标准化形式申报房产税，以减轻纳税及合规成本。

《宪法修正法》第74项还引入了一种新的财政安排，第243y条规定各州每隔5年定期成立国家财政委员会，指派其审查地方政府的财政状况，并就国家合并基金中分配给地方政府的各种税收、费用和补助金提出建议。它还规定了国家法律应规定国家财政委员会的组成、成员的资格以及选择成员的方式。财政委员会的每项建议连同一份解释性备忘录，都将提交国家立法机关。

（三）改革进展

1. 完善房地产名册

历史上，印度的城市地方机构很少定期更新房产登记册，以确定房产及其所有者的情况。根据印度第二行政改革委员会估计，只有60%~70%的城市房地产得到评估。

一个有效的房产税管理需要准确和经济的数据来维护。与房产税名册合作共享数据后，将有利于房产税管理系统更好地运作。因此，在贾瓦哈拉尔·尼赫鲁的国家城市改革计划中，首次尝试使用地理信息系统对房地产数据库进行数字化，并自动计算房地产税。

2. 更新房产税法

条理清晰的市政法律可明确规定房产税估价和征收的条款，使得强有力的房产税制度成为可能。

从税率来说，印度房产税的一大特点是各地可设定不同的房产税税率，其税率划分种类较多，全国约有240个不同的类别。如在维萨卡帕特南市，有 8 个税区，6 类房产税税率，并根据使用情况进一步分类。班加罗尔有 6 个税区，根据建筑成本、建筑物的使用情况以及是自住还是出租，房产税将被划分为不同的分类。

从减免政策来说，免税和优惠待遇削弱了房产税的收入；另一方面，它们可能会提高其他纳税人的税收负担。因此，印度政府重新审议了无效的减免政策，具体包括以下方面：

（1）对房屋所有者自住房产与租赁房产进行区别对待（如在印度中央邦，房屋所有者自住的房产可享有 50%的减免）；

（2）私立教育机构：私营学前教育、幼儿园、学校和大专院校不应享有任何减免；

（3）公共公园及游乐场：即使它们向公众开放，减免范围不应涵盖任何私营的游乐场；

（4）军人和退伍军人：任何此类人员也必须有临界豁免限额。

3. 合理对房地产估值

房地产税管理的最大挑战是房地产估值。改革后的印度房产税，使用年租金价值法（ARV）、单位面积价值法（UAV）和资本价值法（CV）三种估值方法计算房产税。

以上任何一种方法都需要根据房产的市场价值进行定期更新。许多城市的地方政府利用房产调查和房产编号，通过在线房产税信息系统进行更新，从而改善了房产地理信息地图。

以印度苏拉特市的单位面积价值法（UAV）为例，房产税计算公式为税额=房产税税率×房地产面积×各种子因素的乘积。

其中，在苏拉特市，住宅房产的房地产税税率为每年每平方米 10 卢比，其他类型房产的房地产税税率为每年每平方米 25 卢比。房地产面积包含外墙与内墙的面积。各种子因素的乘积=市场位置系数×年限系数×房地产种类系数×占用系数。其中：市场位置系数根据市场位置决定，市场位置可被划分为 A~F 六种类型，不同类型适应不同的系数；年限系数根据房地产使用的年限长短应用不同的系数，通常使用年限越低，征收的房产税越高；房地产种类的不同也会导致房地产种类系数的变化，对住宅房产征收较低的税；占用系数根据占有者的不同而不同，房屋所有者的房产税额比租户的房产税额低。

4. 加强房产税管理

在税务管理方面作出的改进有两个方面：一是扩大房产税的覆盖面；二是加强征收管理。

在覆盖面的扩大方面，一个强有力的计税和执行系统将大有裨益。有效的计税系统取决于清晰、透明、有效的交付和明确的申诉程序。信息科技系统自动为每个房产生成房产税明细单，这些账单可以在地理信息系统地图上被查找到，并被发送至手机或电子邮件。

在加强征收管理方面，印度采用税收绩效和自我评估税款的方法。税收绩效可以通过税款拖欠的程度来划分；自我评估已经成为纳税人易于遵守的做法，如果自行评估的房产税与统一税收委员会评估的税收之间有差异，也可以要求重新评估。

此外，信息技术系统发挥了重大作用，包括改进房产估值方式、自动化估价、改进数据管理和缩小寻租范围。印度大多数大城市都有一个基于地理信息系统的在线房产税管理系统。通过门户网站，形成账单和付款程序变得更加容易，房产税纠纷也可通过在线申诉解决。

（四）改革效应

改革对印度地方收入产生了积极影响。现在地方政府已有足够的法律权力来增加收入，大大小小的城市已经建立了房产税制度，且运作良好。许多大城市还建立了高效的房产税管理信息化平台，为纳税人提供了便捷的申报和支付解决方案。

如米尔扎布尔市实施了一个地理信息系统来识别未经评估的房产，并将其市政税务记录电子化。由于提供了高分辨率卫星图像，加上当地调查和整合了现有土地记录，土地管理局委托编制了其管辖范围内的全部房产清单。在这些创新之后，房产评估总次数增加了10倍，税收收入在4年内几乎增加了2倍。在班加罗尔，由于征收率和评估房产数量的增加，再加上估价的改善，提高了每处房产的平均纳税额，财政收入增加了33%。

改革后的印度房产税还通过公平的估值方法使征税成本和自由裁量权最小化，在保证政府财政收入来源的稳定之外，也实现了横向与纵向公平。

五、英国

（一）改革背景

英国是世界上最早对纳税人拥有的房产征税的国家之一，最早可追溯至1601年。17世纪中后期，英国国王查理二世通过了“灶炉税”，以家中灶炉数目为标准计算应纳税额，这是最初的房产税。这一制度的开征增加了英国政府的财政收入，但由于它并不能反映出家庭实际拥有的财产，因此影响了税收的公平，无法合理实现财产税对贫富差距的调节。

由于“灶炉税”违背了税收公平原则，1697 年，英国改为征收窗户税，以每家拥有的窗户数量为课税依据，因为一般情况下窗户的数量与住房面积大小相关。但是，这样一来为纳税人提供了逃避缴纳税款的可能。

为了制定更合理的房产税制，1778 年英国由根据窗户数量的从量计征改为按房屋租赁价格对房产定额征收房产税。自 1851 年起，按住宅用房和商业用房分类征收，但此时规定只针对出租房屋的出租人征税，存在一定的局限性，影响了税收的横向公平。1989 年，英国政府为满足地方财政收入的需要，进一步对房产税制进行改革，将此前按家庭为单位征收的税制改为按同一比例课征人头税。此时，地方政府要求的高税收，同英国居民收入存在较大矛盾，税负和纳税人的实际纳税能力无法实现很好地配合，此次改革遭到各个阶层的普遍反对。

在这种情况下，1993 年，英国政府提出在保留商业用房的房产税同时，开始征收住宅房产税，也称为市政税。该税规定在英国境内 18 岁以上的住房所有者和承租者为住宅房产税的纳税义务人，税率按房屋估价及地区差异划分为八个档次。随着房价的上涨和税率的调整，住宅房产税成为了英国财政的主要收入来源。在英国，所有的房产都需要向地方政府缴纳住宅房产税，用来支付地方的公共服务设施费用。

此外，在英国购买房屋时需要缴纳土地印花税（SDLT），且购房者在购买主要住所外的另一套住宅房产，将适用更高税率的土地印花税。而在英国若因出售（或“处置”）非主要住所的房屋、土地等获得利润，需要支付资本利得税。但是，夫妻之间赠送或赠送给同性恋人、慈善机构的情况以及由应抚养的亲属使用的情况除外；若房产为商业资产可享受税收豁免。

（二）改革内容

英国住宅房产税的纳税人是年满 18 岁的住宅所有者或承租者，该住宅房产税仅针对城市的房产征收，不包括农村。通常对住宅房产的所有者或承租人使用的土地、房屋等不动产按照评估价值的一定比例计算住宅房产税，是地方政府的重要税收的收入来源。

每个地方当局每年都会对本地区内的每处作为单独住宅的房产征收住宅房产税（例如，对公寓楼中的每个公寓收取单独的费用）。住宅房产税主要是一种基于资产的资本价值的财产税，它在一定程度上与纳税人的家庭规模相关联。如果该住宅房产空置或用于公用住宿（例如宿舍或疗养院），则由占用者或业主支付。

住宅房产税的税基是住宅房产的评估价值，评估机构为隶属于英国财政部的房产估价局（Valuation Office Agency，VOA）。房主可以对根据 1991 年 4 月 1 日的价值确定其财产的价值，当前房屋价值分 A-H 八个档，具体如表 8-8 所示。根据当地政府根据当地经济社会发展水平、政府预算及公共服务供给规模，对每个评估级别分别制定相应的收费标准计算住宅房产税。

表 8-8　　　　住宅房产税划分标准情况

价值等级	英格兰房屋价值区间范围	苏格兰房屋价值区间范围	威尔士房屋价值区间范围
A	40000 英镑及以下	27000 英镑及以下	30000 英镑及以下
B	超过 40000 英镑但不超过 52000 英镑	超过 27000 英镑但不超过 35000 英镑	超过 30000 英镑但不超过 39000 英镑
C	超过 52000 英镑但不超过 68000 英镑	超过 35000 英镑但不超过 45000 英镑	超过 39000 英镑但不超过 51000 英镑
D	超过 68000 英镑但不超过 88000 英镑	超过 45000 英镑但不超过 58000 英镑	超过 51000 英镑但不超过 66000 英镑
E	超过 88000 英镑但不超过 120000 英镑	超过 58000 英镑但不超过 80000 英镑	超过 66000 英镑但不超过 90000 英镑
F	超过 120000 英镑但不超过 160000 英镑	超过 80000 英镑但不超过 106000 英镑	超过 90000 英镑但不超过 120000 英镑
G	超过 160000 英镑但不超过 320000 英镑	超过 106000 英镑但不超过 212000 英镑	超过 120000 英镑但不超过 240000 英镑
H	超过 320000 英镑	超过 212000 英镑	超过 240000 英镑

此外，单身的成人可享受 25%的税款减免，且不属于任何人主要住所的住宅，即纳税人的第二套住房，可享受 50%的税款减免。在某些情况下也可完全豁免，例如完全由学生居住的住房。低收入家庭有权获得退税，最高可达住宅房产税总额的 100%。自 2019 年 4 月起，地方当局可对空置房产收取 100%的罚税款。

住宅房产税通常从 4 月 1 日到来年 1 月 1 日分 10 个月缴款。

此外，在买入阶段，对住宅和非居住用途房产，土地印花税的税率不同。一般来说，如果有人购买住宅房产（如房屋或公寓），则在房地产价格高于零税率区间的部分增加值征收土地印花税，其中零税率区间设定为 125000 英镑，即免征额为 125000 英镑（见表 8-9）。对于非住宅房产（土地或房产），免税的门槛为 150000 英镑。

表 8-9 买入阶段土地印花税划分标准情况

房地产价格区间	税率（%）
0 到 125000 英镑	0
超过 125000 英镑不到 250000 英镑	2
超过 250000 英镑不到 925000 英镑	5
超过 925000 英镑不到 1500000 英镑	10
超过 1500000 英镑	12

首次购买者有权获得最高 500000 英镑的购买减免。从 2016 年 4 月起，对于购买或出租房产的购买者，当他们已经拥有住宅房产时，除非该房产是作为其主要住宅的替代品而购买的，否则土地印花税的税率将提高额外 3%的税率（见表 8-10）。

表 8-10 已拥有住宅房产购买出租房产土地印花税划分标准情况

房地产价格区间	税率（%）
0 到 125000 英镑	3
超过 125000 英镑不到 250000 英镑	5
超过 250000 英镑不到 925000 英镑	8
超过 925000 英镑不到 1500000 英镑	13
超过 1500000 英镑	15

从 2021 年 7 月 1 日起，如果同时满足以下两种情况，可以少缴或不缴土地印花税：

(1) 购买者和其他一起购买房产的人，都是第一次购买房产；

(2) 购买价格不超过 50 万英镑。

即使是 2020 年 7 月 8 日之前购买的第一套房子，满足条件也将有资格享受该优惠。

在出售阶段，纳税人需要就售出价及买入价之间的差额部分缴纳资本利得税，但是出售唯一的或主要的自住房可免这部分税收。

（三）改革进展

2017 年 2 月 23 日，2017 年苏格兰议会减税修订案（S. I. 2017/41）提交英国议会，此次修订案做如下调整：①子女保险费调整；②提高了住宅房产税的减免额；③修改了苏格兰地方政府税收减免（国家养老金抵免）的数额，即用于非受扶养人、个人津贴和替代性地方政府税收减免的最高限额。

2020 年 7 月 8 日，英国财政大臣里希·苏纳克就新冠肺炎疫情大流行背景下的经济状况向众议院发表声明，提出了一系列促进和创造就业机会的措施。其中一部分涉及土地印花税，苏纳克宣布将购买住宅需缴纳的土地印花税适用的零税率范围从 125000 英镑临时增加到 500000 英镑。新的零税率区间将适用于 2020 年 7 月 8 日至 2021 年 3 月 31 日期间。

2020 年 7 月 9 日，众议院领袖宣布，下议院提出的土地印花税临时减免法案的所有政策将于 7 月 13 日进行。随后在 2021 年 3 月 3 日的 2021 年预算中，财政大臣宣布延长土地印花税的免税期：①将原定于 2021 年 3 月 31 日结束的 500000 英镑的零税率区间延长至 2021 年 6 月 30 日；②在 2021 年 7 月 1 日至 2021 年 9 月 30 日期间引入 250000 英镑的新的零税率区间。

土地印花税免税金额的门槛改革如表 8-11 所示。

表 8-11　　2020—2021 年住宅、非住宅房产土地印花税门槛情况

购买时间	住宅房产（英镑）	非住宅房产（英镑）
2020 年 7 月 8 日—2021 年 6 月 30 日	500000	150000
2021 年 7 月 1 日—2021 年 9 月 30 日	250000	150000
2021 年 10 月 1 日及之后	125000	150000

（四）改革评价

住宅房产税是对在英国保有房屋时缴纳的税款，是地方政府的重要收入来源。此外，英国住宅房产税也是地方政府调节经济的重要手段，充分调动了地方政府的积极性，同时因其针对房产保有环节征税，有效防止土地的低效利用。住宅房产税征收后税款主要用于支付教育、社会服务、房屋修缮、公共娱乐和交通设施、公共卫生设施，改善居住环境、提供治安维护和消防服务，以及地区城市规划和发展三个方面。此外，住宅房产税的征收也有利于房地产市场健康有序地发展，例如地方政府可以通过调节住宅房产税促进房地产开发量与市场需求一致，维护经济、社会和谐稳定地发展，通过制定高额的房屋空置税增加房产的持有成本，抑制购房投机行为。

土地印花税是针对土地及相关不动产转让、典卖、分割、租赁等事务征收的税种，税基是相关不动产的价值和租金金额。近年来，随着房价持续增长，英国土地印花税收入也迅速攀升。调整土地印花税的免税额度是调控房地产市场的重要举措，在全球疫情暴发之后，英国政府提高了购买房屋时土地印花税的免税额度，有利于激励房地产市场发展，鼓励投资并以此刺激经济发展。

六、日本

1950 年，日本进行了全面的税制改革。此次税制改革确立了日本的分税制制度，建立直接税、修改法人税、调整双重课税、对事业用固定资产重新评价和设立富裕税等，奠定了如今日本税制的基础和基本框架。此次改革确立的分税制制度将税收分为国税和地方税，其中固定资产税、城市规划税等房产税性质的税种均为地方税，由地方政府征收。

（一）改革背景

1. 通货膨胀严重，改革刻不容缓

第二次世界大战之后，日本的国内经济、政治都陷入了极度混乱的状态，国内生产停顿、失业激增，同时还伴随着物价上涨，通货膨胀严重。为遏制通货膨胀和弥补战争后的收入缺口，美国底特律银行的总裁约瑟夫 · M. 道奇在深入考察了日本的经济状况后，提出了“道奇计划”，其中就包括进行税制改革，以确保国家财政收入。“道奇计划”通过加重税收负担快速结束了战后恶性通货膨胀。之后以哥伦比亚大学教授夏普为首的税制考察团又为日本提出了“夏普税制”，也正是在此次改革中，日本取消了以土地、房屋租赁价格为课税标准的地租税、房屋税，改为由市町村征收的固定资产税，并建立了固定资产的再评估制度。

2. 泡沫经济时期，资产评估额需要调整

1985 年日本签订《广场协议》以后，日元持续升值，日本地价连续 5 年上涨。而且由于日本传统的劳动密集型企业大量走出国门，导致了日本本土产业的空心化趋势，导致失业率增加、消费下降，长期的低利率使房地产价格不断增长，这又导致两极分化加大，产生恶性循环。在这一时期，日本的土地价格、评估值和课税标准之间存在着巨大差距，土地价格远远高于其评估值和课税标准，为改善这一现象，日本对固定资产评估体系进行改革，将不动产评估价格设定为公示价格的 70%。泡沫经济崩溃后，日本地价开始不断降低，因此又于1997年引入了负担调整机制，将上年度的课税标准/当年度的评估额作为负担水平来判断当年评估价格和上年度课税标准之间的差距，并适当调整不同负担水平的土地之间的课税标准，维护税收的公平性。

3. 少子高龄化时代，增税成为主旋律

在日本，“高龄化”正史无前例地急速发展，同时，由于出生率的下降，“少子化”也在加剧。1998—2010年，日本地价不断降低，土地的评估价格和课税标准与公示价格的差别不断缩小，固定资产税严重受到地价变动的影响，税收收入增速缓慢，难以满足少子高龄化时代的财政需求。此外，随着固定资产税缴纳者的老龄化，且高龄房主由于是早期购入的房屋，平均面积较大，资产价值也较高，其能否承受与价值联动的固定资产税负担是一个必须引起重视的问题。根据日本政府报告，预计21世纪中叶，日本每2.5名国民中就有1名是65岁以上的高龄者的超高龄化社会即将到来。目前日本政府及学术界正在积极研究针对老龄家庭的税收优惠措施。

（二）改革内容

1. 日本主要房产税种

目前日本已建立了完整的房产税体系，包括固定资产税、城市规划税等，覆盖了不动产的取得、保有等环节。

在不动产保有环节开征的税种包括固定资产税、城市规划税、营业场所税、矿区税、特别土地保有税和地价税（目前已取消），固定资产税是在1949年日本的“夏普税制”改革中，取代以前的房屋税、地租以及就土地、房屋、船舶、铁道等特定折旧资产所征收的税，征税主体是市町村政府，标准税率为1.4%，2017年以来，固定资产税占市町村税比重均在40%以上，成为地方税收收入的主要来源。城市规划税创设于1956年，是对城市规划法划定的城市化区域内的房屋所有人所征收的税，原则上同固定资产税一并征收，征税主体是市町村政府，纳税义务人、纳税依据、纳税方式同固定资产税相同，最高税率为0.3%。特别土地保有税是于1973年作为市町村税创设的，对一定规模以上的土地征收，目的是抑制投机性的土地取得和促进土地的有效利用。地价税是日本于1991年基于地价税法引入的，目的是阻止20世纪80年代中期开始的土地价格飙升，抑制土地的投机行为，后又于1998年废除了地价税。

2. 日本房产税改革历程

（1）泡沫经济之前的日本房产税改革。

自建立“夏普税制”之后，日本经历了战后经济恢复时期。20世纪60

年代开始，日本进入了经济高速增长时期。日本的相关房产税在此时期也进行了相应改革。1973 年，日本政府发布了《关于今后土地税制应有态势的报告》，开始进行 1973 年的税制改革，在此次改革中，创设了特别土地保有税制度，对 1969 年 1 月后取得超过一定面积的土地，以取得金额为标准，按 1.4%征收特别土地保有税；对 1973 年 7 月后取得的土地，以新购置的土地价格作为参考，征收 3%的保有税。在地价上涨问题明显缓和之后，1978 年，日本政府降低了特别土地保有税，增加了一些税收优惠措施。1982 年，为保障土地长期有效供给，日本又进行了税收制度改革，取消对农用地的税收优惠，使其与住宅适用相同的税收政策。此外，还提高了特别土地保有税，但其适用范围在不断缩小。从上述内容可见，日本对房产税的征收仍是以宽松的政策为主，这也是导致日本 20 世纪 80 年代泡沫经济爆发的原因之一。

（2）泡沫经济时期的日本房产税改革。

20 世纪 80 年代中期，日本的泡沫经济带来了地价的持续上涨，因此日本政府再次进行了税制改革，强化对不动产的征税措施。这一阶段的税制改革内容包括以下三个方面。一是 1989 年日本出台了《土地基本法》，制定了科学的发展规划，规定土地所有者应承担与其土地价格上升所带来的利益相适应的负担等内容。基于《土地基本法》，日本于 1992 年开始对保有土地征税，以评估价值作为课税基础，基本税率为 0.3%。由于地价税税率较低，且免税范围过大，因此对土地保有者的影响并不是很大。二是调整了特别土地保有税的课税对象，将原本不征税的持有期超过 10 年的土地纳入课税对象，扩大了特别土地保有税的课税范围。三是提高土地价格评估标准，从 1994 年开始，将固定资产的评估标准由原本的市价的 25%提高至公示价格的 70%。此次改革抑制了日本过度增长的地价和房价，也为 20 世纪 90 年代中期以后缓和房产税埋下了伏笔。

（3）长期萧条时期的日本房产税改革。

房地产市场泡沫破裂后，日本经济进入了长期的萧条时期，因此，日本的房产税制改革的重心从市场调控转向了降低土地税收负担、提高土地流动性、促进土地的有效利用等方面。1998 年，随着经济萧条背景下地价、房价的持续下降，日本政府停征地价税。2009 年日本政府为了应对以土地使用价值为中心的房地产价值的形成和少子高龄化社会等与土地相关经济社会环境的变化，又出台了“土地政策的中长期展望”，提出要完善房地产市场的税制，确保土地市场的平稳运行，提高国民生活水平，提高不动产的利用价值。

21 世纪以后，日本的房产税开始从调控市场供求回归到提供土地流动性和使用效率上，逐步实现税制的中立性。

在2020年日本税制改革中，为了掌握不动产所有者的信息和从税制公平性的角度出发，针对所有者不明的土地，日本出台了相关的固定资产税规定。一是对于登记簿上所有者死亡的土地或房屋，由其继承人进行申报纳税；二是对于在调查完毕仍未查明固定资产所有者的情况下，可以在事先通知使用者的基础上，将使用者视为所有者，征收固定资产税。

2021年受新冠肺炎疫情影响，日本的社会经济活动和整体国民生活状况发生了很大的变化，从纳税人税收负担和为纳税人提供关怀的角度出发，日本出台了关于应对固定资产税评估额变更的措施，以支持家庭和民生需求。固定资产税的计税基准价格是在固定资产评估价格的基础上经过调整得出的，固定资产评估价格每3年重新评估一次，原则上评估后计税基准价格在3年间保持不变。2021年是固定资产评估价格的再评估年份。为减轻疫情影响下居民和企业的税收负担，2021年日本税制改革规定：计税基准评估后，如果计税基准价格上升，则2021年度仍按照此前的计税基准价格征税，确保固定资产税税额保持不变；评估后，如果计税基准价格下降，则2021年度按照降低后的计税基准价格征税。并且规定，在计税基准价格上升的情况下，2022年度和2023年度分阶段上调计税基准价格，相应的固定资产税税额逐步上升，以使疫情后纳税人能有适当缓冲，避免税负迅速增加。

在日本政府发布的2022年税制改革纲要中提到，为了全力恢复经济，日本将再次调整固定资产税等税种的负担。在2022年，商业土地等固定资产税的课税标准额的上升幅度限额将由原来的5%降至2.5%，城市规划税也按照采取同样的措施。此外，此次改革还规定，继续延长新建长期优良住宅等土地的相关房产税优惠措施，鼓励新建长期优良住宅，在减少住宅垃圾拆除量的同时，提高土地利用效率。

（三）改革效应

1. 增加财政收入

固定资产税、城市规划税等作为地方税种，使得地方政府在财政上获得了一定的自主权，促进地方政府为居民提供更优质的公共服务，形成良性循环，在日本地方财政教材中，将以土地为征税对象的固定资产税列为“理想地方税”；同时也会使得地方政府依据地方特色提高当地经济运行效率和公共财政效率。根据日本《令和2年（2020年）决算额》，2020年固定资产税和城市规划税收入为106232亿日元，占地方税收收入比例的26.02%；[①] 根据日本政府发布的《2022年度地方财政计划额》，预计2022年日本固定资产税和城市规划税收入合计将达到107768亿日元，占地方税的26.1%，是地方财政重要的收入来源。[②]

2. 抑制投机行为

在日本，由于土地资源的稀缺性，土地市场一般呈现卖方市场，导致了很多投机行为的出现。日本对土地、房产在保有环节征税，增加了保有环节的成本，有效地抑制了投机行为，促进了资源的合理流动和提高了资源的利用效率。此外，通过对不同的土地利用方向确定不同的税率，可以起到引导土地利用方向的作用，促进土地资源的合理利用。

3. 逐渐降低纳税人税负

近年来，根据日本财务省官网的统计，1994—2011年日本对资产征收的税收占国内全部税收的比例均在17%以上，根据对2021年税收预算的评估，日本对资产所征收的税收占国内全部税收的比例下降至14.4%，纳税人的资产税税负明显下降。2018年度，日本税收的国民负担率[③]为44.3%，其中日本资产课税的国民负担率为3.6%，低于国际上大多数国家。[④]

（四）改革评价

1. 房产税对地价等资产价格的影响

野口悠纪雄[⑤]分析了20世纪80年代日本土地税制对日本房地产价格的影响，认为由于当时日本长期宽松的货币政策给国内带来了过剩的流动性，推动了国民收入的增加，同时当时日本的土地税对土地的取得、保有和转让环节征税较轻，导致投机性土地交易日益严重，推高了日本的房地产价格。山崎福寿[⑥]运用计量经济模型分析了固定资产税和地价水平之间的关系，并得出固定资产税具有降低地价的效果，且有助于地价稳定的结论。

2. 房产税对土地利用效率的影响

---

① 参见 https：//www. soumu. go. jp/main _ sosiki/jichi _ zeisei/czaisei/czaisei _ seido/czei _ shiryo _ ichiran. html。

② 参见 https：//www. soumu. go. jp/main _ sosiki/jichi _ zeisei/czaisei/czaisei _ seido/czei _ shiryo _ ichiran. html。

③ 国民负担率：一个国家在一定时期（通常为一年）内的税收总额和社会保障负担占国内生产总值（GDP）的比例。

④ 参见 https：//www. mof. go. jp/index. htm。

⑤ 野口悠紀雄．土地課税の経済効果［J］．日本不動産学会誌，1987（4）：23-31.

⑥ 山崎福寿．耐震強度偽装事件と住宅の質の改善［J］．経済調査研究レビュー，2009（5）：44-54.

山崎福寿[①]认为，对建筑物等征收固定资产税和城市规划税，降低了建筑物的收益性，会对土地的高度利用产生负面影响，影响了土地利用的效率性。而且，山崎福寿认为，对建筑物征收固定资产税不符合受益原则，因为作为课税基础的建筑物价格，主要由建筑费决定，很少受到公共服务质量和水平的影响，不能反映土地的价格，作为受益人的土地所有者没有负担相应的税收。山崎福寿通过分析得出结论，日本政府应提高对土地的固定资产税的实际税率，降低对住宅的固定资产税税率，既保障了地方政府的收入来源，又促进了税制的公平和效率。

3. 房产税对纳税人税负的影响

对于2021年日本的税改政策，葛敬书等[②]认为，在日本经济复苏前景并不乐观的背景下，日本政府延期实施土地（商业用地、住宅用地和农地等）固定资产税调整计划、维持土地固定资产税标准不变的政策，切实降低企业和家庭税收负担，有助于更多的企业和家庭度过疫情危机。李清如等[③]也认为，日本在2022年度、2023年度逐步上调计税基准价格的政策，可以使疫情后纳税人能有适当缓冲，避免税负迅速增加。

第四节　房地产税制特点与发展趋势

一、房地产税制特点

（一）纳税人主要是房地产所有人

房地产税收作为一种财产税，纳税人大多为房地产的所有人。各国在房地产税制的设计上，也基本遵循着这一原则。比如G20成员中的德国、印度

① Yamazaki F. The Optimal Reform About Property Tax [J]. Frontiers of Real Estate Science in Japan, 2021: 139.

② 葛敬书，毕凌波，邱晓峰. 日本税制改革新动向及对我国的启示 [J]. 国际税收，2021 (5): 30-35.

③ 李清如，高阳. 2021年度日本税制改革述评：疫情冲击下的经济复苏与增长 [J]. 税务研究，2021 (5): 77-83.

尼西亚、日本、美国、韩国、墨西哥、印度、沙特阿拉伯、阿根廷、巴西等国家的房地产税的纳税人都是财产的所有人。

但同时，也有一些国家将房地产税的课税对象从所有权扩大到了使用权、收益权，对房地产的承租人、使用人或受益人征税。例如：澳大利亚的土地税、意大利的市政税、土耳其的房产税和土地税、英国的房产税。

从 G20 成员的房地产征收管理来看，房地产所有人是主要的纳税主体。但是从 G20 成员的实际情况看，承租人、使用人和受益人同样可以成为房地产税的纳税人。

（二）税基以房地产的评估价格为主

在 G20 成员中，有部分国家是以市场价值、租金收入、地籍价值、建造成本等作为计税依据，比如法国的房地产税是以市场价值为计税依据，印度的房产税是以年租金为计税依据，土耳其的房地产税是以建造成本为计税依据，俄罗斯的土地税、房产税是以地籍价值为计税依据。然而随着经济发展、城市化和其他各种各样的因素都会引起房地产价值的变动，市场价值、租金收入、地籍价值、建造成本等难以反映房屋和土地的真实价值。

在 G20 成员中，大多数国家以评估价值作为计税依据，比如阿根廷、澳大利亚、加拿大、印度尼西亚、美国、意大利、日本、韩国等，并且各自规定了评估周期。评估价格是介于购置价格和市场价格之间的价格，采用评估价值作为计税依据，是一个比较合理的设计，有利于缓和房地产市场价格上升或下降带来的压力；而且以评估价值作为房地产税的计税依据，可以促进税收公平，使房地产的评估值能够客观地反映房地产的真实价值和纳税人的实际支付能力，符合量能纳税的原则，体现税收公平。

（三）房地产税的税率形式灵活，采用低税率

G20 成员中，房地产税的在税率形式上主要采用比例税率，比如俄罗斯、土耳其、意大利、印度尼西亚、法国等国家都采用单一的比例税率。也有一些国家采用比例税率和其他税率相结合的形式，比如：日本的财产税采用比例税率，城市规划税采用累进税率；加拿大的房地产税采用地区差别比例税率，物业税采用比例税率；中国的房产税采用比例税率，城镇土地使用税采用定额税率。

也有较多的国家实行有利于实现公平原则的累进税率，比如澳大利亚采用 0.15%～3.7%的累进税率，巴西采用 0.03%～20%的累进税率，德国采用 0.98%～2.84%的累进税率。房地产税采用累进税率的形式，更有利于调节家庭之间存量财富的公平，减少税负转嫁，同时可以稳定房地产市场，引导住房合理消费，防范投机行为，间接降低低收入家庭住房成本。

同时，大多数国家在税率设置上采用了低税率，比如土耳其的房地产税率为0.2%、0.1%、0.3%，日本的财产税为1.4%，意大利的房地产税率为0.86%，印度尼西亚的房地产税率为0.5%，丹麦的城市房地产税率为1.6%~3.4%，德国房地产税平均税率约为1.9%。这反映了各国对房地产税负水平的一个审慎的态度。

二、房地产税制国际发展趋势

（一）税制改革有提高税率或扩大税基的态势

G20成员中尽管有少数国家提出了一些减轻房地产税的举措，例如：法国自2023年起，对所有纳税人取消主要住所的住房税；希腊免除符合一定条件的部分岛屿的个人房地产税；丹麦于2020年5月15日承诺，在2021—2023年将国家财产税总计减少30亿丹麦克朗，城市房地产税在2021—2028年不再增加。但在房地产税的改革中不少国家有通过提高税率或扩大税基的方式增税的态势。一方面，对高价值房地产征收附加税。如英国自2018年开始对价值超过50万英镑的住宅征收豪宅税；智利对纳税人的计税总价值超过670计税单位（每年依据通货膨胀率调整，约为4亿智利比索）的全部房产征收累进附加税；土耳其自2021年1月1日起，对价值超过500万土耳其里拉的住宅征收房产税。另一方面，通过提高税率的方式增税。如立陶宛自2020年1月1日起将不动产税最低税率从0.3%提高至0.5%，西班牙自2021年1月1日起将净财富税的最高税率从2.5%提高至3.5%。

（二）根据通货膨胀水平及地区差异适当调整

G20成员中部分国家通过结合通货膨胀水平及地区差异对房产税税基或税率进行适当的调整，以体现税收的公平原则。一方面，依据通货膨胀水平等使得房地产的评估价值更能反映其真实价值。如德国从2025年1月1日起将依据新房地产估值规则确定的价值计算房地产税；土耳其房地产税应纳税基数每年增加财政部宣布的重估率的一半；丹麦在2011—2020年，共计130亿丹麦克朗将退还给由于评估过度而支付了超额国家财产税的房主。另一方面，考虑地区间的差异对房地产税进行适当调整。如阿根廷农村房地产税税率不超过1.2%，城乡接合部房地产税税率不超过1.35%，城市房地产税税率为1.5%；巴西城市房地产税税率因市镇而异，从0.5%、2%至3.5%不等；加拿大郊区和市中心的房地产税适用不同的税率。

（三）更好地发挥税收优惠措施的调控作用

G20 成员充分借助房产税税收优惠措施以发挥更好的调控作用。

一方面，应对经济形势适度调整税收优惠措施。新冠肺炎疫情肆虐全球，为世界经济带来了巨大的冲击。G20 成员中部分国家出台了一系列的临时性的房地产税税收优惠措施，如减免税款、延期纳税等举措以提振经济。如英国推出临时性的商业房地产税的零税率举措；俄罗斯对于受疫情影响严重的个体经营者免征与创业活动所用财产和（或）土地有关的财产税及土地税；意大利于 2020 年免征部分文化及旅游财产的市政税，从事娱乐业的企业，2021 年和 2022 年免征用于其相关活动的符合条件的财产的市政税。法国、波兰针对受疫情影响而经营困难的企业推出了房地产税延期缴纳措施。

另一方面，综合考虑个人的税收负担，G20 成员中部分国家对于个人的主要居所或特殊人群给予税收优惠，更加体现税收的公平。如澳大利亚对主要居住地和初级生产用地通常免征土地税；印度对个人的唯一住房免征净财富税；墨西哥对退休及领取养老金人士、遗孀、孤儿的住宅，减免 30%的房地产税款；印度尼西亚对由公务员，退休者和军队人员所拥有、控制或使用的财产，免征房地产税（其收入仅来自工资或养恤金）。此外，在给予税收优惠的同时更加注重房地产反避税规则的制定，如葡萄牙扩大了房地产反避税措施。

第九章　资源和环境税

资源和环境税，并不是一个严谨的学术概念，也不是一个具体的税种。通常作为环境税和资源税的合称。本章所称资源和环境税，也是资源税和环境税的合称，因此，章节安排上按资源税和环境税进行论述。不过，如后面所述，资源税和环境税在含义上都有狭义和广义之分，广义的环境税就包括资源税，因此，更确切地说，这里所称的资源和环境税，只是强调有利于资源和环境保护的各种税收的泛称。

本章主要内容包括：介绍资源税、环境税的含义与分类，初步反映以 G20 成员及部分其他国家为代表的世界资源税、环境税征收现状，2021 年世界资源和环境税的主要变化，资源税和环境税发展的基本特点与趋势。

第一节 资源税现状

资源税有广义和狭义之分。广义的资源税（resource taxes）是指以自然资源为征税对象的各种税收的统称，包括资源开采环节征收的资源开采税（如中国的资源税）、资源产品加工销售环节征收的资源产品消费税（如对煤等能源产品征收的消费税）和资源收益实现环节征收的资源收益税（如澳大利亚的资源租赁税）。狭义的资源税仅指资源开采税，有的国家就称开采税（severance tax 或 mining tax）。本节主要考察狭义的资源税，即资源开采税（以下简称资源税）。

一、资源税征收范围

自然资源包括的范围很广，如矿产资源、土地资源、动植物资源、水资源、太阳能资源以及空气等。矿产资源又可分为能源矿产、金属矿产、非金属矿产、水气矿产及其他呈固体、气体或液体状态的矿产资源等。再细分，能源矿产又包括煤、石油、天然气、铀等。加上资源禀赋的差异，不同国家和地区，资源税的征收范围差异很大。

根据对 OECD 环境税数据库、IBFD 国别税制动态资料和部分国家政府网站的检索，资源税的主要征收范围包括矿产资源（包括金属矿产和非金属矿产资源）、水资源、植物资源（主要是林木资源）和动物资源①。

（一）G20 成员资源税开征情况

在 G20 的 19 个成员（不含欧盟）中，除中国开征有资源税以外，澳大利亚、沙特阿拉伯未对资源开采征收资源税，但对资源开采收益征收特别所得税：澳大利亚对石油开采征收石油资源租赁税（Petroleum Resource Rent Tax，PRRT），历史上还曾经对铁、煤矿产资源的开采征收矿产资源租赁税（Mineral resource rent tax，MRRT），后者于 2014 年 10 月 1 日起取消；沙特阿拉伯对油

① 自然资源包括土地资源，但土地同时具有财产（不动产）属性，通常纳入财产税范畴，故对土地资源征收的税（费）本节不予讨论。

气资源分别征收石油特别所得税和天然气投资所得税；意大利和土耳其在OECD、IBFD 的数据库中未见开征资源税；其余 14 个成员都对资源开采征收不同形式的资源税或费（见表 9–1）。

表 9–1　　部分 G20 成员资源税开征情况

国家		矿产资源	水资源	植物资源	动物资源
金砖国家	巴西	油气许可权费、（矿产品）公共外部性税			
	印度	原油税、矿产和油气开采服务税			
	俄罗斯	矿产开采税			
	南非	石油管道税	水资源管理费＊		
G7成员国	加拿大	开采税＊		森林砍伐税＊	狩猎许可费
	法国	石油勘探税、地热勘探税	矿泉水税、河水使用税、抽水费		
	德国		抽水费		狩猎捕鱼税
	日本	矿产税＊、石油煤炭税	江河取水费		狩猎税
	英国	沙石税	水资源费		捕鱼许可费
	美国	煤税、开采税＊		林木开采税＊	水产税＊
OECD成员国	韩国	区域资源设施税			
	墨西哥	开采税			
新兴国家	阿根廷	资源开采许可费			
	印度尼西亚	（非金属）矿产税＊	地表水税＊、地下水税＊	森林恢复税、森林许可费、造林基金费	燕窝税＊

说明：＊表示由地方政府征收。

资料来源：根据 OECD 环境税收政策数据库、IBFD 各国税制数据库相关资料整理。

（二）部分其他国家的资源税开征情况

表 9–2 整理了 G20 成员以外部分国家的资源税开征情况。

表 9-2　　部分国家资源税（费）开征简况

国家	矿产资源	水资源	沙石资源	林木资源	动物资源
阿尔巴尼亚	矿产开采费（1994）				渔业养殖税（1993）
克罗地亚	矿产开采费（1959）	水使用许可费（1991）	沙石开采费（1996）	林权转让费（1997）；森林贡献费（1993）	捕鱼费（1996）；狩猎租金（1995）
丹麦		水量税（1994）；水费（1950）	原材料税（2006）		捕鱼许可费（1950）；狩猎许可费（1950）
以色列	石油天然气资源税（1991）	采水费（1959）			
拉脱维亚	自然资源税（1995/2006）	自然资源税	自然资源税		
波兰	矿产资源税（2012）	采水费（1990）		森林砍伐费（1990）	渔猎许可费（1990）
塞尔维亚		采水费（1991）	沙石开采费（1991）	树木砍伐费（1991）	捕鱼许可费（1994）
西班牙		水税＊			
瑞典	开采费（1999）		沙石税（1996）		狩猎费（1995）
冰岛		热水税（2010）			
新西兰	能源资源税（1976）				
哥伦比亚	开采权益金（1994）			野生资源开发费（1974）；森林费（1982）	
爱沙尼亚	开采费（1991）	取水费（1991）			捕鱼费（1993）；狩猎权费（2003）
哈萨克斯坦	矿产开采税	矿产开采税			
乌兹别克斯坦	地下资源使用税	水资源使用税			
斐济		水资源税（2009）			

说明：

（1）括号中的数字为开征年份，斜杠（/）后数字为修订年份。未标明的表示开征年份不详。

（2）带＊号的，表示为地方政府征收。

资料来源：根据 OECD 环境税收政策数据库并参考 IBFD 相关动态信息资料和部分国家政府网站资料整理。

二、资源税税率

不同资源，资源税税率的设计也不尽相同。以矿产资源税税率为例：与其他资源相比，对矿产资源开采征收税（费）的国家相对较多。由于各国矿产资源禀赋差异很大，因此矿产资源税（费）的征收范围和税率都差异很大，名称也很不相同。资源税税率根据征收方式的不同，主要有以下三种形式：一是按开采量从量定额征收的定额税率，这是最常见税率形式；二是按资源的价值从价定率征收比例税率；三是存在少量的国家实行按面积征收的定额税率（见表9-3）。

表9-3　　部分国家矿产资源税（费）征收范围与税率

国家/地区	征收名称	开征时间	征收范围	税基	税率		备注
					本币	欧元（€）	
巴西	公共外部性（矿产品）税		矿产品	从价	0~14%		
印度	原油税		原油	从量	2000卢比/吨	26.91€/吨	
	矿产和油气开采服务税			从价	12.36%		
俄罗斯	矿产开采税		石油、天然气等	从量	919卢布/吨		原油税率
南非	石油管道税		原油	从量	0.0015兰特/吨	0.0001€/吨	
加拿大	开采税*		矿产开采	净所得	12.5%		卑诗省
			采石场	从量	0.15加元/吨	0.1023€/吨	
法国①	石油勘探税	2018年		按面积		5€/km²年	
	地热勘探税	2018年		按面积		2€/km²年	
日本	矿产税*		矿产开采	从价	0.7%~1.2%		
	石油煤炭税	/2003年10月	石油、天然气、煤	从量	2800日元/千升		原油税率

① 法国石油勘探税（tax on oil exploration）、地热勘探税（tax on geothermal exploration）根据《2017年财政法（修正案）》的规定自2018年1月1日起开征。表中税率为第一期许可期适用税率，第二期、第三期将分别提高至10欧元、30欧元和4欧元、12欧元。

续表

国家/地区	征收名称	开征时间	征收范围	税基	税率		备注
					本币	欧元（€）	
英国	沙石税		沙石开采	从量	2.0英镑/吨①		
美国	煤炭税		煤炭	从价	4.4%但不低于1.1美元/吨		联邦税
	开采税*（阿拉巴马州）		铁矿、煤矿等	从量	0.335美元/吨	0.2783€/吨	煤炭税率
墨西哥	矿产开采税	/2014	矿产开采	从量	因矿区而异，按7.5%加征		
阿根廷	资源开采许可费	1993年7月	矿产开采	从量	因矿区而异+按面积定额费		
印度尼西亚	矿产税*		非金属矿产和石材	从价	小于或等于25%		
智利	开采权费	1982/2001	金属、非金属矿产，盐等勘探/开采权	面积	0.02~0.033UTM/公顷		UTM：税收单位
	矿产开采特别税	2005/2010		售价		0.5%~14%	用于创新基金
捷克	矿产开采费	1992/2011		矿产品市价		小于或等于10%	25%专用
	矿区使用费	1991			100~1000克朗/公顷	3.63~36.31€/公顷	
爱沙尼亚	矿产开采费	1991/2015	沙石、油、煤等	从量	—	1.15~1.86€/吨	50%专用
以色列	开采费	1950/2010	采矿许可权	每份	6840.0新谢克尔/年	1610.1€/年	—
			磷矿权益金	开采量	0.05美元/吨	0.0415€/吨	
波兰	矿产开采税	2012	铜	从量	2064.2兹罗提/吨	493.8€/吨	—
			银		254兹罗提/吨	60.76€/KG	

① 2021年4月1日起的新年度适用税率不变。参见：https://www.gov.uk/government/publications/rates-and-allowances-aggregates-levy/rates-and-allowances-aggregates-levy。

续表

国家/地区	征收名称	开征时间	征收范围	税基	税率		备注
					本币	欧元（€）	
美国 *	开采税（新墨西哥州）	不详	地下煤	从量	0.55 美元/吨	0.4972 €/吨	100%专用
			金属矿、非金属矿、木材	从价		0.125%~0.5%	
阿尔巴尼亚	矿产开采费	1994	第 4 类矿产	从量	100 列克/ km^2	91.76 €/ km^2	–
			开采许可	定额	3000~10000 列克	1907~6358 €	
			权益金	市价	2%	2%	
立陶宛	矿物开采费	1991//2006	琥珀、石膏、泥煤、各种沙石等	从量	0.28~5 立特/吨	泥煤：0.0805~1.4374 €/吨	–
哥伦比亚	石油天然气资源税	1991/2003	石油天然气	售价，按产量分档		2%~16%	–
	开采权益金	/2012	煤金属、非金属矿产，盐	从价		5% 3%~12%	–
新西兰	能源资源税	1976	煤	从量	2.0 元/吨	1.26 €/吨	
			（南方岛屿）褐煤	从量	1.5 元/吨	0.9440 €/吨	
			天然气	从量	0.45 元/吨	0.2832 €/吨	
哈萨克斯坦	矿产开采税	不详	原油、天然气、煤等矿产	从价	出口天然气	10%	#因产量变化确定
					内销天然气	0.5%~1.5%#	

说明：“/2003”等表示修订年份，“//”表示已经过多次修订，*表示由地方政府征收；本币一栏：符号“—”表示本币即为欧元（€），下同。

资料来源：根据 OECD 环境税收政策数据库、IBFD 各国税制数据库及相关国家税务部门网站的资料整理。

第二节 环境税现状

环境税一词使用广泛，不同人不同场合使用的含义也不尽相同。有时指一个具体的税种（environmental tax），而具体内容则可能大相径庭，如美国联邦征收的“环境税”（environmental tax）是对公司年应税所得超过规定标准的部分按0.12%的税率征收，其性质相当于一种特别所得税，只是其资金专项用于环保，作为环保基金的资金来源；安圭拉的“环境税”（environmental levy）是对企业和家庭按电费的7%征收，其性质属于电力消费税①。通常而言，环境税是指与环境保护目的相关的各种税收的泛称（environmental taxes），如美国《国内收入法典》第38章章名就是“环境税”（environmental taxes），内含汽油税（tax on petroleum）、特定化学品税（tax on certain chemicals）、臭氧消耗物质税（ozone-depleting chemicals）等具有环保意义的税种。各国语种的同义、近义词（如生态税、绿色税、污染税等）和不同的翻译，更增加了名称的复杂性。这就是说，按税种实际使用的名称很难对“环境税”范畴进行规范和比较，相对现实可行的是按征收的内容进行归类，并在广义和狭义两个层面界定其含义。

广义的环境税是指以环境保护为目的开征的各个税种的总称，按内容主要包括四类。

一是对排放污染物行为征收的各种排污税，或称污染税，具体开征的税种名目繁多，但根据排放污染物的不同，可以分为：对废气排放征收的空气污染税、对污水排放征收的水污染税、对固体废弃物（垃圾）排放征收的垃圾税、对噪声排放征收的噪声税等。从征收范围的设置方式来看，则大体可以分为两种类型（见表9-4）：一种是对各种污染物的排放综合征收，征收范围虽然不同国家、不同时期会有调整，但总体上包括多种污染物，在名称上，往往表现为“综合污染税”“污染税”以及具有税收性质的费类名称如“排污费”“排放费”等类似的名称，由于向大气排放的污染物种类繁多，因此对各种大气污染物综合征收的诸如“空气污染税”“空气污染费”等也具有综合污染税性质。另一种是对具体的污染物单独征收，通常以某种具体污染物的名称命名。比较常见的主要有：对二氧化硫（SO_2）排放征收的SO_2税、对氮氧化物（NO_x）排放征收的NO_x税、对二氧化碳（CO_2）排放征收的CO_2税、对污水排放征收的水污染税、对固体废弃物（垃圾）排放征收的垃圾税、对噪声排放征收的噪声税等。一些国家也对挥发性有机物（Volatile Organic Compound，VOC）的排放征收VOC税，如斯洛文尼亚、列支敦士登、瑞士等。

① 安圭拉2022年7月1日开征增值税性质的货物劳务税（GST），同时取消环境税。

表 9-4　排污税的分类

<table>
<tr><th>税基</th><th>废气排放</th><th>污水排放</th><th>固体废弃物排放</th><th>噪声排放</th></tr>
<tr><td rowspan="2">综合征收</td><td colspan="4">综合污染税</td></tr>
<tr><td>空气污染税</td><td>—</td><td>—</td><td>—</td></tr>
<tr><td>单项征收</td><td>SO_2 税、NO_x 税、CO_2 税、VOC 税、ODS 税</td><td>水污染税</td><td>垃圾税</td><td>噪声税</td></tr>
</table>

二是对污染产品和资源产品征收的各种产品税，如对煤、燃油等矿物能源的征税，对机动车的征税，对纸、筷子、木制家具等林木资源产品的征税等，其性质属于特别消费税，为区别于传统型（特别）消费税，可以将之称为“环保型消费税”。

三是对自然资源开采征收的资源税（见本章第一节）。

四是具有环保意义的其他税收，包括按环境影响程度设计税率的其他税种（如在使用环节征收的按百公里碳排放水平设置税率的机动车税）和收入专项用于环保目的的各种税收（如上述美国联邦征收的“环境税”）。

狭义的环境税仅指上述第一类的排污税。

上一节讨论资源税，环保型消费税在特别消费税一章已有分析，因此本节主要讨论狭义的环境税即排污税。

一、综合污染税

从 OECD 环境税收数据的情况来看，对多种污染物综合征收污染税的国家并不多，比较典型的有法国征收的“综合污染税”：最早于 1999 年 1 月 1 日根据《1999 年财政法》开征，征收范围包括大气污染物、垃圾和废油产品，按实际排放量实行从量定额征收。此后征收范围扩大至矿物颗粒（natural mineral grains）、含磷洗衣粉、农药和塑料袋（农药 2008 年又被取消）。法国污染税由纳税人自行计算并向关税和消费税部门申报缴纳，属中央税，由中央政府立法，收入也归中央政府支配。再如匈牙利 2001 年对不同污染源根据复杂的公式开征“空气污染税”（2009 年修订）。中国 2018 年 1 月 1 日开征的环境保护税（代替原排污费）也属于此类。

但征收具有税收性质的“综合污染费”的国家不少，例如澳大利亚由州级政府征收的“环境保护费”，以首都区为例，2011 年开征，征收范围包括二氧化硫（SO_2），氮氧化物（NO_x）在内的各种空气污染物和水污染物等。加拿大由各省政府征收的“排放费”，以哥伦比亚省为例，1992 年开征，征收范围也涉及空气污染物和水污染物等。

二、空气污染税

从各国实践看，对污染空气的各种污染物综合征税的，更多的是体现为综合征收具有税收性质的“空气污染费”，如韩国（1983/2010 年修订）、波兰（1990/2014 年修订）、爱沙尼亚（1991/2015 年修订）；立陶宛（1991/1999 年修订）、黑山（1997/2000 年修订）、捷克（2013）等国家都开征了“空气污染费”。而对具体排放物独立征税，比较常见的有二氧化硫（SO_2）税、氮氧化物（NO_x）税和二氧化碳（CO_2）税。

（一）SO_2 税和 NO_x 税

除上述开征综合型污染税（费）的国家基本上都对 SO_2 和 NO_x 征收以外，还有一些国家单独开征了 SO_2 税和 NO_x 税，包括日本（称“污染税”，1974 年开征/2007 年修订）；丹麦（1998 年开征/2009 年修订）；瑞典（1991 年开征）；瑞士、列支敦士登（皆称“燃料硫含量调节税”，1998 年开征）等。

二氧化硫（SO_2）是造成酸雨的主要污染物，对人类危害较大。为此，挪威、日本早在 20 世纪 70 年代初就开征了 SO_2 税。美国当时也曾提出征收 SO_2 税议案，但最终未获通过，而是改为了 SO_2 排污权交易。从征收内容看，有按 SO_2 排放量征收的，也有按含硫量的不同直接对含硫能源产品征税的。

NO_x 税是对氮氧化物的排放征收的污染税。单独征收 NO_X 税的丹麦（2008 年开征/2011 年修订）、挪威（2007 年开征/2015 年修订）和瑞典（1992 年开征/2008 年修订）三个国家，都是按氮氧化物的排放量征税的。

意大利从 1998 年 1 月 1 日开始对二氧化硫和氮氧化物的排放一并征收“SO_2 与 NO_x 排放税”，对 SO_2 与 NO_x 排放按排放量定额征收：SO_2 排放的税率为 106 欧元/吨；NO_x 排放的税率为 209 欧元/吨。①

（二）CO_2 税

二氧化碳税通常又简称为碳税。开征碳税的主要目的是减少以 CO_2 为代表的温室气体的排放。关于碳税将在本章第三节进行专题论述。

---

① 参见欧盟网站，https：//ec. europa. eu/taxation _ customs/tedb/taxDetails. html？ id = 361/1546297200。

三、水污染税

污水排放、废物的抛弃都会引起水污染。但水污染物更多地来自污水，包括工业污水、生活污水和农业污水。因此，许多国家和地区对污水排放征收名称不一的水污染税或水污染费。

水污染税（费）主要有三种征收方式。一是按污水排放量定额征收。排放量有的按体积（通常为立方米），如卢森堡的水税、克罗地亚的污水费等；有的按重量（通常为吨），如芬兰的市污处理费。二是按污水中的污染物含量定额征收。由于污水中污染物种类和浓度各异，对水的污染程度自然也不同，因此，有的国家针对污水中的不同污染因子分别按污染物的含量定额征税，如丹麦的污水税、加拿大哥伦比亚省的排放费等。每种污染物一般都规定相应的单位征收额，税（费）率结构和污染物的确定都比较复杂。三是按污水排放的标准单位——污染单位（Pollution Unit，PU，或称污染当量）征收。纳税人的污水排放量根据其污染浓度折换成标准污染单位后按规定税（费）额计算纳税，如澳大利亚首都区的环境保护费、比利时弗兰德地区的水污染税、荷兰的水污染税等。这种污染程度的折算，有的通过不同污染物的污染系数确定，如加拿大魁北克省的污水排放费。

四、垃圾税

垃圾是现代城市的主要污染物之一，因此，垃圾税已成为重要的环境税种。其中：不少国家和地区对垃圾填埋征收填埋税，如丹麦、芬兰、爱尔兰、英国等；许多国家的地方政府征收垃圾收集处置费，费率（额）各地不一，特别是对家庭垃圾，而且家庭垃圾适用的费率（额）一般比企业垃圾的要低；有的国家按垃圾处置方式的不同，对填埋垃圾和焚烧垃圾分别征税，一般焚烧的垃圾税率（额）较低，如奥地利、比利时等。部分国家和地区对有毒性、腐蚀性、反射性或者传染性等危险垃圾，除适用特别的垃圾处置标准和更严格的管理规定以外，往往征收特别的危险垃圾税（费），如匈牙利的有毒垃圾税、波兰的放射性垃圾税、瑞典的核垃圾清减和存储税、美国一些州的危险垃圾税和费等。

垃圾税通常按垃圾排放量（处置量）从量定额征税，而且征收定额存在逐步上调的趋势。如英国从 1996 年 10 月 1 日起对垃圾填埋场的处置垃圾从量征收垃圾填埋税（landfill tax），标准税率为 7 英镑/吨，对无害垃圾（惰性垃圾，inert waste）按 2 英镑/吨的优惠税率征税。此后税率不断提高，见表 9-5。①

表 9-5　　英国垃圾填埋税税率的变化

生效日期	标准税率（英镑/吨）	优惠税率（英镑/吨）
1996 年 10 月 1 日	7	2
1999 年 4 月 1 日	10	2
2000 年 4 月 1 日	11	2
2001 年 4 月 1 日	12	2
2002 年 4 月 1 日	13	2
2003 年 4 月 1 日	14	2
2004 年 4 月 1 日	15	2
2005 年 4 月 1 日	18	2
2006 年 4 月 1 日	21	2
2007 年 4 月 1 日	24	2
2008 年 4 月 1 日	32	2. 50
2009 年 4 月 1 日	40	2. 50
2010 年 4 月 1 日	48	2. 50
2011 年 4 月 1 日	56	2. 50
2012 年 4 月 1 日	64	2. 50
2013 年 4 月 1 日	72	2. 50
2014 年 4 月 1 日	80	2. 50
2015 年 4 月 1 日	82. 60	2. 60
2016 年 4 月 1 日	84. 40	2. 65

① 参见英国政府网站（https: //www. gov. uk/government/publications/excise-notice-lft1-a-general-guide-to-landfill-tax/excise-notice-lft1-a-general-guide-to-landfill-tax#section3）。

续表

生效日期	标准税率（英镑/吨）	优惠税率（英镑/吨）
2017年4月1日	86.10	2.70
2018年4月1日	88.95	2.80
2019年4月1日	91.35	2.90
2020年4月1日	94.15	3.00
2021年4月1日	96.7	3.10
2022年4月1日	98.6	3.15

有个别国家和地区采用其他计征方式，如斯洛文尼亚的填埋税按污染单位征收，匈牙利的有毒垃圾税按复杂的公式计征，意大利的环境保护和安全税、美国华盛顿州的固体垃圾税等按垃圾收费一定比例附征。

此外，垃圾税（费）专款专用性质明显，许多国家都100%专项用于垃圾处置和治理。

五、噪声税

噪声污染是指排放的音量超过人或动物的承受能力，从而妨碍人或动物的正常生活的一种现象。在环境管理中往往通过规定环境噪声标准来衡量，因此噪声税主要对超过规定标准的音量排放征收。

噪声税（费）征收比较常见的是对起降飞机噪声征收，但征收方式差异较大：有的按飞机重量征，如法国的综合环境税；有的按飞机发动机型号征，如瑞典的飞机降落噪声费；有的按复杂的公式征，如澳大利亚的航空噪声税、匈牙利的降低噪声税；有的按噪声污染单位征，如荷兰的航空噪声税等。

一些国家还对其他噪声征税，如匈牙利的降低噪声税，除对机场起降的飞机噪声征税外，还对噪声超标的企业和道路运输征税，保加利亚的噪声污染超标费则原则上对所有超标噪声按超标分贝征收。

此外，一些国家对航空公司按乘客人数征收航空乘客税等类似税收，不仅是航空服务税负的一种体现，而且所征收的资金，有的也用于噪声污染的治理。

第三节 2021 年主要变化

根据对国际财税文献局（IBFD）税收动态信息库、威科 Tax-news 网站的国际税收动态信息和相关国家政府部门网站的税收变化信息的不完全跟踪检索，2021 年世界资源和环境税的主要变化体现在以下几个方面。

一、开征新税

(一) 赞比亚开征塑料袋消费税

2021 年 1 月 1 日，赞比亚根据 2020 年 12 月 9 日议会通过的《2021 年国家预算》规定，对塑料袋开始征收消费税，税率为 30%。

(二) 意大利推迟开征一次性塑料产品消费税

意大利《2020 年预算法》规定，对生产、进口一次性塑料产品征收“一次性塑料产品消费税”，税率为每千克塑料 0.45 欧元。但开征日期已被多次延期。2021 年 12 月 31 日官方公报颁布的《2022 年预算法》（2021 年 12 月 30 日第 234 号法律）规定将其开征日期再次推迟至 2023 年 1 月 1 日。

(三) 英国及马恩岛于 2022 年 4 月开征塑料包装税

根据英国《2021 年财政法》第二部分的规定，英国及马恩岛自 2022 年 4 月 1 日起，在英国和马恩岛制造或进口的塑料包装，并且再生塑料（recycled plastic）比例不超过 30%的，将按每吨塑料包装 200 英镑的税率征收塑料包装税（plastic packaging tax）。

(四) 马尔代夫议会通过 2022 年预算案规定开征塑料袋税

2021 年 11 月 24 日，马尔代夫议会投票通过了 2022 年预算案。其中规定，自 2022 年 6 月 1 日起开征塑料袋税，税率为每个 2 马尔代夫卢比（约 0.15 美元）。

(五) 荷兰开征航空税

荷兰《航空税法》规定，自 2021 年 1 月 1 日起，对从荷兰机场起飞航班的航空公司征收航空税，税率为每位旅客 7.845 欧元，由起飞机场代收。

（六）乌干达对矿物出口征新税

2021 年 5 月 18 日，乌干达总统签署《2021 年采矿（修正）法》，规定对经加工的黄金和未加工矿物的出口分别按 5%和 10%的税率征收新税。

（七）波黑开征碳氢化合物税

根据波斯尼亚和黑塞哥维那（波黑）共和国《碳氢化合物税法》（Law on Hydrocarbons Tax）的规定，自 2021 年 1 月 1 日起，依据特许权合同对在波黑境内从事（石油的）上游业务（upstream operations）的法人实体，就其来自碳氢化合物的生产、运输、加工和/或销售实现的利润，征收碳氢化合物税（烃税），税率为 30%①。

（八）意大利对能源企业临时开征暴利税

2021 年 10 月 1 日至 2022 年 4 月 30 日期间在意大利经营的合格能源企业实现的超过 500 万欧元的意外利润需缴纳 25%的税款（DL 21/2022 第 37 条）。必须在 2022 年 6 月 30 日之前支付相当于应缴税款 40%的第一笔预付款，而余额必须在 2022 年 11 月 30 日之前支付。该税款不能在公司所得税（IRES）和地方所得税（IRAP）前扣除。

二、调整税率

（一）喀麦隆对实施森林可持续管理的林业公司降低砍伐税税率

2020 年 12 月 17 日，喀麦隆颁布《2021 年财政法》（第 2020/018 号法律）。其中规定，对实施森林可持续管理（sustainable forest management）的林业公司降低砍伐税（felling tax）税率，即自 2021 年 1 月 1 日起从原来的 4%降至 3%。砍伐税对采伐林木的林业公司按林木的离岸价格计征。

（二）智利众议院批准对铜征高税法案

2021 年 5 月 6 日，智利众议院（下议院）以 78 票对 55 票通过一项对铜矿企业按铜销售价格累进征收采矿许可权税（权益金，mining royalty）的法案，当铜价在每磅 2 美元至 2. 50 美元时，适用的边际税率为 15%，而铜价超过每磅 4 美元时，边际税率高达 75%。此前，众议院已通过法案，计划对铜矿、锂矿开采征收税率为 3%的采矿许可权税。法案已提交参议院

① 波黑公司所得税正常税率为 10%。

审议。[①]

（三）法属圭亚那提高金矿资源税税率

2021 年 11 月 16 日，法属圭亚那财政部长发布了一项部长令，规定 2021 年的金矿开采税税率将适当上调：中小企业适用的税率，从开采（提取）每千克黄金 400.35 欧元提高至 498.06 欧元；大公司适用的税率，从每千克黄金 800.71 欧元提高至 996.13 欧元[②]。

（四）刚果（金）调整年度采矿税税率

2021 年 12 月 8 日，刚果民主共和国，即刚果（金）矿业地籍局（Cadastre minier，CAMI）发布第 CAMI/DG/006/2021 号决定，根据《矿业法》第 325 条和《矿业条例》第 398 条之二要求每年更新以外币计价的采矿税税率和罚款金额的规定，与刚果中央银行（BCC）一起调整矿区面积许可权税税率（每公顷税额）、（矿区）年度面积费费率（每平方金额）和相关罚金标准，并从 2022 年 1 月 1 日起实施[③]。矿区面积许可权税税率的变化见表 9-6。

表 9-6　刚果（金）矿区面积许可权税税率的变化　单位：美元/公顷

项目	生效日期	矿区面积许可权税税率				
		第一年	第二年	第三年	第四年	第五年及以后年份
勘探许可权税	2020 年 1 月 1 日	0.22	0.32	0.38	0.4	0.43
	2022 年 1 月 1 日	0.25	0.37	0.44	0.46	0.49
开采许可权税	2020 年 1 月 1 日	0.43	0.65	0.7	0.8	0.8
	2022 年 1 月 1 日	0.49	0.74	0.86	0.99	0.99

① 对铜矿按价格水平累进征收高税率的许可权税法案，存在很大争议，最终结果存在变数。根据媒体报道，该法案于 2021 年 9 月 2 日获参议院矿业委员会通过；2022 年 1 月 27 日，获参议院有修改通过，尚需与众议院协商一致。

② 2020 年金矿开采税税率，中小企业从 345.23 欧元/千克提高至 400.35 欧元/千克；大型公司从 690.47 欧元/千克提高至 800.71 欧元/千克。

③ 2021 年 11 月 23 日至 25 日，刚果（金）矿业地籍局（CAMI）与刚果中央银行（BCC）双方专家就此采矿税率和罚金标准的更新问题举行工作会议，CAMI 据此发布第 CAMI/DG/006/2021 号决定。该决定（法语）链接：https：//cami.cd/wp-content/uploads/2021/12/decision-ajustement-montant.pdf。

（五）立陶宛提高污染税税率

2021 年 1 月 1 日，立陶宛新修订的《环境污染税法》生效。其中规定，燃料污染税仅对境内消耗的燃料征收，部分类型燃料的污染税税率从每吨 1 欧元提高到 2 欧元。

（六）秘鲁提高塑料袋税税率

秘鲁根据第 30884 号法律的规定，从 2019 年 8 月 1 日起开征塑料袋税，在购买塑料袋时征收，税率为每个塑料袋 0.1 索尔，同时规定，塑料袋税税率在 2020—2022 年分别提高至每个 0.2 索尔、0.3 索尔和 0.4 索尔，2023 年及以后为每个 0.5 索尔。

（七）德国降低航空旅行税税率

2020 年 12 月 11 日，德国官方公报颁布《降低航空旅行税税率条例》，并于当日生效。条例规定，自 2021 年 1 月 1 日起，降低航空旅行税（air travel tax）税率：2500 公里以内的航班，从现行的 12.90 欧元降为 12.88 欧元；超过 2500 公里至 6000 公里的航班，从现行的 32.67 欧元降为 32.62 欧元；超过 6000 公里的航班，从现行的 58.82 欧元降为 58.73 欧元。

2021 年 12 月 7 日，德国官方公报（BGBl. I82/2021 at 5067）又颁布了一项关于降低航空旅行税税率的规定，并于次日生效。它规定自 2022 年 1 月 1 日起降低航空旅行税税率如下：短程（2500 公里以内）航班，从每人 12.88 欧元降至 12.77 欧元；中程（6000 公里以内）航班，从每人 32.62 欧元降至 32.35 欧元；远程（超过 6000 公里）航班，从每人 58.73 欧元降至 58.23 欧元。

三、绿色税收优惠

（一）冰岛对绿色机动车免征增值税

2019 年 12 月 30 日，冰岛官方公报颁布一项关于绿色机动车免征增值税的法案，规定对绿色机动车（包括电动车、氢能和混合动力汽车）在限额内免征增值税，具体最高免税限额见表 9-7。

表 9-7 冰岛对绿色机动车减免增值税的限额规定

期限	进口绿色汽车	销售绿色汽车	进口绿色巴士
2020 年 1 月 1 日—6 月 30 日	144 万克朗	600 万克朗	
2020 年 7 月 1 日—2023 年 12 月 31 日	156 万克朗	650 万克朗	
2020 年 1 月 1 日—12 月 31 日			96 万克朗
2021 年 1 月 1 日—12 月 31 日			60 万克朗
2022 年 1 月 1 日—12 月 31 日			48 万克朗

（二）亚美尼亚对进口电动汽车免征增值税

2019 年 6 月 7 日，亚美尼亚议经三读最终通过对税收法典第 64 条的修正案，规定在自 2019 年 7 月 1 日起至 2021 年底，对进口电动汽车免征增值税。2021 年 12 月 9 日，亚美尼亚环境部向议会提交一项法律草案，提议将此项优惠的适用期限延长至 2024 年 1 月 1 日。

（三）哥斯达黎加临时减征 2021 年机动车税

2020 年 10 月 30 日，哥斯达黎加官方公报颁布第 9911 号法律，当日起生效。法律规定，为减少新冠肺炎疫情对经济影响，将在 2021 年对不同价值的机动车按 50%、20%或 15%的比例减征机动车税。

（四）白俄罗斯实施新的电动汽车税收优惠政策

2021 年 11 月 22 日，白俄罗斯通过第 447 号法令，对 2020 年 3 月 12 日的第 92 号法令进行了重大修订，对电动汽车引入了新的税收优惠。新法令除另有规定的以外主要于 2021 年 12 月 1 日起生效。新的税收优惠措施包括：自 2021 年 1 月 1 日起，法人实体可以在购置当年扣除电动汽车的购置成本；自 2021 年 1 月 1 日起，根据购买年份，购买电池充电器的成本最高可扣除公司所得税的 100%；进口不超过 5 年的电动汽车免征增值税；汽车生产商进口的电动汽车零部件免征增值税；销售电动汽车免征增值税，与此类销售相关的进项增值税可以全额扣除。

（五）哥伦比亚扩大非传统能源生产和使用税收优惠的适用范围

2021 年 7 月 10 日，哥伦比亚第 2099 号法律颁布生效。为促进能源转型和重振经济，该法对 2014 年第 1715 号法律进行修订，规定自 2021 年 7 月 1 日起 30 年内，第 1715 号法律实施的非传统能源生产和使用税收优惠扩大至下列投资和活动①：非常规可再生能源储存系统和智能测量系统，以实现高效的能源消耗和使用；用于生产、分配、储存、研究和调查绿色和蓝色氢的投资、货物和设备。此外，修订非常规能源发电项目的机械设备和土木工程加速折旧制度，规定年折旧率不得超过 33.33%（原为 20%）。

（六）阿根廷延长生物燃料税收优惠期限

2021 年 5 月 10 日，阿根廷官方公报颁布第 322/2021 号法令，并自当日起生效。法令规定，将第 26093 号法律规定的生产和使用生物燃料（即生物柴油和生物乙醇）的税收优惠政策②的有效期限从原定的 2021 年 5 月 12 日延长至 2021 年 7 月 12 日或正在立法的新的生物燃料推广政策框架生效之日，以更早的时间为准。

2021 年 7 月 13 日，阿根廷官方公报颁布第 456/2021 号法令③，并自当日起生效。法令规定，将第 26093 号法律规定的生产和使用生物燃料（即生物柴油和生物乙醇）的税收优惠政策的有效期限，从 2021 年 7 月 12 日进一步延长至 2021 年 8 月 27 日或正在立法的新的生物燃料推广政策框架生效之日，以更早的时间为准。

2021 年 8 月 4 日，阿根廷官方公报颁布第 27640 号法律④，并自当日起生效。该法律规定新的生物燃料鼓励政策框架，内容主要包括：一是将第 26093 号法律规定并延期的鼓励生物燃料生产和使用的税收优惠政策的适用期限延长至 2030 年 12 月 31 日；二是规定在 2021 年 8 月 5 日至 2030 年 12 月 31 日期间对生物燃料免征二氧化碳税⑤。

---

① 2014 年第 1715 号法律规定，投资于非传统能源的生产和使用的纳税人可以在投资后 15 年内从其年所得中扣除投资金额的 50%，但该投资扣除额不能超过此项扣除前纳税人应税所得的 50%。第 2099 号法律（西班牙语）链接：https://dapre.presidencia.gov.co/normativa/normativa/LEY%202099%20DEL%2010%20DE%20JULIO%20DE%202021.pdf。

② 第 26093 号法律规定了为期限 15 年的鼓励生产和使用生物燃料的税收优惠政策，包括与经批准的生物燃料投资项目相关的增值税退还、所得税加速折旧和免征燃料税。生物燃料是指利用符合主管当局制定的质量标准的有机原材料，例如来自农业、农产品加工业（agro-industrial，农工业）和有机废物，生产的生物乙醇、生物柴油和沼气。第 322/2021 号法令（西班牙语）链接：https://www.boletinoficial.gob.ar/web/utils/pdfView?file=%2Fpdf%2Faviso%2Fprimera%2F244105%2F20210510。

③ 第 456/2021 号法令（西班牙语）链接：https://www.argentina.gob.ar/normativa/nacional/decreto-456-2021-351937/texto。

④ 第 27640 号法律（西班牙语）链接：https://www.boletinoficial.gob.ar/web/utils/pdfView?file=%2Fpdf%2Faviso%2Fprimera%2F247667%2F20210804。

⑤ 阿根廷第 23966 号法律的规定，自 2018 年 3 月 1 日起，在消费税性质的燃料税基础上，对部分燃料从量定额计征二氧化碳税。

（七）阿根廷政府明确外国投资者适用森林投资优惠政策

2021年11月11日，阿根廷政府官方公报颁布第776/2021号法令，并于次日生效。该法令取代了第133/1999号法令规定的实施措施。新法令规定，外国投资者有资格享受促进森林投资的优惠政策[①]，只要他们在阿根廷设立住所并遵守适用的规则来注册其业务。此外，对于未注册为公司且不具有法人资格的经营者，该制度的受益人将是经营者的参与者或管理者。

（八）纽约州参议员提议废除化石燃料行业的税收优惠政策

2021年10月14日，美国纽约州民主党参议员克鲁格（Liz Krueger）提出参议院法案（第S7438号法案）[②]，建议废止该州在促进经济发展法律中规定的与化石燃料相关减免税政策，主要包括：限制在“高效就业项目”（excelsior jobs program）的能源研究或生产中免税使用化石燃料；重新定义可以享受投资税收抵免的“合格有形财产”（qualifying tangible property）一词，以排除生产、传输、分配、运输或储存化石燃料的财产享受投资抵免税收优惠；废除纽约州法律中有利于化石燃料行业的其他若干规定。克鲁格在其声明中称，纽约州每年花费15亿美元税收补贴用于支持使用“肮脏”的化石燃料，虽然需要一些补助来帮助辛勤工作的纽约人，但许多补贴“只是对过时行业的补充，浪费了纳税人的钱，并使我们的气候危机更加严重”。

四、其他变化

2021年1月1日，立陶宛新修订的《环境污染税法》生效[③]。修订内容除提高部分燃料的污染税税率（见前述）以外，还有一些其他变化。

其一，提出“隐性污染”的新定义，指故意的环境污染，并规定对隐性污染适用高税率征收污染税；还规定，如果纳税人发布有关污染数量的误导性信息，也将该纳税人视为造成了隐性污染，因而需要适用高税率。对于固

① 促进森林投资的优惠政策是根据第25080号法律的规定于1999年1月实施的，后经第26432号和第27487号法律的完善修改。第25080号法律建立了促进森林投资的激励机制，其中包括鼓励投资新森林和现有森林的扩展的税收优惠政策，包括财政稳定措施、返还增值税进项税额留抵、加速折旧和对资本利得免税等。776号法令通过更新实施规则体现法律的修改。776号法令（西班牙语）链接：https：//www.boletinoficial.gob.ar/web/utils/pdfView？file=/pdf/aviso/primera/252644/20211111。

② 这是克鲁格持续努力取消化石燃料行业税收优惠的最新举措。S7438号提案链接：https：//legislation.nysenate.gov/pdf/bills/2021/S7438。

③ 修订后《环境污染税法》文本（立陶宛语）链接：https：//e-seimas.lrs.lt/portal/legalAct/lt/TAD/3e40b9c2bace11ea9a12d0dada3ca61b。

定污染源的隐性污染，将不是按照原来的对自然的危害，而是按照排放量，适用高税率征税。

其二，对轮胎不再考虑新旧，而是按照尺寸计算征收污染税。

其三，将新注册的用于农业的非道路移动机械纳入污染税征收范围。

第四节　碳税的国际实践

二氧化碳（CO_2）税通常又简称为碳税。开征碳税的主要目的是减少以 CO_2 为代表的温室气体的排放。

一、碳税概况

碳税最初是 20 世纪 90 年代在一些北欧国家首先出现的，芬兰在 1990 年开征碳税，通常被认为是最早实行碳税的国家。其后，丹麦、挪威、瑞典、意大利、瑞士、荷兰、英国和波兰等国相继开征了碳税（税种实际名称各异），目前已经或者曾经开征碳税的国家和地区还包括：美国圆石市（2007 年开征，称“气候行动计划税”）、冰岛（2009）、哥伦比亚（2008）、日本（2011，称地球温暖化对策税）、斯洛文尼亚（1997/2011 年修订）、新西兰（2013，称“温室气体税”），等等。

从趋势看，世界上开征碳税的国家和地区不断增加，税率也在逐步提高。阿根廷从 2018 年 3 月 1 日起在原来征收燃料税的基础上，对液体燃料和煤开征二氧化碳税（部分应税项目的税率见表 9-8）。[①] 南非国民议会于 2019 年 2 月 19 日正式通过碳税法案，呼吁多年的碳税最终于 2019 年 6 月 1 日起开征，初始税率为 120 兰特/吨二氧化碳当量，并规定了不少减免税优惠，因此实际税率将在 6~48 兰特/吨二氧化碳当量。[②] 冰岛议会 2017 年 12 月 30 日通过

① 根据国际财税文献局（IBFD）税收数据库（https：//www. ibfd. org/）2019 年 9 月 15 日更新资料整理。

② 龚辉文．【每日税讯 21（总 551）】（2019-02-25）［2022-02-22］．https：//mp. weixin. qq. com/s/qJxFLnTboflpDfjGdLoFoAg.

2018 年预算案，规定 2018 年对化石燃料征收的碳税，税率平均提高约 50%，如汽油从每升 5.5 克朗提高至 8.25 克朗。加拿大的不列颠哥伦比亚省（British Columbia）于 2008 年开征碳税，税率为 25 加元/吨二氧化碳当量，从 2018 年 4 月 1 日起 5 年内逐步提高碳税税率，即此后 5 年每年每吨二氧化碳当量排放适用的税率增加 5 加元，至 2022 年将提高至每吨二氧化碳当量征收 50 加元。① 加拿大联邦政府根据《温室气体污染定价法》（Greenhouse Gas Pollution Pricing Act，GGPPA），② 从 2019 年 4 月 1 日起，在全国范围内按 20 加元/吨二氧化碳当量的税率（碳价格）征收碳税，此后税率每年增加 10 加元，至 2022 年 4 月 1 日达到 50 加元/吨二氧化碳当量。加拿大各省通过各自开征碳税或碳排放权交易使碳价格达到联邦碳税标准的，可免于征收联邦碳税。基于此，不列颠哥伦比亚省原来定于 2021 年 4 月 1 日将碳税税率提高至 50 加元/吨二氧化碳当量的计划将推迟 1 年。③

表 9-8　　阿根廷燃料税与二氧化碳税

应税燃料	燃料税	二氧化碳税
无铅汽油（烷值大于 92）	6.726 比索/升	0.412 比索/升
煤油	4.148 比索/升	—
煤	—	0.429 比索/千克

注：实际税率根据当地消费物价指数按季度调整。

数据来源：IBFD。

碳税在出台过程中往往充满争议，有些国家（地区）开征以后，反对声音依然不断。如澳大利亚虽然于 2012 年 7 月 1 日开征了过渡性的碳税，但此后新上台的联盟党政府按竞选承诺，通过立法自 2014 年 7 月 1 日起取消了碳税。再如，加拿大阿尔伯塔省（Alberta）于 2017 年 1 月 1 日开征碳税，但 2019 年新政府上台以后通过了废除碳税的立法，并于 2019 年 5 月 30 日废除

① 龚辉文．每日税讯 130（总 338）［EB/OL］．（2017-09-18）［2022-02-22］．https：//mp. weixin. qq. com/s/qJxFIuTbflpDfjGdLoFoAg.

② Greenhouse Gas PollutionPricing Act［EB/OL］．［2022-05-07］．https：//laws-lois. justice. gc. ca/PDF/G-11. 55. pdf.

③ B. C. Provincial Budget Tax Changes［EB/OL］．［2022-05-07］．https：//www2. gov. bc. ca/gov/content/taxes/tax-changes/budget-changes.

碳税。[①]不过总体看，开征碳税的国家和地区仍在增加。

二、2021年碳税变化

（一）开征碳税

1. 安道尔开征碳税

2021年1月8日，安道尔官方公报颁布2020年12月7日通过的《2021年预算法》（2020年第18号法律）[②]，其中规定，安道尔将新开征碳税，为支持能源转型的绿色基金筹集资金和应对气候变化。但碳税的具体细节尚未确定。

2. 荷兰开征新碳税

2020年12月15日，荷兰上议院通过了《2021年税改计划》，其中规定自2021年开始征收新的碳税，税率为每吨二氧化碳当量30欧元，而且将每年增加10.56欧元，到2030年将增加至每吨二氧化碳当量125欧元[③]。该碳税由荷兰排放局（Nederlandse Emissie autoriteit，NEA）负责征收。根据NEA的介绍，2021年碳税的实际税率为每吨二氧化碳当量30.48欧元，且此后每年将增加10.87欧元，即2022年增加到每吨二氧化碳当量41.75欧元，到2030年将增加至每吨二氧化碳当量128.71欧元。[④]

3. 卢森堡开征二氧化碳税

卢森堡根据2021年预算法的规定从2021年开始征收二氧化碳税，税率为排放每吨二氧化碳20欧元，2022年和2023年分别提高至每吨二氧化碳25欧元和30欧元。

4. 印度尼西亚2022年开征碳税

2021年10月7日，印度尼西亚众议院通过《税法协调法案》（HPP法案），其中规定分阶段开征碳税，起始阶段自2022年4月1日[⑤]起，对燃煤电

---

① Carbon Tax Repeal [EB/OL]. [2022-05-07]. https://www.alberta.ca/carbon-tax-repeal.aspx.

② 《2021年预算法》（加泰罗尼亚语）链接：https://www.bopa.ad/bopa/033002/Pagines/CGL20210104_15_33_05.aspx。

③ 2020年12月23日荷兰政府官方公报颁布的《工业二氧化碳税法》（Wet CO_2-heffing industrie）规定的税率即为每吨二氧化碳当量30欧元。该公报（荷兰语）链接：https://zoek.officielebekendmakingen.nl/stb-2020-544.pdf。

④ NEA：《二氧化碳税税率》（荷兰语）：https://www.emissieautoriteit.nl/onderwerpen/tarieven-co2-heffing。

⑤ 政府已将碳税的实施从2022年4月1日推迟到2022年7月1日。

厂超标排放的二氧化碳征收碳税，税率为每千克二氧化碳当量（CO_2e）30 印尼盾（约合人民币 1.35 分）。根据印度尼西亚碳减排的国家自主贡献（NDC）的目标，到 2030 年，印度尼西亚将自行减少 29%，在国际支持下减少 41%的碳排放，开征碳税是印度尼西亚承诺的一部分。

5. 以色列宣布计划开征碳税以应对气候变化危机

2021 年 8 月 2 日，以色列财政部在其官方网站上发布公告①，宣布政府已批准首个碳税机制，又称碳定价计划，作为其对国际社会承诺减少温室气体排放的一部分。该计划采纳 OECD 的提议，即对企业造成环境和经济损害的排放二氧化碳行为征收碳税。开征碳税的初步计划包括：对所有源自燃料的排放征收碳税，随后将扩大到对垃圾场和其他排放源的温室气体排放征税；将通过以色列“Blo”税（即燃料税）（征收）机制逐步对燃料征收碳税；计划对交通燃料征收碳税；将建立一个机制，促进弱势群体向清洁能源过渡。在此背景下，将审查已在世界范围内成功试验/实践的各种（促进碳减排）措施。

（二）调整碳税税率

1. 爱尔兰逐年提高碳税税率

爱尔兰碳税税率在《2019 年财政法》规定从每吨二氧化碳当量 20 欧元提高至 26 欧元的基础上，根据《2020 年财政法》《2021 年财政法》又分别提高至每吨二氧化碳当量 33.5 欧元和 41 欧元。新税率原则上自次年 5 月 1 日起实施，但对轻油和重油的碳税税率，自当年 10 月就开始实施，税率的具体上调情况见表 9-9。

表 9-9　　爱尔兰碳税税率逐年上调情况　　单位：欧元/吨二氧化碳当量

依据		2019 财政法	2020 财政法	2021 财政法
碳税税率变化		20→26	26→33.5	33.5→41
实施日期	轻油、重油	2019 年 10 月 9 日	2020 年 10 月 14 日	2021 年 10 月 13 日
	液化石油气（LPG）	2020 年 5 月 1 日	2021 年 5 月 1 日	2022 年 5 月 1 日
	机动车用燃气			
	天然气			
	固体燃料			

资料来源：根据爱尔兰税务海关部署（Irish Tax and Customs）网站（https：//www.revenue.ie/）相关资料整理。

① 以色列财政部公告链接：https：//www.gov.il/he/departments/news/press_02082021_b。

2. 南非按指数调整碳税税率

南非 2019 年通过了《2019 年碳税法》，自 2019 年 6 月 1 日起开征碳税，税率为每吨二氧化碳当量 120 兰特，并原则确定此后每年根据统计局公布的消费物价指数再加 2%上调税率直至 2022 年，从 2023 年起税率只按每年的消费物价指数调整。但 2020 年起碳税税率从每吨二氧化碳当量 120 兰特提高至每吨二氧化碳当量 127 兰特，2021 年进一步提高至 137 兰特。

3. 加拿大新不伦瑞克省提高碳税税率

2021 年 3 月 17 日，加拿大新不伦瑞克省引入《汽油和动力燃料税法》修正案，根据联邦政府的要求，将碳排放产品税（tax on carbon-emitting products，以下简称碳税）税率上调 10 加元/吨 CO_2，即从 2021 年 4 月 1 日起新不伦瑞克省碳税税率从 30 加元/吨 CO_2 增加到 40 加元/吨 CO_2。因此，应税燃料按含碳量换算的实际使用税率也相应提高，如汽油的碳税税率从 6. 63 分/升提高到 8. 84 分/升，增加 2. 21 分/升；汽油的碳税税率从 8. 05 分/升提高到 10. 73 分/升，增加 2. 68 分/升。

4. 挪威 2022 年预算法案计划提高碳税税率

2021 年 10 月 12 日，挪威政府发布 2022 年预算法案①，其中计划逐步提高二氧化碳税税率，如 2022 年对石油、国内航空矿物油征收的二氧化碳的税率计划在价格调整的基础上上调 15%。

（三）与碳税相关的其他变化

1. 俄罗斯拟对碳排放交易免税并发布 2050 年前实现低碳发展战略

2021 年 6 月 17 日，俄罗斯经济发展部提出方议案公开征求意见，拟自 2022 年 6 月 1 日起，对允许法人或个体企业排放一定量二氧化碳的碳排放权交易，免征公司所得税和个人所得税。免税的目的是促进实施气候应对项目。

2021 年 11 月 1 日，俄罗斯政府网发布新闻稿宣布，总理米舒斯京于 10 月 29 日签署批准了《俄罗斯 2050 年前实现温室气体低排放社会经济发展战略》（第 3052-r 号令）②。依据该战略，俄罗斯将在实现经济增长同时达到温室气体低排放目标，即到 2050 年前俄温室气体净排放量在 2019 年排放水平

---

① 2022 年预算法案（挪威语）链接 https：//www. regjeringen. no/contentassets/2ff0f9726e634c0ba49ccc600bac5140/no/pdfs/prp202120220001ls0dddpdfs. pdf。

② 《俄罗斯 2050 年前实现温室气体低排放社会经济发展战略》原文（俄语）链接：http：//static. government. ru/media/files/ADKkCzp3fWO32e2yA0BhtIpyzWfHaiUa. pdf。

上减少60%，同时比1990年的排放水平减少80%，并在2060年前实现碳中和。该战略指出，俄罗斯计划支持低碳和无碳技术的应用和拓展，刺激二次能源使用，调整税收、海关和预算政策等。同时，俄罗斯还将发展绿色金融，采取措施保护和提高森林以及其他生态系统的固碳能力，提升温室气体回收利用技术。

2. 泰国宣布碳减排税收激励措施

2021年9月6日，泰国投资委员会（BOI）批准了多项鼓励公司减少碳排放的措施，包括：将参与低甲烷水稻种植等可持续农业发展的地方组织纳入草根经济支持计划，并将申请该计划的截止日期延长至2022年底；在现有的生产力提高计划基础上，对旨在减少温室气体排放的设备升级投资提供新的3年免税优惠；调整部分业务类别的条件和优惠，以鼓励环保技术——冷藏设施投资可免征3年的公司所得税，对实施碳捕获利用和封存（CCUS）技术的石化生产设施，可免征8年的公司所得税；实施CCUS技术的天然气分离厂，可免征8年的公司所得税；完善电动车推广计划（EV promotion scheme），对电动自行车制造商提供至少免征3年的公司所得税等优惠。

3. 欧盟通过《欧洲气候法》

2021年6月24日，欧洲议会以442票赞成、203票反对、51票弃权通过《欧洲气候法》（European Climate Law）。2021年6月28日，欧盟理事会（Council of the EU）以26个成员国赞成、1个成员国（保加利亚）弃权通过《欧洲气候法》[①]，完成了《欧洲气候法》在欧盟的立法程序，将2050年实现碳中和的欧盟目标纳入法律。欧洲气候法还制定了具有约束力的欧盟气候目标，即减少温室气体净排放量（扣除清除量后的排放量）：与1990年相比，到2030年至少减少55%。欧洲气候法设立了欧洲气候变化科学顾问委员会。该委员会将提供独立的科学建议，并就欧盟措施、气候目标和指示性温室气体预算及其与欧洲气候法和欧盟在《巴黎协定》下的国际承诺的一致性提供报告。

2019年12月12日，欧洲理事会（European Council，即欧盟峰会）同意2050年实现欧盟碳中和的目标，并认为有必要建立实现目标的实施框架。2020年3月4日，欧盟委员会（European Commission，EC）通过欧洲气候法提案，作为《欧洲绿色协议》的重要组成部分；2020年9月17日，EC通过

① 《欧洲气候法》文本链接：https：//www. europarl. europa. eu/doceo/document/TA-9-2021-0309_EN. pdf。

欧洲气候法提案修订，将 2030 年至少减排 55%（即与 1990 年相比，2030 年欧盟温室气体排放量净减少至少 55%）列为修订后的欧盟排放目标。2020 年 12 月 10 日至 11 日，欧洲理事会批准了该减排目标，使其成为一项具有约束力的欧盟目标。2021 年 4 月 21 日，欧盟理事会（Council of the EU，即部长理事会）和欧洲议会就欧洲气候法提案达成了临时政治协议；6 月 24 日，欧洲议会通过欧洲气候法。经欧洲议会和欧盟理事会通过以后，它将在生效前签署并在官方公报上公布。

4. 欧盟公布碳边境调节机制方案

2021 年 7 月 14 日，欧盟委员会（EC）通过并公布了欧盟应对气候的一揽子计划提案，其中包括建立碳边境调节机制（Carbon Border Adjustment Mechanism，CBAM）的方案①。方案之一是对来自碳排放限制相对宽松国家和地区的进口商品，主要包括钢铁、水泥和化肥等，对进口商征收碳关税，以防止碳泄漏。方案中的另一个选择是，对来自碳排放限制相对宽松国家和地区的进口商品，由进口商通过碳排放交易系统购买进口商品的碳排放权。2023 年至 2025 年设为过渡期，CBAM 拟从 2026 年开始实施。

5. OECD 发布《2021 年有效碳价》报告

2021 年 5 月 25 日，OECD 发布《2021 年有效碳价——通过税收与排放交易的碳排放定价》（Effective Carbon Rates 2021：Pricing Carbon Emissions through Taxes and Emissions Trading）报告。该报告衡量了 OECD 成员国和 G20 成员使用能源中排放的二氧化碳定价，涵盖了全球 44 个国家约 80% 的排放量。该分析综合考虑了碳价格，包括燃料消费税、碳税和可交易的排放许可价格。"碳定价得分"衡量 44 个国家的碳定价水平，其目标是按照当前和前瞻性的碳成本基准值对所有与能源相关的碳排放进行定价。该报告重点介绍了 2018 年各个国家和部门的有效碳价结构，并讨论了与 2012 年和 2015 年相比的变化，同时它还提供了中国和欧盟排放交易近期趋势的展望。

6. OECD 发布 G20 经济体碳定价最新报告

2021 年 10 月 27 日，OECD 发布 G20 经济体碳定价最新报告，题目为《新冠肺炎疫情时代的碳定价：G20 经济体的变化》（Carbon Pricing in Times of

---

① EC 提出的《建立碳边境调节机制的提案》链接：https：//ec. europa. eu/info/sites/default/files/carbon_border_adjustment_mechanism_0. pdf。

COVID-19：What Has Changed in G20 Economies?)[①]。该报告评估了2018年至2021年期间G20经济体碳价格的演变。它估计了由碳税、碳排放交易系统和燃料消费税产生的碳价格。报告显示，2021年G20成员使用能源的CO_2排放，已有49%进行了碳定价，高于2018年的37%。这一增长主要是由加拿大、中国和德国的新碳排放交易系统、加拿大和南非的新碳税以及墨西哥地方政府引入碳税所推动的。通过开征碳税和碳排放交易系统（ETS）进行"明码"碳定价（"explicit" carbon pricing)，不仅会增加高碳燃料（carbon-intensive fuels）的成本，从而引导企业和家庭做出对气候更友好的选择，而且可以筹集一定的收入，用于改善能源获取和负担能力（energy access and affordability)、加强社会安全网或投资低碳基础设施。明码碳价（Explicit carbon prices）也为清洁技术的投资提供了激励。报告称，已有12个G20成员制定了自己的明码碳定价工具（explicit carbon pricing instruments，即开征碳税或建立ETS)，或者加入欧盟的ETS。由于欧盟ETS的碳价翻了两番，G20的明码碳价平均已从2018年的1欧元/吨CO_2提高至4欧元/吨CO_2（其中ETS价格为3欧元/吨CO_2)。另一方面，G20的平均碳税税率仍低于1欧元/吨CO_2。

7. 联合国发布《2021年发展中国家碳税手册》

2021年10月19日—22日和25日—28日，联合国国际税务合作专家委员会第23届会议线上举行。其间讨论了环境与环境税收议题，并发布新的碳税手册——《联合国2021年发展中国家碳税手册》（2021 United Nations Handbook on Carbon Taxation for Developing Countries)[②]。该手册旨在帮助各国决策碳税的开征。它广泛讨论了碳税的设计与管理、碳税收入的使用以及评估已生效法律与其他政策潜在的相互作用。此外，会议决定成立一个小组委员会，负责审议、报告环境和与环境相关的税收问题和机会，并提出指导意见。

8. 联合国气候变化大会闭幕就应对气候变化的关键行动达成共识

2021年10月31日至11月13日，联合国气候变化框架公约缔约方大会

---

① 该OECD报告链接：https：//read. oecd-ilibrary. org/view/? ref=1113_1113772-m02sbpd0to&title=Carbon- Pricing - in - Times - of - COVID - 19 - What - Has - Changed - in - G20 - Economies& _ ga = 2. 77156759. 301915740. 1635425957-1269382653. 1612534776。

② 该碳税手册链接：https：//www. un. org/development/desa/financing/sites/www. un. org. development. desa. financing/files/2021-10/Carbon%20Taxation. pdf。

第二十六次会议（COP26）在英国格拉斯哥举行①。这是《巴黎协定》进入实施阶段以来的首次气候大会，来自世界 190 多个国家的谈判代表就应对气候变化的关键行动达成共识，为应对气候变化的《巴黎协定》制定了实施细则，包括市场机制、透明度和国家自主贡献共同时间框架等议题的遗留问题谈判。大会通过了《格拉斯哥气候公约》（Glasgow Climate Pact），达成史上第一个逐步减少煤炭使用的国际协议，以及将全球气候变暖限制在 1.5 摄氏度的路线图，就发展中国家普遍关心的适应、资金等议题取得积极进展。各方同意将长期资金议程延续至 2027 年，发达国家将继续现有义务至 2025 年。

第五节　发展特点与趋势

2020 年以来新冠肺炎疫情的全球持续暴发更让人们反思和重视人与自然的和谐共生，特别是应对气候问题日益受到关注，疫后经济绿色复苏和低碳发展的呼声日益强烈，从而推动包括碳税在内的环境税的发展，这从前述中更多的国家和地区新开征碳税和提高碳税税率，其他环境税的队伍也逐渐扩大可以得到佐证。不过从长期看，资源环境税总体上仍然延续了近些年来环境税发展的一般趋势。

（一）从零散的税种开征到体系化发展

从历史看，资源和环境税的发展经历了以下三个阶段。

一是在普通税收中存在“无意识的环境税收措施”阶段。在环保问题不受重视，税收还没有被有意识地作为一种实现环保目标的调控手段的时期，税收的某些措施实际上对环境保护已具有一定的促进作用。如将某些污染项目纳入消费税征收范围（虽然其实际开征主要是为了财政收入等其他目的）等。

二是有针对性地开征某些环境税阶段。这一阶段主要始于 20 世纪五六十年代。由于多次发生严重的污染事故，使工业化较早的经济发达国家开始重视环境问题，纷纷着手制定治理污染、保护环境的法规，同时开始有意识地运用税收手段，主要是开征各种污染税，如二氧化硫税、氮氧化物税、垃圾税等。

① COP26 会议成果文件链接：https：//unfccc. int/process-and-meetings/conferences/glasgow-climate-change-conference-october-november-2021/outcomes-of-the-glasgow-climate-change-conference。

三是系统、全面地开征资源和环境税阶段。这一阶段开始于20世纪90年代。随着人们对环保认识的提高，环保措施开始从注重“末端治理”转向“全程防治”。与此相适应，以欧盟为代表的西方经济发达国家，开始从不同的角度设计开征有利于资源节约和环境保护的税种，主要体现在20世纪90年代出现了一大批资源税和环境税（这从上述各表中的开征时间可以得到佐证），不仅开征相关的资源税和环境税的国家越来越多，就单个国家来说，资源和环境税也呈现出体系化发展的态势：资源税开征的范围越来越广，逐步覆盖矿产资源、生物资源、水资源等各种自然资源；越来越多的污染行为（包括空气污染、固体垃圾污染、水污染和噪声污染等的排放）和环境有害型产品（包括污染型产品和资源消耗型产品，如农药、化肥、包装物、轮胎、电池、各种电子产品和一次性消费税等）开始纳入环境税征收范围；资源和环境税已基本覆盖资源开采、产品消费和排污行为三大环节。

（二）传统税制“绿化”趋势明显

税收发展开始从简单地征收污染税转向全面、系统地调整税制，以体现税收的整体环保要求，即所谓的“绿化税制”。原有税制的“绿化”调整，从内容看，主要包括两个方面：一是取消原有税制中不符合环保要求，不利于可持续发展的规定，如取消对煤等污染能源的税收优惠等；二是对原有税种采取新的有利于环保的税收措施。上述污染产品税两个方面的变化都是“税制绿化”的重要体现。

（三）资源和环境税的作用日益提高

这不仅表现在减少污染、保护资源和环境方面已体现出良好的调控效果。而且，资源和环境税收入占有一定的财政地位。OECD成员国与资源环境相关的税收收入占GDP的比重2016年加权平均为1.63%，2019年提高至2.32%。2019年该比重超过3%的已有所罗门群岛（4.85%）、塞舌尔（4.66%）、塞尔维亚（4.21%）、克罗地亚（4.09%）、圭亚纳（4.01%）、斯洛文尼亚（4.01%）、希腊（3.87%）、爱沙尼亚（3.73%）、荷兰（3.68%）、拉脱维亚（3.33%）、意大利（3.29%）、丹麦（3.29%）、毛里求斯（3.29%）13个国家。①

（四）资源和环境税收入的专款专用特点明显

如上文所述，多数国家开征的多数资源和环境税方面的税种，其收入都是专款用于环保的。如法国，95%以上的环境税都是专款专用的。

---

① 参见：http：//www.oecd.org/env/tools-evaluation/environmentaltaxation.htm。

第十章　遗产和赠与税

财产税在世界各国的税收体系中都占有重要地位，在成熟的市场经济国家，遗产税是财产税的重要组成部分和代表性税种。除了为公共财政提供部分税收收入外，遗产税还具有调节社会财富分配公平和合理配置资源，激励存量资本投入再生产的作用。本章主要介绍遗产和赠与税的由来和发展，对遗产和赠与税的历史沿革、理论依据、模式类型、税收要素进行阐述，在比较典型国家（地区）的具体税制基础上，对遗产和赠与税的发展趋势进行了展望。

第一节　遗产和赠与税概况

一、概念和历史

遗产税是对财产所有人死亡后所遗留的财产为课税对象征收的一种税，属于财产税的一种。①

遗产税早在4000多年前的古埃及就开始征收。当年法老胡夫（Khufu）当政时期，为了筹资修造金字塔和应对战争，导致财政入不敷出，于是对财产继承人课征比例税率为10%的遗产税，目的简单明确。当时的古希腊几个自由邦也征收与埃及相似的遗产税。奥古斯都大帝征服古埃及后，将埃及的遗产税带回罗马，对继承人继承的份额课征5%的遗产税，并规定直系亲属或近亲继承可以免税；丧葬费用亦可扣除。从这些可看出，古罗马遗产税的内容已初步具备了现代遗产税的雏形。14世纪末许多意大利城市因财政困难先后征收了遗产税，按2%~5%的比例税率课征，并规定捐赠给慈善机构的财产免税。近代意义上的遗产税，多数学者认为始于1598年的荷兰，采用比例税率，并按继承人与被继承人的亲疏关系等具体情况设置不同的税率。

现代形式的遗产税最早在丹麦和挪威（1792年）、法国（1798年）施行。不久以后，在荷兰（1804年）、卢森堡（1817年）、普鲁士（1822年）、美国（1916年）也分别推行。虽然英国《1864年印花税法》对遗嘱认证和遗产管理证书征税，但英国真正的继承税收应追溯到1853年个人死亡应纳的5种税收（即遗嘱认证、账户遗产、继承和不动产等，后来英国法学家格拉德斯通由此提出“死亡税收”的表述）之一。② 早期世界各国开征遗产税的主要目的是增加政府收入，解决暂时性的财政困难，如筹措军费、应对灾害等。直到20世纪以后，遗产税才渐成为固定税种，此时的遗产税的财政意义已经让

① 就继承人来说，被继承人所遗留的财产就是继承人继承的遗产，所以，对继承财产征税与对遗赠财产征税是互称的。

② The International Fiscal Association（IFA）：ifacahier _GENERAL REPORT（2010）（about the IHT and the ETA）.

位于其对收入和财富分配的调节功能。

赠与税的开征较晚，它是作为遗产税的补充税种，以赠送的财产为课税对象，向赠与人或受赠人课征的税，其目的在于防止财产所有人生前利用赠与的方式逃避死后应纳的遗产税。赠与税通常多与遗产税同时实行，有单设赠与税，作为遗产税的辅助税种的；也有将遗产遗留人生前若干年的赠与并入遗产总额一并征收，不单设赠与税的。1924 年美国率先开征了赠与税。目前多数开征遗产税的国家同时设这两个税种。

二、遗产和赠与税的课税理论和特点

遗产税是在被继承人去世以后，对其遗留的财产征收的一种税。被继承人死亡是征收遗产税的前提条件，也有人将所有类似的税种合称为“死亡税”。

由于遗产税实际上是对财产的转移征税，一些学者将其列入流通税的范畴。但是，因为遗产税的征税对象是被继承人去世后遗留的财产或继承人所继承的财产，其与财产征税除了方式和阶段，在性质上是相同的，所以理论上，遗产税应属于财产税中重要的分支——财产转移税。[①]

（一）开征遗产税的理论依据

关于征收遗产税的理论依据，有多种说法。遗产的取得，是由于遗产继承关系这种源于继承人与被继承人的血缘关系和其他情谊关系的存在而实现的。但并不是说，有了这种关系，就等于拥有了继承权。许多学者认为遗产继承权，并非是天赋人权，而是由国家法律所承认和保护的权利，即国家赋予的权利。而且就经济关系来看，遗产的取得，不同于其他所得，它是一种不劳而获的所得。因此，从遗产继承权的存在和遗产继承所得属不劳而获的性质两方面来说，中西方学者都主张对遗产课税，形成了遗产税的课税理论依据。主要包括以下几种。

第一，权利说，亦称法律说。欧洲国家较为流行此种理论。该理论认为继承遗产有赖于国家法律的保护和承认。因此，从古代的国家对死者的遗产拥有领地权演变为部分支配权，并通过税收（征收遗产税）实现这些权利。

---

① 财产课税大体分为三类。第一类是对不动产收益课税，是指在不动产所有权不发生转移的情况下，对让渡不动产使用权所取得的收益课税。第二类是对财产转移课税，是指对财产清理或转让时，售出财产超过原价的收益课税。对这一类税收，在各国的税种划分实践中，多将其归为资本利得税。第三类是对财产价值课税，是指依据财产价值课税。

第二十六次会议（COP26）在英国格拉斯哥举行①。这是《巴黎协定》进入实施阶段以来的首次气候大会，来自世界190多个国家的谈判代表就应对气候变化的关键行动达成共识，为应对气候变化的《巴黎协定》制定了实施细则，包括市场机制、透明度和国家自主贡献共同时间框架等议题的遗留问题谈判。大会通过了《格拉斯哥气候公约》（Glasgow Climate Pact），达成史上第一个逐步减少煤炭使用的国际协议，以及将全球气候变暖限制在1.5摄氏度的路线图，就发展中国家普遍关心的适应、资金等议题取得积极进展。各方同意将长期资金议程延续至2027年，发达国家将继续现有义务至2025年。

第五节　发展特点与趋势

2020年以来新冠肺炎疫情的全球持续暴发更让人们反思和重视人与自然的和谐共生，特别是应对气候问题日益受到关注，疫后经济绿色复苏和低碳发展的呼声日益强烈，从而推动包括碳税在内的环境税的发展，这从前述中更多的国家和地区新开征碳税和提高碳税税率，其他环境税的队伍也逐渐扩大可以得到佐证。不过从长期看，资源环境税总体上仍然延续了近些年来环境税发展的一般趋势。

（一）从零散的税种开征到体系化发展

从历史看，资源和环境税的发展经历了以下三个阶段。

一是在普通税收中存在“无意识的环境税收措施”阶段。在环保问题不受重视，税收还没有被有意识地作为一种实现环保目标的调控手段的时期，税收的某些措施实际上对环境保护已具有一定的促进作用。如将某些污染项目纳入消费税征收范围（虽然其实际开征主要是为了财政收入等其他目的）等。

二是有针对性地开征某些环境税阶段。这一阶段主要始于20世纪五六十年代。由于多次发生严重的污染事故，使工业化较早的经济发达国家开始重视环境问题，纷纷着手制定治理污染、保护环境的法规，同时开始有意识地运用税收手段，主要是开征各种污染税，如二氧化硫税、氮氧化物税、垃圾税等。

① COP26会议成果文件链接：https：//unfccc.int/process-and-meetings/conferences/glasgow-climate-change-conference-october-november-2021/outcomes-of-the-glasgow-climate-change-conference。

COVID-19：What Has Changed in G20 Economies?)①。该报告评估了2018年至2021年期间G20经济体碳价格的演变。它估计了由碳税、碳排放交易系统和燃料消费税产生的碳价格。报告显示，2021年G20成员使用能源的 CO_2 排放，已有49%进行了碳定价，高于2018年的37%。这一增长主要是由加拿大、中国和德国的新碳排放交易系统、加拿大和南非的新碳税以及墨西哥地方政府引入碳税所推动的。通过开征碳税和碳排放交易系统（ETS）进行"明码"碳定价（"explicit" carbon pricing），不仅会增加高碳燃料（carbon-intensive fuels）的成本，从而引导企业和家庭做出对气候更友好的选择，而且可以筹集一定的收入，用于改善能源获取和负担能力（energy access and affordability）、加强社会安全网或投资低碳基础设施。明码碳价（Explicit carbon prices）也为清洁技术的投资提供了激励。报告称，已有12个G20成员制定了自己的明码碳定价工具（explicit carbon pricing instruments，即开征碳税或建立ETS），或者加入欧盟的ETS。由于欧盟ETS的碳价翻了两番，G20的明码碳价平均已从2018年的1欧元/吨 CO_2 提高至4欧元/吨 CO_2（其中ETS价格为3欧元/吨 CO_2）。另一方面，G20的平均碳税税率仍低于1欧元/吨 CO_2。

7. 联合国发布《2021年发展中国家碳税手册》

2021年10月19日—22日和25日—28日，联合国国际税务合作专家委员会第23届会议线上举行。其间讨论了环境与环境税收议题，并发布新的碳税手册——《联合国2021年发展中国家碳税手册》（2021 United Nations Handbook on Carbon Taxation for Developing Countries)②。该手册旨在帮助各国决策碳税的开征。它广泛讨论了碳税的设计与管理、碳税收入的使用以及评估已生效法律与其他政策潜在的相互作用。此外，会议决定成立一个小组委员会，负责审议、报告环境和与环境相关的税收问题和机会，并提出指导意见。

8. 联合国气候变化大会闭幕就应对气候变化的关键行动达成共识

2021年10月31日至11月13日，联合国气候变化框架公约缔约方大会

① 该OECD报告链接：https：//read.oecd-ilibrary.org/view/? ref=1113_1113772-m02sbpd0to&title=Carbon-Pricing-in-Times-of-COVID-19-What-Has-Changed-in-G20-Economies&_ga=2.77156759.301915740.1635425957-1269382653.1612534776。

② 该碳税手册链接：https：//www.un.org/development/desa/financing/sites/www.un.org.development.desa.financing/files/2021-10/Carbon%20Taxation.pdf。

依据这种理论，遗产税的开征主要是为了实现国家的权力将遗产税作为取得财政收入的手段，并限制继承者的权利。

第二，没收无遗嘱财产说。该理论认为，遗产取得权不一定同财产私有权相联系，遗产的分配要根据死者的意愿，没有遗嘱的遗产，由国家没收最为合理，还可减少由于继承分配而带来的矛盾。一些国家的遗产税税率按继承人与被继承人的亲疏关系设置，其依据就源于此说。

第三，均富说，又称为社会主义说。该学说主张国家不仅要没收无遗嘱的遗产，而且也要限制那些有遗嘱的遗产，使之不能超过公平的范围，即继承遗产者不应获得多于其独立生活需要的巨额遗产。更有人提出遗产废除说，主张所有遗产不得由私人继承，均需交还给社会，以期达到社会财富平均，人们获利机会均等。

第四，溯往征税说。该学说认为遗产税不是对遗产的课征，而是对死者生前一切逃避税收的追缴。认为人们之所以能留下遗产，就是在其生前对财产税的逃漏所致，所以应在其死后无法逃税的情况下追缴回来。

第五，享益说。这是早期正统学派的主张，在欧洲甚为流行。这种学说的建立来自三种依据：劳务费说、劳务值说和继承权利说。享益说将国家政府视为营业机构，政府给予人们以劳务（保护生命、财产等），人们就应付给相应的代价，这种代价就是税收。对遗产来说，国家法律保护了死者将遗产遗留给继承者，并保护其产权，这就给予了继承者以劳务或享益，继承者自然应该缴纳部分税收以作为代价或补偿。

第六，能力说。该学说与前几种学说不同，不是把遗产税看作对物征税，而看作是一种对人税，是课于遗产继承人的税。既是对人税，就应当以纳税人的负担能力为标准。而衡量纳税人的能力标准主要有三种：费用、财产和所得。由于这三个不同的标准，能力说又可分为三种说法：一是以费用为标准，主张以高税率课于高遗产获得者；二是以财产为标准，主张以遗产税代替平时的财产税；三是以所得为标准，认为遗产税是一种特殊所得税，可采用累进税率，并要体现继承者的亲疏关系。

这几种理论涵盖了西方理论界在税收依据方面的大部分内容，包括国家对财产的部分支配处置权、征税权、利益共享权等。与这些理论相印证，遗产税的开征，实现了人们开设该税时所希望达到的目标，这一目标归纳起来，主要有两个方面：一是经济方面，即遗产税能为国家增加财政收入；二是社会方面，即遗产税在调节收入再分配，缓和社会贫富不均的矛盾发挥了一定作用。

（二）遗产税的特点

遗产税作为一个古老的税种，沿袭至今，有其自身的特点。首先，遗产税具有直接性，不易转嫁。其次，遗产税具有公平性，体现了量能课征原则，其纵向公平的特点也有助于横向公平的实现。同时，遗产税也有其自身的缺陷，这些缺点也成为一些人取消遗产税和反对开征遗产税的主要理由。遗产税的缺陷主要有以下几种。

（1）遗产税的征收面较窄。由于遗产税是一种“富人税”，它只是针对遗产转移数额在一定额度上才征收，并不是每一笔遗产转移都要征税，导致遗产税的征税面非常狭窄。

（2）遗产税筹集财政收入的作用较弱。遗产税的收入较少，其财政意义相对于社会意义来说较小。这也是反对遗产税的人所持的论点之一。

（3）遗产税的征收时间不确定。由于遗产的转移和继承的发生不具有连续性和固定性，而只是偶发的、一次性的，使取得收入的时间不确定。

（4）遗产税的征收难度大，征税成本相对较高。因为遗产税的征收需要设置专门的机构，而遗产的核实、评估和征收又需要具有专业知识的人员花费相当多的时间和精力。因此，遗产税的征税成本相对较高。

三、遗产和赠与税税制的模式类型

（一）遗产税税制模式

遗产税的税制设计通常有三种模式：第一种是总遗产税制；第二种是分遗产税制；第三种是总分遗产税制。赠与税一般是跟遗产税税制同步设置的，也就是说，总赠与税制或分赠与税制的纳税人分别对应于总遗产税制和分遗产税制。

1. 总遗产税制

总遗产税制模式是对遗产总额课征的税制，以财产所有人（被继承人）死亡后遗留的财产总额为课税对象，以遗嘱执行人或遗产管理人为纳税人，采用超额累进税率，通常设有免征额和不征税项目、扣除项目、抵免项目等。总遗产税制的特点是：在遗产处理上先税后分，即先对被继承人死亡时遗留的财产课税，然后才能将税后遗产分配给继承人或受遗赠人；在税率设计等方面，不考虑被继承人与继承人之间的亲疏关系和负担能力等。总遗产税制下，税收负担承担者是被继承人，但由于被继承人已经死亡，税负便直接落到被继承人的遗产之上；而继承人在税后继承遗产，不再纳税，不存在税收负担问题，更谈不上税收转嫁。美国、英国、新西兰、新加坡、中国台湾、中国香港等国家（地区），实行的是总遗产税制。

2. 分遗产税制

分遗产税制又称为继承税制。分遗产税制是对各继承人取得的遗产份额课税的税制。以遗产继承人或受遗赠人为纳税人，以各继承人或受遗赠人获得的遗产份额为课税对象，税率也多采用超额累进税率，允许扣除和抵免。分遗产税制的特点是：遗产处理程序是先分后税，即先分配遗产，然后再按规定就各继承人取得的遗产份额课税；在税率设计等方面考虑的因素也要多些，如被继承人与继承人之间的亲疏程度，继承人自身的经济状况和负担能力，甚至包括继承人的预期寿命等分别课以差别税率，日本、韩国、法国、德国、波兰、保加利亚等采用这种税制模式。在分遗产税制下，遗产继承人是税负承担者。

3. 总分遗产税制

总分遗产税制又称混合遗产税制。总分遗产税制是将总遗产税制和分遗产税制综合在一起的税制，即将被继承人死亡时遗留的遗产总额课征一次总遗产税，再对税后遗产分配给各继承人的遗产份额在达到一定数额时再课征一次继承税。纳税人可能是遗产管理人、遗嘱执行人、遗产继承人或受遗赠人，采用比例税率或超额累进税率。总分遗产税制的遗产处理程序是“税—分—税”或称为先税后分再税。目前采用这一模式的国家有加拿大、意大利、菲律宾、爱尔兰等。

三种遗产税税制模式比较来看，总遗产税制，先税后分，税源可靠，税收及时，计算较简单，征管便利，征管费用较少，但因不考虑被继承人和继承人之间的关系及各个继承人自身的情况，税负分配不太合理，较难体现公平原则。分遗产税制，先分后税，考虑各继承人经济情况和负担能力等，较为公平合理，但易给纳税人以逃漏税之机，计算较复杂，征管费用较多。总分遗产税制，先税后分再税，可保证收入，防止逃漏，亦可区别对待，量能课税，但对同一笔遗产征两道税，手续烦琐，计税复杂，不符合税收中性原则和便利原则。因此，各遗产税制模式无绝对优劣之分，关键在于各国的社会经济政治状况、法律制度、税收政策目标、国民素质、税收征管水平、纳税历史习惯等。

同时，遗产税作为一种典型的直接税，它的税负不会通过任何形式、任何环节转嫁给其他人，税负直接作用于纳税人。作为一种调控工具，能直接体现调节的目的和意图。

（二）赠与税税制模式

赠与税分总赠与税和分赠与税两种税制模式。总赠与税制又称赠与人税制，是对财产所有者生前赠与他人的财产课税，以财产赠与人为纳税人，以赠与他人的财产额为课税对象，采用累进税率；分赠与税制又称受赠人税制，是对受赠人接受他人的财产课税，以财产受赠人为纳税人，以受赠财产额为课税对象，也采用累进税率。

由于赠与税是遗产税的辅助税种，其税制模式的选择必然要与遗产税税制相配合。国际惯例通常是：实行总遗产税制的国家，选择总赠与税制；实行分遗产税制的国家，选择分赠与税制；选择总分遗产税制的国家，多采用分赠与税制。

有的国家只设遗产税，不设赠与税，如伊朗；而有的国家只设赠与税，不设遗产税，如加纳。另外，英国遗产税和赠与税于 1975 年改称财产转移税，1986 年又改为遗产和赠与税。美国从 1976 年起将遗产和赠与视为统一的财产转移税统一征收，并另设隔代遗产转移税作为单独的补充税种。同时，美国各州自由选择征收州遗产税（财产转移税）或者继承税（接受财产税），目前共有 17 个州征收遗产税或继承税。①

第二节　遗产和赠与税税收要素概述

一、纳税人

总遗产税制下，纳税人一般为被继承人，也有遗产继承人，如美国规定：被继承人为遗产税的纳税人，遗嘱执行人负有申报义务；赠与人为赠与税的纳税义务人。分遗产税制下，纳税人是遗产继承人（多数国家包括法定继承人和遗嘱继承人，个别国家仅指后者）或受遗赠人，如日本规定，通过继承、遗赠或赠与获得财产的继承人或受赠人，需承担无限继承税及赠与税义务。

① DALY. Estate and Inheritance Taxes by state in 2021［EB/OL］.（2021-09-29）［2022-05-25］. https：//www. fool. com/research/estate-inheritance-taxes/。

但也有例外情况，如韩国的遗产与赠与税（英文直译为继承税），实行总遗产税制，纳税人却是遗产的继承人或者受遗赠人。混合遗产税制，纳税人包括上述两种税制下的纳税人。

实行总赠与税制的国家，纳税人是赠与人，当无法查找赠与人时，由受赠人纳税。如英国规定，死者的遗产代理人或生前赠与的赠与人通常承担遗产税纳税义务，但其可以向受赠人等追讨未付税款。赠与人为纳税人，受益人只获得财产而不需要缴税，这就避免了在遗产税中可能出现的受益人因无现金缴纳遗产税而无法得到遗产的尴尬局面。

二、征税对象、计税依据和税率

（一）征税对象

总遗产税的征税对象是被继承人死亡时已确定继承人或尚未确定继承人的全部财产，包括动产、不动产及其他一切有财产价值的权利。分遗产税的征税对象是继承人继承的财产以及有财产价值的权利。如土地、房屋、矿产、有价证券、现金、银行存款、珠宝首饰、商标权、著作权等。具有财产价值的权利，指能够使财产收益增加的权利，如保险权益、债权、土地占用权等。

大多数国家将被继承人死亡时的所有财产均视为遗产，作相应的税前扣减后进行征税，如智利、芬兰、韩国等；而匈牙利、希腊、意大利则以所有转移的财产为课税对象。在英国，死亡日前 7 年转让的资产全部算作遗产，故征收遗产税的有两种转让：生前转让（lifetime transfer）和死后转让（death estate）。生前转让还包括免税转让①、潜在免税转让②和应税转让③三种类型。

（二）计税依据

遗产税和赠与税从价依率计征，以财产估价减除不征税遗产、免征额和各项扣除与抵免后的金额为计税依据。因此，上述因素对计税依据的确定有重要影响。

---

① 免税转让（Exempt Transfer），主要包括向慈善机构的转让以及配偶之间的转让等，这些转让无论是生前转让还是死亡转让均不征税。

② 潜在免税转让（Potential Exempt Transfer，PET），这一类别的转让主要包括个人资产的直接转让，该资产在转让时不能确定为遗产，所以生前不用缴税。但是一旦转让后不满 7 年赠与人去世，该资产即视为遗产，需计算遗产税。

③ 应税转让（Chargeable Lifetime Transfer，CLT），主要是将个人资产转让给信托基金（trust），目的是希望自己去世后，通过信托基金的运营使自己的子女每年可以得到稳定现金流，带有遗产性质，所以转让的时候就要缴纳遗产税。如果 7 年内赠与人去世，就是真正的遗产。

财产估价各国多采用市场价值取向，以被继承人死亡时的财产市价为准。如美国规定，总遗产是指死者死亡之日在全球范围内的资产的公平市场价值（FMV）；继承税多以继承人取得遗产时的市价为准，赠与税以赠与行为发生时的市价为准。“市价”的估定各国均有具体规定，如英国皇家税务海关总署给出了不同类型遗产估值的具体指南①，可能涉及遗产的实际销售价格、公开市场价格等。

（三）税率

从世界各国（地区）情况看，遗产税税率有两种：比例税率、累进税率。同时开征遗产税和赠与税的，有的国家（地区）是分设税率，如日本、中国台湾地区；有的国家是两税同一税率，如美国、英国等。大部分国家一般适用超额累进税率，以体现公平原则，即按照遗产或财产数额的多少，从少到多划分为若干等级，设置由低到高的累进税率；但也有特殊情况，有少数国家使用比率税率或将累进税率改为比例税率（如英国就是40%的比例税率）。

实行总遗产税制的国家，往往只设置一种超额累进税率，但税率设计一般无法体现亲疏远近关系，如2008年2月15日取消遗产税前的新加坡，税率只有两级：遗产基本价值为1200万新元的，税率为5%；超过1200万新元的、税率为10%。而实行分遗产税制的国家，则一般以继承人与被继承人之间关系的远近确定税率的高低，设置几种超额累进税率。对与被继承人关系亲近的继承人适应较低的税率，也设立减免额；对于被继承人关系较远的继承人如堂兄弟妹或非亲属等，适用较高的税率。如法国是实行分遗产税制的国家，继承税按受益人与被继承人之间的关系以及受益人得到的遗产数额的多少设置不同的税率（见表10-1）。

表10-1　　OECD成员国遗产税征收简表（2021年）

序号	国家（地区）	遗产（继承）税		赠与税		备注
		开征情况	税率（%）	开征情况	税率（%）	
		①	②	③	④	
1	比利时	继承税	3~80	有	同②	税率因财产额和亲疏关系而异
2	智利	继承税	1~35	有	同②	同1

① How to value an estate for Inheritance Tax and reportits value [EB/OL]. [2022-05-25]. https://www.gov.uk/valuing-estate-of-someone-who-died/estimate-estate-value.

续表

序号	国家（地区）	遗产（继承）税		赠与税		备注
		开征情况	税率（%）	开征情况	税率（%）	
		①	②	③	④	
3	捷克	无	无	无	无	从2014年1月1日起继承税及赠与税取消，改征所得税
4	丹麦	遗产税+继承税	0~52.06	有	基本同②；非亲属受赠征所得税（0~52.06）	赠与税和遗产税都是在死亡时或赠与时转让资产时征收的。税率为0、15%或36.25%。然而，赠与可能需要缴纳高达52.06%的普通所得税（2020年）
5	芬兰	继承税	0~33	有	税率同②，级距不同	同1
6	法国	继承税	5~45	有	同②	同1
7	德国	继承税	7~50	有	同②	同1
8	希腊	继承税	0~40	有	同②	同1
9	匈牙利	继承税	2.5~40	有	5~40	同1
10	冰岛	继承税	10	无		赠与征所得税
11	爱尔兰	继承税	33	有	同②	2011年12月7日：25%→30%
12	意大利	继承税	4~8	有	同②	2001停征，2006恢复
13	日本	继承税	10~55	有	同②	2003年：10%~50%
14	韩国	继承税	10~50	有	同②	税率按财产额累进
15	卢森堡	继承税	0~48	有	1.8~14.4	税率因亲疏关系而异
16	荷兰	继承税	10~40	有	同②	同1
17	挪威	无	无	无	无	
18	波兰	继承税	3~20	有	同②	同1
19	斯洛文尼亚	继承税	0~39	有	同②	同1
20	西班牙	继承税	0~34	有	同②	
21	土耳其	继承税	1~30	有	10~30	同1
22	美国	遗产税	0~40	有	同②	

续表

序号	国家（地区）	遗产（继承）税		赠与税		备注
		开征情况	税率（%）	开征情况	税率（%）	
		①	②	③	④	
23	英国	遗产税	0~40	有[1]		生前7年内赠与计入遗产
24	瑞士	无联邦税；州税税率因州而异（0~50%）				对受益人征税，税率因亲疏关系而异
25	澳大利亚	无				
26	奥地利	2008年取消				
27	加拿大	1972年取消				
28	爱沙尼亚	无				遗赠不征所得税；遗赠财产利得征所得税
29	以色列	无				
30	墨西哥	无				赠与征所得税
31	新西兰	1992年12月17日取消				
32	葡萄牙	2004年取消，改征印花税，税率为10%				赠与房地产另征0.8%附加税
33	斯洛伐克	2004年取消				

具体来看，截至2021年，美国联邦遗产税实行18%~40%共12级超额累进税率；日本实行分遗产税制，其继承税采取10%~55%的8级超额累进税率，每级税率相差5%；德国按亲属关系远近[2]分别适用7%~30%、15%~43%、30%~50%三档税率。采取比例税率的国家，如意大利按亲属关系远近分4%、6%、8%三档税率征收遗产税，英国生前转让和死亡转让的税率分别为20%和40%等。

在20世纪80年代末的税制改革浪潮中，降低个人所得税税率的同时，许多国家降低了遗产税和赠与税的税率，并减并了级次。从1977年起，美国

---

① 原表为“无”，但据考证，英国对死亡前七年内的赠与征税，可理解为补征的遗产税而非赠与税。

② 获益方根据其与捐赠方或被继承人的关系分为三个税务类别：税类一：配偶或已登记的同性伴侣；子女和继子女的后代；父母和先辈（仅通过死亡获益）。税类二：父母和先辈（通过赠与获益）；兄弟姐妹；侄子和侄女；继父母；女婿和儿媳；岳父；离婚的配偶或已分手的同性伴侣。税类三：所有其他获益方，包括法律实体。

遗产税和赠与税适用统一的税率表。2001 年，时任总统小布什推动国会通过了《经济增长与税收救济协调法》，推出了一个逐步淘汰遗产税和隔代赠与税的方案：一是最高税率从 55% 逐年下调至 45%，免征额从 100 万美元下调至 350 万美元；二是 2009 年 12 月 31 日之后，联邦遗产税和隔代赠与税停止运行；三是 2010 年结束时如果没有相应立法行动，遗产税制度将恢复到 2001 年 6 月 7 日的水平。值得注意的是，该法案并未取消赠与税。2010 年末，国会通过的新税收法案没有永久取消遗产税制度，而是将原法案的优惠延续到 2012 年，最高税率降到 35%。2012 年的《美国纳税人减免法案》规定将 2010 年末的法案永久化，并将最高税率从 35%调整到 40%。2016 年，特朗普一直在他的税改计划中明确表示废除遗产税。在众议院通过的提案中，将遗产税的免征额从 2018 年起提高一倍，并计划从 2025 年起废除遗产税和隔代赠与税，同时将赠与税最高税率降至 35%；参议院通过的提案，仅保留了免征额提高一倍的内容，并限定在 2017 年 12 月 31 日至 2026 年 1 月 1 日间实施。2021 年，拜登的税改法案提出，在遗产转移环节，将遗产中增值的部分视同变现加征一道资本利得税，届时，美国遗产税税率或将进一步提升。

三、关于纳税人的确定

征收遗产税和赠与税时，大多数国家采用属人与属地相结合的原则，即对于本国的居民拥有位于本国的不动产和世界各地的动产都要征收遗产税或继承税；同时，对未定居于本国的个人拥有的位于本国的全部财产，当其死亡时也要征收遗产税或继承税。对境外财产的征税，不同的国家有不同的规定。如美国对非居民及非公民个人（在美国，遗产税“居民”纳税人是指死者在死亡时，常住地在美国）采取属地原则，按照国内税法或根据税收协定相关条款及其修订后的内容，仅对其位于美国的遗产征税（美国与奥地利、丹麦、法国、德国、日本、瑞典、英国签订了合并的遗产和赠与税条约，与澳大利亚、芬兰、希腊、爱尔兰、意大利、荷兰、挪威、南非、瑞士签订了单独的遗产税条约，与澳大利亚签订了单独的赠与税条约）。对美国公民或居民位于外国的资产，通过税收协定或者对外国遗产税已纳税款实行限额抵免以消除双重征税。日本遗产税管辖权主要依据个人的居住地和资产所在地。日本继承税义务以常住地和国籍标准为基础。在日本常住的个人，作为无限责任纳税人，就全球资产纳税。不在日本常住的个人，仅就位于日本的资产纳税，但是根据国籍标准，可能会扩展为无限责任纳税人。巴西规定，继承须遵守死者居住地国家法律，而不考虑资产的性质和位置，法律对巴西籍配偶或其他继承人另有规定的除外。因此，在继承人是巴西人的情况下，遗产继承受死者居住地国家法律管辖。丹麦的遗产税实行属人原则，即在丹麦居住的个人在死亡时，就其来源于全球的资产课税。而赠与税则是双重标准，只要赠与人或者受益人一方是丹麦居民，就需要纳税。希腊实行属地原则，对位于希腊的遗产征税，不论死者的国籍和常住地。

四、关于计税依据的优惠

减除不征税遗产后，理论上说，对遗产税税基的优惠，有豁免额和税前扣除两大类，可以合称为免征额。豁免额指对特定人或特定收入和资产予以免除税收义务，税前扣除主要指对获取收入或资产的必要耗费等项目的税前扣除。

对于不征税遗产、豁免额和税前扣除，虽然如何归类并不影响最终税基的确定，但理论上却存在不同，而且许多国家根据豁免额推算并公布了应纳税款的统一抵免额，这种情况下，极易因区分不清产生计算上的错误。由于各国对不征税遗产、豁免额和税前扣除的划分不一，因此，本文根据中国税法文本的表述习惯①，将对遗产税的豁免额改称为免征额②，即本文中将免征额和费用扣除并列，而不是将费用扣除包含进免征额。同时，在不影响理解的情况下，对有些未作严格区分的国家的遗产税介绍中也不作区分。

除了法定不征税遗产的项目和数额，遗产税的税基优惠项目如下。(1) 个人免征额，许多国家都规定有一人一生可享受的个人免征限额。(2) 各类扣除项目。(3) 地方税收扣除。联邦制国家中纳税人已向地方政府缴纳的遗产税和赠与税，限额或全额税前扣除。(4) 连续继承抵免。短期内连续发生同一笔遗产两次继承时，第二次继承时允许对第一次继承时已纳税部分进行抵免。(5) 外国税收抵免。纳税人已在国外缴纳的遗产税、继承税限额抵免。

（一）免征额和统一抵免额

由于遗产税只是对极少数富人征收，因此一般规定每人一生都可享受一定数量的免征额。遗产额超过这一数额时，就其超过部分课征遗产税。在有

---

① 我国税法中多将豁免额称为“免征额”，如《中华人民共和国个人所得税法》和《中华人民共和国企业所得税法》等法规中的相关规定。

② 理论上，免征额是在征税对象的全部数额中免予征税的数额，免征额的部分不征税，仅就超过免征额的部分征税。

些国家，遗产税的免征额每年都在变化，并且可由免征额推算出相应的统一抵免额以方便计算税款，如新加坡、美国等。也有一些国家规定免征额视继承人与被继承人的关系不同而不同，如法国、瑞典等。

1. 对人免征和对物免征

所有开征继承税或遗产税的国家都给纳税人有对人或对物的免征额规定。在对人免征方面，主要考虑纳税人的特殊身份或继承人与被继承人之间的特殊关系；在对物免征方面，主要考虑课税对象的某些特殊性，如分割的难易、是否国家鼓励或扶持的产业等。各国在立法时的出发点不同，因而选择也不尽相同。

在大多数国家或地区，都会给予死者的配偶对人免征额。在克罗地亚、捷克、丹麦、法国、卢森堡、挪威、波兰、塞尔维亚、南非（通过税前扣除方式）、英国和美国，均有充分的免征额。在智利、中国台湾、芬兰、德国、匈牙利、意大利、日本、韩国、荷兰、西班牙、瑞士和委内瑞拉，夫妻间相互继承的遗产可获得部分免征。有时免征额受制于国籍限制，比如在波兰，对具有欧盟成员国国籍的配偶提供有免征额。在美国，对留给具有美国公民身份的配偶的遗产才享有完全的免征额。在芬兰、德国、卢森堡、荷兰、法国，遗产的对人免征延伸到了同居者，法国是依据同居协议确定产生的民事连带权利义务，瑞士则可适用于同性恋者。一些国家还向遗产受益人中的老年人和残疾人提供免征额优惠，如韩国。

对物免征[①]种类繁多并且源于各自不同的政策原因。包括有对死者住宅的豁免（在德国是针对特定继承人的对人豁免）或文化资产的免征（意大利、波兰和德国是税前扣除）。

向慈善机构或类似机构转移的财产也可享受免征待遇，但各种转移的情况区别很大。例如：英国对慈善机构以及以慈善为目的的信托捐赠财产全额免征；瑞士对于符合一定条件的慈善机构捐赠免征，条件包括慈善机构以提供非营利性公共服务或者公共设施为目的，并且总部位于瑞士。如果总部位于国外，免征与否通常取决于瑞士各州和相关国家之间是否有相互协议。丹麦对于非营利性组织的捐赠和遗赠免征。法国对州、地方政府、科学和教育机构以及专门从事社会福利的机构以及为公共利益提供服务的团体和基金会的遗赠免征遗产税，对满足一定条件的部分农业财产（土地和森林、农村财

① 所谓“对物免征”，应与税前扣除外延存在重叠，因属于与“对人免征”对称的英文专用词汇，故仍取直译。

产长期租赁权等）部分免征遗产税。

2. 若干国家的免征额

1916—1976年，美国遗产税的免征额很低，最低的时期个人为40000美元，最高的时期为100000美元。1924年，美国一人赠与财产每年的免征额为500美元，一生的免征额为50000美元。超过免征额部分的财产赠与则要缴税，最高税率为40%。1976年，美国的个人遗产税免征额为60000美元。从1977年起，美国遗产税呈现免征额逐步上升趋势。2001年，小布什总统推动国会通过了《经济增长与税收救济协调法》，遗产税的个人免征额从2001年的67.5万美元上升到2002年的100万美元。2004年，个人免征额上升到150万美元。2006年，进一步提高为200万美元。到了2009年，遗产税的个人免征额突飞猛进到350万美元。2010年，美国遗产税停征。2011年，遗产税的个人免征额降至100万美元，最高税率升至55%。2012年，遗产税的个人免征额略微提高到525万美元。特朗普上台之前的遗产税免税额处于500万美元的水平，任职期间将其加倍至1000万美元水平（指2011年的1000万美元，外加2011年至当年的通货膨胀调整。2018年调整后金额为1118万美元）。之后每年根据通货膨胀进行调整，2021年为1170万美元。

英国的遗产继承税实行总遗产税制。英国遗产继承税的免征项目主要包括：维持家庭生活向直系亲属的赠与和向其他人每年限额以下的赠与，以及向慈善机构、指定政治团体、社会福利部门或公共部门的赠与。扣除项目主要包括债务扣除、丧葬费扣除、家庭维持费扣除、经营财产扣除等。英国财政大臣在2021年3月3日的预算中表示，至2026年4月前，英国统一遗产税的零税率区间（NRB）将维持在每年32.5万英镑，自住房零税率区间（RNRB）将维持在17.5万英镑。此外，每人对应税生前转让享有不超过3000英镑的年度免税额。

1942年，意大利政府颁布法案，确定了遗产税征收中扣除债务和必要费用的净总值原则，以及明确了遗产税课税级次和相应的税率。此后通过1972年和1990年两次改革，逐步完善了遗产税的征收制度。2001年，意大利为解决经济问题和资金外流的压力，宣布取消了遗产税。从2006年10月又恢复征收遗产和赠与税。目前，意大利恢复征收遗产和赠与税为比例税率并按亲属关系远近免征10万~150万欧元。

巴西的遗产和赠与税是州政府对因继承或赠与而取得财产的个人征收的种税。巴西税法规定，巴西各州及联邦区有权征收遗产和赠与税。纳税财产包括物品和权益两个方面，具体包括房屋、土地、股权、存款，以及汽车、家具等消费品。继承房产价值在 1.7 万美元以下、个人私有物品价值在 5000 美元以下的、存款不超过 3500 美元的，可以免税。继承人将依法继承的遗产捐赠给政府和非营利组织的，予以免税。遗产税的纳税期限为继承之日起 30 天，赠与税的完税期限为赠与后 15 天。如果继承人继承遗产后不能立即结清税款，允许同政府签订协议分期付清。

2003 年日本改革税制后，遗产税的基础减免额是“5000 万日元+1000 万日元×法定继承人数”，在 2013 年 1 月公布的《2013 年度税制改革大纲》中提出，改为“3000 万日元+继承人数×600 万日元”。目前，日本遗产税基本免税额为 3000 万日元+600 万日元×法定继承人人数；赠与税给予每年 110 万日元的基本免征额。同时，还将降低免征额、提高税率，对死亡保险也征税。这大大地扩大了遗产税的纳税范围。而且，征税内容除了房屋、土地外，还将包括现金、有价证券、美术品、宝石首饰、人寿保险等各个方面。

韩国的遗产和赠与税对受赠财产者累进计征遗产和赠与税，税前有多项扣除规定：如应缴税金、丧葬费、债务，以及基础扣除和对人的扣除（配偶扣除、子女扣除等），还有对住房、农场等扣除。韩国税法规定：对捐赠给政府或公共团体的财产，捐赠给公益事业机构或宗教团体、慈善机构、学术团体或公共福利机构的财产，以及法律和总统令规定的其他财产不征税。

德国遗产和赠与税为联邦政府对因继承和赠与所获财产的课税。德国的遗产税和赠与税实行超额累进税率。并按被继承人与继承人或受遗赠人，赠与人与被赠与人之间的亲疏关系设计不同税率。德国遗产和赠与税对免税及税收抵免作了规定。死亡人或赠与人的配偶享有基本免税额 50 万欧元、额外免税额 25.6 万欧元。每一个子女可免税 40 万欧元、额外免税额 5.2 万欧元(仅限 27 岁以下的子女)，每一个孙子女免税额为 20 万欧元。丧葬费用和死者债务允许税前扣除。慈善公益捐赠全额免税。10 年内同一赠与人向同一受赠人的赠与累计课税，以前已课税允许抵免。自 2009 年 1月 1日开始，德国则对免税额作了调整，视血缘关系的不同分别提高了减免额度，另外，对配偶间及父母子女间转让私有住宅自用不征税。

南非是少数实行混合遗产税的国家。课税对象是被继承人死亡时遗留的全部财产，包括动产、不动产及其他一切有财产价值的权利。南非对配偶间的继承财产一律免税，被继承人的丧葬费用、遗嘱管理执行费用和被继承人去世 7 年前所继承的已税财产也属于扣除和抵免范围。南非遗产税实行比例税率，遗产税的起征点为 350 万兰特，350 万兰特以上部分按固定比率 20% 征收。

3. 继承家族所有或控股企业的免征规定

一些国家对于死者所转移的家族所有或控股的企业给予免征或特别的减免。这些规则明确地表明了税收不应阻碍企业代际继承连续性的立法精神。在欧盟，这一政策意图也反映在1994年和2006年的欧盟委员会的建议中，即希望各成员国能通过对国内法的修订，排除家族企业代际继承的障碍。

在有的国家，免征额仅限于死者作为唯一业主直接管理的企业的转移。在其他一些国家，免征范围延伸到了一个正常运营企业的多数股权转移。在芬兰、法国和德国，国内法律对此甚至设定了更低的门槛，即这种免征或减免不需要转移的遗产构成多数股权，这有助于企业持续稳定经营。因为当死者只拥有少数股份、股份的指定继承权已经在他或她的亲属手中或当股东包括第三方时，继承人若无法获得减免并需承担遗产税支付义务时，会减少可用于再投资的资本或强迫死者亲戚处置其股份，这些情况都会妨碍企业经营的连续性。

由于家族企业是德国经济的支柱，德国《遗产（赠与）税法》对继承企业资产、农林业资产以及合资公司股份又给予了特殊的减免税优惠，以利于家族企业能更好地参与市场竞争。有的国家农业、林业、渔业等行业也有特别的免征规定。在出现企业继承时，如果满足特定条件，比如在接手后5年至7年内维持一定的工资额水准，不变卖，或不停止运营，保持较低比例的管理用资产，则可以享受85%~100%的免税额度。长远看来，德国有可能逐步取消对经营性资产的继承遗产税，前提是被继承的企业得以持续经营并创造就业岗位。

（二）税前扣除和抵免

1. 遗产税税前必要的扣除

在计算遗产税的课税基数时，扣除规则在各国十分相似，一般允许扣除的必要的费用包括以下几种情况。

（1）由遗产支付的丧葬费用扣除。丧葬费、涉及继承的遗嘱公证费、墓地费等，一般规定一个最高扣除额。

（2）遗产管理费用扣除。管理者的佣金和律师费、取得遗产和认定遗产时支付的手续费等直接费用，多按实际发生额扣除。

（3）债务扣除。被继承人生前应偿还债务和抵押财产，须从遗产总额中扣除。其中，既包括普通债务，如银行贷款，也包括特殊债务，如已经抵押的不动产等直接归为应税遗产的资产。遗嘱执行引发的债务也可扣除。除了波兰，各国都规定了债务和成本在应税遗产和非应税遗产间的分配比例。这一规则既运用于一些可以免税的特殊资产（例如在希腊针对船舶），也将一些资产排除在国内继承税和遗产税范围之外。

（4）税收扣除。被继承人生前应纳而未缴纳的税款全额扣除。也可将其视为死者的税收债务享受税前扣除（巴西、德国、希腊、匈牙利、意大利、日本、韩国、卢森堡、挪威、波兰、南非、委内瑞拉）。对遗产所承担的外国继承税和遗产税一般也可予扣除，除非这些国外税收依国内税法或协定可以归属于可抵免税款。在比利时，动产缴纳的国外遗产税（对所有不动产征收）不可抵免，但是可以在税基中扣除，而国外继承税（对继承人征收的）不能扣除。

（5）公益遗赠扣除（有些国家列入免征范围）。捐赠给宗教、慈善、学术、教育等公益机构的遗赠扣除。

（6）基础扣除（有些国家列入免征范围）。[①]

（7）火灾、水灾、海难、意外或偷盗等损失未获保险赔偿的部分。

2. 赠与税的税前扣除项目

（1）公益捐赠扣除，指捐赠给公益机构的财产。

（2）税收扣除，指赠与财产中应纳的契税、印花税等。

（3）法定扣除。其他法律规定的扣除。

（三）应税遗产的评估

遗产税税基价值确定，即应税遗产的评估是一项十分重要、非常复杂的工作。许多国家都设立了专门的评估机构，采用专业的评估方法进行应税财产评估。例如，英国设立了资本税收办公室，由一批具有丰富的专业知识、训练有素的征收人员采用先进的科学征管手段开展应税财产评估工作。英国遗产税的估价原则是以市场价值为依据。土地由专门的土地评估部门评估；无形资产由资本税收办公室的一个处负责评估；对金银珠宝首饰及文物、艺术品等，聘请专家进行评估；股票分上市与非上市两种，上市股票按死亡当日股票市价确定，非上市股票主要靠搜集的信息进行评估。再如，新加坡税务署专门设立了产业估值及核税处，日本设有资产税官、资产评价官，由专业人员从事应税财产的评估工作。日本对土地的估价采用两种方法：一种是适用于城市土地评估的路线价方式；另一种是适用于农村土地评估的倍率方式，评估的方法相当复杂。

但是，在应税财产的评估中仍存在不少问题，特别表现在对一些没有价

① 这一扣除事实上即上述一些国家的一人一生的免征额。

格的财产，诸如非上市公司的股票、金银珠宝首饰、古玩、字画等的估价，相当困难。

总之，大多数国家评估资产的基本原则是采用（资产或权利的）市场价值原则（在不同立法思想下通过不同方式定义），除了个别例外情况，以被继承人死亡时该财产在市场上能够卖出的价格为准，以避免价值评估不确定性。在一些国家和地区（巴西、智利、中国台湾地区、德国、意大利、希腊、瑞士瓦特州和瓦莱州），坐落在管辖地的不动产价值评估运用的是地籍记载值，这些数据本是用于征收所得税和不动产财产税的。上市股份评估基于市值，但各国法规对于确定价值的时点存在一些差异，有的是死亡日，有的是死亡前的日期，有的则是一段时期的平均值。例如，美国转移财产如果通常能够在零售市场取得，那么按照赠与或者死亡日的零售价值确定。对遗产税而言，财产可以6个月后（可选择估价日）确定价值（如果能够减少遗产税的话）。美国国内收入局会根据利率、平均寿命定期发布修订的具体的表格，对遗产和剩余权益进行估价。英国上市公司股份采取以转移日或者死亡日上浮最低价和最高价价差的1/4确定其价值。智利对于上市公司股份按照死者死亡前6个月的平均价格确定。对于非上市公司，一般引入公允价值原则，但是具体规则却相差甚远。在一些国家（如意大利），公允价值就是公司最近通过审核的资产负债表中列示的净资产价值，因而商誉和潜在利得不包括在内。挪威财产税依赖“适当的”估价标准，而且给予第一个1000万克朗40%的税前扣除。没有国家对少数股权应用特别的评估规则，一般所评估的资产在原则上不包括商誉。在一些国家里对永租权租金、终身年金和固定期限养老金或资产的使用权适用特别规则。① 例如，丹麦对支付给受益人或配偶的人寿保险免征遗产税。芬兰对于人寿保险合同，如果受益人是死者的直系亲属，可以有35000欧元的税收扣除；如果受益人是死者配偶，那么可以扣除一半或者最少35000欧元；如果人寿保险由远亲继承，那么保险支付作为资本利得征税。

五、征收办法概述

遗产税和赠与税的征收，采用申报法，辅之以查定法。遗产额的申报，一般于被继承人死亡之日起2个月至6个月内申报；赠与税一般是按年申报，

① The International Fiscal Association（IFA）：ifacahier _GENERAL REPORT（2010）（about the IHT and the ETA）.

或纳税人赠与（受赠）财产超过免征限额后2个月至3个月内申报。经税务机关核定税额后，纳税人须依法按期缴纳，特殊情况经批准后允许延迟纳税。有些国家规定，营业性遗产继承允许分期缴纳，遗产税可部分用实物缴纳，但赠与税不得缴纳实物。如日本规定，纳税人缴纳遗产税时允许以继承财产进行实物支付；电子化方面，2017年1月23日，意大利税务当局推出了一个在线平台，遗产税可以进行电子申报。从2019年开始，电子申报是唯一允许的程序。

各国对违反税法者，均制定有处罚规定。超期未纳税，须缴纳滞纳金。不按期申报者，处以应纳税额数倍罚款，甚至有期徒刑。逃漏税者，处罚较重，除罚款外并负刑事责任。如我国台湾地区，对遗产税和赠与税就实行轻税重罚原则，对逾期未纳税款，按日加收5%的滞纳金，逾期30日未纳税的，移送法院处理。

总遗产税以美国为代表，在美国，遗产税的征税范围是死亡者遗留下的全部财产，以及死者去世前3年期间转移的各类财产。纳税人一生可以依据法律规定有一定的个人免征额。其征收办法为：

总遗产与赠与税的应纳税额=（遗产与赠与财产价值额-各种费用开支、婚姻减除①、慈善捐赠等项目②）×适用税率-统一抵免额③-其他抵免额

分遗产税（继承税）以日本为代表，税额计算比较复杂，其征收办法是以继承人所继承的遗产为基础，扣除被继承人的债务和丧葬费，然后按照每个法定继承人运用各自适用的税率分别计算。当纳税人为配偶及直接血亲以外的法定继承人或者受赠人时，其应纳税额还要按20%的税率加征附加税。其计算的步骤如下。

（1）合计假定由所有继承人和受遗赠人获得的应纳税财产的金额（扣除继承的负债）“合计应税财产价值”。

（2）从上述“合计应税财产价值”中扣除基本免税额3000万日元加上600万日元乘以法定继承人人数。

（3）根据每个法定继承人的法定份额，分配合计的应税遗产价值。

---

① 对于婚姻减除，有的作为不征税遗产或免额，也有的国家作为税前扣除，此处统称为“减除”。公式中未扣减免征额，是因为已将根据基础免征或综合免征额推算的统一抵免额作为应纳税款的减除了。

② 慈善捐赠等一般作为不征税的遗产转移。

③ 统一抵免额是根据免征额换算出的税款抵免额，故税基计算时不再减除个人死亡时未使用的一生免征额。

（4）按照累进税率分别计算上述分配给每个法定继承人的部分的遗产税。

（5）汇总以上计算的遗产税，记为“汇总遗产税”。

（6）根据应税价值的比例，分配“汇总遗产税”给每个继承人和受遗赠人。

（7）对非死者配偶、父母或子女的继承人或受遗赠人征收20%的附加税；如果被继承人的孙子女成为被继承人的养子女，他（她）也需要缴纳20%的附加税。

（8）扣除每个继承人适用的税收抵免。

案例

假设：（1）继承人是配偶和成年子女（在这种情况下，法定份额为每人50%）；（2）应纳税遗产价值合计为10亿日元，应缴纳的遗产税合计为3.95亿日元，即每个法定继承人的应税财产份额=（10−0.3−0.06×2）÷2=4.79（亿日元），对应超额累进税率计算应纳税额为1.975亿日元，合计1.975×2=3.95（亿日元）；（3）配偶继承的财产数额为5亿日元，配偶无须缴纳遗产税，因为配偶应缴纳的税款是基于法定份额［即1.975亿日元（3.95×5÷10）］，可以适用相同金额的税收抵免；孩子的纳税义务为1.975亿日元（3.95×5÷10）。

第三节　典型国家的遗产税税制介绍

一、美国

美国拥有世界上最复杂的税法体系，遗产税制度由于其课税对象的多样性、遗产计算方式与财产评估体系的复杂性等特点，其复杂程度丝毫不亚于美国税法中的其他任何部分。美国现代的遗产税制度，是通过1976年税收改革法案确立的。该法案可以算是财产转移税制度的分水岭，它通过降低税率、提高免征额、填补漏洞等条款极大地改变了税制结构。税收改革法案规定合并遗产税与赠与税，统一税率表与宽免项目并改称为财富转移税，使两税统一为一税。[①] 统一的目的就在于，使每个个体无论生存或是死亡，都能公平地承担由同等财产所产生的转移税负。[②] 1976 年法案之后，1981 年经济复苏与税收法案、1986 年税收改革法案、1993 年预算调节法等法案也对遗产税制度在赠与税免征额、隔代转移税税率、抵扣额等方面进行了微调。目前，美国国内收入法典中遗产税与赠与税作为第 B 分标题列于所得税之后，共包括遗产税、赠与税、隔代转移税、特殊估价规则四章 704 节，形成了相对完善的遗产税制度。

（一）美国遗产税的程序法要素

1. 纳税时间

根据国内收入法典第 6018 节、第 6075 节的规定，如果被继承人死亡后留有遗产，遗产执行人应该在被继承人死亡后 9 个月内提出遗产税纳税申报；如果非公民非居民死亡时，在美国境内的遗产超过 6 万美元，其遗产执行人也应在其死亡后 9 个月内提出纳税申报。

根据第 6019 节及第 6075 节的规定，个人在该公历年度除了根据规定可以不计入应税赠与的赠与、在赠与税免征额以内的赠与、向符合规定的慈善事业的赠与外，对其他任何以赠与方式转移的财产，都应该在该纳税年度结束后的次年 4 月 15 日前作出纳税申报。同时根据美国国内收入法典的规定，财政部长有权与纳税人签订分期付款协议，分期偿还税款；有权因任何合理的理由，延长遗产税的缴纳期限 12 个月。

2. 纳税地点

对于税款缴纳的时间，根据第 6151 节的规定，除非另有规定，个人作出纳税申报后，应该与纳税申报单填写人，按照纳税申报单所填写的固定地点、时间（不考虑任何延期，向税务机关缴纳税款。如果财政部另有通知和要求，应按照财政部的具体要求，在规定的时间地点缴纳。

（二）美国遗产税的实体法要素

实体法要素主要包括税法主体、征税客体、税目与计税依据、税率、税收特别措施五大要素。如前所述，美国国内收入法典中，联邦遗产税法律制度共包括 4 章 704 节内容，囊括遗产税、赠与税、隔代转移税三大税种，下

① GALE WG, SLEMROD J. Rethinking the Estate and Gift Tax: Overview [Z]. NBER Working Paper, 2001: 4.

② KELLY-MOORE. Proposal for Estate Tax Exclusion Provisions [J]. Ohio University Law Review, 2009 (37): 41.

面将对这三种税从五个方面来进行分析。

1. 纳税主体

美国联邦政府实行总遗产税制，根据总遗产税制的特点，被继承人死亡后由遗嘱执行人或者遗产代管人管理遗产。国内收入法典第2002节明确规定，遗产税应由遗嘱执行人缴纳。

根据国内收入法典第2502节，赠与税应当由赠与人缴纳，赠与人即为纳税主体。由此可见，美国这种以赠与人为纳税主体的模式，应为总赠与税模式，与其采用的总遗产税制对应。

对于隔代转移而言，其纳税主体要分多种情况讨论，这主要是因为国内收入法典对于隔代转移进行了三种分类，分别是应税分配、应税终止、直接跨代。对于这三种不同模式的隔代转移，其纳税主体也各有不同。就应税分配而言，其纳税主体为财产转移的受让人；应税终止中，税款应由信托的托管人缴纳。特别需要注意的是，来自信托的直接跨代属于应税终止，也由托管人缴纳税款。直接跨代中，非来自信托的直接跨代，应由财产赠与人缴纳。

2. 征税客体

（1）遗产税。

征税客体，也就是课税对象。国内收入法典第2001节（a）款规定：对于属于美国公民或者居民的每一个死者的应税遗产的转让征税。而且，根据国内收入法典第11章B分章关于非公民且非居民的规定，在美国的非公民且非居民，也要就其死亡时位于美国境内的遗产转让缴纳遗产税。

上述规定指出的应税遗产并非是指被继承人的总遗产，最终所要缴纳的遗产税额，也并非简单地根据总遗产额与超额累进税率表计算得来，最终的遗产税额还要经过一系列的扣除进行计算，如费用、债务、损失、慈善捐赠等。在美国国内收入法典中，对遗产的规定主要有两个部分，分别为总遗产与应税遗产。

总遗产主要包括：被继承人死亡时拥有的财产；被继承人死亡前3年内转移的财产，并在该财产中仍保有的利益；死亡时生效的转让（以死亡为生效条件的转让）；可撤销的转让；财产指定权；保险利益；养老金，共同所有的财产等。需要解释的是可撤销的转让，被继承人所转让的总遗产中的任何部分，如果其在死亡时仍享有修改、撤销、终止等权利，那么这部分财产也要计入总遗产。

对于美国公民或居民而言，根据国内收入法典第2031节规定，总遗产应包括个人所有财产，无论动产或者不动产、有形财产或者无形财产，无论财产位于何地，在他死亡之时的价值都包括在内。同时，一些未在证券交易所登记的股票也应当按照类似公司的股票价值确定，计入总遗产，对于美国非公民非居民而言，关于总遗产，其与公民或居民的区别就在于，计算时只将位于美国境内的财产计算在内。

同时，美国法律对于计算被继承人遗产总额时，其不仅仅将遗产的现时价值计算在内，而且还将对财产中所包含的控制权、拥有权、享用权等其他行使的权益计算在内。第 2031 节（c）款规定的附带符合条件的保留通行权的土地的遗产税，其中第（5）项规定了保留发展权的处理，即如果在某土地中拥有利益的任何主体在纳税申报截止日前达成协议，永久性消灭被继承人在土地上保留的部分或者全部发展权，那么根据国内收入法典第 2001 节所征收的遗产税款就应当降低。由此可见，像这种以预期权益方式存在的潜在财产也被计算在遗产总额中。

根据国内收入法典第 2051 节之规定，应税遗产应按照下列方法来确定：从毛遗产（总遗产）的价值中减去本部分所规定的扣除。与总遗产的规定对应，非公民非居民的应税遗产，就是用其位于美国境内的总遗产减去各项扣除。

（2）赠与税。

赠与税的课税对象，是美国居民或非居民在每一个公历年度通过赠与所转让的任何财产，但不包括非美国公民的非居民所进行的无形财产的转让。赠与税的应税总额比较容易计算，所以国内收入法典中没有进行明确规定。至于应税赠与，就是用该公历年度做出的赠与总额减去各类扣除项目。

第 2501 节并没有在规定中使用“公民”，而是使用了“居民或非居民”。也就说明，只要在美国境内个人通过赠与转让财产，无论是否具有公民身份，都需要缴纳赠与税（不考虑免征额）。同时，第 2501 节（b）款中，对非公民非居民进行了单独的说明，指出该类主体所进行的转让不适用前款规定。两款结合来看，实际上就是排除了对非公民非居民的适用，所适用的主体与遗产税中所规定的主体并无二致，即公民或居民。再结合第 2511 节的规定，税法在此处又规定了非美国公民非居民仅对其位于美国境内的财产转让（无论属于直接赠与或间接赠与）缴纳赠与税。

（3）隔代转移税。

隔代转移税的课税对象是财产的隔代转移。国内收入法典第 2601 节规定，对每一个隔代转移都应当征税。所谓隔代转移，主要分为三种，即应税分配、应税终止以及直接跨代。综合国内收入法典内容来看，隔代转移税中所指的隔代转移，基本都与信托有关，而在介绍这三种隔代转移之前，对于跨代主体这一概念有必要作出解释。

从美国国内收入法典的规定来看，隔代转移，从本质上来看也是一种赠与，而此处所谓的跨代主体就是通过三种隔代转移受让财产的主体，类比赠与来看，其实就是受让人。这种跨代主体需要符合以下特征：首先也是最容易理解的，该主体要比财产的赠与人在家庭关系上（根据国内收入法典第2651节规定，隔代转移不限于血亲，也包括合法收养关系等）低两代或以上；或者，存在这样一个信托，即信托中所有利益都为跨代主体所持有；或者，没有任何主体在该信托中持有任何利益，并且在转让之后该信托也不会向其他任何非跨代主体进行分配。

关于具体的隔代转移的方式，应税终止是指在信托中所持的财产利益终止，同时非跨代主体在该信托中不持有任何利益，而且在信托终止以后也不得向跨代主体外的任何主体进行财产分配；应税分配是指不属于应税终止和直接跨代的，来自信托向跨代主体所进行的财产分配；直接跨代是指将财产利益向跨代主体所进行的根据第11章或12章应当征税的转让。

从内容上来看，三种隔代转移看似各有不同，但其实它们是有内在联系且互为补充的。三种方式的规定基本涵盖了隔代转移财产的绝大多数可能。直接跨代是最为明显的隔代转移，无论赠与还是遗赠，只要是向跨代主体作出了直接的财产转让行为，那么成立隔代转移税是一目了然的；应税分配，规定的是采用信托的方法向跨代主体进行的财产转移；而应税终止，是在应税分配的基础上，进一步规定当信托中的财产利益终止时的隔代转移如何征税。

3. 税目与计税依据

（1）遗产税。

根据美国国内收入法典的规定，联邦遗产税的税基，即应税遗产的计算方式应为：

应税遗产（即税基）= 被继承人遗产总额－费用、债务与税收－损失－为公共、慈善、宗教使用而转移－对配偶的遗赠－州死亡税

其中“费用、债务与税收”一项主要包括了被继承人的丧葬费用、遗产管理费用、对遗产提出权利主张的费用以及被继承人生前所负担的债务、抵押等。对于债务方面的扣除，应理解为：被继承人在死亡时，其遗留的遗产若没有因为债务或抵押而减少价值，则计算应税遗产时，应将此部分价值扣除用以偿还债务。

在美国国内收入法典第 2053 节，对遗产的扣除有特殊规定。在第（c）款第（1）条第（B）分段中，它首先指出死者死亡之后所产生的所得税或任何遗产、继承、遗赠或者遗产税不得根据本节扣除，却又在第（d）款第（1）条中规定减去下列数额：关于位于该外国并且被包括在美国居民或者公民的毛遗产中的任何财产，对于死者为第 2055 节所描述的公共、慈善，或者宗教使用而进行的转让行为，由任何外国所征收并且实际缴纳的任何遗产、继承、赠与或者遗产税。这里表面上看来或许有些矛盾，但实际不然。第（c）款仅仅是规定某些税收不按照第 2053 节的规定进行扣除，实际上，其效力不及于其他章节关于遗产税扣除的规定，如第 2058 节州遗产税就允许被扣除。再如第 2053 节第（d）款，它实际上相当于 2053 节的特殊例外，等同于但书，法典中明确规定符合“执行者在第 6501 节所规定的核定期限届满之前做出选择（选择是指放弃下列权利：根据与任何外国所签订的死亡税条约主张，用其中的任何税收或者部分抵扣联邦遗产税）”这一条件，并同时满足“由于扣除所导致的征收税款减少将仅对第 2055 节或第 2106 节所描述的公共、慈善或宗教受让人生效”即可扣除。

公式中，关于“损失”是指在遗产结算过程中，由于火灾、风暴、海难等其他灾难或者盗窃等原因所产生的损失中，没有被保险或者其他方式予以赔偿的部分。

“为公共、慈善、宗教使用”是应税遗产中扣除的重要项目。在第 2055 节第（a）款中指出，凡是以公共使用为目的向美国、各州及哥伦比亚特区政府或其中任何行政区划进行的赠与可以扣除，对以宗教、慈善、科学、艺术或教育目的组建和运营的组织的赠与，用作奖励艺术、促进体育事业（其活动的任何部分不涉及提供体育设备或器材）、防止虐待儿童或动物等公益活动，同时其净收益不属于个人利益或任何私人股票持有者，并且也没有试图影响立法或参与、干涉任何竞选公职的候选人的任何政治运动，此类可以扣除。

对于“为公共、慈善、宗教使用而转移”的扣除，限额为不得超过被转让财产的价值。同时也存在禁止扣除的情况，即向符合第 508 节（d）款或第 4948 节（c）款条件的组织或信托转移或为其使用的赠与禁止扣除。如果财产中的利益［第 170 节 f）（3）（B）所描述的利益除外］是从死者手中传递到第（a）分节所描述的主体手中，或者为其使用，并且在同一财产中的利益（在死者死亡时消灭的利益除外）从该死者手中传递（少于适当和充分的货币价值对价）到第（a）分节所描述的主体手中，或者为其使用，对于传递到第

(a) 分节所描述的主体手中，或者为其使用的利益，不应当根据本节规定给予任何扣除。也就是说，如果被继承人所遗留的某一遗产，遗产当中一部分转移给了第 2055 节所规定的特定主体，另一部分转移给了其他个人或组织(不在第 2055 节规定之列的)，那么即使有一部分遗产用于公共目的或公益事业，也是不能抵扣的。

同时，根据美国国内收入局 526 号公告，有七项捐赠也是不能获得扣除的：①对特定个人的捐赠；②对不符合条件组织的捐赠（没有资格获得减税捐赠的组织）；③自己能得到部分捐赠返还或期望获得个人利益的捐赠；④提供时间或服务的捐赠（如献血或提供志愿服务等）；⑤捐赠者个人的费用（如收养孩子的费用）；⑥为确定捐赠财物市场价值所花费的评估费用；⑦对于财产部分利益的捐赠。

关于同时存在的禁止扣除，也是有例外情况的。第一种情况是被继承人为生前自身或死后继承人的利益考虑设立慈善性剩余信托（包括慈善性剩余年金信托、慈善性剩余单一信托以及共同收入基金)。这种模式是被继承人选定某家慈善机构，将财产委托其管理用于慈善性事业，慈善机构再将经营收益按照一定比例支付给继承人。这种按比例支付的收益，显然是通过原先捐赠的财产产生的，其与捐赠的财产应近似于原物与孳息的关系，这种情况下，其捐赠的财产可以抵扣应税遗产。第二种情况，如果存在任何其他利益，该利益采用保证年金的形式或者根据市场公平估价而进行年度分配，那么捐赠的财产也不禁止抵扣。

国内收入法典第 2056 节对“对配偶的遗赠”进行了详细的规定。其中在定义部分，规定在计算应税遗产时，由被继承人传递给其配偶的财产应当予以扣除，这部分财产利益仅当计算总遗产时才会被计入。当一种财产利益从死者手中转移至任何主体手中时，当且仅当满足下列七个条件才成立“对配偶的遗赠”：该利益由死者遗赠给该主体；该利益由该主体从死者手中继承；该利益是死者配偶由亡夫或亡妻处继承来用以维持生计的利益：该利益由死者于任何时间转移给该主体；在死者死亡时，该利益由死者与该主体（或由他们以及其他主体）共同所有，同时该主体享有遗属权；死者对于该利益有财产指定权（单独享有或与其他主体共同享有)，如果他指定或已经指定将该利益给予该主体，或者如果该主体在死者放弃或不行使此种指定权时，以默示的方式取得该利益；该利益由该主体能够收到的死者生命保险收益所构成。

但是，并不是所有对配偶的遗赠都可以抵扣，对于其中终身产权或者其他可终止利益是有所限制的，法律规定“由于某个事件发生或不发生导致配偶继承的利益丧失或终止，关于该利益不得扣除”。其主要包括的情况为：该财产利益以不合理的低价转移至除配偶的其他主体手中，由于此种不合理的转移导致配偶在丧失利益后，其他主体或其指定之人占有或享有该财产的任何部分；如果依据死者指示，配偶可以通过遗产执行人或信托管理人直接获得该利益。从上面规定的情况来看，虽然，考虑了丧偶个人维持生计所需要的合理支出，但是坚决禁止以转移财产的方式规避遗产税。

配偶如果不是美国公民，也是禁止抵扣的，除非该配偶在纳税申报之前成为美国公民并且在死者死亡之后到其成为美国公民这一时间点之间保持美国居民的身份；或者在符合条件的国内信托中的某些转让，允许婚姻扣除在符合条件的国内信托中，对向配偶所进行的任何所得分配以及由于贫困向丧偶个人进行的任何分配。根据第 2056 节第（d）款第（A）、（B）的规定，这两种情形都是可以抵扣的。

还有一种特殊情况，举例加以说明。

如果美国公民甲死亡，其财产成为遗产由其妻美国居民乙继承，不久乙也死亡。此时根据国内收入法典第 2056 节（d）款（2）（A）的规定，不再适用第 2056 节（d）款（1）段关于“非美国公民不得婚姻扣除”的规定，甲与乙的遗产都承担缴纳遗产税的义务，此时由于甲先于乙死亡，甲的遗产也可以视作乙的一部分财产，所以，就甲遗产所缴纳的联邦遗产税可以向其配偶乙的遗产进行抵扣。

对于州死亡税，只要是总遗产中的任何财产向美国各州或哥伦比亚特区实际缴纳过遗产、遗赠或继承税等，在国内收入法典规定的期限之内申报抵扣，都是被允许的。

（2）赠与税。

赠与税的税基，也就是指它的应税赠与。根据规定，其应税赠与的计算方式为：

应税赠与=该公历年度作出赠与的总额-慈善性及类似赠与-对配偶的赠与

同时，根据规定，对于赠与人而言，每一个公历年度都有 1 万美元的免税额，对于在 1998 年之后作出的赠与，还要进行通货膨胀调整。对于向未满 21 岁的未成年人的赠与而言，如果该利益在其 21 岁之前实现，或者该未成年在 21 岁前死亡，其受赠财产成为遗产转移给继承人，这部分财产不能视为应税赠与。为个人教育或者训练作为学费向教育机构转让的财产，为个人健康向医疗机构所支付的医疗服务报酬，这些行为不应视为通过赠与而进行的转让。诸如此类的还有养老金权利的放弃、通过艺术品进行货款都不应计入应税赠与。

公历年度作出的赠与总额，就是该年度所作出的一切赠与，减去上述不应当作通过赠与而进行的财产转让额。应税赠与额就是前述计算所得出的总赠与额减去慈善赠与和配偶赠与。

慈善扣除对于公民或居民和非公民非居民有两类标准。

对公民或居民，向美国联邦政府或其他州、特区中的任何政治机构的赠与可以排除；对以宗教、慈善科学、艺术或教育目的组建和运营的公司、信托、社区组织、资金或基金的赠与，用作奖励艺术、促进体育事业（其活动的任何部分不涉及提供体育设备或器材）、防止虐待儿童活动物等公益活动，其净收益不属于任何组织或个人利益，并且也没有试图影响立法或参与、干涉任何竞选公职的候选人的任何政治运动，此类可以扣除；兄弟协会、会议或者联合会为宗教、慈善、科学、文学或者教育目的适用赠与财产，可以扣除；对美国或其领地内的、净收益不为个人所有的战争老兵组织或其附属单位的赠与可以扣除。

对于非公民且非居民而言，其与公民和居民的最大不同是，所作出的财产赠与，其受赠人必须是美国国内的公司、信托、社团、基金或兄弟协会等组织，由这些组织为美国国内的宗教、科学、慈善、文学或教育目的使用这些财产，才可以抵扣。美国公民或者居民，其所赠与的财产，无论赠与国内还是跨国公司，也无论是否推动国内公共发展或者国际科教文卫的进步，只要是用于慈善、宗教、科学等公共目的，都是可以被扣除的。而对非公民非居民而言，其所赠与的财产只有当被用作美国国内，推动美国国内事业发展时才能被扣除。当然其中也有某些禁止扣除项，可参照遗产税部分，二者内容基本相同。

第 2523 节规定：如果赠与人在该公历年度通过赠与向受赠人转让财产利益，该受赠人在赠与之时是赠与人的配偶，关于该利益应当允许扣除等于该赠与价值的数额。但是如果随着时间推移，转让给该配偶的利益将会终止或消失，则不能扣除。比如：赠与人为自身保留了在该财产中的利益，或者将该利益以低于公平市价的对价转让给了除配偶外的其他主体，这就导致了赠与人或者除配偶外的其他受让人可能享有部分或者全部的财产利益，所以此时是不得扣除的；或者该赠与人在赠与财产之后，对该财产仍有指定利益的权力，如果其指定了除配偶外的其他主体，享有财产的部分或者全部利益，这种情况下也不得扣除。

（3）隔代转移税。

隔代转移税，因为其不同的隔代转移方式，每一种方式对应相应的应税数额。根据国内收入法典第 2621 节至第 2623 节的规定，对于应税分配而言，其应税数额等于受让人所收到的财产价值减去受让人所发生的对于该分配产生的确定、征收或退还等相关费用；应税终止的应税数额等于发生应税终止的所有财产价值减去一系列扣除（具体参照应税遗产扣除中关于费用、债务与税收的部分）；直接跨代的应税数额，就是受让人所收到的财产的价值。

4. 税率

美国联邦遗产税与赠与税的税率均为超额累进税率，适用统一的税率（如表 10-2 所示）。

表 10-2　　美国联邦遗产税与赠与税税率

A	B	C	D
应税金额（美元）超过	应税金额（美元）不超过	A 栏金额的税款（美元）	A 栏中超额部分税率（%）
0	10000	0	18
10000	20000	1800	20
20000	40000	3800	22
40000	60000	8200	24
60000	80000	13000	26
80000	100000	18200	28
100000	150000	23800	30
150000	250000	38800	32
250000	500000	70800	34
500000	750000	155800	37
750000	1000000	248300	39
1000000	—	345800	40

隔代转移税，并不完全适用此税率，其所使用的税率等于最大联邦遗产税率与转让财产内含比率的乘积。最大联邦遗产税率就是在财产进行隔代转移时，根据联邦遗产税税率表，对死者遗产价值所征收的最高一档税率。转移财产的内含比率，计算相较于联邦遗产税率，更为复杂。其计算方式为：

扣除总额=可归于该财产的信托中所实际缴纳的联邦遗产税和州死亡税+关于遗产税和赠与税的慈善扣除

应税数额=被转让给信托的财产价值（或直接跨代转移的财产价值）-扣除总额

可适用分数=该信托的隔代转移免税额（或者直接跨代转移的免税数额）÷应税数额

内含比率=1-可适用分数

5. 税收特别措施

（1）遗产税。

通过对美国国内收入法典的研究与分析，总遗产与应税遗产的计算方式是相当清晰的，但最终的税额，是否就是用总遗产减去扣除项目得到应税遗产，再通过对应税遗产与税率表对照从而计算出遗产税额呢？答案是否定的。在美国国内收入法典的规定中，不仅对总遗产额扣除项目所列甚明，同时对于税额的抵扣也有明确规定。新修订的美国国内收入法典，关于税额的抵扣包括遗产税统一抵扣、赠与税抵扣、前期转移抵扣、外国死亡税抵扣、剩余物死亡税抵扣、主张抵扣的税收返还，其中最为主要的为前三种抵扣。

第2010节（a）款规定：允许使用统一抵免额抵扣根据第2001节之规定向每一位死者的财产征收的税款。要解释这个问题，首先要明确两个概念。第一是综合免征额，第二是统一抵免额。综合免征额等于基本免征额与已故配偶未使用的免征额之和。基本免征额为500万美元，如果被继承人死于2001年之后，还需要进行通货膨胀调整，在500万美元的基础上加上根据当年物价指数计算出的生活费用补贴。已故配偶未使用的免征额是指，如果被继承人死于2010年12月31日以后，那么其未使用的免征额等于下列两者中较小的一个：基本免征额或者已故配偶的综合免征额超过该死者应税遗产的部分。而统一抵免额，是指被继承人一生可以抵免的遗产税和赠与税的数额，这种抵免可以在被继承人一生中的任何时候使用，用完为止。根据第2010节规定，统一抵免额等于根据免征额及税率表计算得出的暂定税款的数额，但抵免数额不得超过应纳税额。根据通货膨胀调整后，2015年的综合免征额达到545万美元，此时统一抵免额应为2125800美元。

第2012节规定，如果赠与人在缴纳赠与税后死亡，其赠与的财产又被计入总遗产价值中，那么根据规定，其所缴纳的赠与税可以抵扣遗产税，抵扣限额为：

抵扣数额/应纳遗产税额=计入总遗产的赠与价值÷（总遗产-慈善扣除-

婚姻扣除）

从公式可以看出，抵扣数额占应纳税额的比重，实际上近似于赠与财产在应税遗产中所占的比重。其合理性在于抵扣限额并非是一个固定的常值，也不以曾经所缴纳的赠与税税额为限，而是根据其赠与财产在赠与人死亡之时所确定的实际价值在应税遗产中的比重而确定。这样，市场、消费水平、物价指数无论如何波动，计算而来的抵扣数额都能保持一个相对较高的公平标准，符合税收公平的原则。

对于先前转移税的抵扣，主要是针对被纳入应税遗产，曾经被转移过多次的一部分财产。因为每一次财产转移，都要被征收财产转移税，所以这种抵扣方式也是公平的一个体现。第 2013 节规定，第 2001 节所规定的遗产税可以用在被继承人死亡前 10 年内或死亡后 2 年内，某个主体（以下简称让与人）无论主动或被动，向被继承人进行财产转让所缴纳的联邦财产转移税的部分或全部予以抵扣。如果让与人先于被继承人死亡达 2 年以上，达到 3~4 年，抵扣 80%；达到 5~6 年，抵扣 60%；达到 7~8 年，抵扣 40%；达到 9~10 年，抵扣 20%。如果让与人在被继承人死亡后 2 年内死亡，抵扣额的计算方式为：

抵扣额÷让与人所缴纳的遗产税＝被转让财产价值÷（让与人应税遗产－该遗产税所缴纳的任何死亡税）

抵扣限额为：在不考虑先前转移税抵扣的情况下，经过联邦统一抵扣、赠与税抵扣、外国死亡税抵扣后所计算出的遗产税额，减去根据被继承人总遗产减去被转让财产的价值所计算出来的遗产税。

国内收入法典规定，“关于位于任何外国并且被包括在毛遗产中的任何财产，向外国政府所实际缴纳的任何遗产、继承、遗赠或者遗产税的数额”可以抵扣根据第 2001 节所征收的遗产税。抵扣限额不得超过下列任意一个数值。

①抵扣限额/向外国实缴遗产税总额＝适用抵免的在外国应税遗产价值/在外国遗产总值；

②抵扣限额/向美国实缴联邦遗产税总额（已抵扣）＝适用抵免的在外国应税遗产价值/总遗产（已扣除）。

（2）赠与税。

与联邦遗产税一样，赠与税也允许统一抵扣。它规定，对于美国公民或居民而言，如果赠与人在该年度死亡，其所能使用的抵扣额等于根据第 2010 节计算出的可适用抵扣额减去之前所有公历年度允许的个人抵扣总额，当然允许抵扣的数额不能超过对该年度所征收的应纳税款。

（3）隔代转移税。

对于隔代转移税而言，2015 年之前国内收入法典仅规定了对某些州税的抵免。它规定如果某人死亡的同时发生隔代转移（除直接跨代转移）那么被转移的财产向州所缴纳的隔代转移税可以抵扣联邦隔代转移税，抵扣限额不超过联邦隔代转移税的 5%。但在 2014 年 12 月，关于州税抵免的规定已被废除。现存关于隔代转移税的特别优惠措施仅有第 2631 节、第 2632 节关于免税的规定。第 2631 节规定，每一个赠与人对于他所赠与的财产都可以分配一定的免征额，该年度的免征额等于第 2010 节所规定的基本免征额，即 500 万美元。

二、英国

英国最早于 1694 年开始征收“遗嘱税”，规定了征收范围、对象和具体征收办法，作为近现代较早征收遗产税的国家之一，英国的《遗嘱税法》为欧洲各国所效仿。1975 年改名为资产转移税。但直到 20 世纪 70 年代中期，英国作为普通法系国家，没有单一的税法，虽然也通过了诸多关于其他税种的法案，但征收这一税种一直是通过财政部的行政命令的形式，还没有上升为法律。之后，英国议会于 1984 年通过了遗产税法案，称为 1984 年遗产税法。由此，英国正式出台了关于遗产税的法律，遗产税法也正式成为了英国税法的一部分。

而英国开始征收遗产税的原因，则主要是来自法国大革命的影响。一方面，英国因拿破仑的战争而产生的军费开支需要填补，遗产税可以在一定程度上弥补这一开支。另一方面，随着法国大革命的爆发，自由、平等、博爱的思想深入人心，继而也就引发了人们的思考：是什么导致了人生的不平等？继承权也就因此陷入了众矢之的。废除继承权的声音此起彼伏。许多学者认为，必须对富人死后的财产进行再分配，才能抑制“穷者愈穷，富者愈富”的现象。在最早的《共产党宣言》里也提出了废除继承权的主张。最终，持不同观点的人们还是达成了妥协，采用了对遗产征税的办法，即让富人无偿向社会捐出了一笔财产，既促进了社会公平，又一定程度上保证了公民的继承权，维护了社会稳定。

此后，英国政府不断地提高遗产税的起征点，为的是保证其只覆盖少数富人。撒切尔夫人政府曾在 20 世纪 80 年代针对遗产税进行改革，规定了一系列减免税的措施。2007 年，时任英国财政大臣戈登·布朗最终确定了遗产税的起征点为 32.5 万英镑，并一直延续至今。2017 年 4 月 1 日起，价值达到 10 万英镑的房产需要缴纳遗产税，并且在原有的 32.5 万英镑免征额基础上，每个人再获得 17.5 万英镑的“家庭住房津贴”，这样每个人的免征税额度增至 50 万英镑，已婚夫妇免税额度相加之后，可达 100 万英镑。

（一）适用主体及税率

英国《1984 年遗产税法》的第一章、第二章主要规定了遗产税的征税情形以及税率。第一章主要规定了遗产税的征税情形，主要是对被继承人死亡时留下的财产以及死亡前 7 年内的赠与行为进行征税。涉及遗产税的生前赠与的财产共有三种不同情况。

（1）免纳税的赠与，如发生在夫妻之间及向慈善事业或政党所作的赠与。

（2）应纳税的赠与，如向信托机构或公司的赠与。

（3）可能豁免纳税的赠与（PETs），如果赠与财产是发生在赠与人死亡日的 7 年之前，则该项赠与可以豁免纳税。

由于英国实行超额累进制税率，所以在不同情形下税率会有差别，比如针对赠与行为，其税率会随着距离被继承人逝世年份的增加而增加。此外，第一章末尾以及第二章还规定了减免的条件，包括夫妻伴侣之间的继承，维持家庭基本支出的财产，等等。具体规定可分为如下几类。

1. 自动减免

（1）住所在英国境内的夫妻之间的财产转移可享受税收免除。

（2）涉及慈善事业、国家目标、社会公共利益及历史建筑维护的赠与，也享有免除纳税的权利。这种权利同样适用于向政治党派的赠与。

（3）雇员信托的赠与。

（4）死亡发生在服役期间或是因为在服役期间受伤而死亡时，死者的遗产可以免除纳税。

2. 生前赠与的税收减免

（1）每年度 3000 英镑的减免。一个纳税年度的税收减免最高额为 3000 英镑。但是，一个纳税年度未适用的减免额度可以允许结转到下一个年度。

（2）小额的一次性赠与应全额免除。但这项减免不能同其他减免合并使用。

（3）因正常收入的正常支出应当扣除在应纳税总额之外。

（4）为维系家庭所作的赠与免税。为维系或支持配偶、前配偶或无独立生活能力的亲属所作的赠与或为维持、教育、培养子女所作的赠与都免缴遗产税。

（5）基于联姻考虑的赠与免税。向新郎或新娘的赠与将适当减税。

3. 部分减免税的财产转移

在一些场合下，因为遗产的一部分分配给属于免受益对象或慈善机构等，所以遗产转移时将部分免税。

4. 商用财产的减免税

这种场合的税收减免适用于特定的某些商用财产，并且这些财产必须依法拥有连续两年以上，投资及资产交易的行业将被排除在外。

5. 农业财产

农业财产的税收减免是用于耕种自己土地的农民及将土地租给佃农耕种的农场主。其条件是必须以农业为目的对该项财产保有 7 年的所有权，或者已被他人以农业为目的占有 7 年。农业财产包括农用土地、草场、林地、棉花地、农场建筑及农用房屋等所有用于农业目的的财产。

6. 已税财产

被继承人死亡之前 5 年所继承的已缴纳遗产税的财产，也应减免缴纳遗产税。具体适用如下：

（1）如果在 1 年之内死亡，则 100%缴税；

（2）如果在 1 年到 2 年之间死亡，则缴纳 80%的税；

（3）如果在 2 年到 3 年之间死亡，则缴纳 60%的税。

从以上条文看，英国《1984 年遗产税法》对总体方面的规定较为完善，也照顾到了人情方面的要求。

（二）遗产税的计算

在英国，死亡日前 7 年内转让的资产全部算作遗产，故征收遗产税的有两种转让：生前转让和死后转让。生前转让包括免税转让、潜在免税转让和应税转让。免税转让（exempt transfer），主要有向慈善机构的转让以及配偶之间的转让等，这些转让无论是生前转让还是死亡转让均不征税。潜在免税转让，这一类别的转让主要有个人资产的直接转让，该资产在转让时不能确定为遗产，所以生前不用缴税。但是一旦转让后不满 7 年赠与人去世，该资产即视为遗产，需计算遗产税。应税转让主要是将个人资产转让给信托基金，目的是希望自己去世后，通过信托基金的运营使自己的子女每年可以得到稳定现金流，带有遗产性质，所以转让的时候就要缴纳遗产税。如果 7 年内赠与人去世，就是真正的遗产。

[示例] 英国对遗产赠与征税的案例

Rose 于 2012 年 1 月 21 日去世，生前有如下财产转移或者捐赠行为：

（1）2004 年 3 月 3 日，通过托管基金捐赠 126000 英镑；

（2）2007 年 1 月 12 日，赠与丈夫 40000 英镑；

（3）2008 年 6 月 28 日，赠与女儿 240000 英镑；

（4）2008 年 9 月 2 日，向信托（trust）捐赠 300000 英镑。

信托捐赠由 Rose 支付了遗产税。

各年度零税率区间（nil rate band）如下：

2004—2005 年度：263000 英镑；

2006—2007 年度：285000 英镑；

2008—2009 年度：312000 英镑；

2011—2012 年度：325000 英镑。

计算 Rose 去世时应缴纳的遗产税。

英国的纳税年度是每年的 4 月 6 日到次年的 4 月 5 日。遗产税法规定，在捐赠方去世之前 7 年到去世时的时间段里，对个人的赠与，要补缴遗产税。即，赠送个人当时不缴税，如果 7 年内去世，则按照赠送时的价格补缴遗产税。而通过托管基金捐赠的财产，赠送时缴税，死亡时要重新计算，按照赠送时的价格计税。也就是说，价格上涨的不动产，较早处理可以少缴税。税法鼓励在有生之年尽早赠与，处理财产。

每人每年可以享受 3000 英镑的遗产税免征额，这个免征额可以使用两年，即可以递延一年，在计算应纳税所得额时扣除。而且，应该先享受当年的免征额，然后再享受上年的余额，即“later year first”原则。

根据零税率区间（nil rate band）的规定：7 年总的免税额，如果前面已经使用，那么应该扣除已享受部分，夫妇之间可以互相转移。

捐赠个人：赠送时不缴税，7 年内去世的，按 40%缴税。通过托管基金捐赠，付税方式有两种：一种是由受赠方缴税，那么按照“应纳税所得额×20%”缴税；另一种是由捐赠方缴税，那么按照“应纳税所得×20%÷80%”缴税。

计算过程如下。

计税期限：2005 年 1 月 21 日—2012 年 1 月 21 日，7 年。

第一步：计算捐赠时的应缴税款。

（1）2004 年 3 月 3 日，通过托管基金捐赠 126000 英镑。

财产转移金额	126000
-2003—2004 年度免征额	3000
-2002—2003 年度免征额	3000
=应税捐赠额	12000

由于通过信托捐赠时是捐赠人 Rose 缴税（通过托管基金捐赠，付税方式有两种，一种是由受赠方缴税，那么按照“应纳税所得额×20%”缴税；另一种是由捐赠方缴税，那么按照“应纳税所得×20%÷80%”缴税）。赠与当年（2003—2004 年度）的零税率区间（nil rate band）对应为 263000 英镑，大于应税捐赠额 12000 英镑，因此，捐赠时的应缴遗产税为零。

（2）2007 年 1 月 12 日，赠与丈夫 40000 英镑。赠与丈夫（配偶）完全免税，夫妻间的财产转移完全免税。

（3）2008 年 6 月 28 日，赠与女儿 240000 英镑。赠与女儿：捐赠给个人的行为。

向个人捐赠，生前赠与，赠与当时不缴遗产税，7 年内去世，死亡时按 40%征税。

赠与资产额	240000
-年度免征额（2008—2009 年度）	3000
-年度免征额（2007—2008 年度）	3000
=应税捐赠额	23400

由于该笔捐赠为对个人捐赠，因此，捐赠当时不缴遗产税。

（4）2008 年 9 月 28 日，向信托（trust）捐赠 300000 英镑。通过托管基金捐赠，赠送当时缴税。

赠与资产额	300000
-年度免征额（2008—2009 年度）	0
-年度免征额（2007—2008 年度）	0
=当年应税捐赠额	300000

由于 2008—2009 年度以及 2007—2008 年度的年度免征额已经在第 3 笔对女儿的捐赠时享受过了，因此，不能再扣除。

当年（2008—2009 年度）的零税率区间为 312000 英镑（注意零税率区间是指 7 年内的累积数），因此，这时还要看 7 年内（2008 年 9 月 2 日之前的 7 年之内），是否有需要缴税的捐赠。从 2001 年 9 月 2 日起到 2008 年

9月2日，其间，第一笔2004年3月3日的应税捐赠额120000英镑，这样还剩余192000英镑（312000-120000）的零税率区间可以享受。

应税捐赠额	312000
-还可以享受的零税率区间	192000
=	120000

捐赠时缴纳遗产税=120000×（20%/80%）=30000（英镑）

（捐赠方缴税，那么按照“应纳所得税×20%/80%”缴税）

第二步：计算死亡时的应缴税款。

死亡前7年内的赠与需要缴纳遗产税。

（1）2004年3月3日，通过信托资产捐赠，由于不在死亡前7年之内，死亡时，不用再缴遗产税。

（2）2007年1月12日，对个人捐赠，丈夫属于夫妻间财产转移，不缴税。

（3）2008年6月28日，对女儿捐赠，应税捐赠额234000英镑。

死亡时当年（2011—2012年度）的零税率区间为325000英镑，扣除7年内即2001年6月28日—2008年6月28日的应税捐赠额，即第一笔2004年3月3日，通过信托资产捐赠对应的120000英镑，等于还有205000英镑可以享受零税率区间。尽管这笔捐赠发生在死亡前7年之前，死亡时不再缴纳遗产税，但是还是对遗产税额产生了影响，因为它占用了零税率区间的额度。

该笔捐赠额234000英镑，那么还有29000英镑（234000-205000）的应税捐赠额。

按照40%的遗产税税率计算：29000×40%=11600（英镑）

根据遗产税的规定，按照捐赠日距死亡日的年限，还可以享受递增式的减免——“锥形救济”（taper relief）。在死亡的7年内，按照赠与发生日到死亡日的年限给予一定的减免，按照年限递增：3~4年，20%；4~5年，40%；5~6年，60%；6~7年，80%。

对应这笔捐赠发生的时间，为死亡前的3~4年，减免的比率为20%。

应纳税额=11600-11600×20%=9280（英镑）

（4）2008年9月2日，通过托管基金捐赠，当年应税捐赠额300000英镑加上捐赠时的遗产税30000英镑等于330000英镑，这个金额实际上是当年税前赠与额（包含了当年捐赠时缴纳的遗产税）。

对于这笔捐赠而言，7 年内即 2001 年 9 月 2 日到 2008 年 9 月 2 日发生的需要缴税的捐赠包括第（1）笔（2004 年 3 月信托资产捐赠）和第（3）笔（2008 年 6 月 28 日个人捐赠），通过第（3）笔捐赠应缴遗产税的计算看出，零税率区间已经全部享受，不能再扣除。

那么该笔赠与在死亡时，应缴遗产税应该是：

330000×40%－330000×40%×20%－赠与时已经缴纳的遗产税 30000＝75600（英镑）

第四节 遗产和赠与税变化趋势

一、废除或争论废除遗产和赠与税的国家

现代市场经济国家在开征遗产税的上百年历史中，大都实行高累进税率，对遗产的继承和赠与采取强力调节。在长期对遗产收入调节的基础上，随着全球化以及国内减税政策的需要，少数国家从 20 世纪 80 年代开始，对遗产税政策进行调整，适当减轻对遗产的税收调节。最近几十年，有一些国家废除了继承税或遗产税，如加拿大（1971）、乌拉圭（1974）、阿根廷（1976）、澳大利亚（1979）、秘鲁（1979）、以色列（1981）、墨西哥（1981）、印度（1985）、新西兰（1992）、葡萄牙（2003）和新加坡（2008）。另外，废止遗产税的国家还有塞浦路斯、巴拿马、斯洛伐克、爱沙尼亚、瑞典、危地马拉、奥地利、列支敦士登等。

废除和停止征收的原因主要包括税收收入少、滥用为了避税而构建虚假的并且对税收收入造成重大损失的复杂股权结构避税、追索权难以实现、复杂的联邦与地方政府双重征税的影响，以及对农业地产的保护等。例如，加拿大因为征收了资本利得税以及遗产税，在政治上不得人心，收入又主要归于各省，所以废除了联邦遗产税。在印度，法律解释的复杂性也是废除遗产

税的一个原因。[①]

有观点认为，在开征遗产税和净财富税的国家，首先存在着关于经济双重征税的争论，因为死者遗留下来的遗产或净财富的价值来源于应税收入和资产的增量累积，是建立在对个人生前税后现金流基础之上而形成的，即构成死者遗产的资产在生前已经征收过财产税。同时，对遗产税和净财富税交互作用的争论还引出了一些建议，如废止继承税并以死者的资本利得税取代。例如，在委内瑞拉，税务机关宣布废除继承税和开征财产税。过去，一些废除继承税的其他国家也考虑对纳税人终生引入财产税的可能。在英国，一些研究沿着这一思路提出，继承税的改革与财富税的引入是相反的，但是对死者资本利得应当纳税，直到延期纳税得以实现。

还有一些国家，则针对继承税是否更优于遗产税而展开争论。南非近期的研究（南非质询委员会关于南非税制的第四季度报告）支持遗产税，因为遗产税涉及更少数量的实体，管理上的复杂性更小。

二、开征或保留遗产税的国家

近年来，为解决国内经济问题，加强对富人的税收调节，美国 2011 年恢复征收联邦遗产税，意大利也在 2001 年停征遗产税 5 年后于 2006 年恢复征收遗产税。日本执政党则达成一致意见，要从 2013 年起降低遗产税起征点，并将遗产超出 6 亿日元的边际税率从 50%提高到 55%。由此反映出世界遗产税发展的新动向，说明遗产税仍是财产税中不可或缺的组成部分，加强该税的调节功能也能为社会各方所接受。

但是，在大多数开征继承税或遗产税并想维持这一税制的国家，显示了一种趋势，即充分考虑给予死者近亲属的财产转移的税前扣除和免征额（法国和波兰，2007），扩大了对配偶或子孙后裔的对人豁免范围。同时实行税款支付的收付实现制，目的是使得继承人无须为税款融资而被迫出售作为遗产的资产。另外一个普遍的趋势是，有些国家及地区纷纷降低了税率，如丹麦（1995）、芬兰（2008）、希腊（2008）、挪威（2009）、中国台湾（2009）、荷兰（2010）等。

从美国的情况看，遗产税越来越成为政客们运用的一种工具，在两党政治竞争中成为了政治谈判的筹码，比如美国 2013 年遗产税税率从计划的 40%

① The International Fiscal Association（IFA）：ifacahier _GENERAL REPORT（2010）（about the IHT and the ETA）.

下降至35%。经济学家认为，这是党派之间政治利益博弈的结果，也是时任总统奥巴马为促进美国经济复苏作出的让步。历届美国总统都会将税收政策的重大调整看成任期内的重要工作，只是两党的党派差异明显，尤其是对富人的税收政策上，民主党一般会增税，而共和党则会减税。

三、OECD遗产税最新研究进展

2021年5月11日OECD发布了一篇报告①，对37个成员国的遗产和赠与税进行了比较分析。该报告包括四个章节：第一章着眼于家庭财富和财富转移的分配和演变；第二章探讨了基于公平、效率和行政等因素支持和反对遗产税的论点；第三章考察了OECD成员国目前如何对财富转移征税，通过对各国的继承、遗产和赠与税进行比较，并评估了它们的设计特征和影响；第四章总结了报告的关键信息，并提出了一些税改的选择和建议。报告强调，成员国的财富高度集中、财富转移分配不均，加剧了不平等问题，并探讨了遗产和赠与税在提高公共收入、解决不平等问题、提高未来税收系统的效率等方面可能发挥的作用。具体而言，报告提供了以下重要启示。

（1）大多数成员国（24个）目前征收遗产税，然而，这些税收带来的公共收入非常少。在征收上述税收的国家中，平均只有0.5%的税收总额来自遗产和赠与税。

（2）平均而言，最富有的家庭（即收入前20%的家庭）通过遗产和赠与方式转移的资产金额比最贫穷的家庭（即收入后20%的家庭）所转移的资产金额高出近50倍。

（3）遗产税，特别是针对相对较高财富转移水平的遗产税，可以有效减少财富集中和提高机会平等，因为与其他和财富有关的税收相比，遗产税的效率成本更低，而且比其他形式的财产税更容易评估和征收。

（4）大幅度的免税和其他形式的税收减免是导致遗产和赠与税带来的公共财政收入不足的主要原因。税收减免条款主要惠及最富有的家庭，减少了遗产税的有效累进性；由于起征点较高，个人通常可以将大量财富免税转移给近亲。

（5）在一些国家，遗产税可以通过生前赠与来避免，因为后者的税收处

---

① OECD. Inheritance Taxation in OECD Countries [R/OL]. (2021-05-11) [2022-05-25]. https://www.oecd.org/tax/tax-policy/inheritance-taxation-in-oecd-countries-e2879a7d-en.htm.

理方式更加优惠。父母可以免税转移给子女的财富规模在各国之间有所差异，从比利时的接近 1.7 万美元到美国的超过 1100 万美元不等。

（6）各个成员国之间的税率大小和税率档次也有所不同，因为大多数国家实行累进税率，较少部分国家则实行统一比例税率。

（7）以终身为基础征收遗产税（即根据受益人一生中通过赠与和继承获得的财富总额征收遗产税）比较公平，且能够减少避税的可能。在这方面，报告提出了一系列政策改革措施，以便提高公共收入、促进遗产和赠与税的效率和公平，例如缩小累退性税收减免规模，更好地协调赠与税和遗产税的税收处理方式，以及防止避税和逃税。

第五节　发展特点与趋势

第一，各国遗产税并不作为其财政收入的重要组成部分，但其引导和促进社会财富流转并影响再分配的功能不容忽视，因此往往表现为注重和所得税、资本利得税衔接，和赠与税相互补充。遗产税因其对社会生活的影响而在有的国家日益成为政治的交易筹码。

第二，目前各国开征遗产税的都依赖一套完备的法律体系，如对遗嘱有效性、继承顺序，对配偶、子女、慈善等捐赠以及其他特殊情况的减免等作出了明确的规定。当然，各国征收范围适用的标准并不一致，有的采取继承人常住地原则，有的采取国籍原则，也有的采取二者结合的原则。遗产税也需要广泛地通过税收协定防止双重征税。

第三，近年来遗产税变动的趋势并不确定，很多国家予以取消，但是也有一些国家重新征收或扩大范围，如美国、意大利、日本等。